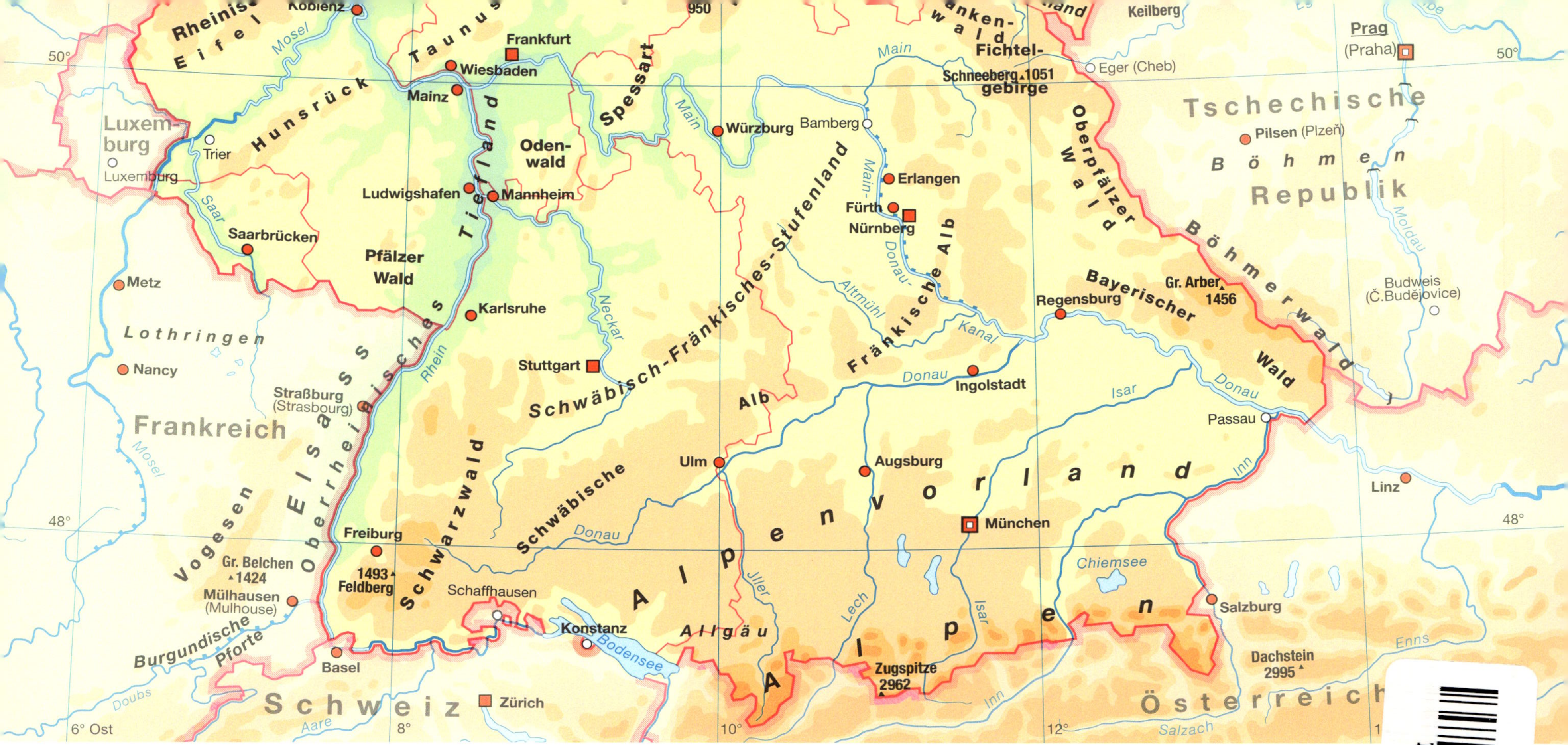

Deutschland – physisch

Landhöhen und Meerestiefen (in Meter)

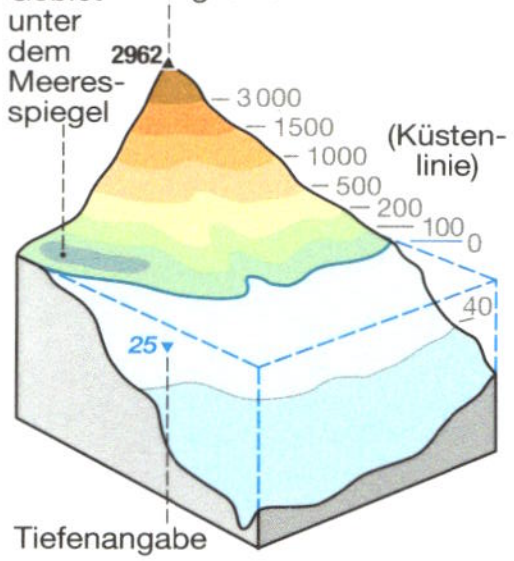

0 50 100 150 200 250 km

Gewässer

- Fluss
- schiffbarer Fluss (über 1350 t Tragfähigkeit)
- Kanal (bedingt schiffbar)
- schiffbarer Kanal (über 1350 t Tragfähigkeit)
- See
- Stausee, Staumauer

Orte

Einwohner

- über 1 000 000
- 500 000 - 1 000 000
- 100 000 - 500 000
- unter 100 000

Grenzen

- Staatsgrenze
- Grenze eines Bundeslandes
- **Berlin** Hauptstadt eines Staates

Gesellschaft bewusst 1

Nordrhein-Westfalen

differenzierende Ausgabe

Gesellschaftslehre
Klasse 5/6

Moderator:
Jürgen Nebel

Autoren:
Andreas Bremm
Myrle Dziak-Mahler
Peter Kirch
Norma Kreuzberger
Jürgen Nebel
Friedrich Pauly
unter Mitwirkung der Verlagsredaktion

westermann

Lernen mit Web-Codes

D3-006
www.diercke.de

Durch Eingabe des Web-Codes unter der Adresse **www.diercke.de** gelangt man auf die passende Doppelseite im aktuellen Atlas **„Diercke Drei Universalatlas"**.
Auf den Internetseiten erhält man Hinweise zu ergänzenden Atlaskarten mit Informationen zu den Karten sowie weiterführende Materialien.

Der Band enthält Beiträge von:
Hanne Auer, Matthias Bahr, Dieter Engelmann, Timo Frambach, Peter Gaffga, Wilhelm Gödde, Angelika Hauck, Jürgen Heller, Klaus Langer, Wolfgang Latz, Jörg Pfeiffer, Jochen Rademacher, Heike Schaadt, Jens Siebert, Rita Tekülve, Christine Wenzel, Roland Widmann, Klaus Wohlt und Karin Zumpfort.

westermann GRUPPE

Druck A³ / Jahr 2017
Alle Drucke der Serie A sind im Unterricht parallel verwendbar.

Lektorat: Jasmin Maria Wiedemann
Umschlaggestaltung: Thomas Schröder
Layout und Herstellung: Lektoratsbüro Eck, Berlin
Druck und Bindung: westermann druck GmbH, Braunschweig

ISBN 978-3-14-**114946**-3

Zur Arbeit mit den Wahlthemen

Viele Kapitel in eurem neuen Gesellschaftslehrebuch enthalten jeweils drei Wahlthemen. Ihr könnt euch ein Thema zur Bearbeitung aussuchen. Die Themen sind mit den Farben grün, gelb und rot gekennzeichnet. Grüne Themen sind einfach, gelbe Themen sind etwas schwerer und rote Themen sind am schwersten.
Die Themen sind so gestaltet, dass ihr sie am besten in der Gruppe bearbeiten könnt. Dazu findet ihr Hinweise und Tipps zur Bearbeitung direkt auf diesen Seiten.

Geht bei der Bearbeitung der Wahlthemen folgendermaßen vor:

1. Wählt ein Thema aus.
Informiert euch über die drei Themen. Schaut euch die Überschriften, Bilder, Texte und Tipps an und wählt das Thema aus, dass euch am meisten interessiert.

2. Bearbeitet in Gruppen das gewählte Thema.
- Lest zuerst im Farbkasten das Thema, zu dem ihr eine Präsentation erstellen sollt.
- Schaut euch dann die Bilder an. Sie gehören zum Thema und geben Hinweise auf den Inhalt der Texte. Lest auch die Bildunterschriften. Sie können weitere Informationen enthalten.
- Arbeitet jetzt die Texte durch. Lest einen Absatz nach dem anderen. Notiert zu jedem Absatz den wichtigsten Gedanken als einen Satz.
- Lest nun unten auf der Doppelseite die Tipps für die Bearbeitung. Entscheidet, welche Tipps ihr nutzt. Den letzten Tipp mit dem Auftrag, einen Merktext für die Klasse zu verfassen, solltet ihr immer aufgreifen.

3. Stellt eure Ergebnisse der Klasse vor.
In dem Farbkasten oben auf der Seite steht nach dem Thema häufig der Satz: „Entwickelt dazu eine Präsentation und stellt sie in der Klasse vor." Überlegt euch also, wie ihr das Thema präsentieren wollt. Legt fest, wie ihr euer Arbeitsergebnis der Klasse vorstellt. Ihr könnt:
- einen Vortrag halten,
- ein Plakat gestalten,
- ein Rollenspiel vorstellen,
- einen Song, einen Rap vortragen,
- ein Video erstellen oder
- etwas ganz anderes vortragen.

Auch die Methode „Ergebnisse präsentieren" auf der Seite 125 hilft. Überlegt auch, wie ihr Bilder, Grafiken und Schaubilder eures Wahlthemas in der Präsentation umsetzt. Ihr könnt auf die Seiten im Gesellschaftslehrebuch hinweisen oder eigene Zeichnungen anfertigen. Diese müssen natürlich so groß sein, dass alle in der Klasse sie sehen können.

Zeichenerklärung

Die Aufgaben in den Kapiteln des Buches sind mit den Farben grün, orange und rot gekennzeichnet. Grüne Aufgaben sind leicht, orangefarbige Aufgaben sind etwas schwerer und rote Aufgaben am schwersten. Eine Vielzahl der grünen Aufgaben ist mit einer „Starthilfe" (↗) versehen. Die Starthilfe erleichtert euch die Lösung der Aufgabe.

M3 Materialien sind mit „M" gekennzeichnet. Zu ihnen zählen Grafiken, Tabellen, Fotos, Quellen- und Arbeitstexte.

ⓘ Zahlreiche Texte (Infotexte) geben weiterführende Informationen.

Wichtige Begriffe sind **fett** gedruckt. Sie werden im Anhang in einem Minilexikon erklärt.

Materialien

In eurem Gesellschaftslehrebuch gibt es neben vielen Fotos und Zeichnungen auch Textboxen, mit denen ihr die Inhalte der jeweiligen Doppelseiten zusätzlich erschließen könnt. Die Texte in den gelben Boxen haben die Autorinnen und Autoren geschrieben. Die Texte in den grauen Boxen sind Quellentexte, wie zum Beispiel Zeitungsartikel oder geschichtliche Quellen.

Inhaltsverzeichnis

1

Die ersten Tage in der neuen Schule. Überlege, welche Fragen die Schülerinnen und Schüler stellen könnten.

Neue Schule – neues Fach

Am Ende des Kapitels kannst du:

- darlegen, welche Fachbereiche zum neuen Fach Gesellschaftslehre gehören
- darstellen, welche Möglichkeiten zur Orientierung es gibt
- deine neue Schule erkunden
- mit dem Atlas arbeiten
- mit dem Maßstab arbeiten
- mit physischen und thematischen Karten arbeiten
- beurteilen, wer als Klassensprecher geeignet ist
- erklären, wie eine Klassensprecherwahl abläuft
- Regeln für die Mitbestimmung in der Schule entwickeln
- einen Streit schlichten
- Möglichkeiten erläutern, dein Umfeld in deiner Gemeinde mitzugestalten

Das Spinnennetz
Dauer: etwa 20 min; Material: aufgewickeltes Band oder Wollknäuel.
Alle Schülerinnen und Schüler sitzen im Kreis. Ein Kind hat eine Bandrolle oder ein Wollknäuel in der Hand und stellt sich vor: „Ich heiße Jan und bin zwölf Jahre alt. Wer bist du?" Er hält das Band oder den Faden mit der einen Hand fest und wirft das Knäuel einem anderen Kind zu. Das Kind wiederholt Jans Aussage und fügt hinzu: „...Ich heiße Hanna ..." Das Spiel ist zu Ende, wenn sich jeder aus der Klasse vorgestellt hat.

M1 *Spiel zum Kennenlernen*

M2 ***Am Anfang gibt es viele Fragen.***

Neue Schule – neue Klasse

Christina Elbert ist aufgeregt. Heute ist ihr erster Schultag in der neuen Schule. Sie ist neugierig. Sie hat aber auch ein wenig Angst. Sie spürt ein Kribbeln im Bauch.

Die Schulleiterin sagt, dass vier 5. Klassen gebildet werden. Wird sie mit ihren Mitschülerinnen und Mitschülern aus der Grundschule zusammenbleiben? Zwei Lehrerinnen und zwei Lehrer stellen sich vor. Sie übernehmen die neuen Klassen. Die Spannung steigt. Die Namen der Schülerinnen und Schülern werden vorgelesen. Endlich hört Christina ihren Namen. Zusammen mit vielen ihr noch unbekannten Mitschülerinnen und Mitschülern folgt sie ihrer neuen Klassenlehrerin in den Klassenraum im Erdgeschoss.

In der neuen Klasse sind 24 Schülerinnen und Schüler aus verschiedenen Grundschulen. Lisa, Ayse, Alexia, Konrad und Lucas haben mit Christina gemeinsam schon die Grundschule besucht.

---

1 ↗ Erinnere dich an den letzten Ferientag. Sicherlich hast du an die neue Schule gedacht.

2 Erinnere dich an den ersten Tag in der neuen Schule. Erläutere, was dir am besten und was dir nicht gefiel.

3 a) Spielt das Spiel „Spinnennetz" (M1) zum Kennenlernen eurer Mitschülerinnen und Mitschüler.
b) Überlegt euch weitere Spiele zum Kennenlernen der anderen Kinder.

4 a) Beantworte für dich die Fragen der Kinder in M2.
b) Sammelt in der Klasse Fragen zur neuen Schule und ihrer Umgebung. Schreibt die Fragen auf Karteikarten und beantwortet sie im Laufe der ersten Schulwochen.

5 Mach es wie Christina in M3. Erstelle ein Plakat mit dem Thema: „Das bin ich."

6 „Mein erster Tag in der neuen Schule." Schreibe dazu einen Text.

Starthilfe zu 1
Stelle dar, worauf du dich gefreut hast. Beschreibe, wovor du Angst hattest.

M3 *Plakat, auf dem sich Christina vorstellt*

Tipps

zur Gestaltung deines Plakats

Darüber kannst du berichten:

- Name
- Adresse
- Geburtstag
- Haarfarbe
- Frisur
- Größe
- Gewicht
- Schuhgröße
- Augenfarbe

- Lieblingsessen
- Lieblings-Popgruppe
- Hobbys
- Lieblingsfächer
- Lieblingsfarben
- Lieblingsbuch
- Lieblingsfilm

- deine Familie
- Haustiere
- beste Freundin/bester Freund

oder über etwas anderes.

Heute ist es selbstverständlich, zu reisen. Die Verkehrsmittel wurden immer schneller. Ein Passagierflugzeug fliegt 1 000 km in einer Stunde. Die Zahl der Reisenden hat stark zugenommen. Gründe hierfür sind höhere Einkommen und kürzere Arbeitszeiten. Die beliebtesten Reiseziele auf der Erde zeigt die Liste unten.

Die beliebtesten Reiseziele weltweit:

1. Kapstadt
2. Sydney
3. Machu Picchu
4. Paris
5. Rio de Janeiro
6. New York
7. Rom
8. London
9. Barcelona
10. Hongkong

(Quelle: Travellers Choice 2012)

M1 ***Zum Fachbereich Erdkunde***

Drei auf einen Streich

In deiner neuen Schule ist vieles anders als in der Grundschule. Du hast jetzt auch ein neues Fach: Gesellschaftslehre (GL).
Es verbindet die Fachbereiche Geschichte, Erdkunde und Politik/Wirtschaft. Die Fachbereiche werden aber nicht getrennt unterrichtet. Sie haben viele inhaltliche Gemeinsamkeiten.

Nehmen wir das Beispiel Freizeit: In Geschichte lernst du, wie man früher seine Freizeit verbrachte. In Erdkunde erfährst du, was die Menschen heute tun und wie ihr Lebensraum aussieht, in dem die Freizeit verbracht wird. In Politik/Wirtschaft erarbeitest du, welche politischen Entscheidungen die Freizeitgestaltung beeinflussen und welche Kosten entstehen.

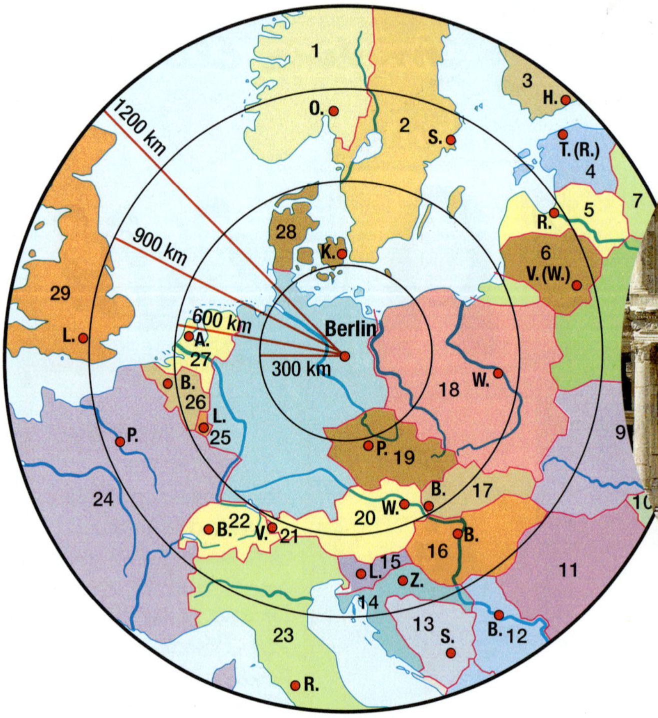

Der Fachbereich Erdkunde

In Erdkunde brauchst du deinen Atlas. Du erfährst, wo sich etwas auf der Erde befindet und wie es entstanden ist. Du lernst, wie die Menschen in den verschiedenen Gebieten der Erde leben, wohnen, arbeiten, sich versorgen und erholen. Du erfährst, ob die Menschen sich den natürlichen Gegebenheiten anpassen oder ob sie die Natur nach ihren Bedürfnissen verändern. Besonders wichtig ist die Frage, welche Folgen die Veränderungen für das Leben der Menschen und die Umwelt haben.

Starthilfe zu **2**
Denke zum Beispiel an das Thema Stadt.

1 Die drei runden Abbildungen kennzeichnen die Fachbereiche der Gesellschaftslehre. Erläutere.

2 ↗ Zeichne drei Bilder, die ebenfalls zu den GL-Fachbereichen passen würden.

Der Fachbereich Geschichte

In Geschichte geht es um die Vergangenheit und ihre Auswirkungen auf die Gegenwart und Zukunft. Du lernst, was in der Vergangenheit geschehen ist und wie die Menschen früher gelebt, gehandelt und gedacht haben und welche Landesgrenzen es gab. Dazu brauchst du deinen Atlas.
Die Vergangenheit beeinflusst unser Denken und Handeln auch heute. Spuren der Geschichte begegnen dir jeden Tag. Du kannst sie in Gebäuden, Gegenständen, Bildern oder Erzählungen finden.

Der Fachbereich Politik/Wirtschaft

Politik/Wirtschaft umfasst fast alles, was wir tun. Zum Beispiel geht es um unser Zusammenleben und welche Möglichkeiten der Mitbestimmung in der Gemeinde und Schule wir haben. Du lernst, die Handlungen der Menschen zu verstehen und ihr Handeln zu beurteilen. Du erfährst, wie die Wirtschaft funktioniert. Du wirst sehen, welche Möglichkeiten der Einflussnahme es in der Politik und Wirtschaft gibt und welche Rolle du dabei spielst.

Bis ins 19. Jahrhundert reisten die meisten Menschen zu Fuß. Reiche Leute ritten auf einem Pferd. Alte Leute sowie Frauen mit Kindern reisten in einem Pferdewagen. Diese Wagen rumpelten und schaukelten. Schlaglöcher erschwerten die Fahrt. Bei Regen waren viele Wege voller Schlamm.

M2 *Zum Fachbereich Geschichte*

Reisen werden durch politische Entscheidungen beeinflusst. Die Termine für die Sommerferien ändern sich jedes Jahr, so auch in Nordrhein-Westfalen.

M3 *Zum Fachbereich Politik/Wirtschaft*

3 Die Materialien M1 – M3 behandeln ein Thema der Gesellschaftslehre. Schreibe es auf.

4 Begründe, warum M1 – M3 jeweils einem der drei Fachbereiche zugeordnet werden können.

Merke
Das Fach Gesellschaftslehre verbindet die Fächer Geschichte, Erdkunde und Politik/Wirtschaft.

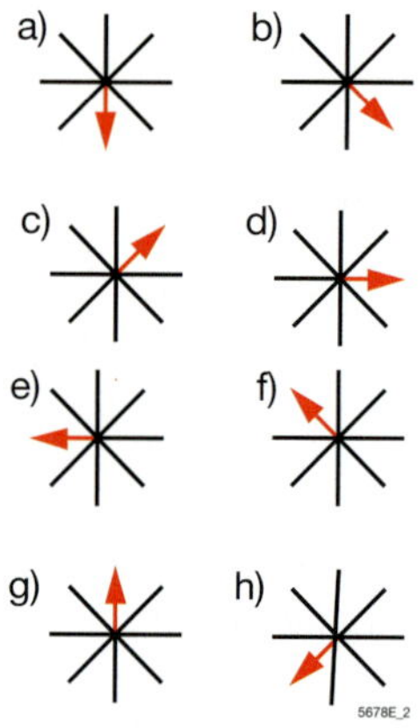

M1 *Himmelsrichtungen*

Ohne Orientierung geht es kaum

Orientieren heißt, sich zurechtfinden. Hierbei helfen dir Karten. Sie zeigen dir zum Beispiel, wo Berge, Straßen und Flüsse sind. Sie helfen dir auch, den Weg zu finden, wenn du draußen bist. In der Regel ist am oberen Kartenrand Norden. Dazu musst du aber wissen, wo welche Himmelsrichtung ist und die Karte nach den Himmelsrichtungen ausrichten.

Orientieren mit dem Kompass

Ein **Kompass** ist ein Instrument zur Bestimmung der Himmelsrichtungen. Er enthält eine Nadel, die sich dreht. Eine Spitze dieser Nadel richtet sich zum **Nordpol** aus. Unter der Kompassnadel liegt eine **Windrose** mit den einzelnen Himmelsrichtungen. Der Kompass muss so gedreht werden, dass Magnetnadel und Nordrichtung der Windrose übereinander liegen. Dann kann man die Himmelsrichtungen bestimmen.

Orientierung auch ohne Kompass

Auch ohne Kompass kannst du dir helfen. Mit einer Zeigerarmbanduhr und der Sonne kannst du feststellen, wo Süden ist. Du drehst die Uhr so, dass der Stundenzeiger zur Sonne zeigt. Süden ist dann in der Mitte zwischen dem Stundenzeiger und der Zahl 12 auf dem Zifferblatt.
An vielen Häusern sind Schüsseln für den Fernsehempfang angebracht. Die Schüsseln zeigen zumeist nach Süden.

M3 *Kompass*

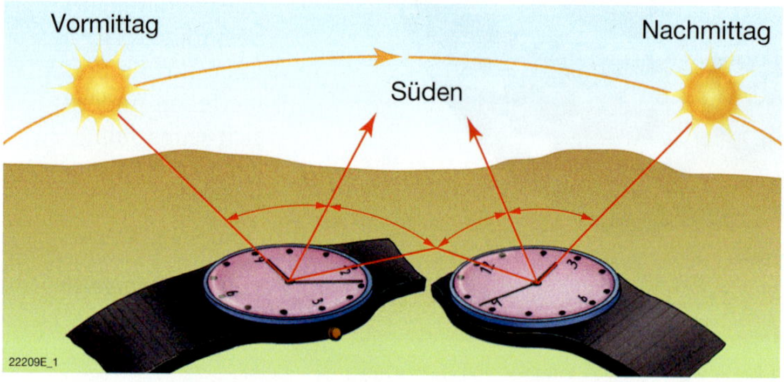

M2 *Bestimmung der Himmelsrichtung mit der Armbanduhr*

Hilfspunkte und Hilfslinien

Die Menschen haben festgelegt, dass oben auf der Erde der Nordpol und unten der Südpol ist. Zusätzlich haben sie ein Netz von Hilfslinien zur Orientierung über die Erde gelegt: das **Gradnetz**. Es besteht aus **Breitengraden** und **Längengraden** (auch **Meridiane** genannt).

M4 *Das Gradnetz*

Starthilfe zu 3
Gehe nach der Schrittfolge in M8 vor und bestimme am Kartenrand den Längengrad und den Breitengrad.

1. Bestimme in M1 die Himmelsrichtungen a) bis h).
2. Nenne drei Möglichkeiten, die Himmelsrichtungen zu bestimmen.
3. ↗ Bestimme die Lage des Ortes Leverkusen mithilfe des Atlas (Karte: Deutschland (mittlerer Teil) – physisch).
4. Besorgt euch einen Kompass und Kreide und geht auf den Schulhof.
   a) Markiert einen Punkt und schreibt die Himmelsrichtungen daneben.
   b) Bestimmt jeweils, in welcher Himmelsrichtung ihr wohnt. Stellt euch alle in der richtigen Himmelsrichtung neben den Punkt.

D3-026, D3-050
www.diercke.de

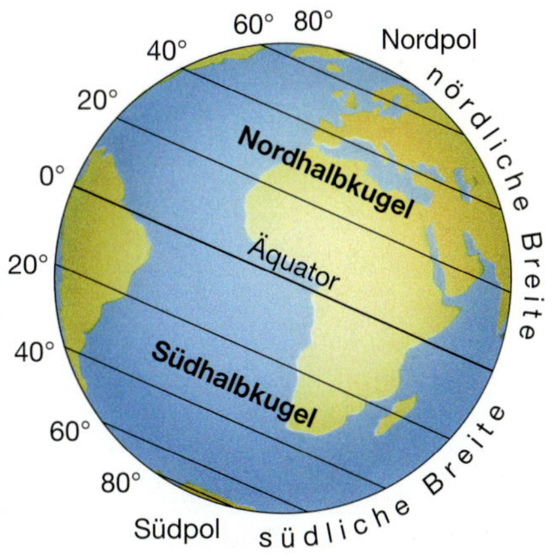

M5 *Breitengrade*

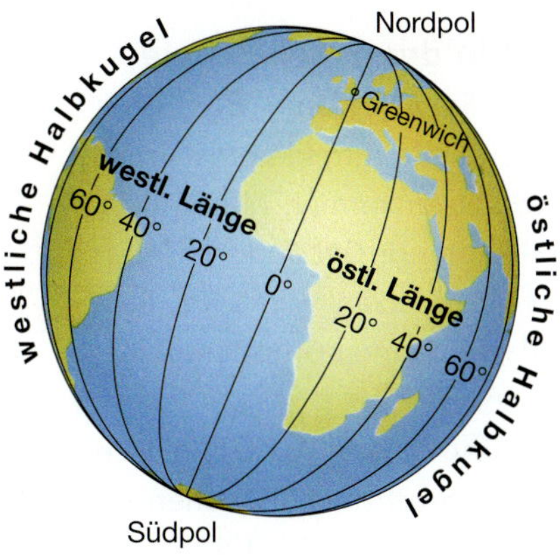

M6 *Längengrade*

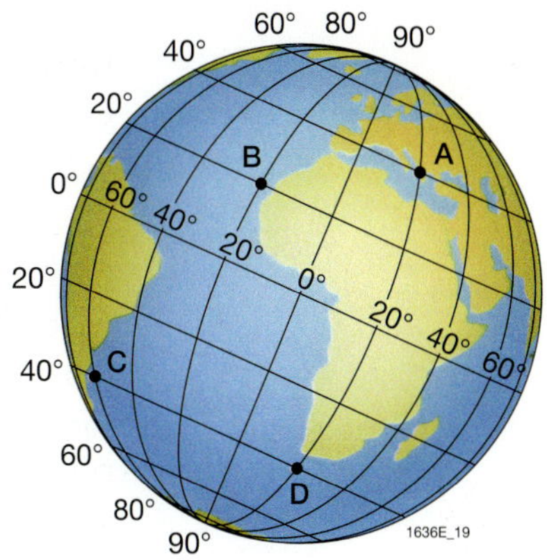

M7 *Gradnetz*

Das Gradnetz der Erde

Längengrade und Breitengrade bilden zusammen das Gradnetz der Erde. Mithilfe des Gradnetzes kann man die Lage eines Ortes auf der Erde bestimmen. Auf den meisten Atlaskarten ist das Gradnetz eingezeichnet. Die Gradzahlen sind am Kartenrand eingetragen. Am oberen und unteren Rand stehen die Angaben für die Längengrade. Am linken und rechten Kartenrand stehen die Angaben für die Breitengrade.

Die Breitengrade

Die Breitengrade sind Vollkreise. Sie sind wie Gürtel um die Erde gelegt. Der längste Breitengrad ist der **Äquator**. Er teilt die Erde in die Nordhalbkugel und die Südhalbkugel. Nach Norden und Süden gibt es jeweils 90 Breitengrade. Sie werden vom Äquator aus immer kürzer. An den Polen sind sie nur noch ein Punkt.

Lagebestimmung mit dem Gradnetz

1. Suche die Stadt Essen auf einer Atlaskarte (Deutschland (nördlicher Teil) – physisch).
2. Bestimme die geographische Breite. Essen liegt zwischen zwei Breitengraden. Suche diese auf der Karte, verfolge sie bis zum linken Kartenrand und lies dort die Zahl ab: Essen liegt zwischen 51° Nord und 52° Nord.
3. Bestimme die geographische Länge. Verfolge den durch Essen verlaufenden Längengrad bis an den oberen Rand der Karte und lies dort die Zahl ab: Essen liegt auf 6° Ost.
4. Schreibe die Gradangaben in deine Mappe oder dein Heft.

M8 *So gehst du bei der Bestimmung der Lage eines Ortes vor.*

Die Längengrade

Die Längengrade sind Halbkreise. Sie beginnen am Nordpol und enden am Südpol. Alle Längengrade sind gleich lang. Der **Nullmeridian** läuft durch Greenwich, einen Stadtteil von London. Von dort aus verlaufen je 180 Längengrade nach Westen und 180 nach Osten.

5 a) Erläutere das Gradnetz der Erde. Benutze die Begriffe Längengrade, Breitengrade, Äquator, Nullmeridian (M4 – M7).

b) Beurteile den Zweck des Gradnetzes.

c) Bestimme in M7 die Lage der Punkte A – D mithilfe des Atlas.

d) Bestimme drei Länder, durch die der Äquator verläuft (Atlas).

6 Bestimme mithilfe des Atlas die Länder, in denen sich folgende Koordinaten befinden:

a) 20° Nord / 100° West
b) 20° Süd / 140° Ost
c) 0° / 60° West
d) 60° Nord / 80° Ost
e) 20° Nord / 0°

Merke
Orientieren heißt, sich zurechtfinden. Hierbei helfen Karten. Mit dem Gradnetz kann man die Lage eines Ortes auf der Erde bestimmen.

Grundbegriffe
- der Kompass
- der Nordpol
- die Windrose
- das Gradnetz
- der Breitengrad
- der Längengrad (der Meridian)
- der Äquator
- der Nullmeridian

Unterwegs in der neuen Schule

Sekretariat, Schulleitung, Bücherei, Werkräume, Küche, Physikraum, Computerraum, Lehrerzimmer, Musikraum, Cafeteria – mehrere Gebäude mit verschiedenen Stockwerken, viele Flure, Pausenhöfe, Klassenräume, Gruppenräume, Fachräume.

Damit die Jungen und Mädchen sich in der Schule zurechtfinden, planen sie einen „Erkundungstag". Sie führen ein Fotosuchspiel durch, befragen Menschen, die an der Schule arbeiten, machen eine Schatzsuche und unternehmen eine Schulrallye. Dazu benötigen sie den **Grundriss** der Schule. Manchmal gibt es den im Schulsekretariat.

Grundriss

Der Grundriss ist eine Zeichnung, die etwas senkrecht von oben darstellt, zum Beispiel einen Gegenstand, ein Haus oder eine ganze Stadt. Du kannst auf folgende Weise sehr einfach einen Grundriss von einem Gegenstand zeichnen: Lege den Gegenstand auf ein Blatt Papier. Umfahre ihn mit einem Stift. Wenn du dann den Gegenstand wegnimmst, hast du den Grundriss des Gegenstandes.

M2 *In der Bibliothek*

Die Lehrerin hat in der Schule verschiedene Stellen fotografiert. Sie sind nicht leicht zu finden. Entweder zeigt das Foto einen kleinen Teil ganz groß oder es zeigt Stellen, auf die kaum jemand achtet. Nun sollen die Schülerinnen und Schüler herausfinden, wo die Fotos gemacht wurden.

Ihr könnt das Suchspiel auch für euch selbst oder für eine andere Klasse organisieren. Fotografiert Einzelheiten an eurer Schule, stellt die Bilder aus und lasst eure Mitschüler die Stellen suchen (hier: Pfosten am Eingangstor).

M3 *Fotosuchspiel*

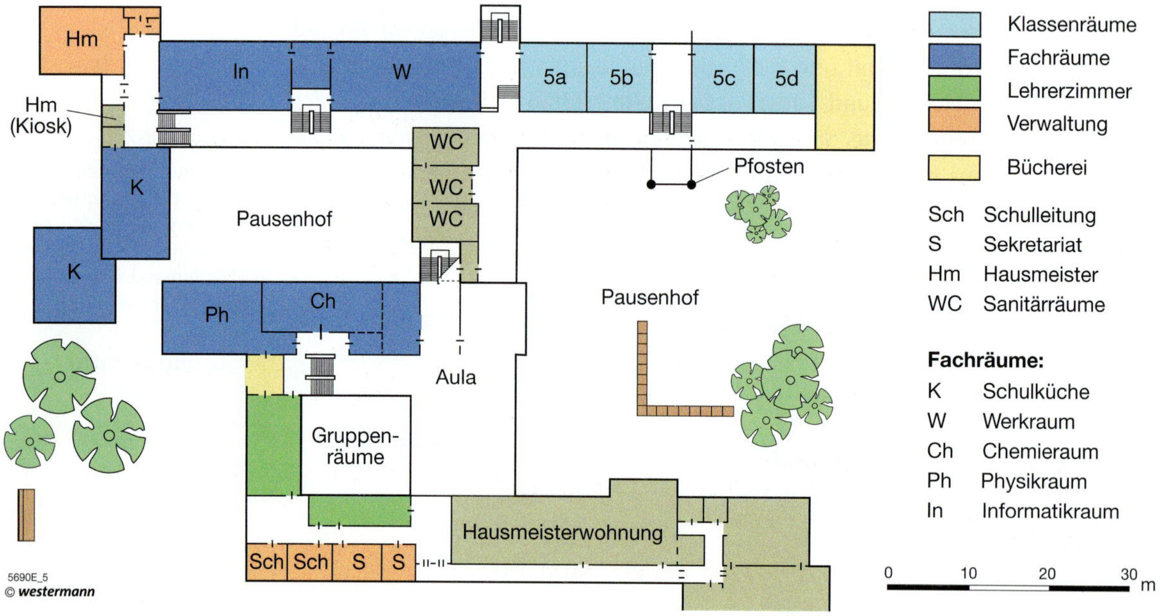

M1 *Grundriss vom Erdgeschoss einer Schule (Ausschnitt)*

Vorbereitung: Entscheidet euch, wen ihr befragen wollt. Stellt eine Liste mit Fragen zusammen.

Material: Fragebogen, Schreibzeug und Fotoapparat

Durchführung: Jeweils zwei bis vier Schülerinnen und Schüler führen die Befragung durch.
Die Antworten werden schriftlich notiert.
Auswertung: Es werden Plakate mit den Fotos und den wichtigsten Ergebnissen der Befragung gestaltet.

Die Schülerinnen und Schüler möchten etwas über die Arbeit der Schulleitung, des Hausmeisters, der Lehrerinnen und Lehrer und der Sekretärin erfahren. Sie befragen die entsprechenden Personen.

Inge Neumann
Beruf: Schulsekretärin

„Ich bin seit acht Jahren an der Schule. Die Arbeit macht Spaß, ist aber auch anstrengend. Ich bin Ansprechpartnerin für alle Lehrerinnen und Lehrer, Schülerinnen und Schüler. Für die Schulleitung schreibe ich Briefe. Ich nehme aber auch die Krankmeldungen der Lehrerinnen und Lehrer, Schülerinnen und Schüler entgegen."

M4 ***Befragung von Menschen, die an der Schule arbeiten***

Die Klasse macht eine Schatzsuche. Dazu teilt sie sich in mehrere Gruppen auf. Jede Gruppe wählt einen Gegenstand auf dem Schulgelände als Schatz aus.
Eine Gruppe hat sich für die Tischtennisplatte entschieden. Sie zeichnet eine Schatzkarte. Auf dem Grundriss der Schule wird die Stelle angekreuzt, an der sich die Tischtennisplatte befindet. Dann tauschen die Gruppen ihre Schatzkarten aus und die Schatzsuche beginnt.

M5 ***Schatzsuche***

Material:
Grundriss der Schule, Schreibzeug, Fragebogen

Durchführung:
Jeweils zwei Schülerinnen und Schüler lösen die Aufgaben des Fragebogens.

Auswertung:
Für jede richtige Antwort gibt es einen Punkt. Die Gruppe mit den meisten Punkten gewinnt.

Aufgabe 1:
- Erkundigt euch im Sekretariat, ob es eine Liste mit den Sprechstunden der Lehrerinnen und Lehrer gibt.
- Wann hat eure Englischlehrerin oder euer Englischlehrer Sprechstunde?
- Wie viele Schülerinnen und Schüler hat eure Schule?

Aufgabe 2:
- Nennt fünf verschiedene Sachen, die ihr in der Cafeteria kaufen könnt.
- Was kosten sie?
- Wie viele Sitzplätze gibt es in der Cafeteria?

Aufgabe 3:
- Welche Spielgeräte findet ihr auf den Pausenhöfen?

Aufgabe 4:
- Nennt die verschiedenen Werkräume der Schule.

Aufgabe 5:
- Wo findet ihr Informationen über Arbeitsgemeinschaften?
- Nennt zwei Arbeitsgemeinschaften.

Aufgabe 6:
- Was steht für morgen auf dem Vertretungsplan für eure Klasse?

Aufgabe 7:
- Wo bewahrt der Hausmeister die Fundsachen auf?

Aufgabe 8:
- Nennt die Zahl der Computer im Computerraum.

Beispiel eines Fragebogens

M6 ***Eine Rallye durch die Schule***

METHODE: Mit dem Atlas arbeiten

M1 *Erster Atlas aus dem Jahr 1595*

Der Atlas – eine Sammlung von Karten

Ein wichtiges Hilfsmittel in der Schule ist der **Atlas** (zum Beispiel der Diercke Drei Universalatlas). Er enthält eine Sammlung von Karten zur Gesellschaftslehre. Häufig brauchst du den Atlas auch zu Hause. Er hilft dir zum Beispiel, deine Ferienziele oder den Wohnort von Verwandten zu finden.

Du kannst auch im Atlas nachschauen, wenn du etwas über Menschen der Ur- und Frühgeschichte oder über einen Vulkanausbruch hörst. Damit du mit dem Atlas gut und schnell arbeiten kannst, besteht er aus mehreren Teilen.

① Ganz vorn im Atlas auf dem Buchdeckel ist die ***Kartenübersicht***. Hier sind verschiedene Gebiete der Erde eingezeichnet und mit einer Seitenzahl versehen. So siehst du auf einen Blick, auf welcher Seite im Atlas hierzu eine Karte vorhanden ist.

② Das ***Inhaltsverzeichnis*** enthält die Überschriften aller Karten im Atlas mit den Seitenzahlen, auf denen sie zu finden sind.

③ Der Schwerpunkt des Atlas ist der ***Kartenteil***. Er enthält alle Karten. In vielen Atlanten kommen zuerst die Karten über die Erde, dann die zu Deutschland, Europa und den übrigen Kontinenten.

④ Das ***Register*** ist ein alphabetisches Verzeichnis der Namen, die auf den Karten im Atlas vorkommen. Das sind Städte, Länder, Flüsse, Meere, Berge und Landschaften.
Hinter dem jeweiligen Namen stehen die Seitenzahl und das Planquadrat (zum Beispiel 122, A 3). Damit kannst du das gesuchte Wort mithilfe des Gitternetzes schnell finden.
In vielen Atlanten gibt es zusätzlich ein Sachwortregister. Dort sind wichtige Begriffe zu verschiedenen Sachthemen alphabetisch aufgelistet. Hinter den Begriffen stehen die Seitenzahlen im Atlas und die Nummern der Einzelkarten, auf denen sie zu finden sind (zum Beispiel 166.2)

M2 *So ist der Atlas aufgebaut.*

Atlas (Mehrzahl: Atlanten)

Der Atlas ist eine Sammlung von Karten in einem Buch. Der Name Atlas wurde durch den Forscher Gerhard Mercator im 16. Jahrhundert eingeführt. Er nannte seine Kartensammlung „Atlas“.
In einer griechischen Sage trägt der Riese Atlas die gesamte Erde auf seinen Schultern. Man findet ihn auf vielen Bildern und als Statue.

So findest du einen Ort im Atlas

1. Suche den Namen im Register. Schreibe Seite und Planquadrat auf.
2. Schlage die entsprechende Seite im Atlas auf.
3. Suche den Namen in dem angegebenen Planquadrat.

1 Schreibe die Namen folgender Länder untereinander:
Guyana, Guinea, Spanien, Kanada, Indien. Schreibe hinter die Ländernamen die Atlas-Seite und das Planquadrat.

2 Schlage die entsprechenden Seiten aus Aufgabe 1 im Atlas auf. Schreibe hinter die Atlas-Seiten und Planquadrate, auf welchen Kontinenten die Länder liegen.

Starthilfe zu 1
Nutze das Register im Atlas.

D3-006, D3-046
www.diercke.de

M3 ***Der Ort Gafsa in Tunesien (Afrika)***

G

Gaalkacyo 181, H 5
Gabis 180, D 2
Gablonz (Jablonec nad Nisou) 51, L 3
Gaborone 182, D 5
Gabun 171, 3 C 4
Gadebusch 49, G 2
Gades 86, 1 B 3
Gafsa 180, D 2
Gaggenau 52, D 4
Gagnon 203, G 1
Gail 119, K 4
Gaildorf 52, E 3

15822E_3

M4 ***Auszug aus dem Register des Atlas***

15821E_2

Orte

Symbol	Einwohner	
■ (mit Punkt)	über	5 000 000
■	1 000 000 –	5 000 000
◉	500 000 –	1 000 000
●	100 000 –	500 000
○	20 000 –	100 000
∘	unter	20 000

M5 ***Auszug aus der Legende***

Im Register findest du:	Name	Seite	Planquadrat
	Gafsa	180	D2

Du schlägst die Seite 180 auf und findest im Planquadrat D2 den Ort Gafsa (M3). Gafsa ist eine Stadt in Tunesien (Afrika). Mithilfe der Legende (M5) kannst du erkennen, dass die Einwohnerzahl zwischen 20 000 und 100 000 liegt.
Achtung: Im Register ist das Planquadrat angegeben, in dem der geschriebene Namen beginnt.

M6 ***So suchst du einen Ort im Register – das Beispiel Gafsa.***

3 a) Schreibe folgende Namen untereinander: Aconcagua, Suriname, Brocken, Anden, Nil. Bestimme mithilfe des Registers im Atlas die Seite und das Planquadrat.

b) Schlage dann die entsprechende Seite im Atlas auf und schreibe dazu, ob es sich um eine Stadt, einen Berg oder einen Fluss handelt.

Merke
Ein Atlas ist eine Sammlung von Karten aus der ganzen Welt. Das Register enthält die Namen aller Orte im Atlas. Es hilft bei der Atlasarbeit.

Grundbegriff
- der Atlas

M1 ***Derya hat einen Freizeitpark besucht. Dort sind berühmte Bauwerke im Maßstab 1:25 nachgebaut.***

Der Maßstab – ein Maß für die Verkleinerung

Fabian hat seinen Fahrradschlüssel verloren. Er entdeckt ihn vor der Schule. In M2 ist der Schlüssel so groß wie in Wirklichkeit. Er hat den **Maßstab** 1:1 (man spricht: „eins zu eins"). In M3 ist der Schlüssel 10-mal kleiner. Er hat den Maßstab 1:10 (man spricht: „eins zu zehn"). Die Maßstäbe der übrigen Bilder sind noch kleiner. Der Schlüssel ist nicht mehr zu erkennen. In M4 ist er rot markiert. Im Unterschied zu M2–M4 ist in M5 die ganze Schule abgebildet.

Der Maßstab ist ein Maß für die Verkleinerung: Je größer die Zahl hinter dem Doppelpunkt, umso kleiner ist der Maßstab.

Die Karten M6 und M7 enthalten die Städte Köln und Düsseldorf. M6 hat einen größeren Maßstab. Alles ist größer dargestellt. Dafür ist ein kleineres Gebiet abgebildet. M7 hat einen kleineren Maßstab. Dafür ist ein größeres Gebiet zu sehen. Es sind jedoch weniger Einzelheiten abgebildet.

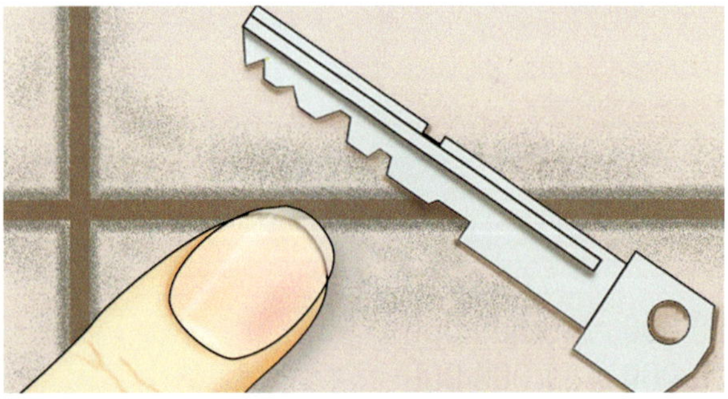

M2 *Maßstab 1:1*

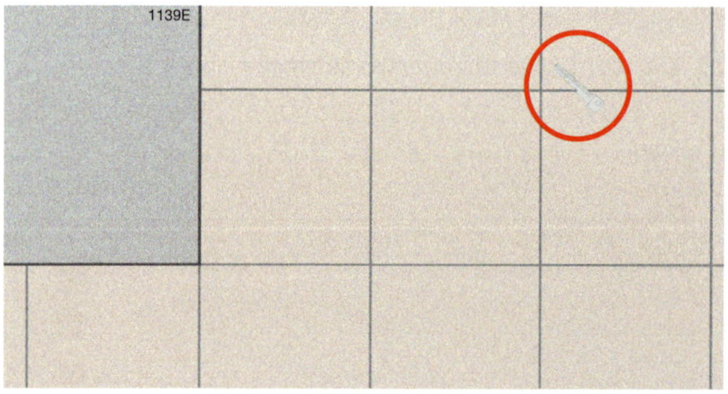

M3 *Maßstab 1:10*

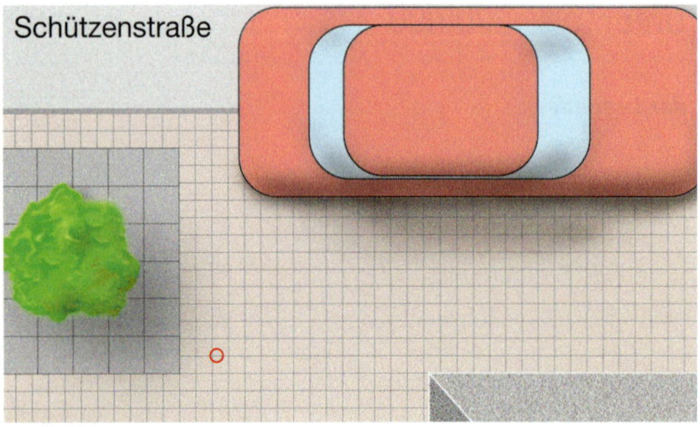

M4 *Maßstab 1:100*

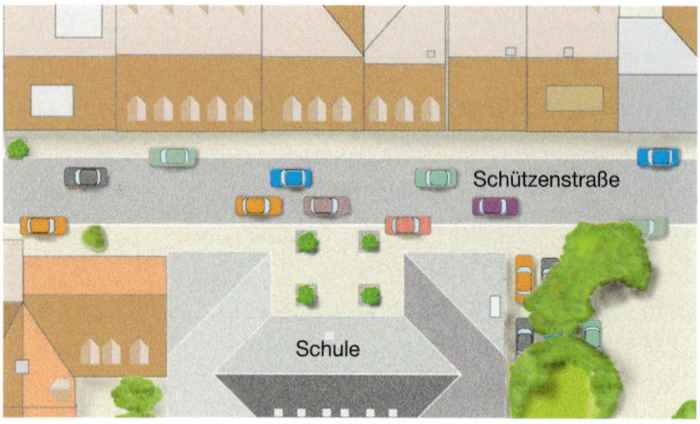

M5 *Maßstab 1:1 000*

1. Fabians Fahrradschlüssel sieht immer kleiner aus. Schließlich ist er nicht mehr zu erkennen (M2–M5). Erkläre.

2. ↗ Vervollständige den Satz: Der Schlüssel ist umso größer, je ... der Maßstab ist; er ist umso kleiner, je ... der Maßstab ist.

3. Lege Transparentpapier auf M5. Zeichne den Umriss der Schule und der vier Bäume. Markiere nun die Lage von Fabians Fahrradschlüssel mit einem roten Punkt.

***Starthilfe zu** 2*
Der Maßstab ist umso größer, je größer alles dargestellt ist.

D3-084
www.diercke.de

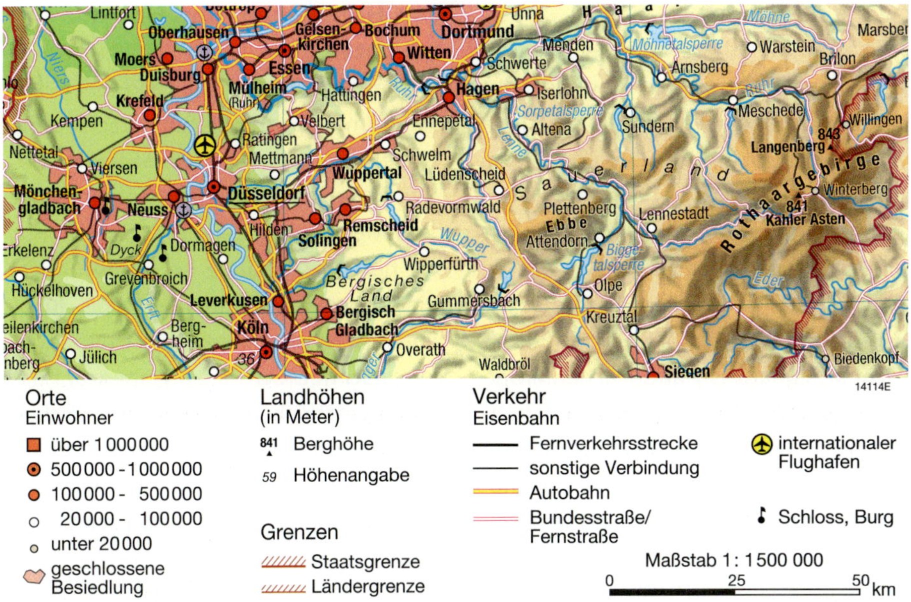

M6 ***Kartenausschnitt im Maßstab 1 : 1 500 000***

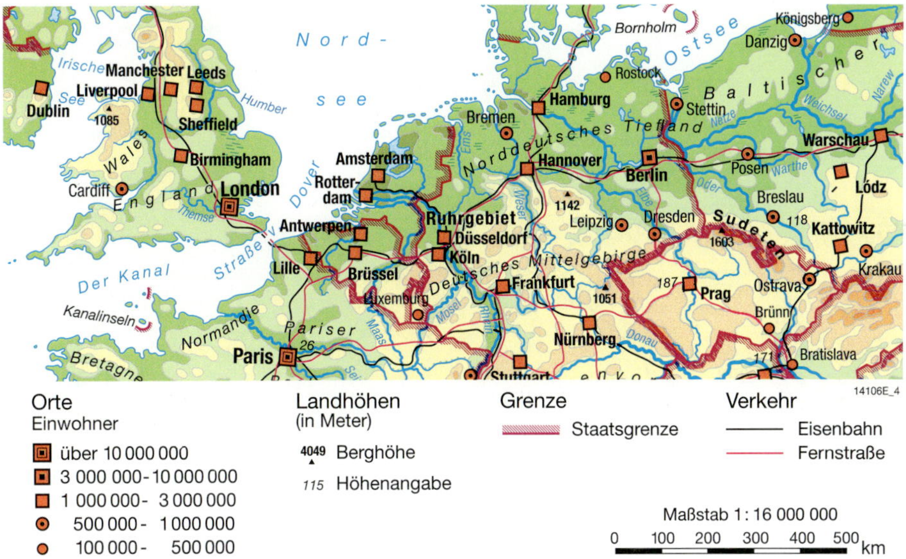

M7 ***Kartenausschnitt im Maßstab 1 : 16 000 000***

4 Ordne die Maßstäbe. Schreibe den größten Maßstab zuerst auf und den kleinsten zuletzt:
Maßstab 1 : 1 000 000
Maßstab 1 : 140 000 000
Maßstab 1 : 50 000
Maßstab 1 : 10 000
Maßstab 1 : 500 000

5 Suche fünf Karten im Atlas mit unterschiedlichem Maßstab. Erstelle dazu eine Tabelle mit den verschiedenen Maßstäben.

6 Der Eiffelturm in Paris ist rund 325 m hoch. Berechne die Höhe des Modells in dem Freizeitpark, den Derya besucht hat (M1).

Maßstab
Der Maßstab gibt an, wie stark der Inhalt einer Karte gegenüber der Wirklichkeit verkleinert ist.

Maßstabsleiste
Mithilfe dieser Leiste kann man Entfernungen zwischen zwei Punkten der Karte ohne mühevolles Umrechnen direkt ablesen.

Merke
Der Maßstab ist ein Maß dafür, wie stark die Inhalte einer Karte gegenüber der Wirklichkeit verkleinert sind. Mithilfe der Maßstabsleiste kann man Entfernungen auf einer Karte direkt ablesen.

Grundbegriffe
- der Maßstab
- die Maßstabsleiste

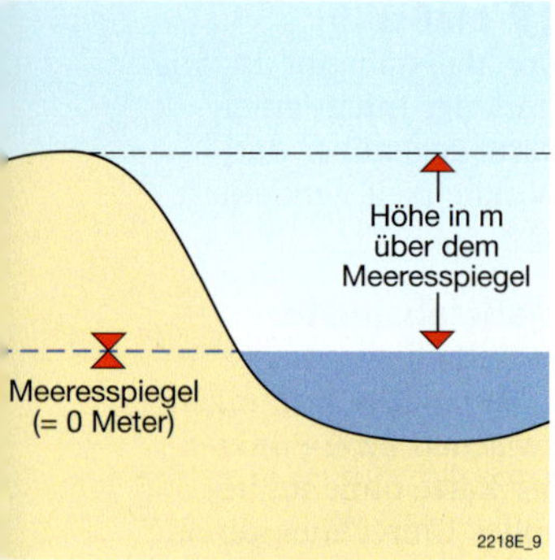

M1 ***Höhenmessung vom Meeresspiegel aus***

Signaturen und Flächenfarben

„Punkte“:
Diese Zeichen geben zum Beispiel die Lage von Städten sowie von bestimmten Industrie- und Bergbaustandorten an.

Linien:
Sie zeigen unter anderem den Verlauf von Flüssen, Straßen, Eisenbahnstrecken und Grenzen.

Bildhafte Zeichen:
Sie beschreiben zum Beispiel Schlösser/Burgen, Pässe und auch Industrien.

Flächen:
Diese vermitteln einen Überblick über Landhöhen, Wasserflächen, Wälder, Bodennutzung, die Flächen von Staaten und vieles andere.

Zwei Kartenarten

Die Karten im Atlas unterscheiden sich. **Physische Karten** zeigen besonders gut die Oberflächenformen der Landschaft sowie die Verteilung der Städte und Flüsse. **Thematische Karte** behandeln ein bestimmtes Thema: Es gibt Wirtschaftskarten, Klimakarten, Fremdenverkehrskarten und viele mehr. Bei allen Karten ist die **Legende** wichtig. In ihr sind die Einzelzeichen (Signaturen) und Flächenfarben erklärt. So hat zum Beispiel die Flächenfarbe Hellbraun in einer physischen Karte eine andere Bedeutung als in einer thematischen Karte (siehe M2 und M4).

Von Höhenlinien und Höhenschichten

In einer Karte werden die Landhöhen und die Formen der Berge auf verschiedene Weise dargestellt. Die **Höhenlinien** verbinden Punkte, die in gleicher Höhe über dem Meeresspiegel liegen. Du erkennst, wie hoch das Gelände ist. An besonders wichtigen Stellen wird die Höhe durch einen Punkt oder ein kleines Dreieck gekennzeichnet. Oft ist die Höhenzahl daneben geschrieben. Die Flächen zwischen zwei Höhenlinien werden farbig ausgemalt. Mit zunehmender Höhe wechselt die Farbe von Grün über Gelb nach Braun.

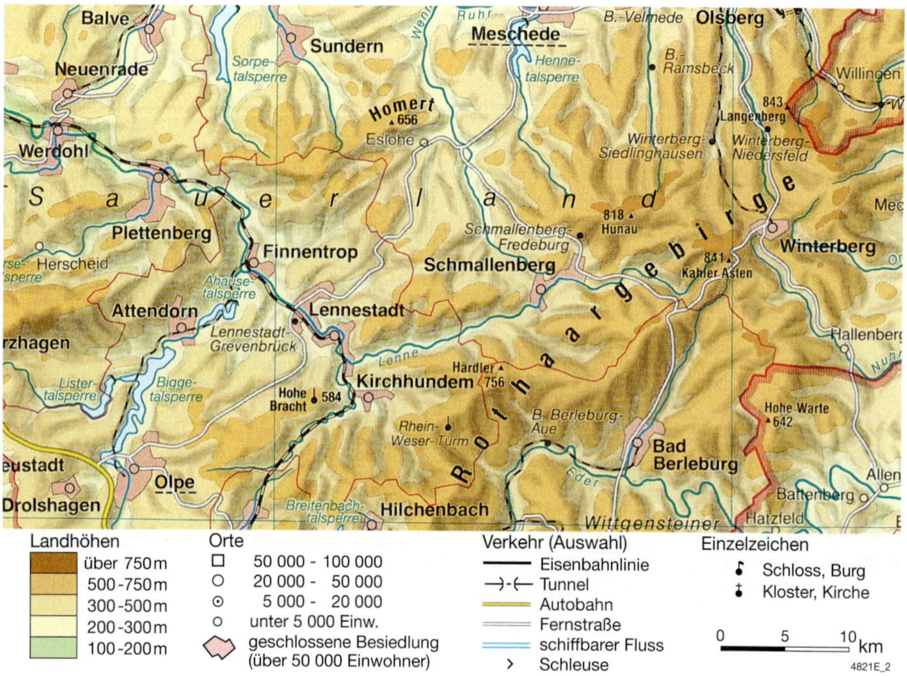

M2 ***Ausschnitt aus einer physischen Karte von Nordrhein-Westfalen***

1 Übertrage die Tabelle in deine Mappe oder dein Heft und ergänze die Höhenangaben:

Region	höchster Berg	Höhe in m
NRW	Langenberg	?
Deutschland	Zugspitze	?
Europa	Mont Blanc	?
Asien	Mount Everest	?

2 Vervollständige die beiden Sätze:
Die Höhenangaben auf Karten beziehen sich auf den …
Höhenlinien verbinden Punkte, die in … über dem Meeresspiegel liegen.

Starthilfe zu 1
Suche im Register des Atlas den Namen des ersten Berges. Schlage die entsprechende Seite im Atlas auf. Schreibe die Höhe des Berges neben den Namen.

D3-046, D3-070
www.diercke.de

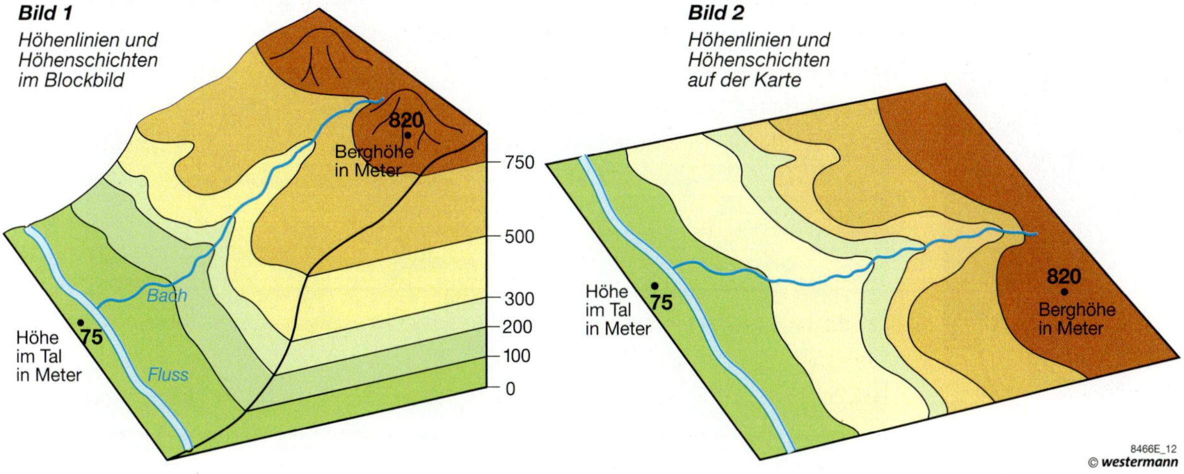

M3 *Höhendarstellungen (Die Flächen zwischen den Höhenlinien sind Höhenschichten.)*

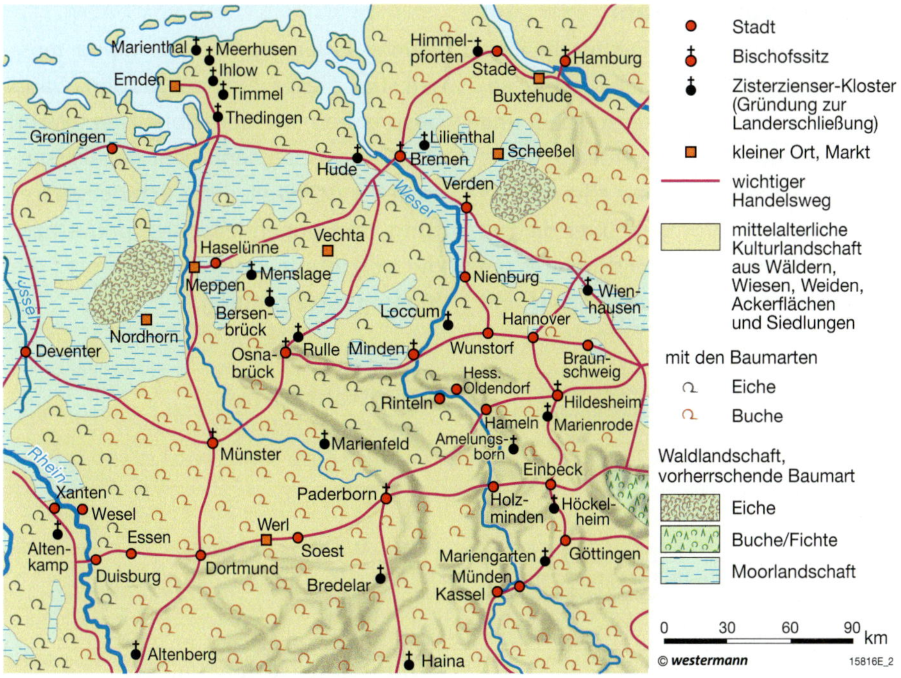

M4 *Ausschnitt aus einer thematischen Karte (Deutschland – Landesgeschichte um 1250)*

Höhenangaben

Alle **Höhenangaben** beziehen sich auf den Meeresspiegel (M1). So bedeutet in M3 die Zahlenangabe 820: Dieser Punkt liegt 820 Meter über dem Meeresspiegel, abgekürzt 820 m ü. M.

3 a) Bestimme die Höhe über dem Meeresspiegel von Werdohl (M2).
b) Bestimme die Höhe über dem Meeresspiegel der Homert (M2).
c) Ermittle den Höhenunterschied zwischen Werdohl und der Homert (M2).

4 Suche in deinem Atlas Karten, die du den beiden Kartenarten zuordnest. Lege eine Tabelle an.

Merke
Physische Karten zeigen die Lage von Orten, Flüssen, Straßen und Eisenbahnlinien. Die Landhöhen werden durch Farbabstufungen dargestellt.

Grundbegriffe
- die physische Karte
- die thematische Karte
- die Legende
- die Höhenlinie
- die Höhenangabe

1 Wir wählen unsere Klassensprecher

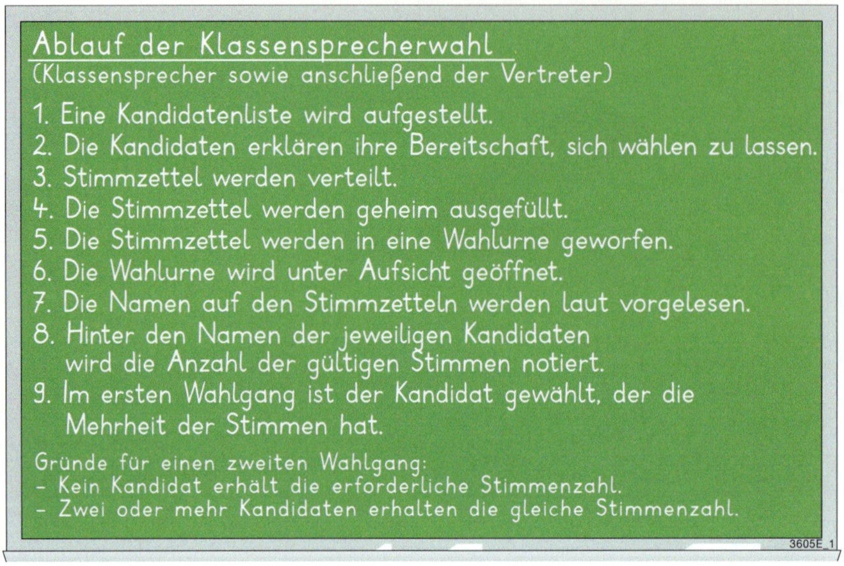

M2 *Tafelanschrieb*

SV
SV ist die Abkürzung für Schülervertretung. Sie ermöglicht den Schülerinnen und Schülern, dass sie ihre Interessen an der Schule vertreten können und das Schulleben mitgestalten.

Spannung vor der Wahl

Nach drei Wochen ist es Zeit für die Klassensprecherwahl. Es müssen die Klassensprecherin oder der Klassensprecher und die Vertretung gewählt werden.
Im Sitzkreis erklärt die Lehrerin das **Wahlrecht** und informiert über die bevorstehende Wahl: „Zunächst geht es um die Aufgaben der Klassensprecher und welche Eigenschaften sie haben müssen, um dieses Amt auszuüben. Dann besprechen wir den Ablauf der Wahl. Die Klassensprecherin oder der Klassensprecher ist Mitglied der **Schülervertretung**. Im Übrigen leitet sie oder er bzw. die Vertreterin oder der Vertreter die **Klassenversammlung**."

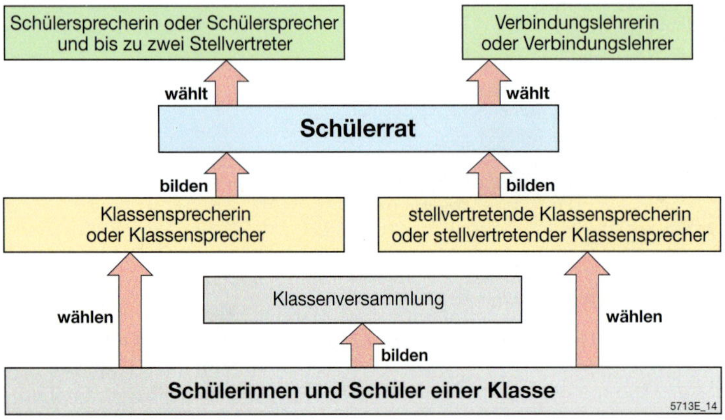

M1 *Schaubild der Schülervertretung (SV) einer Schule*

Die Wahl ist frei.
Ihr entscheidet allein, wen ihr wählt. Eure Wahl wird nicht kontrolliert.

Die Wahl ist gleich.
Jede Stimme hat das gleiche Gewicht.

Die Wahl ist geheim.
Ihr müsst eure Entscheidung keinem erzählen.

M3 *Grundsätze einer demokratischen Wahl*

Starthilfe zu **2**
Lege eine Tabelle an:

Zuständig	Nicht zuständig
...	...

1 a) Notiere aus der Liste in M5 Eigenschaften, die ein Klassensprecher unbedingt haben muss.
b) Erstellt in der Klasse ein Plakat: Unsere Erwartungen an gute Klassensprecher.

2 ↗ Lies die Aussagen in M4. Schreibe die Angelegenheiten und Situationen auf, in denen
- die Klassensprecherin und der Klassensprecher zuständig sind;
- sie nicht zuständig sind.

M4 ***Ist die Klassensprecherin bzw. der Klassensprecher zuständig oder nicht?***

Eine Klassensprecherin oder ein Klassensprecher soll ...

1. für Ruhe sorgen können, wenn keine Lehrerin oder kein Lehrer da ist.
2. eine SV-Stunde in der Klasse gut leiten können.
3. am besten über Fußball informiert sein.
4. mit der Klassenlehrerin oder dem Klassenlehrer sachlich über Beschwerden von Jungen oder Mädchen sprechen.
5. im Schülerrat die Meinung der Klasse vortragen können.
6. eine Musterschülerin oder ein Musterschüler sein.
7. nur die Meinung ihrer oder seiner Freunde vertreten.
8. die kleineren und schwächeren Schüler beschützen.
9. verschwiegen sein, wenn ihr oder ihm etwas anvertraut wird.
10. ein Fan der coolsten Boygroup sein.
11. bei Streitfällen auf Ausgleich bedacht sein.
12. sich in die Situation einer Mitschülerin oder eines Mitschülers versetzen können.
13. einen großen Anteil an der Lösung eines auftretenden Konfliktes haben.
14. die Klasse über den Verlauf der Schülerratssitzung sachlich und verständlich informieren können.
15. immer gut gekleidet sein.
16. Mut haben, auch etwas Unangenehmes zu sagen.
17. kräftig sein, um einen Streit beenden zu können.
18. immer als erste oder erster in der Klasse sein.

M5 ***Welche Eigenschaften braucht eine Klassensprecherin oder ein Klassensprecher?***

3 Nimm kritisch Stellung:
Die Jungen haben bei der Klassensprecherwahl in einer Schule zwei Stimmen, die Mädchen haben eine Stimme.

4 Nimm Stellung: Die Klassenlehrerin schlägt Nina zur Klassensprecherin vor und möchte, dass offen abgestimmt wird. Bewerte, wie die Wahl ausgegangen wäre, wenn nicht geheim abgestimmt würde.

Merke
Die Klassensprecherwahl wird geheim durchgeführt. Die Klassensprecher vertreten die Interessen der Schülerinnen und Schüler ihrer Klasse.

Grundbegriffe
- das Wahlrecht
- die SV (Schülervertretung)
- die Klassenversammlung

M1 *In einer Stadtschule um 1900*

M2 *Schreibgeräte*

Eine Fahrt in die Vergangenheit

Vor 100 Jahren gingen in den Städten Jungen und Mädchen getrennt in die Volksschule. Nur ganz wenige besuchten das Gymnasium.

Auf dem Dorf gingen alle Kinder und Jugendlichen in eine Klasse. Sie wurden alle gleichzeitig unterrichtet – und zwar von dem Schulmeister, so wurde der Lehrer oft genannt. Während zum Beispiel die erste Klasse schreiben musste, lasen andere still einen Text und die Großen rechneten oder zeichneten. Die jüngeren Schülerinnen und Schüler benutzten eine Schiefertafel mit einem Griffel. Sie schrieben in der sogenannten deutschen Schrift. Die älteren waren bereits geübter und durften mit Stahlfeder oder Gänsekiel und Tinte in ein Heft schreiben.

Der Lehrer war sehr streng. Wenn ein Kind während des Unterrichts sprach, bekam es eine Strafe. Es war erleichtert, wenn es den Satz *„Ich darf während des Unterrichts nicht stören"* hundertmal abschreiben musste. Andere Kinder bekamen Schläge mit dem Stock auf die Hand oder mussten sich in die Ecke stellen. Kein Wunder, dass der Lehrer bei den Kindern gefürchtet war.

Im Winter ließen die Kinder und Jugendlichen Jacken und Mäntel an, weil nur bei großer Kälte geheizt wurde. Dann mussten die Schulkinder Kohlen mitbringen.

Starthilfe zu 1 a)
Lege eine Liste an, in der du alles einträgst, was die Schüler lernen sollen.

1. Lies das Gedicht von Wilhelm Busch (M5).
   a) ↗ Schreibe auf, was Kinder in der Schule lernen sollen.
   b) Lernt das Gedicht auswendig. Wer trägt es am besten vor?

2. Vergleiche die Schulordnung deiner Schule mit der Schulordnung von 1900 (M4).

3. Nimm Stellung zur Schulordnung um 1900 (M4).

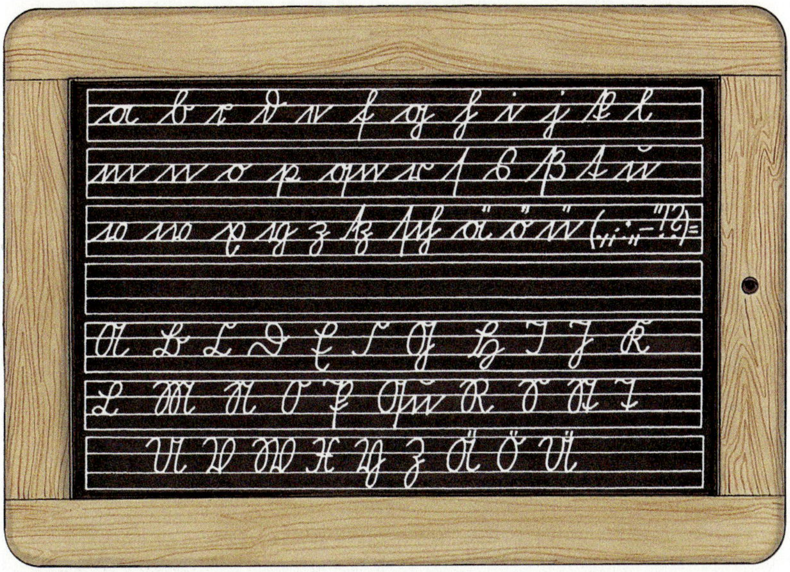

M3 ***Die Buchstaben der deutschen Schrift, auch Sütterlin-Schrift genannt, (in Schreibschrift) etwa 1900 – 1950***

Also lautet
ein Beschluss,
dass der
Mensch was
lernen muss.
Nicht allein das A-B-C
bringt den Menschen in die Höh';
nicht allein in Schreiben, Lesen
übt sich ein vernünftig Wesen;
nicht allein in Rechnungssachen
soll der Mensch sich Mühe machen,
sondern auch der Weisheit Lehren
muss man mit Vergnügen hören.
Dass dies mit Verstand geschah,
war Herr Lehrer Lämpel da.

M5 ***Aus „Max und Moritz" von Wilhelm Busch, 1925***

Tafel, Griffel, Rutenstock

Die Lehrer müssen auf Folgendes achten:

a) dass die Kinder sich sofort und still an ihren Platz begeben, die Bücher auf das Brett unter der Schulbank legen und sich ruhig verhalten;

b) dass die Kinder Gesicht, Ohren, Hals und Hände rein gewaschen und die Haare glatt gekämmt haben;

c) dass alle Schüler anständig, gerade, mit dem Rücken angelehnt und in Reihen hintereinander sitzen;

d) dass jedes Kind seine Hände gefaltet auf die Schulbank legt, damit alle Neckereien und Spielereien auf der Bank, alle ungehörigen und unsittlichen Beschäftigungen unter derselben unmöglich gemacht werden;

e) dass die Füße parallel nebeneinander auf den Boden gestellt werden, damit das Hinundherscharren der Füße nicht stattfinden kann;

f) dass sämtliche Schüler dem Lehrer fest ins Auge schauen, weil demzufolge alles Sprechen, Plaudern, Lachen, Flüstern, Hinundherrücken, Essen usw. nicht vorkommen können. Bevor nicht alle Blicke auf den Lehrer gerichtet sind, beginnt der Lehrer nicht seinen Unterricht.

(Nach: Dieter Goergen: Tafel, Griffel, Rutenstock – 150 Jahre Eifeler Volksschule. In: Freundeskreis Freilichtmuseum Sobernheim 1991, S. 2 – 4)

M4 ***Aus einer Schulordnung um 1900***

4 Schreibe deinen Namen in deutscher Schrift (M3).

5 Spielt „Schule früher". Denkt an Sitzordnung, Regeln, Kleidung und Schulmaterialien.

6 Schreibe deinen Namen sowie die deiner Familienmitglieder in deutscher Schrift (M3). Du kannst auch wie früher mit einer Stahlfeder und Tinte schreiben.

Merke
Schiefertafel und Griffel waren die Schreibgeräte in den Schulen um 1900. Die Schulordnung war sehr streng.

M1 *Diskussion in der Klasse*

Erarbeitet Vorschläge für eine Klassenordnung.
Stellt eure Vorschläge in einer Präsentation der Klasse vor.

Regeln
Menschen brauchen Regeln, damit das Leben in der Familie, mit Freunden, im Alltag und in der Schule klappt. Aber auch Spielregeln, zum Beispiel beim Sport, sind notwendig.
Eine Regel ist eine Vorschrift, an die sich jeder halten muss. Wer dagegen verstößt, wird bestraft und notfalls ausgeschlossen. Er erhält die „gelbe" oder gar die „rote" Karte.
In der Schule regelt eine Schulordnung das Zusammenleben. In der Klasse gibt es eine Klassenordnung.

Wir geben uns eine Klassenordnung

Die ersten Schulwochen sind vergangen. Laura und Yasemin kommen häufig zu spät aus der Pause in den Unterricht. Jan lässt keinen Mitschüler ausreden, sondern er ruft einfach in die Klasse.
Die Lehrerin, Frau Buchmann, versammelt die Klasse im Sitzkreis. Sie bespricht die Situation. Die Klasse beschließt, sich eine **Klassenordnung** zu geben.
Die Klassenordnung besteht aus **Regeln**, die jeder zu beachten hat. Frau Buchmann betont, dass auch Lehrerinnen und Lehrer sich an die Klassenordnung zu halten haben. Damit alle gerecht behandelt werden, muss auch festgelegt werden, was passiert, wenn jemand gegen die Klassenordnung verstößt.
Damit die Aufgaben in der Klasse gerecht verteilt werden, werden die **Klassendienste** besprochen. Alle Dienste werden auf einem Plakat aufgelistet. Da es beliebte und weniger beliebte Klassendienste gibt, schlägt Frau Buchmann vor, dass die Dienste wöchentlich wechseln.

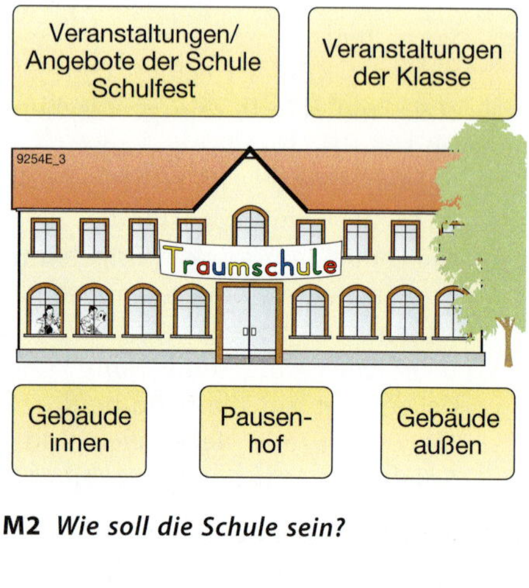

M2 *Wie soll die Schule sein?*

Tipps für die Erarbeitung

1. a) Listet Klassendienste auf, die für euch notwendig sind.
   b) Nennt Aufgaben der Klassendienste (z. B. beim Blumendienst: Blumen gießen, welke Blätter abzupfen, ...).

2. In einer Schule gibt es immer Dinge, die man verbessern kann. Entwickelt Vorschläge, wie eure Traumschule aussehen könnte. Überprüft, welche sich davon verwirklichen lassen (M2).

- Wählt für jeden Dienst in eurer Klasse ein Zeichen aus. Es soll die Aufgaben des Dienstes verdeutlichen.
- Malt ein Plakat mit den Zeichen.
- Jeder schreibt seinen Namen auf eine Wäscheklammer aus Holz.
- Die Wäscheklammern werden für den jeweiligen Dienst an das Plakat geklammert.
- Jeder kann jetzt gut erkennen, wer für den Dienst zuständig ist.

M3 *Plakat für die Klassendienste*

1. Ich nehme Rücksicht auf andere.	☺	😐	☹
2. Ich nehme anderen im Unterricht nichts weg.	☺	😐	☹
3. Ich lache andere nicht aus, wenn sie einen Fehler machen.	☺	😐	☹
4. Ich übernehme ohne Murren den Ordnungsdienst.	☺	😐	☹
5. Ich falle anderen nicht ins Wort.	☺	😐	☹
6. Ich lenke andere nicht vom Unterricht ab.	☺	😐	☹
8. Ich bin nicht frech und unhöflich zu anderen.	☺	😐	☹
9. Ich helfe anderen bei Schwierigkeiten.	☺	😐	☹
10. Ich verpetze niemanden.	☺	😐	☹
12. Ich erledige meine Aufgaben ordentlich.	☺	😐	☹
13. Ich gebe nicht mit Spielsachen oder tollen Klamotten an.	☺	😐	☹
14. Ich bin bereit, anderen zuzuhören.	☺	😐	☹
15. Ich will mich nicht streiten oder einen Streit anstacheln.	☺	😐	☹
16. Ich werde Schwächere nicht hänseln.	☺	😐	☹
17. Ich gehe mit allen Sachen im Klassenraum sorgsam um.	☺	😐	☹

☺ Fällt mir leicht 😐 Fällt mir schwer ☹ Muss ich noch lernen

M4 *Testbogen – Kannst du dich an Regeln halten?*

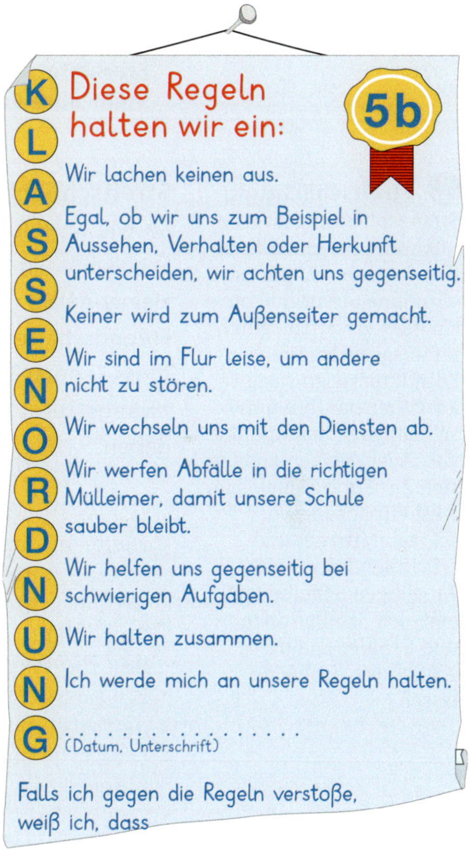

M5 *Vorschlag für eine Klassenordnung*

3 Erstellt für die Präsentation eurer Klassenordnung einen Merktext und erklärt die Grundbegriffe. Dies überträgt die ganze Klasse ins Heft oder in den Ordner.

4 Erstellt einen Vorschlag für eine Klassenordnung und die Klassendienste (M3, M5).

5 Schreibt die Regeln (M4) an die Tafel und macht den Test.

Grundbegriffe
- die Klassenordnung
- die Regel
- der Klassendienst

M1 *Wer hat Schuld?*

Erarbeitet, wie man einen Streit schlichtet.
Stellt eure Ergebnisse in der Klasse vor.

Streitschlichtung

Streitschlichtung ist eine Methode, um einen Konflikt zu lösen. Zunächst wird eine Streitschlichterin oder ein Streitschlichter ausgesucht. Die Konfliktparteien tragen anschließend ihre unterschiedlichen Standpunkte vor. Auch Zeugen melden sich zu Wort. Gemeinsam wird ein Lösungsvorschlag erarbeitet und schriftlich festgehalten. An einigen Schulen können sich Schülerinnen und Schüler zu Streitschlichtern ausbilden lassen.

Streitschlichtung – eine Lösung mit Gewinnern

So wie im Bild dargestellt streiten sich Schulkinder immer wieder. Oft reicht ein kleiner Anlass und eine Prügelei entsteht. Freundschaften können zerbrechen. Es muss jedoch bei einem Konflikt nicht zwangsläufig Verlierer und Gewinner geben.

Es gibt eine Möglichkeit, den Streit beizulegen: die **Streitschlichtung**. Die Streitschlichtung ist eine Gewinnerlösung. Der Streit wird so geschlichtet, dass beide Konfliktparteien mit der Lösung zufrieden sein können und wieder normal miteinander umgehen.

Heute in der GL-Stunde öffnet Fritz seine neue Mappe. Sorgfältig zeichnet er eine Kartenskizze auf ein Blatt. Hierbei gibt er sich Mühe. Sein Nachbar Artjom schraubt gelangweilt seinen Füller auf. Er nimmt die Patrone raus und schaut nach, ob noch genügend Tinte vorhanden ist. Dabei rutscht ihm die Patrone aus der Hand und landet auf Fritz' Blatt.
Ein hässlicher Klecks verunstaltet seinen Eintrag. Fritz ist wütend, beleidigt Artjom und rammt ihm seinen Ellenbogen in die Rippen.
Dies lässt sich Artjom nicht gefallen. Er schlägt Fritz ins Gesicht. Fritz' Lippe blutet. Jetzt greift der Lehrer, Herr Wolf, ein.

M2 *Der Tintenklecks – ein ganz normaler Streit*

Tipps für die Erarbeitung

1. Schreibt die Geschichte „Der Tintenklecks“ zu Ende (M2).
2. Spielt die Geschichte „Der Tintenklecks“ als Rollenspiel mit drei Personen: Artjom, Fritz, Streitschlichterin (M2, M3).

- Erste Situation: Der Streit beginnt (M1).
- Zweite Situation: Der Streit verschlimmert sich auf dem Pausenhof.
- Dritte Situation: Der Streit wird mit einer Streitschlichterin gelöst (M2, M3).

1. Streitschlichterin oder Streitschlichter aussuchen
Die Schülerinnen und Schüler, die an dem Streit beteiligt sind, suchen eine Streitschlichterin oder einen Streitschlichter aus.

2. Standpunkte vortragen
Jeder hat das Recht, seine Sicht über den Streit vorzutragen. Die Streitschlichterin oder der Streitschlichter sorgt dafür, dass jeder über die Gründe, Gefühle und seinen Anteil am Streit sprechen kann.

3. Lösungen suchen
Die Beteiligten machen Vorschläge zur Lösung des Streits. Die Ideen werden gesammelt und besprochen. Es wird ein geeigneter Vorschlag ausgewählt.

4. Lösungsvorschlag umsetzen und einhalten
Der Lösungsvorschlag wird in die Tat umgesetzt. Beide Parteien verpflichten sich, die Vereinbarungen einzuhalten.

M3 *Streitschlichtung*

1 **Das Problem sofort ansprechen**
Nicht zu lange warten, wenn sich ungute Gefühle aufstauen.

2 **In der Ich-Form sprechen**
Je mehr ich von meinen Gefühlen und Empfindungen spreche, umso besser lernt mich mein Gegenüber kennen und verstehen.

3 **Nicht unterbrechen**
Ich lasse mein Gegenüber ausreden und höre zu. Ich versuche die Interessen, Bedürfnisse und Gefühle meines Gegenübers herauszuhören.

4 **Die betreffende Person ansprechen**
Wenn ich etwas mitteilen will, schaue ich die betreffende Person direkt an und spreche sie an.

5 **Die Ursache des Streits gemeinsam benennen**
Mit dem Gegenüber gemeinsam festlegen, worum es bei dem Streit geht und wo die Ursachen liegen.

6 **Beim Thema bleiben**
Ich selbst bleibe beim Thema. Ich lasse auch nicht zu, dass mein Gegenüber von einem Thema zum anderen springt.

7 **Beschuldigungen vermeiden**
Gegenseitige Vorwürfe helfen nicht weiter. Sie verhärten die Fronten.

M4 *Sieben Regeln für erfolgreiches Streiten*

M5 *Ohne Worte*

3 Streitschlichtung im Klassenrat. Stellt Vor- und Nachteile gegenüber.

4 Nutzt die Geschichte „Ohne Worte“ (M5) für eure Präsentation. Verwendet auch M4.

5 Ihr könnt bei der Präsentation einen aktuellen Konflikt in der Klasse aufgreifen.

6 Erstellt für die Präsentation einen Merktext. Diesen überträgt die ganze Klasse ins Heft oder in den Ordner.

Grundbegriff
- die Streitschlichtung

M1 *Logo der Organisation „National Coalition" zur Umsetzung der UN-Kinderrechtskonvention*

M2 *Kinder haben das Recht auf …*

Erarbeitet Vorschläge zur Mitarbeit in der Gemeinde.
Stellt eure Ergebnisse mithilfe einer Präsentation in der Klasse vor.

Mitarbeit in der Gemeinde

Auch in deiner Gemeinde hast du Möglichkeiten zur Mitgestaltung deines Umfeldes. In vielen Städten gibt es ein **Kinder- und Jugendparlament** (M3). Du kannst deine Meinung vertreten und dich für einzelne Projekte einsetzen, auch für deine Schule. Denn für das Schulgebäude ist die Stadt zuständig.
Einmal im Jahr findet der Weltkindertag statt. Er wird auch in vielen Städten Nordrhein-Westfalens durchgeführt. Wenn eure Klasse mitmacht, solltet ihr vorher an eurer Schule eine Umfrage machen. In dieser Umfrage stellt ihr fest, welche Kinderrechte euch besonders wichtig sind (M5) und welche Rechte am meisten verletzt werden. Die Ergebnisse könnt ihr dann auf dem Weltkindertag vorstellen. Hierfür gibt es verschiedene Möglichkeiten (M4). Ihr könnt auch Vorschläge machen, wie Kinderrechtsverletzungen behoben werden können.

Tipps für die Erarbeitung

1. a) Lest M3 und notiert, welche Art der Mitarbeit ein Kinder- und Jugendparlament bietet.
b) Prüft, ob ihr Möglichkeiten der Mitarbeit in eurer Gemeinde seht.

2. Wählt aus M5 das für euch wichtigste Recht aus und begründet eure Entscheidung.

M3 *Aus einem Wahlaufruf zur Mitarbeit in einem Kinder- und Jugendparlament*

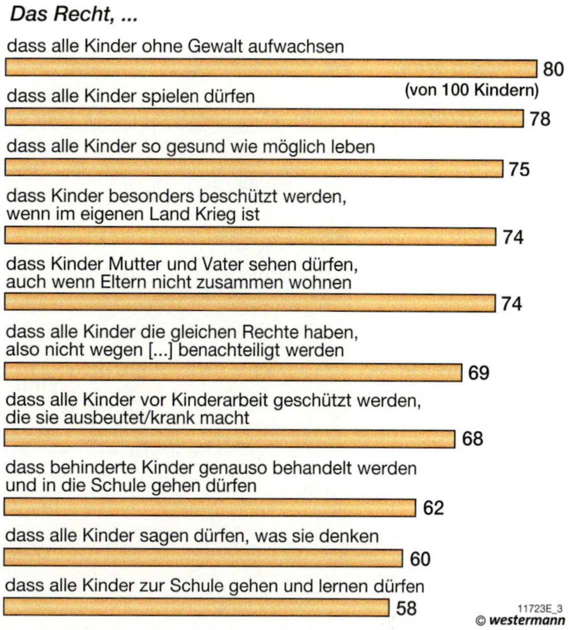

M5 ***Ergebnis einer Umfrage unter 6 – 14-Jährigen auf die Frage: „Wie wichtig findest du diese Rechte?" Lesebeispiel: Für 80 von 100 Kindern war es sehr wichtig, dass alle Kinder ohne Gewalt aufwachsen. (Anzukreuzen war: sehr wichtig, wichtig, weniger wichtig)***

Recht hast du!

Welche Rechte haben Kinder, welche Rechte hast du? Wer hilft dir, deine Rechte umzusetzen? An diesem Nachmittag kannst du nach Herzenslust auf Entdeckertour rund ums Thema Kinderrechte gehen. Es wird gemalt, gebaut, interviewt, gespielt, gebastelt und vieles mehr. Es wird aber auch eine Entdeckertour zu deinen Stärken und dem, was dich besonders und einmalig macht, geben. Du kannst dabei deine eigene Schatzkiste gestalten und füllen – mit deinen Schätzen, Ideen, Talenten und Dingen, die dir Mut machen und dich stärken.

Straßen-Spiel-Aktion

Am Sonntag heißt es wieder: „Platz da – Kinder spielen draußen". Anwohnerinitiativen können sich anmelden und ihre Wohnstraße für einen Tag in eine bunte Spiellandschaft umgestalten. Die Straße wird hierfür gesperrt und Autos anderswo geparkt.

(Nach: www.weltkindertag.de/wkt/index.php/aktionen/2, 16.11.13)

M4 *Aktionsideen zum Weltkindertag*

3 Lest die Aktionsideen zum Weltkindertag (M4) und überlegt, ob ihr eine dieser Ideen bei eurer Präsentation aufgreifen wollt.

4 Erstellt für die Präsentation einen Merktext mit den Grundbegriffen als Hefteintrag.

Grundbegriff
- das Kinder- und Jugendparlament

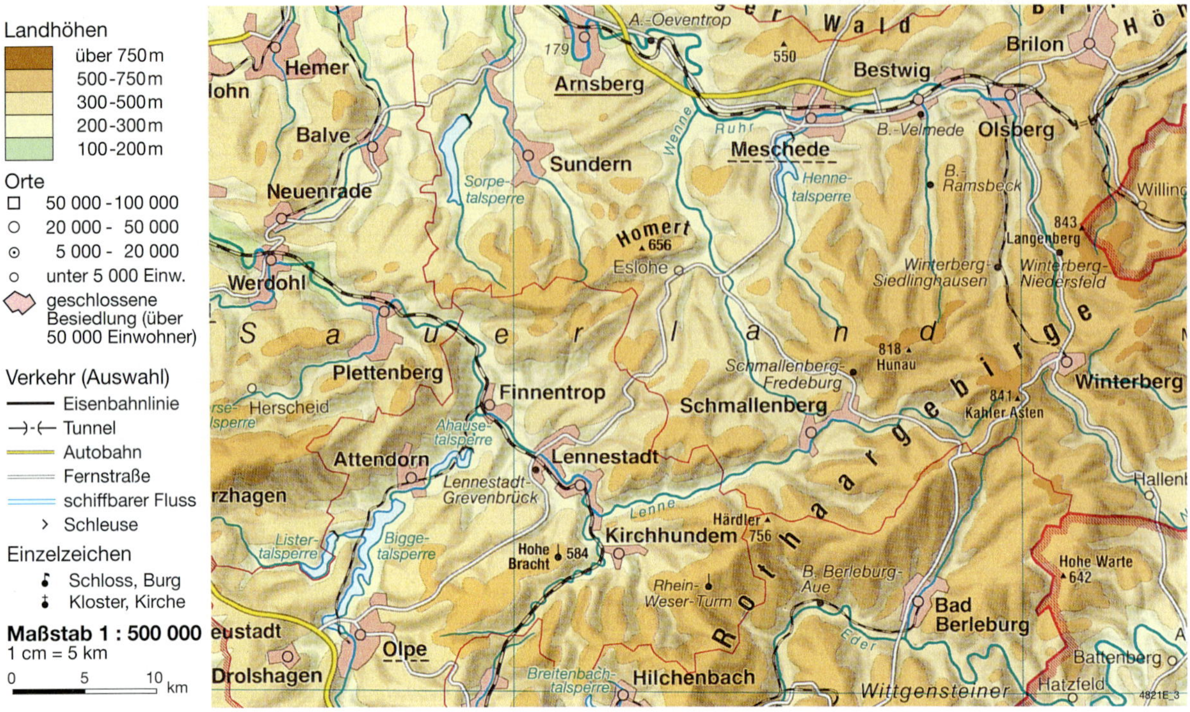

M1 *Ausschnitt aus einer Karte von Nordrhein-Westfalen*

M4 *Kinder spielen „Schule früher".* ▷

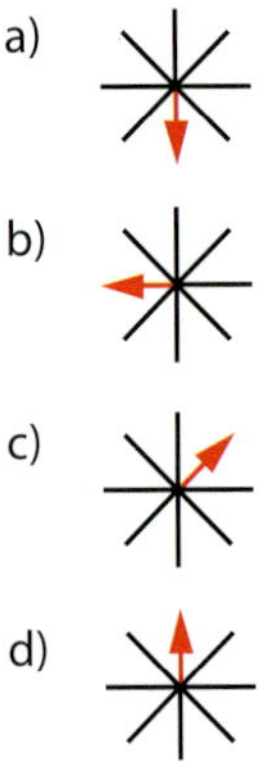

M2 *Himmelsrichtungen*

M3 *Die Erde im Netz* ▷

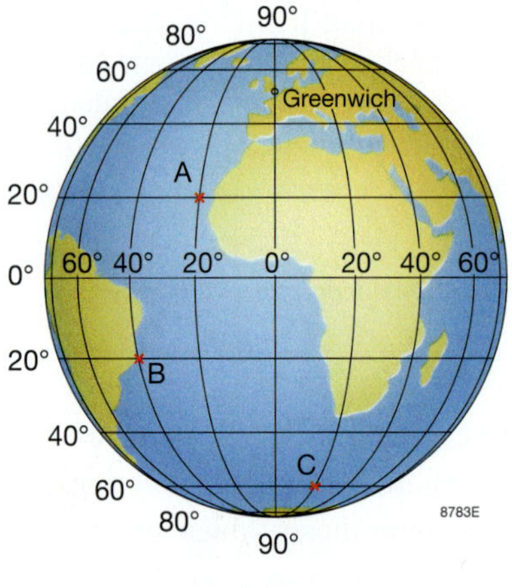

M5 *Das Gradnetz der Erde*

Schätze dich selbst ein

Hier am Ende des Kapitels findest du Aufgaben, mit denen du nun selbst dein Wissen und deine Fertigkeiten überprüfen kannst.
Notiere in deinem Heft oder deiner Mappe die Aufgaben mit den Lösungen.
Bei den meisten Aufgaben findest du einen Hinweis auf die jeweiligen Seiten im Buch. Dort kannst du nachschlagen, wenn du Hilfe brauchst.
Bewerte dich nach jeder Aufgabe selbst. Zeichne dazu eins der folgenden Zeichen hinter die Aufgabe in deinem Heft oder deiner Mappe: +, O, –.

Was sind Kompetenzen?

Mit der Erarbeitung der Kapitel erwirbst du Kompetenzen. Das Wort Kompetenz heißt übersetzt „zu etwas fähig sein".
Sachkompetenz bedeutet, dass du die Fachinhalte und die Grundbegriffe der Gesellschaftslehre gelernt und dir eingeprägt hast.
Methodenkompetenz bedeutet, dass du weißt, wie du bestimmte Methoden, zum Beispiel das Auswerten von Karten, richtig einsetzt und anwendest.
Urteils- und Handlungskompetenz bedeuten, dass du die Fragen, die sich im Leben stellen, aufgrund des Gelernten sachgerecht beantworten und beurteilen kannst. Darüber hinaus sollst du verantwortungsbewusst handeln können.

Die Aufgabe konnte ich

- **+** ← ohne Hilfe lösen.
- **O** ← mit Hilfe lösen.
- **–** ← nicht lösen. Das muss ich noch üben.

Grundbegriffe

- Kompass
- Nordpol
- Windrose
- Gradnetz
- Breitengrad
- Längengrad (Meridian)
- Äquator
- Nullmeridian
- Grundriss
- Atlas
- Maßstab
- Maßstabsleiste
- physische Karte
- thematische Karte
- Legende
- Höhenlinie
- Höhenangabe
- Wahlrecht
- SV (Schülervertretung)
- Klassenversammlung
- Klassenordnung
- Regel
- Klassendienst
- Streitschlichtung
- Kinder- und Jugendparlament

Sachkompetenz

1 a) Wähle fünf Grundbegriffe aus der Liste und erkläre sie.
b) Ergänze diese Grundbegriffe, wenn möglich, durch Zeichnungen.

2 Vergleiche die Maßstäbe. Welcher ist kleiner?
1 : 50 000,
1 : 500 000
(Schülerbuch S. 18/19)

3 Erkläre, wie Höhen in Karten dargestellt werden.
(Schülerbuch S. 20/21)

4 Bestimme die Himmelsrichtungen in M2.
(Schülerbuch S. 12)

5 a) Es gibt zwei Kartenarten. Welche?
b) Benenne, zu welcher M1 gehört.
(Schülerbuch S. 20/21)

6 Zähle Verhaltensregeln auf, die Schülerinnen und Schüler um 1900 befolgen mussten.
(Schülerbuch S. 25)

Methodenkompetenz

7 Zeichne eine Skizze, mit der du die drei Fachbereiche des Faches Gesellschaftslehre verdeutlichst.
(Schülerbuch S. 10/11)

8 a) Erkläre das Gradnetz der Erde (M3, M5).
b) Bestimme die Lage der Orte A–C (M5).
c) Erläutere die Bedeutung des Ortes Greenwich für das Gradnetz (M5).
(Schülerbuch S. 12/13)

9 Arbeite mit M1:
a) Ermittle die Entfernung zwischen Werdohl und Bad Berleburg.
b) Stelle fest, wie hoch der Langenberg ist.
c) Ermittle den Höhenunterschied zwischen dem Langenberg und Arnsberg.
d) Zeichne und erkläre, wie Siedlungen in M1 dargestellt sind.
(Schülerbuch S. 20/21)

Urteils- und Handlungskompetenz

10 Erkläre und beurteile die folgenden Grundsätze von Wahlen: gleich, geheim.
(Schülerbuch S. 22/23)

11 Wende diese Grundsätze auf die Wahl des Klassensprechers bzw. der Klassensprecherin an:
Sind sie auch für diese Wahl sinnvoll?
(Schülerbuch S. 22/23)

12 Oft werden die Klassensprecher bzw. die Klassensprecherin und der Stellvertreter bzw. die Stellvertreterin im gleichen Wahlgang gewählt. Nimm Stellung zu diesem Vorgehen.
(Schülerbuch S. 22)

Mit der Höhlenmalerei begann der Mensch vor etwa 40 000 Jahren. Oft wurden Tiere und Jagdszenen dargestellt. Aber auch mit einfachen Symbolen (Punkte, Pfeile) und Handabdrücken wurden die Wände häufig geschmückt. (heutige Darstellung)

Mit Feuer und Faustkeil – so fingen wir an

Am Ende des Kapitels kannst du:

- den Unterschied zwischen der Vorgeschichte und der Geschichte erläutern
- beschreiben, wie die Menschen der Altsteinzeit lebten und wirtschafteten
- über die Veränderungen der Lebensweise in der Altsteinzeit durch den mehrfachen Klimawandel berichten
- beschreiben, wie die Menschen in der Jungsteinzeit lebten und wirtschafteten
- über die Ausbreitung des Ackerbaus berichten
- erklären, wie Steinzeitforscher arbeiten
- begründen, warum sich die Menschen in der Metallzeit beruflich spezialisierten
- ein Referat über ein ausgewähltes Buch halten

M1 *Die „Wiege der Menschheit"*

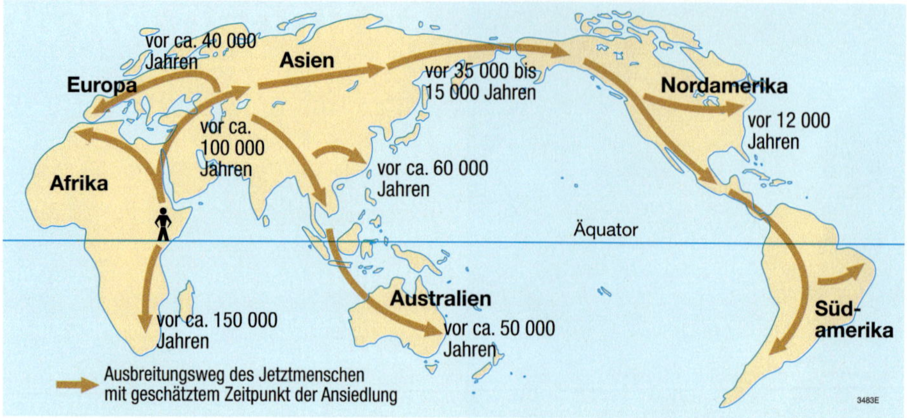

M2 *Die Ausbreitung des Jetztmenschen*

Es begann vor 2 400 000 Jahren

Vor knapp fünf Millionen Jahren lebten die Vorfahren der Menschen in Afrika. Sie konnten bereits aufrecht gehen. Diese ***Vormenschen*** waren bis zu 1,40 m groß. Ihr Gehirn war schon größer als das der heutigen Menschenaffen. Im Laufe der Jahrhunderte entwickelten sich in Afrika aus den Vormenschen die ***Frühmenschen***. Das war vor etwa 2,4 Mio. Jahren. Die Frühmenschen erreichten eine Größe von bis zu 1,60 m. Ihr Gehirn war etwa doppelt so groß wie das der Menschenaffen. Sie benutzten Werkzeuge aus Stein, wie zum Beispiel Steinmesser. Sie hatten eine flache, fliehende Stirn, ein hervorstehendes Gebiss und dicke Wülste über den Augen. Vor ungefähr 300 000 Jahren entwickelten sich die ***Altmenschen***. Sie waren etwa genauso groß wie die Frühmenschen. Die Form ihres Kopfes war jedoch deutlich weiterentwickelt. Die Wülste über den Augen waren flacher, die Stirn steiler, das Gehirn größer.

Im Jahr 1856 wurden im Neandertal bei Düsseldorf Knochenreste der Altmenschen (Neandertaler) gefunden. Sie lebten bis vor etwa 28 000 Jahren. Danach starben sie aus. Die Gründe hierfür sind noch nicht geklärt. Wahrscheinlich wurden sie vom **Jetztmenschen** verdrängt. Die Jetztmenschen entwickelten sich in Afrika vor etwa 150 000 Jahren. Sie waren bis zu 1,70 m groß und sahen bereits so aus wie die Menschen heute. Seit etwa 40 000 Jahren sind die Jetztmenschen auch in Europa nachgewiesen. Dies alles geschah in der **Vorgeschichte**.

M3 *Frühmensch – Altmensch – Jetztmensch*

ℹ Beginn der Geschichte

Die Zeit bis zur Erfindung der Schrift wird Vorgeschichte genannt. Die Zeit danach wird als **Geschichte** bezeichnet. In Ägypten wurde die Schrift vor über 5 000 Jahren erfunden.

Starthilfe zu* 3 *b)
Lege eine Tabelle an:

Mensch	Aussehen	Größe	Zeit
Vormensch	affenartig	1,40 m	vor 5 Mio. Jahren
Frühmensch	...	...	...
Altmensch	...	...	...
Jetztmensch	...	...	...

1. Bestimme die heutigen Staaten Afrikas, in denen die Vorfahren der Menschen lebten (M1, Atlas).

2. Erläutere, was man unter Vorgeschichte versteht.

3. a) Berichte über die Entwicklung des Menschen (M3).
   b) ↗ Lege eine Tabelle mit der Überschrift an: Vom Vormenschen zum Jetztmenschen.

D3-170 www.diercke.de

M4 *So stellt man sich heute das Leben der Vormenschen vor.*

M7 *Der Burj Khalifa in Dubai (Vereinigte Arabische Emirate) ist mit 828 m Höhe das höchste Gebäude der Welt.*

Die Entwicklung der Menschheit

Einst haben die Kerls auf den Bäumen gehockt,
behaart und mit böser Visage.
Dann hat man sie aus dem Urwald gelockt
und die Welt asphaltiert und aufgestockt
bis zur dreißigsten Etage.

Da saßen sie nun, den Flöhen entflohn
in zentralgeheizten Räumen.
Da sitzen sie nun am Telefon.
Und es herrscht noch genau derselbe Ton
wie seinerzeit auf den Bäumen. (...)

So haben sie mit dem Kopf und dem Mund
den Fortschritt der Menschheit geschaffen.
Doch davon mal abgesehen und
bei Licht betrachtet sind sie im Grund
noch immer die alten Affen.

M5 *Gedicht von Erich Kästner*

M6 *Alle Menschen haben die gleichen Vorfahren.*

4 Übertrage die Aussagen in M2 in einen zusammenhängenden Text.

5 Erläutere die Aussage: Unsere Vorfahren sind Afrikaner (M6).

6 Beschreibe die Lebensbedingungen der Vormenschen (M4).

7 Interpretiere das Gedicht M5. Berücksichtige dabei M4 und M7.

Merke
Die Zeit bis zur Erfindung der Schrift heißt Vorgeschichte. Danach beginnt die Geschichte. Vor etwa 150 000 Jahren entwickelten sich in Afrika die Jetztmenschen.

Grundbegriffe
- die Geschichte
- der Jetztmensch
- die Vorgeschichte

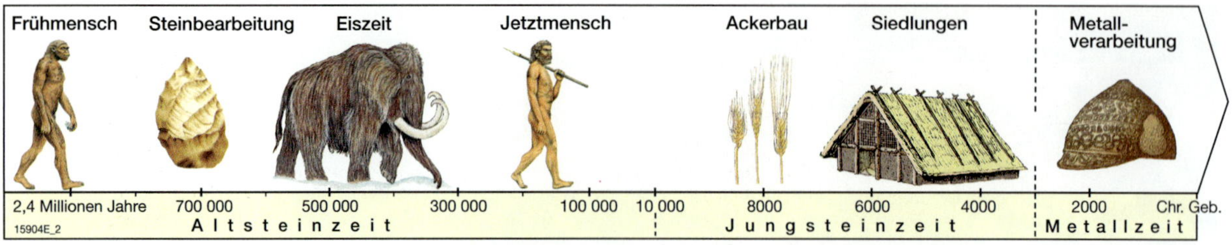

M1 *Zeitleiste*

Zeitleiste

Eine **Zeitleiste** zeigt von links nach rechts ausgewählte Ereignisse einer bestimmten Zeitspanne. Die Ereignisse sind in der Reihenfolge eingetragen, in der sie sich damals abgespielt haben.

Spuren der Vergangenheit

Die Menschen der Vorgeschichte (siehe S. 36) haben keine schriftlichen Aufzeichnungen hinterlassen. Trotzdem wissen wir viel über ihr Leben. Dieses Wissen verdanken wir **Höhlenmalereien** und Fundsachen, die tief im Boden erhalten blieben. Noch heute findet man bei Grabungen bisher verborgene Spuren dieser Menschen: Knochen, Waffen, Werkzeuge, Schmuck und Tierfiguren. Ein Abschnitt der Vorgeschichte heißt **Steinzeit**, weil bei Grabungen hauptsächlich Steingeräte gefunden wurden. Der älteste Abschnitt der Steinzeit ist die **Altsteinzeit**.

***M2** So stellen Forscher sich das Entstehen einer Höhlenmalerei vor: Der Junge hält einen Ast als Malmaterial bereit, den er vorher in ein Feuer gehalten hat. Der Mann arbeitet an einem Tierbild.*

Höhlenmalerei

Wichtige Zeugnisse der Steinzeit sind Höhlenmalereien. Sie zeigen kunstvoll gemalte Tiere und Menschen auf der Jagd. Forscher vermuten, dass sie Teile eines Jagdzaubers waren. Manche meinen, die Menschen malten ihr Alltagsleben, wie zum Beispiel den Erfolg bei der Jagd.

Starthilfe zu 3
Tiere der Steinzeit sind zum Beispiel: Wolf, Höhlenbär, Wollnashorn, Säbelzahntiger, Mammut. Suche Bilder als Vorlage im Internet.

1. Erkläre, wodurch wir wissen, wie die Menschen früher lebten.
2. Erstelle eine Zeitleiste:
   a) über dein eigenes Leben,
   b) über eure Schule.
3. ↗ Arbeite wie ein Höhlenmaler: Zeichne ein Tier deiner Wahl.
4. Schreibe eine Geschichte zu M2.

D3-092, D3-100
www.diercke.de

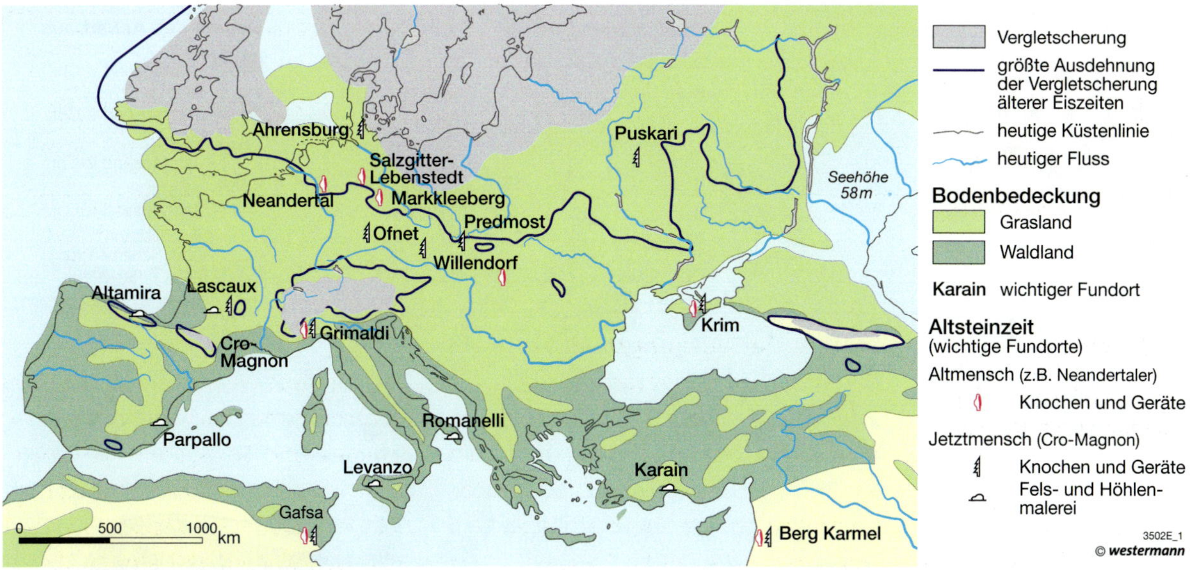

M3 *Europa während der letzten Eiszeit (115 000 bis 10 000 v. Chr.)*

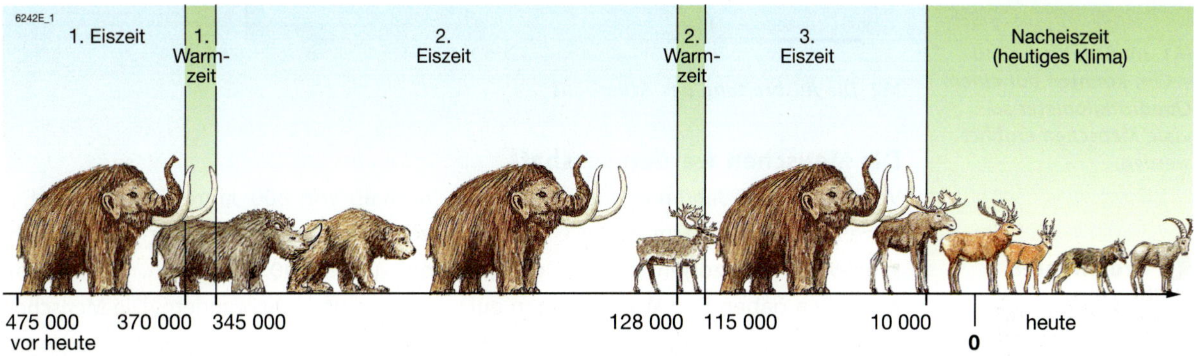

M4 *Eis- und Warmzeiten von 475 000 v. Chr. bis heute*

Leben mit dem Eis

Das Klima in Europa änderte sich mehrmals. Zwischen 600 000 vor Christus (v. Chr.) und heute gab es abwechselnd mehrfach **Eiszeiten** und **Warmzeiten.** Während der Eiszeiten lag eine bis zu 3 000 m dicke Eisdecke über Teilen Europas.

Im Sommer wurde es häufig nicht wärmer als +10 °C, im Winter fielen die Temperaturen bis auf –40 °C. Viele Tiere wanderten ab oder starben aus. Die Menschen konnten überleben. Sie passten ihre Lebensweise und ihre Kleidung der Wärme oder Kälte an.

Merke
Der Name Steinzeit kommt daher, dass aus dieser Zeit vor allem Geräte aus Stein gefunden wurden. Der älteste Abschnitt der Steinzeit ist die Altsteinzeit.

Grundbegriffe
- die Zeitleiste
- die Höhlenmalerei
- die Steinzeit
- die Altsteinzeit
- die Eiszeit
- die Warmzeit

5 Bestimme die Staaten Europas, die in der letzten Eiszeit
a) eisfrei waren,
b) mit Eis bedeckt waren.
(M3; Atlas, Karte: Europa – Politische Übersicht)

6 Zwischen 600 000 v. Chr. und heute änderte sich das Klima. Berichte (M4). Benenne in deinem Bericht auch die Länge der verschiedenen Eis- und Warmzeiten.

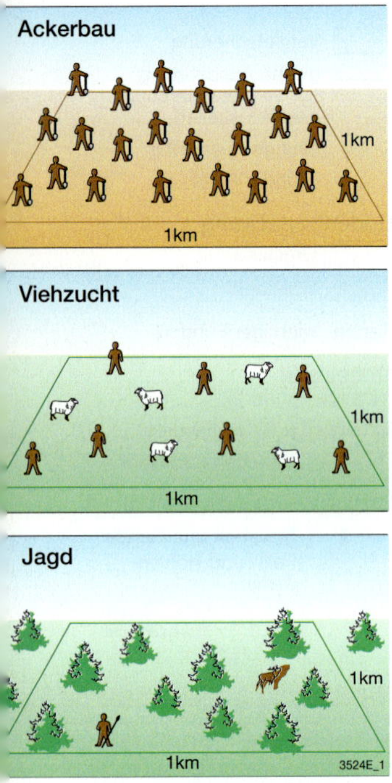

M1 *Im 8. Jahrtausend v. Chr. konnten auf einem Quadratkilometer so viele Menschen ernährt werden.*

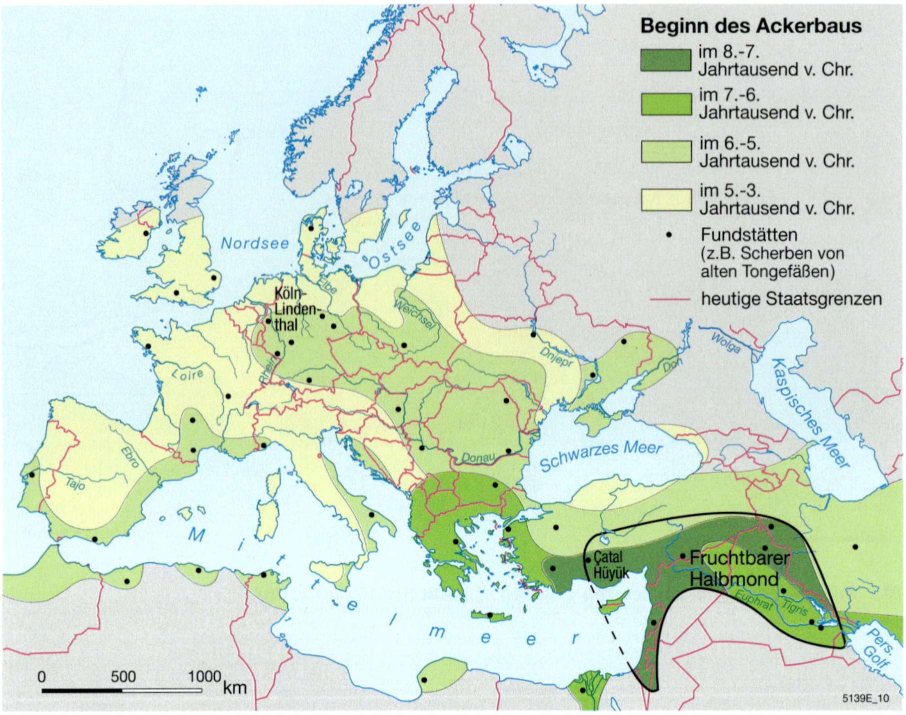

M2 *Die Ausbreitung des Ackerbaus*

Fruchtbarer Halbmond

Dies ist die Bezeichnung für ein vom Klima begünstigtes Gebiet in Westasien. Es erstreckt sich über etwa 1 700 km wie ein Halbmond vom Mittelmeer bis zum Persischen Golf. Funde aus der Steinzeit lassen darauf schließen, dass hier vor rund 10 000 Jahren der Ackerbau und die Haustierzucht begannen.

Die Menschen werden sesshaft

Vor etwa 10 000 Jahren endete die letzte Eiszeit. Es wurde wärmer. Die Gletscher schmolzen und zogen sich zurück. Die Menschen gaben ihre Wanderungen auf und bauten feste Häuser. Es war der Beginn der **Jungsteinzeit**.

Die ersten Bauern siedelten im sogenannten **Fruchtbaren Halbmond**. Eine der ältesten Siedlungen dort ist Çatal Hüyük. Man konnte gemeinsam säen, ernten, das Vieh hüten und auf die Jagd gehen. Die Bevölkerungszahl nahm zu. Bald reichte das Ackerland nicht mehr aus, um alle Menschen zu ernähren. Innerhalb von 800 Jahren wuchs die Bevölkerung von einer sehr kleinen Zahl auf über 7 000 Menschen. Ein Teil von ihnen musste auswandern. Die Menschen nahmen Saatgut, Haustiere und Vorräte und zogen nach Nordwesten. Wo sie fruchtbares Land fanden, gründeten sie neue Siedlungen. Sie rodeten den Wald, bauten Häuser und legten Felder an. Ihre Kenntnisse über Ackerbau und Viehzucht gaben sie an die dort lebenden Menschen weiter. Um das Jahr 5000 v. Chr. ließen sich die ersten Ackerbauern auch in unserem Raum nieder.

1 ↗ Erst als das Klima wärmer war, konnten die Menschen sesshaft werden und Ackerbau betreiben. Erläutere.

2 Zeichne ein typisches Dorf aus der Jungsteinzeit in deine Mappe oder dein Heft (M3, M4).

3 Erläutere, wie viele Menschen im 8. Jahrtausend v. Chr. auf einer Fläche von einem Quadratkilometer ernährt werden konnten (M1).

4 Beschreibe die Ausbreitung des Ackerbaus in M2.

Starthilfe zu 1
Denke an die Möglichkeiten, Häuser zu bauen und Vorräte anzulegen.

D3-092 www.diercke.de

M3 *Zeichnung eines Dorfes der Jungsteinzeit*

Vor etwa 7 000 Jahren rodeten Ackerbauern den Wald im Gebiet des heutigen Kölner Stadtteils Lindenthal. Sie bauten dort Wohnhäuser aus Holz und legten Felder an, auf denen sie Getreide anbauten.
Damals stand ein Dorf häufig an einem Bach. Der Bach war an einer Stelle gestaut und diente als Viehtränke. Die größeren Häuser waren etwa 30 m lang und acht Meter breit. Für den Bau wurden zunächst Pfosten in den Boden gerammt. Die Wände wurden aus Weidenruten geflochten. Das Flechtwerk wurde zum Schluss mit einem Brei aus Lehm zugeschmiert. Das Dach wurde wohl mit Schilf oder Stroh gedeckt. Vermutlich lebten in dem Dorf etwa 200 Menschen. Es war von einem Zaun umgeben. Dieser schützte vor Angriffen wilder Tiere und vor Überfällen.
Um 1930 haben Archäologen bei Ausgrabungen die Reste eines solchen Hauses aus der Jungsteinzeit entdeckt. Dies war ein sensationeller Fund. Köln-Lindenthal wurde dadurch in ganz Europa bekannt. Es ist das älteste jungsteinzeitliche Dorf, das damals freigelegt wurde.

M4 *Köln-Lindenthal – ein Dorf der Jungsteinzeit*

5 Lege eine Tabelle an, in der du das Leben der Menschen in der Altsteinzeit mit dem Leben in der Jungsteinzeit vergleichst.

6 Beschreibe die Anlage eines Dorfes in der Jungsteinzeit (M3, M4).

7 Sehr große Veränderungen in der Lebensweise der Menschen werden auch Revolution genannt. Die Veränderungen in der Jungsteinzeit gelten als erste Revolution der Menschheit. Begründe diese Aussage.

Revolution

Eine **Revolution** (lat. zurückwalzen, umdrehen) ist eine grundlegende Veränderung in einem Gebiet. Sie kann friedlich oder gewaltsam vor sich gehen. Es gibt Revolutionen in der Politik und der Wirtschaft.

Merke

Vor etwa 10 000 Jahren verbesserten sich die Lebensbedingungen der Menschen. Aus Jägern und Sammlern wurden sesshafte Bauern. Es ist der Beginn der Jungsteinzeit. Die ersten Bauern siedelten im Gebiet des Fruchtbaren Halbmonds. Vor 7 000 Jahren erreichten sie auch das heutige Deutschland.

Grundbegriffe

- die Jungsteinzeit
- der Fruchtbare Halbmond
- die Revolution

M2 *So stellen sich Forscher das Leben in der Altsteinzeit vor.*

„So lebten die Menschen der Altsteinzeit."
Entwickelt dazu eine Präsentation und stellt sie in der Klasse vor.

M1 *Mammutkuh mit ihrem Kalb*

Menschen in der Altsteinzeit

In der Altsteinzeit lebten die Menschen in Gruppen (sogenannten Horden) von 20 bis 50 Personen. Diese waren als **Jäger und Sammler** ständig auf Nahrungssuche. Sie jagten mit Lanzen, Holzspeeren und Wurfhölzern. Neben Fleisch ernährten sich die Menschen von Pflanzen. Wenn die Männer ein Rentier erlegt hatten, rastete die Horde, um sich zu erholen. Dann sammelten die Frauen und Kinder Wurzeln, Pilze, Nüsse, Kräuter, Früchte, Eier und Insekten.

Die Menschen mussten jeden Tag Nahrung und Trinkwasser finden. Sie wussten noch nicht, wie man Lebensmittel haltbar macht. Fleisch zum Beispiel verdirbt innerhalb weniger Tage.

Die Nutzung des Feuers

Die Menschen kannten das Feuer von den Bränden, die durch Blitzeinschläge entstanden. Mit der Zeit lernten sie, dieses Feuer zu nutzen: Sie wärmten sich daran und nutzten es als Lichtquelle in der Nacht und in Höhlen. Sie kochten damit und verscheuchten wilde Tiere. Anfangs hüteten die Menschen das Feuer sorgsam. Es durfte nicht ausgehen. Sie nahmen die Glut auf ihren Wanderungen mit. Dazu benutzten sie Beutel aus Fellen, die mit Lehm ausgekleidet waren. Später lernten sie, ein Feuer selbst zu entzünden. Sie schlugen zwei Feuersteine aufeinander oder rieben zwei Holzstöcke aneinander. So konnten sie trockene Zweige und Blätter in Brand setzen.

Tipps für die Erarbeitung

1 a) Beschreibt die Herstellung eines Faustkeils (M5).
b) Notiert drei Tätigkeiten, bei denen er verwendet wurde.
c) Erläutert, welche Geräte den Faustkeil heute ersetzt haben.

2 Ordnet den Buchstaben (A) bis (F) in M4 folgende Geräte zu: Faustkeil aus Stein, Pfeilspitze aus Stein, Stichel aus Stein, Harpune aus Knochen, Nähnadel aus Knochen, Haken aus Knochen.

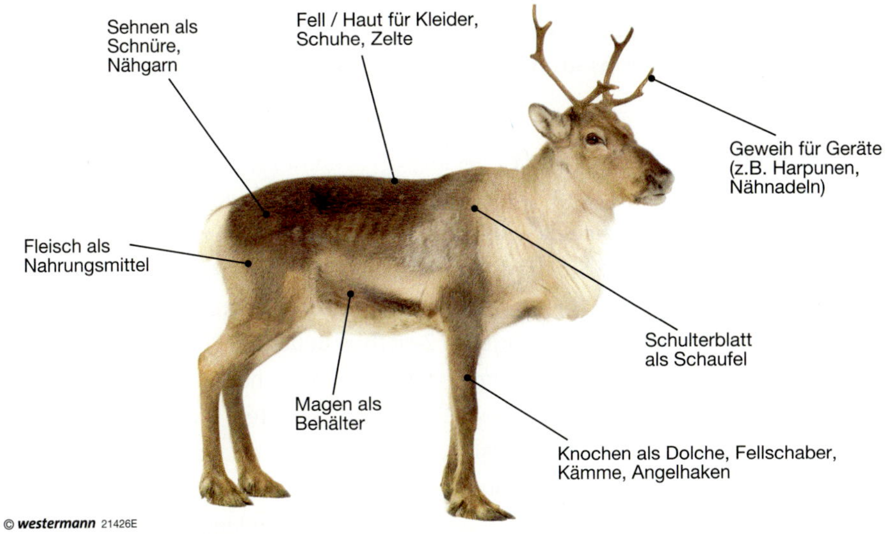

M3 *Verwendung eines Rentieres*

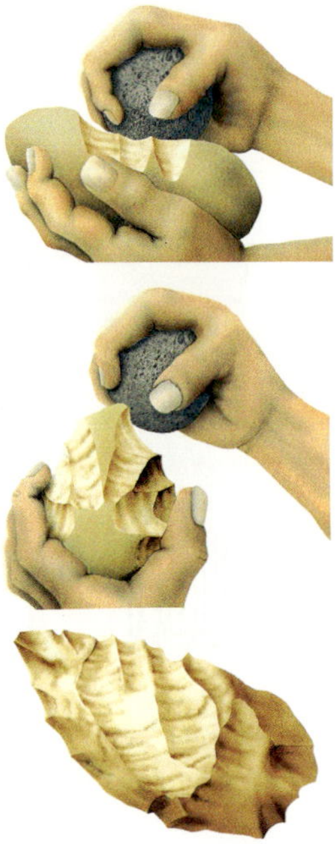

M5 *Herstellung eines Faustkeils*

Die Menschen der Altsteinzeit nutzten Äste und Steine gezielt für bestimmte Zwecke. Das Allzweckgerät war der **Faustkeil**. Er bestand aus behauenem Feuerstein und hatte scharfe Kanten. Er sah aus wie eine Mandel und war etwa acht bis zehn Zentimeter groß. Man konnte damit schneiden, schaben, hacken, stechen, klopfen und vieles mehr, aber auch einen Gegner im Kampf verletzen oder sogar töten. Mit der Zeit entwickelten die Menschen weitere Geräte und Waffen aus Steinen, Knochen, Holz und Geweihen, zum Beispiel Speere, Harpunen, Schaber, Kratzer, Nähnadeln. Die Menschen der Altsteinzeit waren ausgezeichnete Handwerkerinnen und Handwerker.
Durch Funde haben die Forscher herausgefunden, dass die Menschen erlegte Tiere mit scharfen Splittern aus Feuerstein zerlegten.

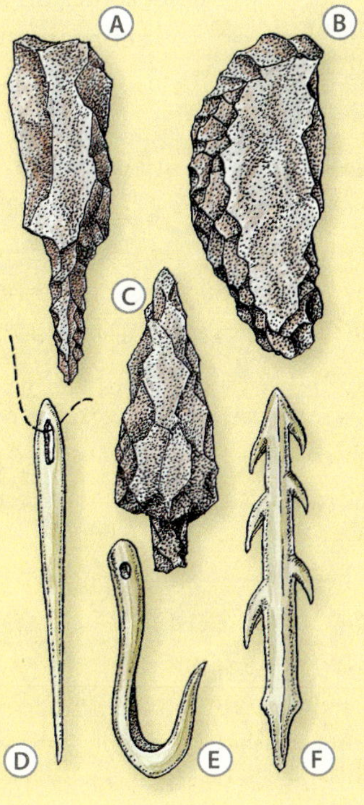

M4 *Waffen und Geräte der Altsteinzeit*

3 Berücksichtigt für eure Präsentation auch M2.
a) Listet auf, was Frauen, Männer und Kinder tun.
b) Findet einen Oberbegriff für all diese Tätigkeiten.

4 Erläutert die Verwendung des Rentiers (M3).

5 Erstellt zu eurem Thema einen Hefteintrag. Nutzt die Begriffe Altsteinzeit, Sammler und Jäger.

Grundbegriffe
- der Jäger und Sammler
- der Faustkeil

„So lebten die Menschen der Jungsteinzeit."
Entwickelt dazu eine Präsentation und stellt sie in der Klasse vor.

M1 *Webstuhl*

Die Menschen werden sesshaft

Mit Beginn der **Sesshaftigkeit** waren die Menschen der Jungsteinzeit keine Sammler und Jäger mehr. Sie siedelten an Flüssen, Bächen und Seen. Hier gab es Trinkwasser, Fische und weniger Wald. Die Menschen fällten Bäume, um ihre Häuser zu bauen. Der Boden war weich. Die Pfosten für das Grundgerüst der Häuser ließen sich leicht in den Boden rammen.

Die Menschen lernten, Vorräte anzulegen. Die Menschen sammelten mehr Getreidekörner, als sie zum Leben brauchten. Sie lagerten die überzähligen Körner in Erdgruben und hatten Wintervorräte. All das war möglich, weil die Sommer wärmer waren und es öfter regnete.

Zwischen 8000 und 7000 v. Chr. beobachteten die Menschen, dass weggeschüttete Körner keimten und neues Getreide wuchs. Sie legten Äcker an und säten Körner aus. Dies war der Beginn des Getreideanbaus. Die Menschen bearbeiteten den Boden vor der Aussaat und schützten die Äcker vor Wildtieren. Für die Aussaat wählten sie besonders große Körner aus. So wurden aus Wildpflanzen allmählich unsere heutigen Getreidesorten.

Die Menschen lernten das Spinnen und Weben. Zum Weben von Stoffen bauten sie Webstühle. Damit verloren Tierfelle als Kleidung vor allem im Sommer an Bedeutung, denn die Stoffe waren nicht so schwer und trotzdem haltbar.

M2 *Spinnen und Weben*

M3 *So stellen sich Forscher das Leben in einem Dorf der Jungsteinzeit vor.*

Tipps für die Erarbeitung

1. a) Beschreibt die Veränderungen nach der letzten Eiszeit.
   b) Nennt Gründe dafür, dass die Menschen sesshaft wurden.

2. Beschreibt anhand von M3 das Leben in der Jungsteinzeit.

3. a) Erstellt eine Tabelle, in der ihr, getrennt nach Männern, Frauen und Kindern, die Tätigkeiten der Menschen auflistet (M3).
   b) Erstellt eine Liste mit Gegenständen und Werkzeugen und nennt ihren Verwendungszweck (M3).

Die Menschen hatten es schwer, wenn sie Wasser vom Fluss holen oder Milch aufbewahren wollten. Welche Gefäße sollten sie nehmen? Worin konnten sie Brei kochen oder Vorräte aufbewahren? Zuerst benutzten sie das, was sie in der Natur fanden: Sie höhlten Kürbisse aus und nahmen Tierhäute und Tierdärme als Beutel und Schläuche. Doch auf das Feuer konnte man diese Dinge nicht stellen.
Mit der Zeit fanden die Menschen heraus, dass Ton und Lehm im Feuer hart werden. Sie formten Gefäße aus Ton und brannten sie. In jedem Haus wurden bald Töpferwaren hergestellt und benutzt.

M4 ***Gefäße***

Die Menschen der Jungsteinzeit bauten Nutzpflanzen an: Getreide, Erbsen, Linsen, Beeren, Obstsorten wie Äpfel und Birnen sowie Gewürz- und Heilpflanzen. Sie lernten, das Getreide auf einem Mahlstein zu Mehl zu reiben. Aus dem Mehl backten sie Fladenbrote oder kochten Brei, Mehlsuppe und Grütze. Aus den Samen von Lein und Mohn pressten sie Öl.
Die Männer gingen weiterhin auf die Jagd, denn Fleisch war ein wichtiger Teil der Nahrung. Die Jäger kamen auf die Idee, die Tiere nicht sofort zu töten, sondern sie zu fangen, um sie dann im Winter zu essen. Sie setzten sie in Gehege, gaben ihnen zu fressen und schlachteten sie. Später achtete man darauf, dass sich die Tiere in Gefangenschaft vermehrten. Dazu gehörten Wildschweine, Auerochsen, Bergziegen und Wildschafe. So wurden aus Wildtieren Haustiere.

M6 ***Ernährung***

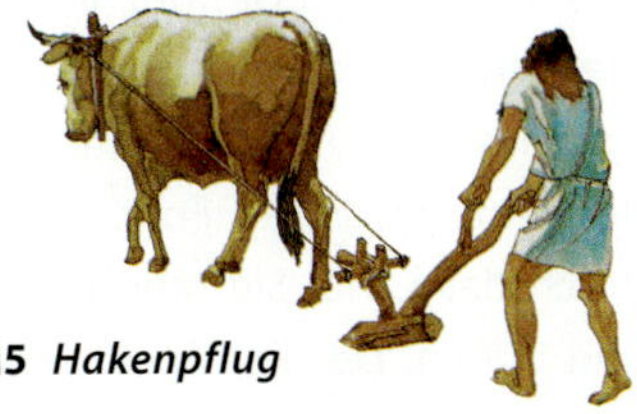

M5 ***Hakenpflug***

M7 ***Gegenstände aus der Jungsteinzeit: Beil (2 Teile), Gefäß, Getreidemahlsteine***

Für die Feldarbeit nahmen die Menschen zuerst Grabstöcke, Spaten und Hacken. Später erfanden sie den Hakenpflug aus Holz.

M8 ***Geräte für die Landwirtschaft***

4 Berücksichtigt für eure Präsentation auch die Tätigkeiten in M2 und M8. Nennt die Berufe, von denen die Tätigkeiten heute ausgeführt werden.

5 Erstellt einen Merktext als Hefteintrag. Ihr könnt auch eine Tabelle erstellen, in der ihr das Leben der Menschen in der Altsteinzeit mit dem Leben in der Jungsteinzeit vergleicht.

Grundbegriff
- die Sesshaftigkeit

„Neue Berufe entstanden zu Beginn der Metallzeit.“
Entwickelt dazu eine Präsentation und stellt sie in der Klasse vor.

Zu dieser Gussform aus Stein gehörte eine zweite Hälfte.

M1 ***Bronzegussform für eine Sichel***

Die Metallzeit löst die Steinzeit ab

Im Gebiet der Stadt Babylon im heutigen Irak entdeckten die Menschen um etwa 3000 v. Chr. die Gewinnung und Verarbeitung von Metallen. Zunächst wurde in einem **Bergwerk** metallhaltiges Gestein (Erz) zutage gefördert. Dann wurde es erhitzt und das flüssige Metall wurde in Steinformen zu verschiedenen Gegenständen gegossen.

Zu Beginn der **Metallzeit** gewannen die Menschen das Metall Kupfer. Es eignete sich sehr gut für Schmuckwaren. Für Waffen jedoch war Kupfer zu weich. Erst durch die Beimischung von Zinn entstand ein neuer bedeutender Werkstoff: Bronze. Er war widerstandsfähiger.

Etwa 1 000 Jahre später entdeckten die Menschen das Metall Eisen und machten daraus Werkzeuge. Es war noch härter als Bronze. Die Metallzeit dauert bis heute an.

Spezialisierung bei der Arbeit

In der Jungsteinzeit und auch in der Metallzeit rodeten die Männer den Wald, bearbeiteten die Felder für den Ackerbau, bauten Häuser, jagten, stellten Werkzeuge und Waffen her. Die Frauen versorgten wahrscheinlich die Kinder, sammelten Früchte, töpferten Gefäße und webten Stoffe. Die Feldarbeiten und die Versorgung der Tiere erledigten Männer und Frauen wohl gemeinsam. Die Kinder halfen schon früh bei allen Arbeiten mit.

Die Gewinnung der Metalle und die Herstellung der Geräte erforderten besondere Kenntnisse. Diese Arbeiten konnten Bauern nicht nebenher erledigen. Die Menschen begannen, sich beruflich zu spezialisieren. Töpfer stellten Gefäße her, Bergleute förderten Erze. Händler zogen durch das Land. Sie tauschten Rohstoffe und Waren. Der Fernhandel begann.

Bronze ist eine Mischung aus etwa 90 Teilen Kupfer und zehn Teilen Zinn. Dieses Material konnten unsere Vorfahren nach Belieben bearbeiten und formen: zu Werkzeugen, Waffen, Haushaltsgeräten und Schmuck.
Bronze war sehr wertvoll, weil die nötigen Rohstoffe nicht überall vorkamen. Sie mussten zum Teil aus bis zu 2 000 km herangeschafft werden. Vor allem Zinn erwarben die Menschen über weite Handelswege im Austausch gegen andere Waren.
(Nach: Andrea Wengel: www.planet-wissen.de, 03.01.2010)

M2 ***Aufbruch in ein neues Zeitalter***

M3 ***Geräte und Schmuck aus der Bronzezeit***

Tipps für die Erarbeitung

1. Erstellt eine Tabelle, in der ihr Metall und Stein als Werkstoffe miteinander vergleicht.
2. Schreibt einen Bericht über die Herstellung von Bronzeschmuck (M1, M2, M7).
3. Beschreibt, wie in der Metallzeit Erze abgebaut wurden (M4).
4. Vergleicht die Arbeit im Bergbau damals und heute (M4 – M5).

M4 ***Im Bergbau werden Metalle abgebaut.***

M5 ***Kohleabbau heute***

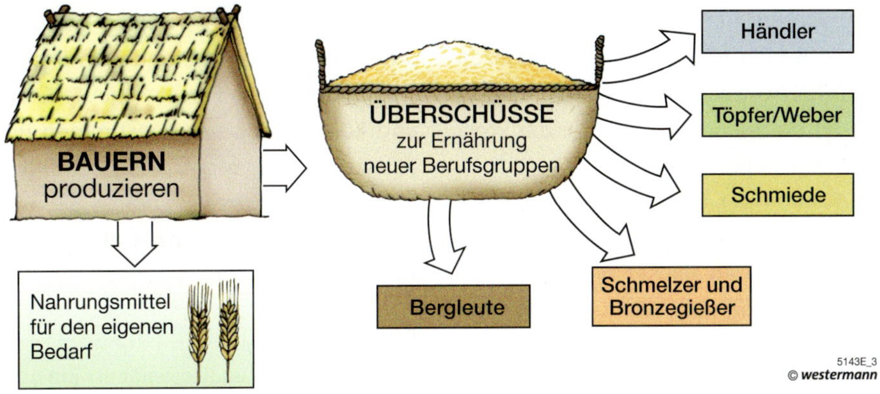

M6 ***Neue Berufe***

Der Ofen wird zunächst mit Kupfererz und Holzkohle gefüllt, dann wird das Feuer entzündet und mit einem Blasebalg angefacht.

Bei etwa 1 100 °C wird das im Kupfererz vorhandene Kupfer flüssig und setzt sich ab. Der Ofen wird geöffnet. Das Kupfer fließt in eine Vertiefung in der Erde.

Anschließend wird der Ofen gereinigt. Die Rückstände der Verbrennung und Reste des Kupfers werden entfernt.

M7 ***Schmelzen von Kupfererz***

5 Berücksichtigt für eure Präsentation M6. Damit könnt ihr erläutern, wie neue Berufe entstanden sind.

6 Erklärt die Arbeitsteilung zwischen Frauen, Männern und Kindern in der Metallzeit.

7 Entwerft ein Schmuckstück, erstellt eine Zeichnung und stellt sie vor.

8 Übertragt M4 und M7 auf ein Blatt Papier und erläutert den Abbau von Kupfererz und die Gewinnung von Kupfer.

Grundbegriffe
- das Bergwerk
- die Metallzeit

M1 *Pfostenlöcher auf einem Feld*

M3 *Ein Archäologe beim Baumfällen mit einem nachgebauten Beil.*

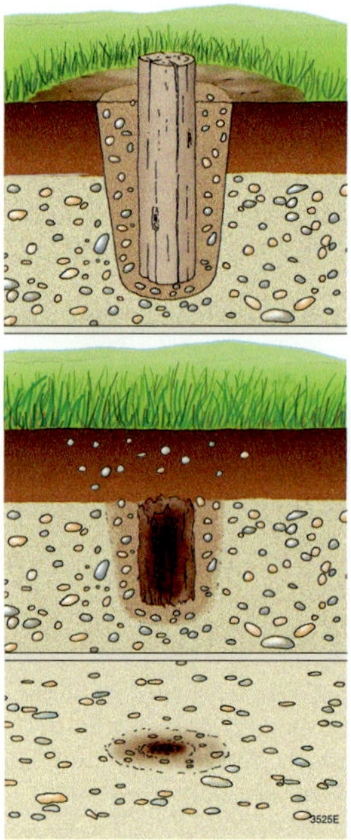

M2 *Vom Holzpfosten bleibt nur ein kreisrundes Pfostenloch übrig.*

Mit dem Flugzeug in die Steinzeit

Leider haben sich keine Häuser aus der Jungsteinzeit erhalten. Trotzdem weiß man, wie solche Häuser gebaut waren: Ihre verrotteten Holzpfosten bilden noch heute dunkle, kreisrunde Flecken im Boden. Vom Flugzeug aus können Forscher solche Pfostenlöcher am besten aufspüren: Sie fliegen in geringer Höhe und beobachten zum Beispiel, welche Farbe der Boden hat und wie die Pflanzen wachsen. So wachsen Gras und Getreide auf der holzigen, dunklen Erde der Pfostenlöcher höher.

Die Summe der dunkel verfärbten Kreise ergibt den Grundriss eines Hauses. Demnach waren Häuser der Jungsteinzeit rechteckig. Die Wände flocht man aus Ästen und verputzte das Wandgitter mit Lehm. Dies weiß man, weil man die Reste dieser Baustoffe in Abfallgruben fand. Dort war das Material luftdicht abgeschlossen und es verrottete nicht. **Archäologen** haben solche Pfostenhäuser nachgebaut. Sie wollten herausfinden, wie die damaligen Häuser gebaut wurden.

Ein Puzzle, das nie fertig wird

Steinzeitforscher entwickeln immer neue Methoden. Hierbei hilft ihnen der Computer. Mithilfe von gefundenen Skelettteilen können die Forscher heute Größe und Körperbau besser bestimmen und das Gesicht der Menschen nachbilden. So haben wir heute ein anderes Bild über die Menschen der Steinzeit als noch vor 100 Jahren.

i Archäologe

(auch Altertumskundler genannt) Ein Archäologe erforscht alle Dinge, die Menschen vergangener Zeiten im Boden hinterlassen haben.

Starthilfe zu 1
Denke an die Pfostenlöcher und die Funde in den Abfallgruben.

1 ↗ Erläutere, auf welche Weise Forscher herausfinden, wie Häuser der Steinzeit vermutlich ausgesehen haben (M1 – M4).

2 Zeichne mit Transparentpapier in M1 die Grundrisse der Häuser.

3 Berichte, wie Archäologen ein Bild über das Leben in der Steinzeit gewinnen.

M4 *Nachbau eines Hauses aus der Jungsteinzeit nach dem Grundriss aus einem Luftbild (M1)*

M7 *Es werden im Nachbau Materialien verwendet, die auch den Menschen früher zur Verfügung standen.*

M5 *So stellten sich Forscher früher einen Menschen vor, der vor 200 000 Jahren lebte.*

M8 *So stellen sich Forscher heute einen Menschen vor, der vor 200 000 Jahren gelebt hat.*

Die Gesamtleistung und der Zeitaufwand hingen wesentlich von der Planung und Organisation des Bauvorhabens ab. Bei einer Mannschaftsgröße von zehn Personen war der Aufbau des Gebäudes in etwa 25 Tagen fertig.
(Nach: Experimentelle Archäologie in Deutschland. Oldenburg 1990, S. 42)

M6 *Wie lange dauerte ein Hausbau 4500 v. Chr.?*

4 Die Vorstellungen darüber, wie Steinzeitmenschen ausgesehen haben könnten, haben sich in den letzten 100 Jahren gewandelt. Nenne mögliche Gründe dafür (M5, M8).

5 Informiere dich über das Experiment Steinzeit (www.swr.de/steinzeit) und beurteile es unter dem Gesichtspunkt, was man dadurch über die Vergangenheit erfahren kann.

Merke
Archäologen erforschen Dinge, welche die Menschen vergangener Zeiten hinterlassen haben. Durch neue Erkenntnisse in der Forschung verändert sich das Bild nach und nach, so auch über das Aussehen der Menschen in der Steinzeit.

Grundbegriff
- der Archäologe

M1 *Malereien aus der Höhle von Lascaux, Frankreich (vor etwa 30 000 Jahren). Die Stiere wurden in verschiedenen Farben mehrfach übermalt.*

Auszug aus einem Jugendbuch

„Dann ist das hier an der Wand ja eine richtige Jagderzählung", wunderte sich Suzanne, „nur nicht mit Worten, sondern gemalt."

„Ja, aber nicht die Geschichte von einer Jagd, die der Maler schon erlebt hat, vielleicht am Tag vorher, sondern von einer, die erst geplant war!", antwortete Philippe. Suzanne sah ihn etwas verdattert an. „Was soll denn das nun wieder bedeuten? Wie kommst du denn auf so eine komische Idee?"

„Bestimmt, das ist kein Witz", verteidigte Regis die Behauptung Philippes. Und dann erzählte er, was er über die merkwürdigen, uralten Jagdbräuche der Cromagnon-Jäger gehört hatte. „Sie beschworen mit diesen Bildern ihr Jagdglück, das sie sich für den nächsten Tag erhofften, und glaubten, wenn sie Speere oder Pfeile in die Körper der Tiere hineinzeichneten, an einer Stelle, von der sie aus Erfahrung wussten, dass dort ein Treffer tödlich war, dann würden sie mit ihren echten Speeren und Pfeilen die lebendige Beute ebenfalls genau dort treffen. Es ist eine symbolische Tötung, eine Jagdmagie."

„Aber", nachdenklich legte Suzanne ihre Stirn in Falten, „sagt mal, müssten dann nicht eigentlich diese eiszeitlichen Bilderhöhlen so etwas wie Feier- oder Kultstätten gewesen sein für die Cromagnon-Menschen, also ungefähr das, was für uns heute Kirchen und Kapellen sind?"

„Genau", bestätigte Regis anerkennend. „Übrigens ist das ja auch der Grund dafür, dass immer wieder neue Bilder einfach über die älteren gemalt wurden. Dahinten kann man's ganz deutlich sehen: Da hat der Maler zwei Steinbockköpfe mitten auf den Leib des Mammuts gesetzt."

(Nach Wolfgang Kuhn: Mit Jeans in die Steinzeit. München 2007, S. 94 – 95)

M2 *Vier Kinder in einer steinzeitlichen Höhle in Südfrankreich*

1. Lies den Text in M2. Beschreibe, worum es in der Geschichte geht.
2. Unterhalten sich die Jugendlichen in M2 über die Alt- oder die Jungsteinzeit? Begründe.

So informierst du dich und andere aus Büchern
Hier: zum Thema Steinzeit

In diesem Kapitel hast du einiges über das Leben der Menschen in der Steinzeit erfahren. Um dir weitere Kenntnisse zu verschaffen, helfen auch Jugendromane und Sachbücher für Jugendliche. Sie enthalten Informationen und sind oft spannend zu lesen. M2 ist ein Auszug aus einem Jugendbuch.
Du kannst dir selbst ein Buch aus der Bücherei ausleihen. Und du kannst über dieses Buch ein Referat halten. Dann lernen deine Mitschülerinnen und Mitschüler ebenfalls den Inhalt kennen und bekommen vielleicht Lust, es selbst zu lesen.
Die folgende Gliederung mit den Fragen gibt dir Hinweise zum Aufbau eines Referats.

M3 *Eine Schülerin präsentiert bei ihrem Referat Anschauungsmaterial.*

So erstellst du die Gliederung für ein Referat

1. **Das Buch**
   Wer hat es geschrieben? Wie lautet der Titel? Wie alt ist es? Wie viele Seiten hat es? Wie hoch ist der Anteil von Text, Bildern und Karten?
   Was kannst du über die Autorin oder den Autor in Erfahrung bringen?

2. **Der Inhalt**
   Worum geht es in dem Buch? Ist es ein Roman oder ist es ein Sachbuch?
   Wer sind die Personen? Was machen sie? Wie geht die Geschichte aus?
   Welche Informationen kennst du bereits aus dem Schulbuchkapitel?
   Welche Informationen sind neu?

3. **Das Urteil**
   Was hältst du von dem Buch? Ist es verständlich geschrieben? Ist es spannend oder langweilig? Hilft das Buch, die damalige Zeit besser zu verstehen?

Ausgewählte Internetadressen

Über die Steinzeit gibt es sehr viele interessante Adressen. Leider weiß man nicht, welche davon langfristig erreichbar sind. Es kann sein, dass sie nach einiger Zeit wieder gelöscht werden. Bei der folgenden Adresse müsstest du jedoch fündig werden: www.neanderthal.de

Um weitere aktuelle Internetadressen zu erhalten, hilft eine Suchmaschine. Du gibst zum Beispiel das Stichwort „Steinzeit" ein und erhältst dann eine Liste mit Adressen, die mit diesem Stichwort zusammenhängen. Du kannst davon eine Adresse oder mehrere Adressen auswählen.

Suchmaschinen (Auswahl):
www.google.de
www.bing.com
www.yahoo.de
www.fragfinn.de

3 Lies den Infotext 2 auf S. 38 und vergleiche mit der Ansicht in M2 über den Sinn der Höhlenmalerei.

4 Erstelle ein Referat zu einem Thema der Altsteinzeit oder der Jungsteinzeit.

◁ **M1** *Das Rentier – Nutztier schon vor 500 000 Jahren*

M3 *Höhle von Lascaux mit Nachbildung zweier Steinzeitmenschen*

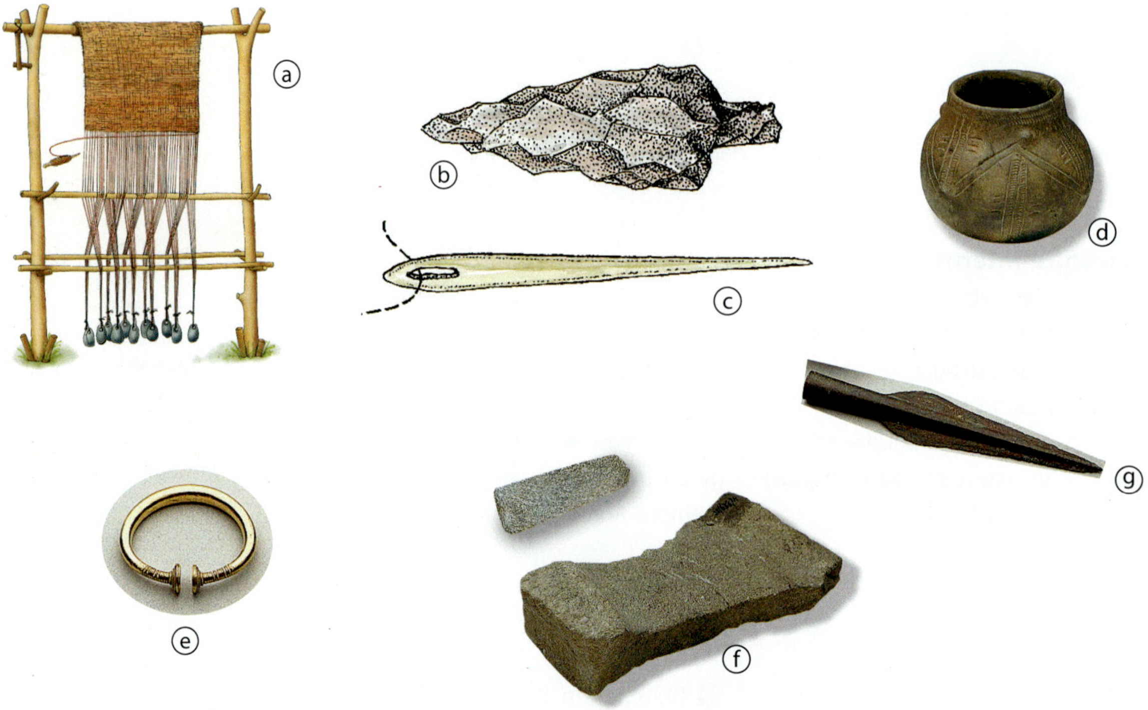

M2 *Gegenstände aus der Vorgeschichte*

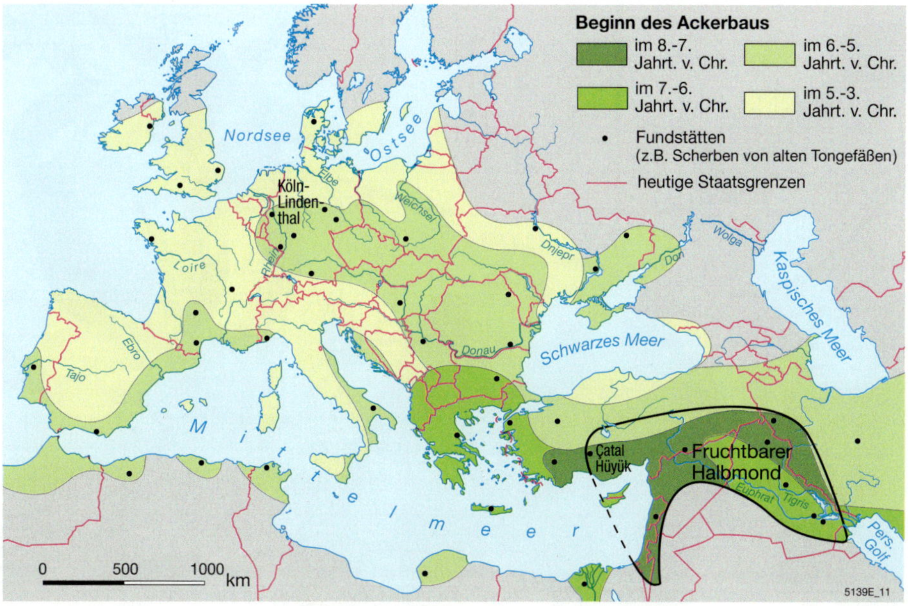

M4 *Der Ackerbau breitet sich aus.*

Schätze dich selbst mit dem Zeichensystem ein, das auf Seite 33 erklärt ist.
Die Erläuterung der Kompetenzen findest du ebenfalls auf Seite 33.

Sachkompetenz

1 a) Wähle fünf Grundbegriffe aus der Liste und erkläre sie.
b) Ergänze die Grundbegriffe, wenn möglich, durch Zeichnungen.

2 Berichte über den Beginn der Geschichte der Menschheit. *(Schülerbuch S. 36)*

3 Ein Rentier wurde vielfältig genutzt. Erkläre mithilfe von M1. *(Schülerbuch S. 43)*

4 Erläutere die Ausbreitung des Ackerbaus (M4). *(Schülerbuch S. 40)*

5 Die Gegenstände in M2 stammen aus unterschiedlichen Zeiten.
a) Benenne sie und erkläre, wofür sie verwendet wurden.
b) Ordne die Gegenstände der richtigen Zeit zu. *(Schülerbuch S. 43–46)*

Methodenkompetenz

6 Beschreibe M3. Unterscheide nach Vordergrund und Hintergrund.

7 a) Stelle in einer Skizze dar, wie die Menschen in der Altsteinzeit gelebt haben. Beschrifte deine Skizze. *(Schülerbuch S. 38/39)*
b) Fertige eine weitere Skizze zur Jungsteinzeit an und beschrifte sie. *(Schülerbuch S.41 und S. 44/45)*

8 a) Zeichne eine Zeitleiste zum Zeitraum 2 500 000 Jahre bis Christi Geburt. Beschrifte die Zeitleiste mit den Begriffen für die Zeitabschnitte.
b) Ergänze die Zeitleiste durch Zeichnungen, die wichtige Veränderungen zeigen. *(Schülerbuch S. 38)*

Urteils- und Handlungskompetenz

9 Beurteile, welche Erkenntnisse der Menschen aus der Steinzeit für uns heute besonders wichtig sind.

10 Beurteile, ob man den Übergang von der Altsteinzeit zur Jungsteinzeit als erste Revolution der Menschheit bezeichnen kann.

11 Erörtere, ob die Arbeitsteilung in der Bronzezeit eine notwendige Voraussetzung für die Weiterentwicklung der Menschheit war. *(Schülerbuch S. 46/47)*

Grundbegriffe

- Geschichte
- Jetztmensch
- Vorgeschichte
- Zeitleiste
- Höhlenmalerei
- Steinzeit
- Altsteinzeit
- Eiszeit
- Warmzeit
- Jungsteinzeit
- Fruchtbarer Halbmond
- Revolution
- Jäger und Sammler
- Faustkeil
- Sesshaftigkeit
- Bergwerk
- Metallzeit
- Archäologe

3

In der Fußgängerzone einer Stadt – Überlege, warum das Foto nur in einer Stadt aufgenommen sein kann.

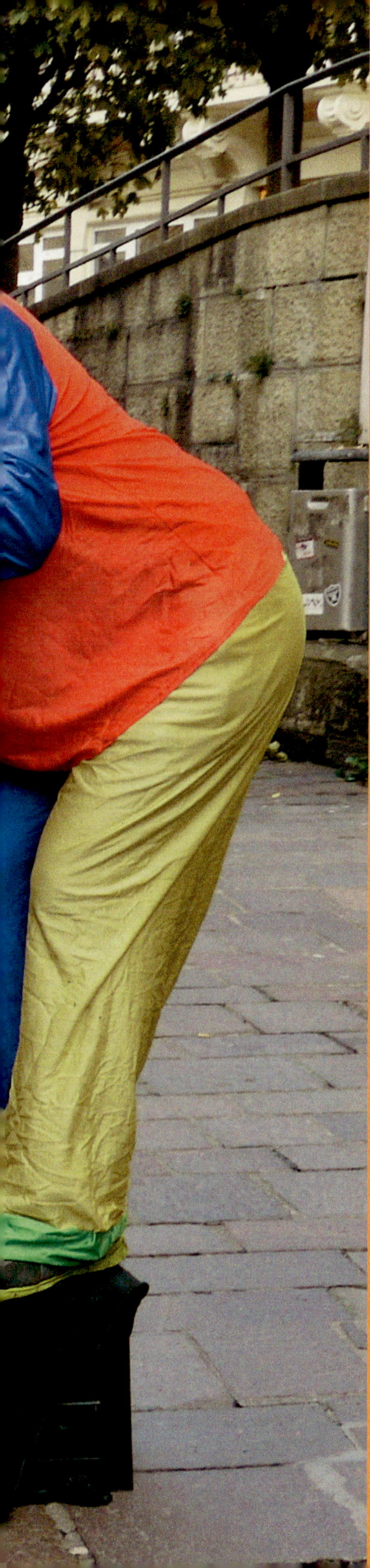

Leben in Stadt und Land – wir in Nordrhein-Westfalen

Am Ende des Kapitels kannst du:
- Städte und Dörfer in Nordrhein-Westfalen unterscheiden
- Viertel einer Großstadt benennen und beschreiben
- das Leben in der Stadt und auf dem Land vergleichen
- darstellen, wie sich Stadt und Umland ergänzen
- dich in Nordrhein-Westfalen orientieren

Städte und Dörfer in Nordrhein-Westfalen

M1 *Paderborn (Schrägluftbild)*

M2 *Lage von Paderborn und Borgholz in Nordrhein-Westfalen*

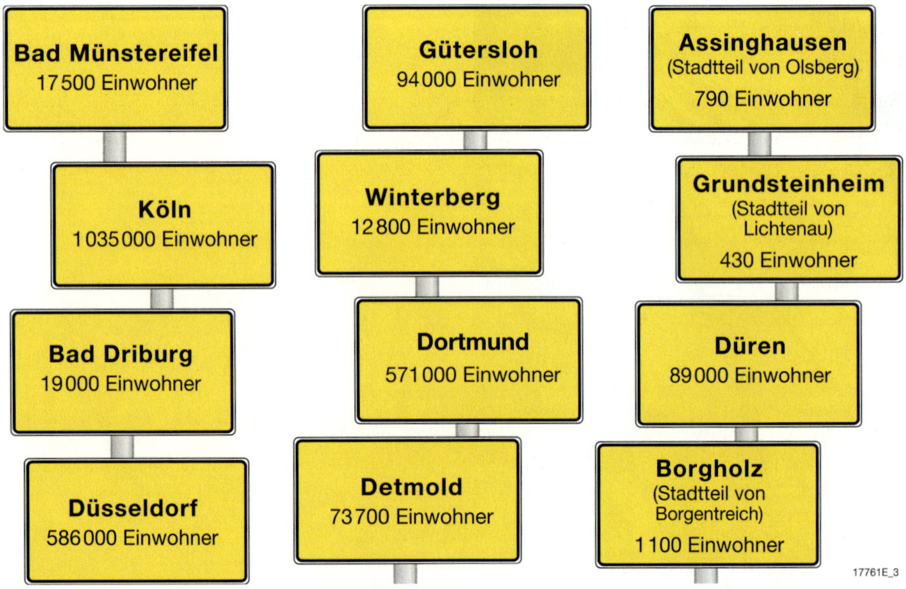

M3 *Städte und Dörfer in Nordrhein-Westfalen (Auswahl) (Einwohnerzahlen 2011; gerundet)*

Starthilfe zu 1 b)
Im Vordergrund führt eine schmale Straße zwischen Feldern und Wald zum Dorf. In der Bildmitte ist das Dorf. Es hat …

1 a) Betrachte das Schrägluftbild von Borgholz (M4). Schreibe dazu drei Nomen und drei Adjektive auf.

b) ↗ Beschreibe M4.

c) Verfahre ebenso mit M1.

2 a) Übertrage die Orte aus M3 in eine Tabelle mit den Spalten: Großstadt, Mittelstadt, Kleinstadt.

b) Nenne drei Kleinstädte in deinem Heimatraum.

D3-050
www.diercke.de

M4 *Borgholz bei Paderborn (Schrägluftbild)*

Kleinstädte, Mittelstädte, Großstädte
Kleinstädte sind Städte mit weniger als 20 000 Einwohnern. Mittelstädte haben 20 000 bis unter 100 000 Einwohner. Großstädte haben über 100 000 Einwohner.

Im Flug über Stadt und Land

Nordrhein-Westfalen aus einem Flugzeug: Berge und Tiefland, Wälder, Wiesen und Felder, Flüsse und Seen und dazwischen die **Siedlungen**.

Eine Straße führt zu einem **Dorf**. In der Dorfmitte befindet sich die Kirche. Die Wohnhäuser in ihrer Nähe sind ehemalige Bauernhöfe. Am Ortsrand gibt es ein Neubaugebiet. Umgeben ist das Dorf von Feldern und einem kleineren Wäldchen.

Breite Straßen führen zur **Stadt**. In einigen Fällen legen sie sich wie ein Ring um den Stadtkern. Oft kann man den alten Stadtkern mit seinen ganz alten Häusern erkennen. Sie stehen eng zusammen. Im Mittelpunkt befinden sich häufig eine große Kirche und ein Marktplatz. Mitunter gibt es im Stadtkern auch größere Gebäude mit Parkplätzen oder grünen Innenhöfen. Mit zunehmender Entfernung vom Stadtkern lockert sich die Bebauung auf.

Mehrgeschossige Wohnhäuser und Verwaltungsgebäude werden von Grünanlagen getrennt. Menschen in Nordrhein-Westfalen leben in **Großstädten**, **Mittelstädten**, **Kleinstädten** und Dörfern. Viele Dörfer sind heute Stadtteile einer Stadt.

3. Wähle eine Großstadt und eine Kleinstadt aus. Erstelle mithilfe des Internets und des Atlas Steckbriefe (Einwohnerzahl, Lage in NRW [Himmelsrichtung], Lage ü. M., Kfz-Kennzeichen).

4. Schreibe einen Text, in dem du die grundsätzlichen Unterschiede zwischen Stadt und Dorf erläuterst.

Merke
Die Menschen in Nordrhein-Westfalen leben in Großstädten, Mittelstädten, Kleinstädten und Dörfern. Viele Dörfer sind heute Stadtteile einer Stadt.

Grundbegriffe
- die Siedlung
- das Dorf
- die Stadt
- die Großstadt
- die Mittelstadt
- die Kleinstadt

M1 *Landeshauptstadt Düsseldorf*

M2 *Lage von Düsseldorf in Nordrhein-Westfalen*

Stadtteile: kleine Städte in der Stadt

Je größer eine Stadt ist, desto mehr **Stadtteile** hat sie. Stadtteile sind wie kleine Städte innerhalb einer Stadt. Sie haben einen eigenen Namen, oft ein eigenes Zentrum mit Geschäften und Restaurants, mit einer Kirche, mit eigenen Schulen – und manchmal mit einem eigenen Rathaus und einem eigenen Bürgermeister. Einige Stadtteile großer Städte sind über die Stadtgrenzen hinaus bekannt, wie zum Beispiel Hamburg-St. Pauli, Berlin-Kreuzberg oder Düsseldorf-Hamm.

Viele Stadtteile waren früher selbstständige Dörfer oder Kleinstädte. Im Laufe der Zeit wuchsen sie mit der großen Stadt zusammen. Bald sah man keine Grenzen mehr. So wurden viele Dörfer und einige Kleinstädte im Umland der Städte Stadtteile.

1. Lege Transparentpapier auf M3 und markiere die verschiedenen Stadtviertel.

2. ↗ In Düsseldorf gibt es viele Konsulate. Schreibe fünf auf (M3) und ordne die Kontinente zu.

3. Erstelle eine Tabelle mit vier Spalten. Schreibe in die oberste Zeile die Überschriften: City, Wohnviertel, Industrie- und Gewerbegebiet, Erholungsgebiet. Schreibe in die Spalte darunter die typischen Merkmale dieser Stadtviertel.

Starthilfe zu 2
Japan – Asien
Marokko – Afrika
usw.

D3-066, D3-110
www.diercke.de

M3 *Flächennutzung von Düsseldorf*

Düsseldorf ist die **Landeshauptstadt** von Nordrhein-Westfalen. Der Landtag, der Sitz des Ministerpräsidenten, Landesministerien und viele Landesbehörden sind hier zu finden.
Die Deutsche Oper, die Tonhalle und zahlreiche Theater stehen für Düsseldorfs erstklassige Veranstaltungen: Schauspiel, Kleinkunst, Rock, Pop und Jazz.
Düsseldorf ist eine elegante Shopping-Metropole. In Düsseldorf gibt es zahlreiche Konsulate (Vertretungen ausländischer Staaten). Sie unterstützen die Handelsbeziehungen zu Nordrhein-Westfalen.

M4 *Bedeutung von Düsseldorf*

Stadtviertel: unterschiedlich genutzt

Auch die Stadtteile sind in sich wieder unterteilt: in **Stadtviertel**. Diese Viertel können unterschiedlich groß sein. Sie können nur einige Straßenzüge oder einen ganzen Stadtteil umfassen. Sie unterscheiden sich in ihrer Nutzung:

- Die **City** ist das Geschäfts- und Verwaltungszentrum.
- In den **Wohnvierteln** wohnen die Menschen.
- In den **Industrie- und Gewerbegebieten** gibt es Industriebetriebe, Büros, Werkstätten und Einkaufsmärkte. Sie liegen meist am Rand der Städte. Hier sind die Grundstückspreise niedrig. Autobahnen und Güterbahnhöfe liegen in der Nähe.
- Die **Erholungsgebiete** sind die großen Parks und Grünanlagen einer Stadt.

4 Suche im Atlas Karten von Städten (z. B. Hamburg, Frankfurt, München). Überprüfe, ob du auch dort Stadtteile und Stadtviertel wiederfinden kannst.

5 Erstelle für eine Besuchergruppe aus Japan einen Werbeprospekt von Düsseldorf. Gehe dabei auf Lage, Einwohnerzahl und Sehenswürdigkeiten ein. Du kannst dabei auch das Internet (www.duesseldorf.de) nutzen.

Merke
Düsseldorf ist die Landeshauptstadt von Nordrhein-Westfalen.
In einer Stadt gibt es Stadtteile und Stadtviertel.

Grundbegriffe
- der Stadtteil
- das Stadtviertel
- die City
- das Wohnviertel
- das Industrie- und Gewerbegebiet
- das Erholungsgebiet
- die Landeshauptstadt

WAHLTHEMA 1: So lebt man auf dem Land

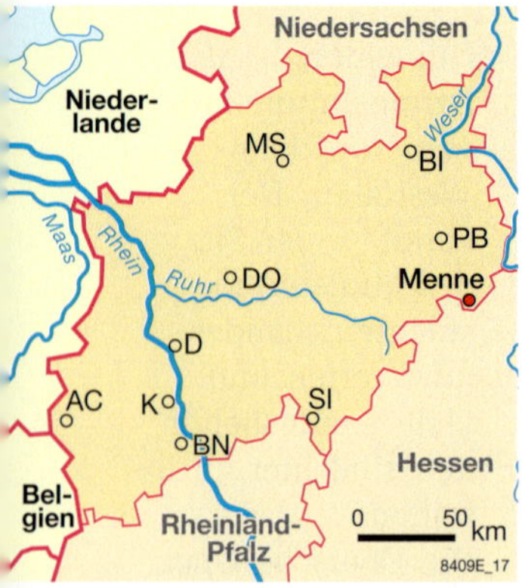

M1 *Die Lage von Menne bei Warburg in Nordrhein-Westfalen*

M3 *Typisches Dorf (Menne bei Warburg)*

„So lebt man auf dem Land."
Entwickelt dazu eine Präsentation und stellt diese in der Klasse vor.

M2 *Wohnen auf dem Land …*

Tipps für die Erarbeitung

1. Nennt die Vorteile des Wohnens auf dem Land (M2).
2. Das Landleben hat auch Nachteile. Zeichnet sechs Personen mit Sprechblasen, die Nachteile äußern.
3. Erläutert, auf welche Probleme M6 und M7 in vielen deutschen Dörfern hinweisen.
4. Kennt ihr ein Dorf, das Menne gleicht? Berichtet.

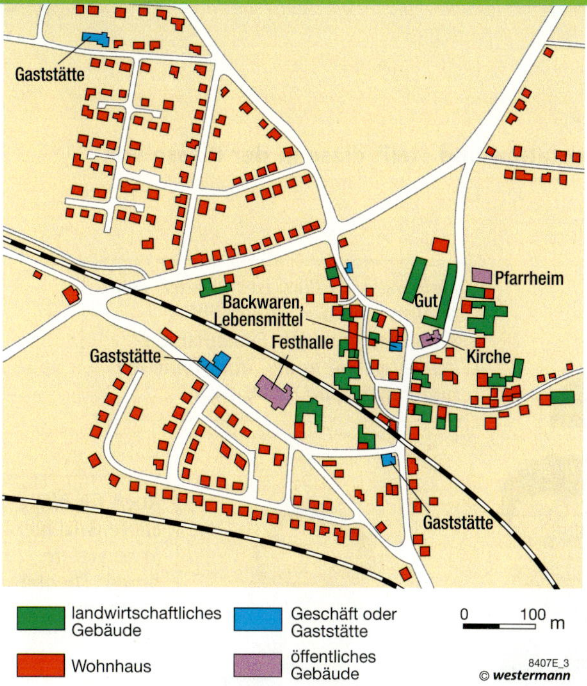

M4 *Das Dorf Menne bei Warburg heute*

M6 *Am Schulbus*

M7 *„Rollendes" Lebensmittelgeschäft (Verkauf aus dem Wagen heraus)*

Zur Arbeit und zum Einkauf in die Stadt

Die meisten Dörfer sind heute **Wohngemeinden**. Viele Menschen sind von der Stadt aufs Dorf gezogen und haben dort gebaut. Daher haben viele Dörfer heute neben dem alten Ortskern große **Neubaugebiete**. Arbeitsplätze gibt es auf dem Dorf nur wenige. Die meisten Dorfbewohner fahren zum Arbeiten in die Stadt. Auch die Kinder müssen mit dem Bus in die Schule. Geschäfte gibt es auf dem Dorf kaum noch. Manche Dörfer werden von fahrenden Bäckereien und Sparkassen besucht. Das meiste kaufen die Dorfbewohner jedoch in der Stadt.

„Mittwochs ab 17:30 Uhr gehe ich in den Jugendtreff. Dort spielen wir Kicker oder Tischtennis, trinken eine Cola und hören Musik. Morgen muss ich auch noch für die Klassenarbeiten üben und ein Kurzreferat ausarbeiten. Glücklicherweise ist unser Internet inzwischen schneller; nun kann ich besser recherchieren. Die meisten Freunde treffe ich nur am Wochenende.
Im Sommer helfe ich oft bei der Heuernte mit. Wir müssen schnell sein, damit nicht der Regen alles durchnässt. Bei uns muss alles langfristig geplant sein. Es sind keine spontanen Einkäufe möglich; denn im Dorf gibt es kein Geschäft mehr. Selbst der kleine Tante-Emma-Laden hat zugemacht. Stattdessen kommen jeden Montag und Donnerstag ein Bäcker und am Mittwoch ein Lebensmittelhändler mit ihren Lieferwagen ins Dorf und bieten ihre Waren an."

M5 *Simon Hölscher berichtet über sein Leben in Menne.*

5 Ordnet folgende Tätigkeiten danach, ob sie in der Großstadt, Kleinstadt oder auf dem Dorf vorkommen: a) in der City bummeln, b) zum Zahnarzt gehen, c) Schulhefte kaufen, d) Kirschen ernten, e) beim Italiener Eis essen, f) Fußball spielen, g) ein Musical besuchen.

6 Erstellt für die Klasse einen Merktext über euer Thema. Erklärt darin auch die Grundbegriffe.

Grundbegriffe
- die Wohngemeinde
- das Neubaugebiet

„So lebt man in der Stadt."
Entwickelt dazu eine Präsentation und stellt diese in der Klasse vor.

M1 *Wohnen in der Stadt*

Die Stadt – die hat's

In den Städten gibt es Arbeitsplätze und viele Einkaufsmöglichkeiten: Fachgeschäfte und Kaufhäuser, Einkaufszentren und Supermärkte haben ein vielfältiges Angebot an Waren. Doch Städte haben noch viel mehr, wie Fachärzte (z.B. Kinder- und Augenärzte) und Krankenhäuser, Anwälte und Gerichte, Kinos und Theater, Ausstellungen, Museen und Bibliotheken.
In den Städten gibt es neben den Einrichtungen für die Gesundheit und die Abwechslung vom Alltag auch Einrichtungen für die Sicherheit (z.B. Polizei und Feuerwehr).
Zur Erholung und zur Freizeitgestaltung findet man Grünanlagen und Parks, Stadien, Sportplätze und Schwimmbäder. Wo Menschen wohnen und arbeiten, müssen diese mit Trinkwasser und Strom versorgt werden. Deshalb verfügen Städte häufig über eigene Kraft- und Wasserwerke. Die Entsorgung von Müll übernimmt häufig die eigene städtische Müllabfuhr und an die Kanalisation sind große Kläranlagen angeschlossen.
In der Stadt kann man mit Linienbussen, oft auch Straßenbahnen und zum Teil auch U-Bahnen fahren. Das alles sind **öffentliche Verkehrsmittel**.
Meist gibt es ein breites Angebot an verschiedenen Schulen in der Stadt.
Doch das Leben in der Stadt hat auch seine Nachteile. Verkehrslärm, Abgase und gefährliche Situationen im Straßenverkehr sind insbesondere für Kinder und ältere Menschen ein Problem.

Tipps für die Erarbeitung

1. a) Nennt Vorteile des Lebens in der Stadt für Menschen verschiedenen Alters (M1).
   b) Findet Nachteile.
2. Listet Ziele auf, die ihr in der City einer Großstadt aufsuchen möchtet.
3. Besorgt euch einen Stadtplan eurer Stadt. Legt Transparentpapier darauf und tragt die City ein.
4. Erläutert die typischen Merkmale der City in einer Großstadt in Nordrhein-Westfalen, die ihr selbst kennt.

Die City – mitten in der Großstadt

Hauptbahnhof 8:00 Uhr: Eile und Gedränge. Menschen strömen aus den Zügen, S- und U-Bahnen und eilen zu ihrem Arbeitsplatz in der City.

Hier im Hauptgeschäftszentrum der Stadt befinden sich Tausende von Arbeitsplätzen in den Banken, Versicherungen, Geschäften und der Verwaltung.

Mittags herrscht in der Fußgängerzone großes Gedränge. Die Menschen bummeln an den Kaufhäusern und den Geschäften vorbei, vergleichen die Angebote, gehen ein Eis essen oder einen Kaffee trinken. Handyladen, Geschenkboutique oder Süßwarengeschäft – in der City gibt es eine Vielzahl von Geschäften, die sich auf ein ganz bestimmtes Warenangebot spezialisiert haben.

Zahlreiche Menschen sind aus großer Entfernung in die Stadt gekommen, andere schauen sich in der Mittagspause oder später nach der Arbeit nach einem Schnäppchen um.

Da die Mietpreise in der City sehr hoch sind, wohnen dort nur wenige Menschen. Tagsüber ist die Fußgängerzone ein viel besuchter Anziehungspunkt, doch nach Geschäftsschluss ist sie oft wie ausgestorben.

M2 *Anziehungspunkte in der City*

5 Nennt Versorgungs- und Entsorgungseinrichtungen der Großstadt.

6 a) Findet zu jedem Foto in M2 eine Bildunterschrift.
b) Begründet, wieso die Bilder alle aus der City stammen.

7 Erstellt für die Klasse einen Merktext über euer Thema. Erklärt darin auch den Grundbegriff.

Grundbegriff
- das öffentliche Verkehrsmittel

M1 *Die Lage von Schwerte in Nordrhein-Westfalen*

M2 *Im Neubaugebiet von Schwerte*

Willkommen in Schwerte

Entdecken Sie Schwerte im landschaftlich reizvollen Ruhrtal im Herzen von Nordrhein-Westfalen. Die alte Hansestadt lädt Sie zu einem Besuch ein. Schwerte mit seinen heute über 50 000 Einwohnern ist die waldreichste Stadt im Kreisgebiet und bietet seinen Einwohnern und Besuchern die angenehme Atmosphäre einer lebendigen Stadt und besitzt mit vielfältigen, attraktiven Angeboten einen hohen Kultur- und Freizeitwert.

Schwerte auf der Sonnenseite des Reviers!
– Wir freuen uns auf Sie –

„So leben Menschen in der Stadt und dem Umland." Entwickelt dazu eine Präsentation und stellt diese in der Klasse vor.

Wohnen im Umland – arbeiten in der City

Dortmund, Essen und Duisburg haben jeweils mehr als eine halbe Million Einwohner. Zusammen mit elf weiteren Großstädten mit über 100 000 Einwohnern bilden sie den Ballungsraum Ruhrgebiet.

In den letzten Jahrzehnten sind viele Menschen – insbesondere Familien mit kleinen Kindern – aus den Großstädten an den Stadtrand oder in die Kleinstädte und Gemeinden im **Umland** gezogen. Wo man früher Äcker und Wiesen fand, sieht man heute Straßen, Mehrfamilien- und Einfamilienhäuser. Neue Zentren mit Rathaus, Schulen, Einkaufsmöglichkeiten und Sportstätten sind entstanden.

Morgens fahren viele Menschen aus den Gemeinden im Umland zu ihrem Arbeitsplatz in der Stadt. Es sind **Pendler**. Viele benutzen das Auto. Oft stehen sie in der **Rushhour**, der Zeit des Berufsverkehrs, im Stau.

Deswegen und um nicht täglich auf Parkplatzsuche zu sein, nutzen viele Pendler öffentliche Verkehrsmittel wie Busse und Bahnen. Der öffentliche Verkehr wird von der Verkehrsgesellschaft Rhein-Ruhr (VRR) geregelt. Diesem Zusammenschluss gehören 24 Verkehrsbetriebe und drei Bahngesellschaften an.

i Pendler

Pendler fahren jeden Tag von ihrer Wohnung zur Arbeit, in die Schule oder zum Einkaufen. Sie benutzen dabei Auto, Fahrrad oder öffentliche Verkehrsmittel. Das Modell M5 erklärt die Zusammenhänge.

Tipps für die Erarbeitung

1 Familie Zell möchte mit Tochter Romy (15 Jahre) und Sohn Lucas (12 Jahre) von Dortmund ins Neubaugebiet von Schwerte ziehen. Herr Zell arbeitet ganztags und Frau Zell arbeitet halbtags in Dortmund.

a) Erstellt einen Steckbrief von Schwerte (M1, www.schwerte.de).

b) Stellt dar, wie sich das Leben der einzelnen Familienmitglieder verändert.

c) Sammelt für die einzelnen Familienmitglieder Argumente für und gegen den Umzug. Bei der Präsentation könnt ihr ein Rollenspiel durchführen.

M3 *Radeln in den Ruhrauen*

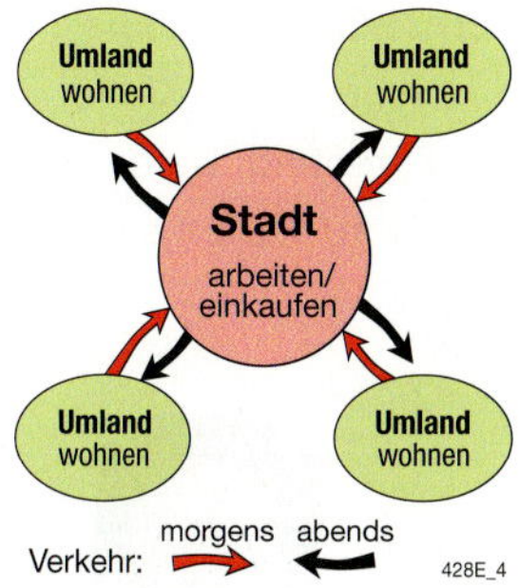

M5 *Modell für den täglichen Pendlerverkehr*

Täglich von Schwerte zur Arbeit in die Dortmunder City

Sophie wohnt in Schwerte, einer Stadt mit über 50 000 Einwohnern. Sie liegt im Umland von Dortmund. Als Sophie mit ihren Eltern vor acht Jahren nach Schwerte zog, glich das Neubaugebiet einer Baustelle. Heute ist Schwerte eine moderne Mittelstadt mit Fußgängerzone, vielen Geschäften und einigen Büros.

Sophie kann ihre Schule mit dem Rad erreichen. Sophies Mutter arbeitet halbtags in der Fußgängerzone von Schwerte in der Praxis eines Kinderarztes. Ihr Vater hat seinen Arbeitsplatz in einer Bank in der Dortmunder City. Er ist Pendler und fährt täglich in 19 min mit der Regionalbahn von Schwerte nach Dortmund. Früher fuhr er mit dem Auto. Doch oft stand er in der Rushhour, der Zeit des Berufsverkehrs, im Stau. Deshalb ist er auf die öffentlichen Verkehrsmittel umgestiegen.

Familie Ates ist heute schon früh aufgestanden. Ferhat und Mehriban freuen sich. Gemeinsam mit ihren Eltern haben sie eine Radtour geplant. Sie haben sich für einen Abschnitt auf der Kaiser-Route entschieden. Dieser Fernradweg führt von Aachen nach Paderborn. Er verbindet viele schöne, alte Städte in Nordrhein-Westfalen. Radtaschen und Rucksäcke sind gepackt. Mit dem Verkehrsverbund Rhein-Ruhr fahren sie von Dortmund nach Schwerte.
Der Radweg ist gut ausgeschildert. Er führt an der Ruhr entlang flussaufwärts bis nach Fröndenberg. Für die 30 km haben sie mit Pausen drei Stunden eingeplant. Der Weg führt sie durch die Auen der Ruhr.
Auf der Ruhr kommen ihnen Kanufahrer entgegen. Sie halten an und winken. An einer Anlegestelle informiert sich Herr Ates über eine Kanu-Tour auf der Ruhr. Das könnte ein Geburtstagsgeschenk für Ferhat werden.

M4 *Eine Radtour an einem Sonntag im August*

2 Nennt Gründe, warum Familie Ates eine Radtour im Umland macht.

3 Stadt und Umland ergänzen sich. Erklärt.

4 a) Beschreibt das Modell M5.
b) Zeichnet ein neues Pendler-Modell für ein Wochenende.

5 Erstellt für die Klasse einen Merktext über euer Thema. Erklärt darin auch die Grundbegriffe.

Grundbegriffe
- das Umland
- der Pendler
- die Rushhour

Wohnen in unterschiedlichen Wohnvierteln

Die Schülerinnen und Schüler der Klasse 5a der Max-Ernst-Gesamtschule in Köln-Bocklemünd wohnen in verschiedenen Kölner Stadtteilen. Drei Kinder wohnen in Ehrenfeld. Da nur wenige ihrer Mitschüler Ehrenfeld kennen, stellen sie ihr Wohnviertel vor. Sie haben zu den Straßen, in denen sie wohnen, Texte geschrieben und Fotos gemacht. Zunächst befestigen sie einen Stadtplan auf einer Pinnwand. Auf dem Stadtplan haben sie die Straßen markiert. Dann heften sie das Foto an die Pinnwand und lesen den Text vor.

M1 *Karia in der Tieckstraße*

Die Straße ist ruhig, Autos fahren nur selten. Die Häuser sind ein- bis zweistöckig und haben einen Garten. Wir können überall spielen. Der Blücherpark ist nicht weit. Zum Hallenbad sind es nur zehn Minuten mit dem Fahrrad. Es gibt kaum Geschäfte zum Einkaufen. Wenn ich ein Eis essen will, muss ich weit laufen.

M4 *Tieckstraße in Ehrenfeld*

M2 *Bairo in der Nußbaumer Straße*

Wir wohnen in einem Altbau im vierten Stock. Es gibt keinen Aufzug. Zur Straße hin ist es sehr laut. Regelmäßig alle fünf Minuten fährt eine Straßenbahn vorbei. Spielen darf man hier nicht, es ist zu gefährlich. Ich gehe oft einkaufen. Das ist hier kein Problem, da alle Geschäfte in der Nähe sind.

M5 *Nußbaumer Straße in Ehrenfeld*

M3 *Max in der Graeffstraße*

Das Hochhaus hat 32 Stockwerke, wir wohnen im 25. Stock in einer Drei-Zimmer-Wohnung. Wir haben einen tollen Blick, können die City und den Dom sehen. Das Haus hat vier Aufzüge und einen kleinen Supermarkt. Spielen können wir in den Grünanlagen auf der anderen Seite. Zur Schule fahre ich mit der Straßenbahn. Zu Fuß ist es zu weit und mit dem Fahrrad zu gefährlich.

M6 *Graeffstraße in Ehrenfeld*

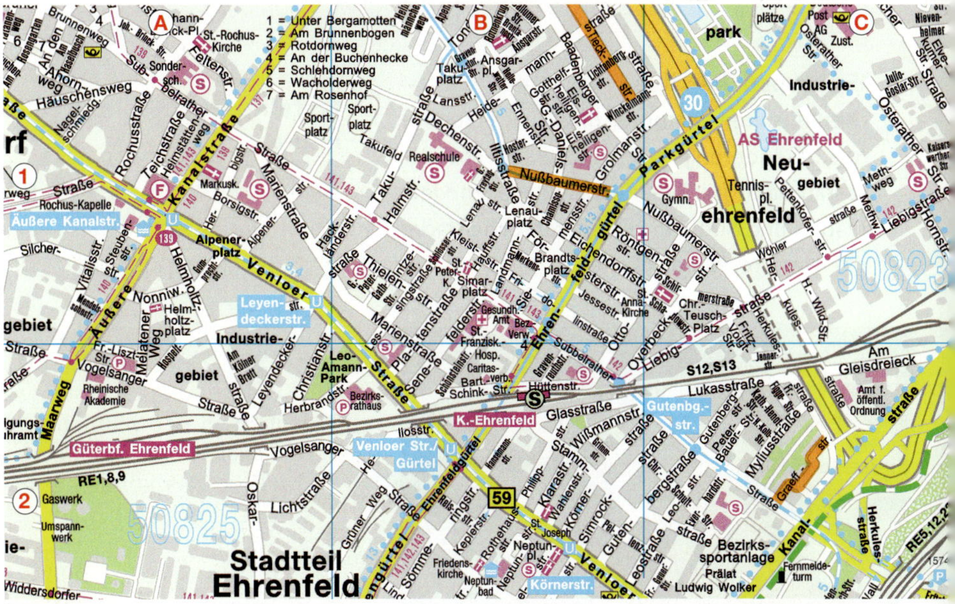

M7 *Stadtplan von Köln (Ausschnitt). Die Straßen in M4 – M6 sind orange gekennzeichnet.*

1. Schritt: Vorbereitung

Besorge dir eine Kopie von einem Stadtplan. Markiere dort die Straße, in der du wohnst (bei langen Straßen reicht auch ein Straßenabschnitt). Mache ein Foto von einem typischen Teil der Straße.

2. Schritt: Durchführung

Verfasse den Text:

1. Beschreibe die Wohnhäuser.
   a) Welche Hausformen gibt es (Mehrfamilienhäuser mit wie vielen Stockwerken, Reihenhäuser, Ein- bis Zweifamilienhäuser)?
   b) Grenzen die Häuser direkt an den Bürgersteig oder gibt es Vorgärten?
2. Beschreibe die Straße oder den Straßenabschnitt.
   a) Ist die Straße eine Anliegerstraße oder eine Straße mit Durchgangsverkehr?
   b) Gibt es alte oder neugepflanzte Bäume?
   c) Gibt es Geschäfte? Welche?
3. Beschreibe das Wohnumfeld.
   a) Gibt es in der Nähe Grünanlagen oder Parks?
   b) Gibt es in dem Wohnviertel einen Spielplatz?
   c) Gibt es in dem Wohnviertel Handwerksbetriebe?
4. Beschreibe, wie gut bestimmte Häuser/Plätze erreichbar sind.
   a) Wie weit ist es zum nächsten Supermarkt?
   b) Wie weit ist es zur nächsten Grundschule und zur nächsten Gesamtschule?
   c) Wie erreichst du den nächsten Sportplatz, das nächste Schwimmbad?
   d) Wie erreicht man die City?

3. Schritt: Präsentation

Stelle dein Wohnviertel deinen Mitschülerinnen und Mitschülern vor. Gehe dabei so vor wie die Schülerinnen und der Schüler aus Köln-Ehrenfeld.

Spurensuche „live“

Nehmt euren Ort unter die Lupe. Erkundet die Veränderungen. Benutzt dabei Fotoapparat, Gerät für Tonaufnahmen, Fragebogen, Papier und Stift. Für die Spurensuche findet ihr hier drei Möglichkeiten.

M1 *Leonie beklebt ein Fotoalbum zu ihrem Heimatort.*

Erstellt ein Fotoalbum über euren Ort – früher und heute

1. a) Informiert eure Eltern, Großeltern und Bekannten über euer Vorhaben und bittet sie um alte Fotos aus eurem Ort.
   b) Wählt besonders eindrucksvolle Fotos für euer Album aus und fotokopiert sie.
   c) Gebt die Fotos wieder an ihre Besitzer zurück. Tipp: Fotos mit Personen und Fahrzeugen im Vordergrund sind besonders interessant.
2. Stöbert in der Schulchronik oder in der Gemeindechronik nach weiteren Bildern oder anderen interessanten Quellen. Das können zum Beispiel Urkunden, Zeugnisse oder Zeitungsberichte sein.
3. a) Sucht in Arbeitsgruppen die Standorte der fotografierten Gebäude und Straßen.
   b) Fotografiert von der gleichen Stelle die heutige Situation.
4. a) Klebt alte und neue Fotos auf gegenüberliegende Seiten oder untereinander. Ihr könnt als Album zum Beispiel ein Ringbuch mit Pappseiten nehmen.
   b) Beschreibt kurz die Veränderungen unter oder neben den Bildern.
5. Präsentiert das Album mit den Veränderungen in eurem Ort auf einem Elternabend.

Befragt Bürgerinnen und Bürger über euren Ort früher und heute

Führt Interviews mit älteren und jüngeren Leuten.

1. Sammelt Fragen und stellt sie in einem Fragebogen zusammen.
2. Befragt zunächst zehn ältere Menschen.
   Beispiel: Wo wohnten Sie 1980?
   Welches Verkehrsmittel benutzten Sie, um zum Arbeitsplatz zu kommen?
3. Stellt für die Auswertung der einzelnen Fragen einen Auswertungsbogen zusammen.
   Beispiel: Schreibt alle möglichen Verkehrsmittel auf den Auswertungsbogen und macht für jedes genannte Verkehrsmittel einen Strich.
   Die Ergebnisse könnt ihr in Säulendiagrammen darstellen.
   Befragt anschließend zehn jüngere Menschen. Verändert die Fragen entsprechend. Vergleicht die Antworten und formuliert die Ergebnisse.

Befragt Fachleute über die Geschichte eures Ortes

Ladet eine Expertin oder einen Experten (Mitarbeiterin oder Mitarbeiter der Stadtverwaltung bzw. Gemeindeverwaltung, der Kirche oder des Heimatvereins) ein oder vereinbart einen Termin zum Beispiel bei der Stadt oder Gemeinde, im Museum, im Pfarramt oder im Vereinsheim.

1. Überlegt euch Fragen, die ihr stellen wollt. Solche Fragen könnten zum Beispiel sein:
   - Wie viele Einwohner hatte unser Ort 1960 und wie viele Einwohner hat er heute?
   - Wie viele Menschen wohnen in dem Neubaugebiet?
   - Welche Berufe gab es in unserer Gemeinde 1960 und welche gibt es heute?
   - Welche Geschäfte gab es 1960, welche Geschäfte gibt es heute?
2. Überlegt, wie ihr die Fragen verteilt.
3. Vereinbart, wie ihr die Antworten festhalten könnt. Wenn ihr die Antworten mit einem Gerät, zum Beispiel einem Handy, aufnehmen wollt, müsst ihr die Gesprächspartnerin oder den Gesprächspartner vorher um Erlaubnis fragen.

Die Kreuzung heute:

Fußgängerüberweg mit Zebrastreifen. Pfeiler verhindern, dass Autos auf dem Gehweg parken. Kreuzung mit Autos. Viele Verkehrsschilder. Die Häuser sind renoviert.

Spielanleitung

Schaut euch die Spielzeichen und die Spieltabelle in M1 an. Alle 36 Spielfelder stellen euch eine Aufgabe, die ihr mithilfe der beiden Karten rechts und dem Atlas bzw. einem Autoatlas lösen könnt. Gespielt wird mit einem Zahlen- und einem Buchstabenwürfel. Beklebt dazu einen Würfel mit Klebepunkten und schreibt die Buchstaben A bis F auf die Würfelseiten. Und schon kann das Spiel beginnen – allein, zu zweit oder in der Gruppe. Die Würfel stellen euch die Aufgaben. Die Spielregeln und Gewinnpunkte könnt ihr selbst festlegen.

	Gebirge/ Höhenzug	Fluss / Kanal	Smiley	Landkreis	Berg
Spielzeichen	Gebirge-Symbol	Fluss-Symbol	Smiley, 1 Glückspunkt	UN	▲

	1	2	3	4	5	6
A	Smiley	Gebirge 1	▲ 468m	UN	Fluss j	Gebirge 8
B	Fluss e	HX	Fluss a	Gebirge 7	Gebirge 3	Fluss l Kanal
C	Gebirge 2	Fluss f	Gebirge 6	Fluss h	DN	▲ 843m
D	Fluss k Kanal	Smiley	Fluss b	Smiley	Fluss g	COE
E	Fluss c	Gebirge 5	Smiley	▲ 841m	Smiley	Fluss i
F	Gebirge 9	HS	Gebirge 10	Fluss d	Gebirge 4	Gebirge 11

22229E

M1 *Spieltabelle zum großen Nordrhein-Westfalen-Spiel*

D3-050 www.diercke.de

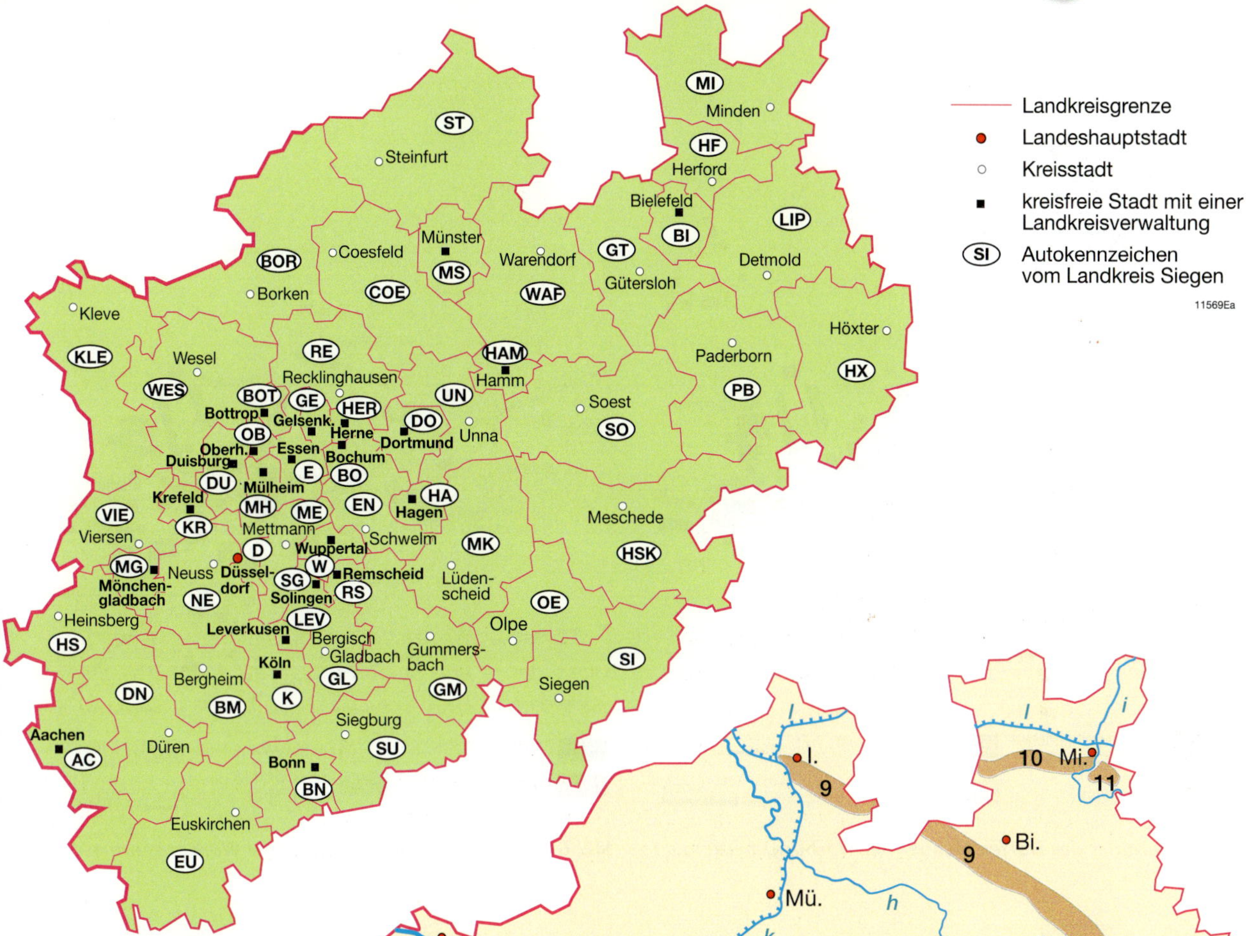

M2 *Nordrhein-Westfalen: Verwaltungsgliederung*

M3 *Landeswappen von Nordrhein-Westfalen mit Rhein, Westfalenross und Lippischer Rose*

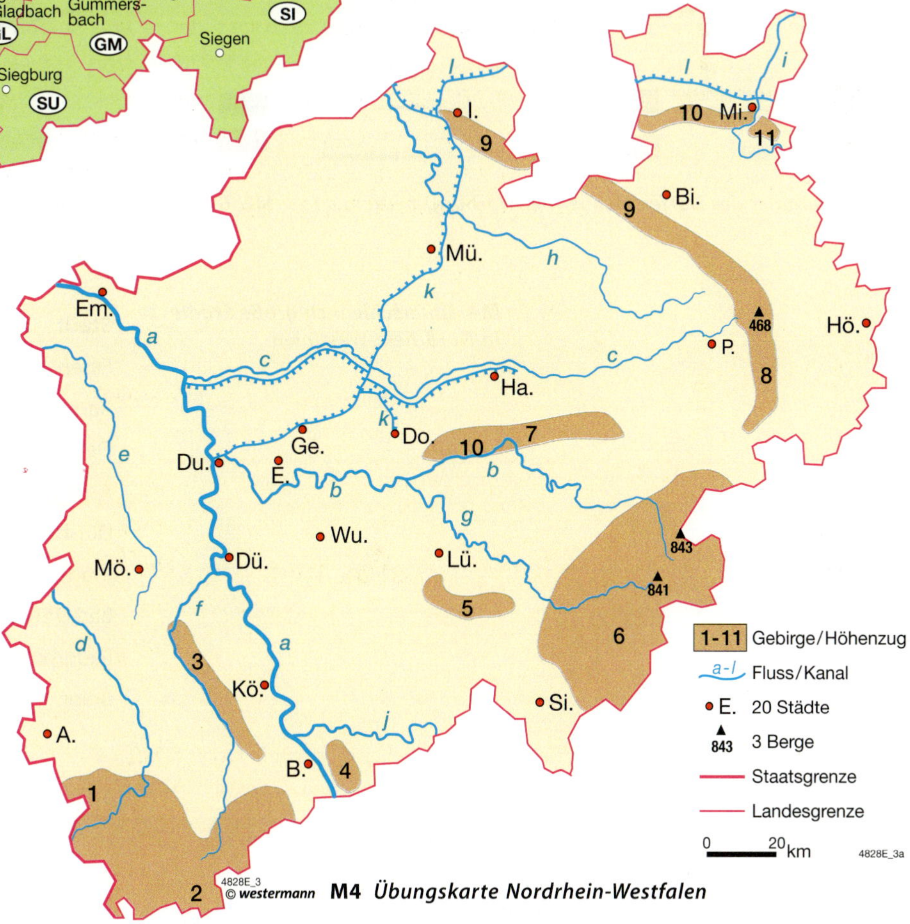

M4 *Übungskarte Nordrhein-Westfalen*

1. Bestimme die Landkreise von Nordrhein-Westfalen, die an die Niederlande grenzen (M2, Atlas).

2. Erstelle zu M4 die Namensliste der eingetragenen Gebirge, Flüsse, Kanäle, Städte und Berge (Atlas, Autoatlas).

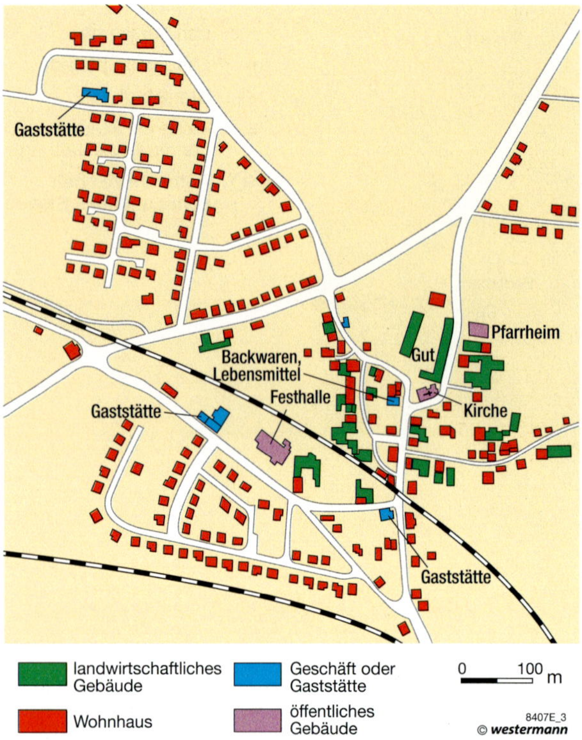

M1 *Grundriss des Dorfes Menne (bei Warburg) heute*

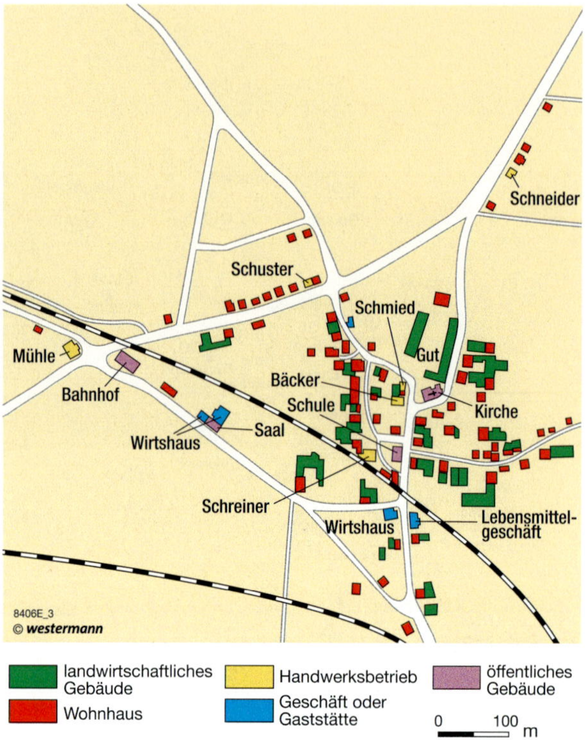

M2 *Grundriss des Dorfes Menne (bei Warburg) um 1950*

M4 *Unterschiedlich große Städte in Nordrhein-Westfalen* ▷

Stadt	Einwohnerzahl
Essen	566 000
Xanten	21 000
Detmold	74 000
Ascheberg	15 000
Duisburg	488 000
Monschau	12 000
Bad Driburg	19 000
Paderborn	142 000
Brilon	26 000

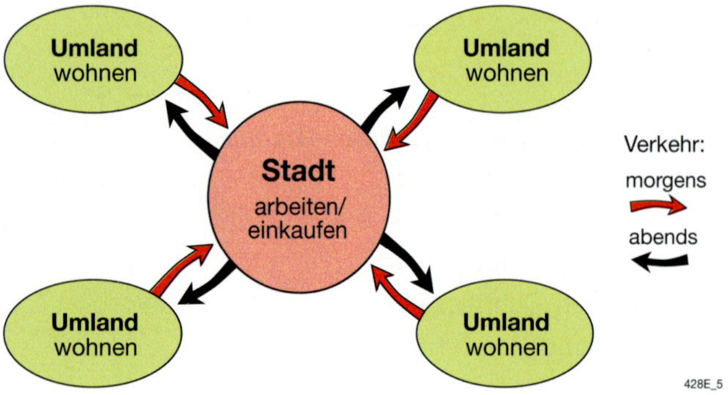

◁ **M3** *Modell für den Verkehr der Pendler in Großstädten*

M5 *Luftbild*

Schätze dich selbst mit dem Zeichensystem ein, das auf Seite 33 erklärt ist.
Die Erläuterung der Kompetenzen findest du ebenfalls auf Seite 33.

Sachkompetenz

1 a) Teilt die Grundbegriffe in einer Gruppe auf. Jeder schreibt seine Grundbegriffe auf kleine Kärtchen und notiert jeweils auf der Rückseite die Erklärungen.
b) Fragt euch gegenseitig ab.

2 Ordne die in M4 aufgelisteten Städte nach „Großstädten“, „Mittelstädten“ und „Kleinstädten“. *(Schülerbuch S. 56)*

3 Vergleiche das Wohnen in der Stadt mit dem Wohnen auf dem Land. Stelle die Unterschiede und Gemeinsamkeiten in einer Tabelle dar. *(Schülerbuch S. 60–63, 66/67)*

4 a) Nenne vier Stadtviertel.
b) Wähle zwei Stadtviertel aus und erkläre die typischen Merkmale. *(Schülerbuch S. 58/59)*

Methodenkompetenz

5 a) Lege Transparentpapier auf M1 und zeichne dort den Umriss des Dorfes Menne um 1950 ein (M2).
b) Zeichne die Hauptstraßen nach. Skizziere dann die neuen Wohngebiete von Menne. *(Schülerbuch S. 61)*

6 M4 zeigt das Dorf Liedingen bei Braunschweig. Zeichne eine Kartenskizze zu diesem Bild.

7 Wende das Modell M3 an: Familie Meyer wohnt im Umland einer Großstadt. Herr Meyer arbeitet bei einer Bank in der Stadt, Frau Meyer möchte zum Einkaufen in die Stadt, Lena möchte in die Disko. Stelle die Fahrten von Familie Meyer als Modell dar. Beschrifte das Modell. *(Schülerbuch S. 64/65)*

Urteils- und Handlungskompetenz

8 Du möchtest dein Wohngebiet vorstellen. Begründe, was du besonders herausstellen wirst. *(Schülerbuch S. 66/67)*

9 Wähle zwei Sehenswürdigkeiten in Düsseldorf aus, die du besuchen möchtest. Erläutere deine Wahl. *(Schülerbuch S. 58/59)*

10 a) Dein Onkel wohnt in Schwerte und pendelt zur Arbeit nach Dortmund. Du möchtest ihn davon überzeugen, dass er öffentliche Verkehrsmittel zur Arbeit benutzen sollte. Schreibe Argumente auf, mit denen du ihn überzeugen willst.
b) Dein Onkel nennt Gegenargumente. Notiere sie. *(Schülerbuch S. 64/65)*

Grundbegriffe
- Siedlung
- Dorf
- Stadt
- Großstadt
- Mittelstadt
- Kleinstadt
- Stadtteil
- Stadtviertel
- City
- Wohnviertel
- Industrie- und Gewerbegebiet
- Erholungsgebiet
- Landeshauptstadt
- Wohngemeinde
- Neubaugebiet
- öffentliches Verkehrsmittel
- Umland
- Pendler
- Rushhour

Die Kinder wohnen auf verschiedenen Kontinenten. Berichte anhand der Bilder etwas darüber, wie sie möglicherweise leben.

So leben Kinder

Am Ende des Kapitels kannst du:

- ein Gruppenpuzzle durchführen
- das Leben von Kindern auf verschiedenen Kontinenten vergleichen
- über Kinderarbeit berichten
- erläutern, welche Rechte Kinder haben
- die Arbeitsweisen von Hilfsorganisationen zum Schutz des Kindes beurteilen

M1 *Eine Schülergruppe aus Kathmandu in Nepal (Asien) erkundet einen Tempel.*

Gruppenpuzzle
Ein Gruppenpuzzle ist eine Form der Gruppenarbeit. Hierbei wird in *Stammgruppen* ein umfassendes Thema in mehrere Puzzlestücke oder Teilthemen untergliedert. Diese Teilthemen werden dann in den *Expertengruppen* weiterbearbeitet. Schließlich werden in den *Stammgruppen* die einzelnen Puzzleteile wieder zu einem Ganzen zusammengefügt (M3).

M2 *Arbeit in der Expertengruppe*

Drei Schritte zur Durchführung eines Gruppenpuzzles

1. Bildet Stammgruppen, die aus bis zu acht Schülerinnen und Schülern bestehen.
- Einigt euch innerhalb der Stammgruppen, wer welches der folgenden vier Teilthemen bearbeiten will:
- ***Thema 1:*** Bryan in den USA (Seiten 78–79)
- ***Thema 2:*** Pandisvari in Indien (Seiten 80–81)
- ***Thema 3:*** Mariam in der Côte d'Ivoire (Seiten 82–83)
- ***Thema 4:*** Kinder – Leben auf der Straße (Seiten 84–85)

2. Findet euch in den Expertengruppen zusammen.
- Wenn ihr mehr als sechs Personen seid, teilt euch noch einmal auf. Arbeitet erst allein die Materialien auf den entsprechenden Seiten im Buch durch und macht euch Notizen.
- Anschließend bearbeitet ihr gemeinsam die Aufgaben. Denkt daran, dass jede Expertin und jeder Experte die Ergebnisse in seine Stammgruppe mitnehmen und diese dort erklären muss.

3. In der Stammgruppe werden die Ergebnisse gegenseitig vorgestellt und Nachfragen beantwortet. Bereitet dann einen Vortrag vor zum Thema „So leben Kinder heute".
- Überlegt, wie ihr diesen Vortrag der Klasse interessant präsentieren könnt.

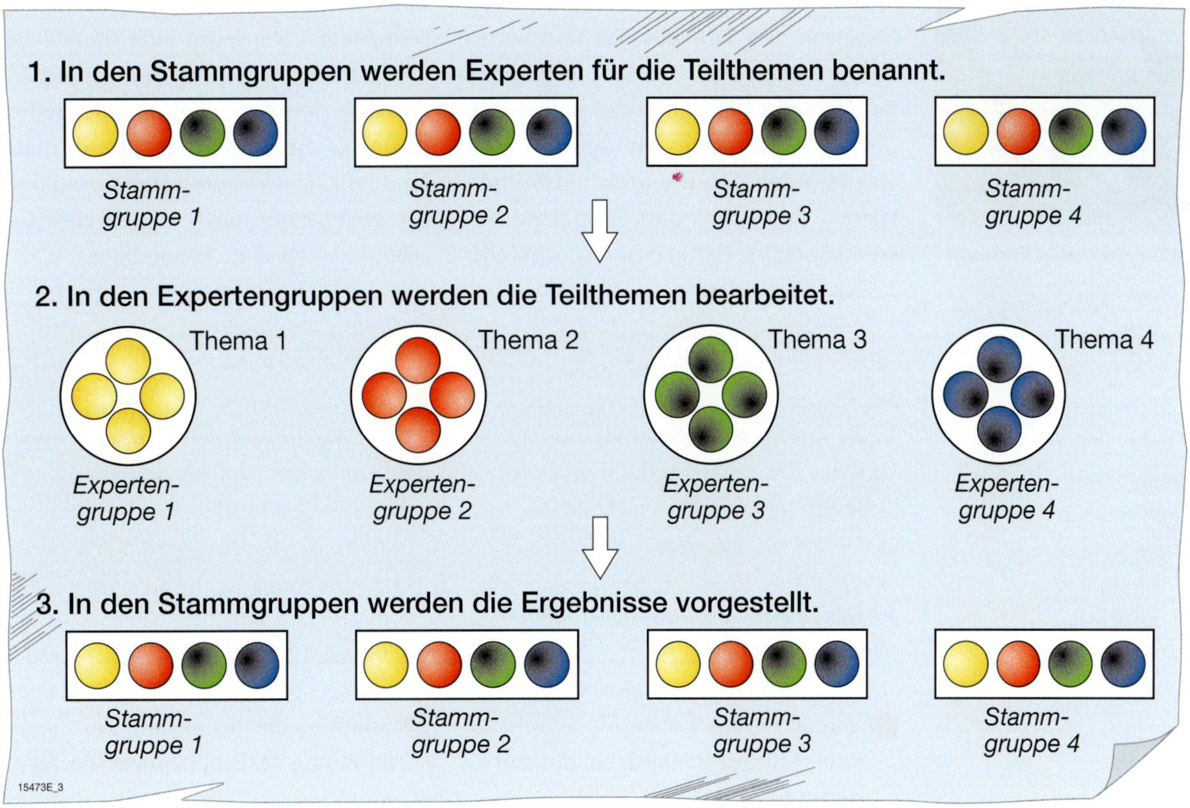

M3 *Ablauf eines Gruppenpuzzles*

M1 *Die Lage von Milton*

M3 *Auf dem Weg zur Schule*

M2 *Bryan beim Football*

Leben in Milton

Bryan ist zwölf Jahre alt. Er wohnt in der Kleinstadt Milton. Sein Wohnhaus liegt in der Nähe der Schule, sodass er den Schulweg zu Fuß zurücklegen kann. Viele seiner Klassenkameraden benutzen den Schulbus. Sie sind bis zu 30 min unterwegs. Die Schule beginnt für alle um 8 Uhr und endet um 16 Uhr. Um 12:15 Uhr gibt es Mittagessen. Bryan hat jeden Tag die gleichen Fächer. Wichtig sind Politik und Geschichte. Als Fremdsprache hat er Spanisch belegt. Nach der Schule muss er noch Hausaufgaben machen. In seiner Freizeit spielt er am liebsten Football. Er hat ein eigenes Zimmer mit Fernseher, Stereoanlage und PC. Seine Mutter ist Grundschullehrerin, sein Vater leitet eine Bankfiliale. Beide haben ein Auto. Bryan mag am liebsten gegrilltes Fleisch mit Gemüse und Maisbrot. Morgens isst er meist Toast mit Marmelade oder Cornflakes. Am Weihnachtsmorgen liegen viele Geschenke unter dem Tannenbaum.

Der Unterricht einer Schule beginnt und endet für alle Schülerinnen und Schüler zur selben Zeit. In der langen Mittagspause werden ein Mittagessen und die Teilnahme an Sport-, Theater- und Diskussionsgruppen, Chor und Schulorchester angeboten. Ihre Freizeit verbringen die Amerikaner oft vor dem Fernseher; sie hören Musik oder machen Computerspiele. Zahlreiche Jugendliche arbeiten nach der Schule oder an Wochenenden. Jobmöglichkeiten gibt es in Schnell-Restaurants, in Geschäften, als Babysitter oder als Auslieferungsfahrer.

M4 *Alltag vieler amerikanischer Kinder*

1. Vergleicht das Leben als Schülerin oder Schüler in Deutschland mit dem in den USA.
2. Erläutert die Bedeutung der Shopping Mall bei Janesville für Milton.

D3-200
www.diercke.de

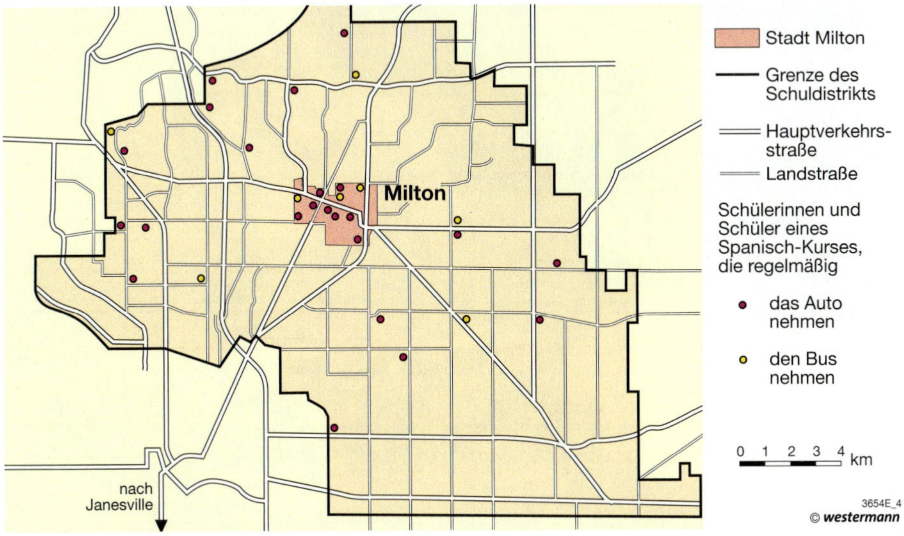

M5 *Milton und der Schuldistrikt (Gebiet, in dem die Kinder und Jugendlichen zu einer Schule in Milton fahren)*

USA

Fläche: 10 Mio. km² (Deutschland: 357 000 km²)

Einwohner: 317 Mio. (Deutschland: 80,8 Mio.)

Hauptstadt: Washington D. C. mit 630 000 Einwohnern

Größte Stadt: New York mit 8 Mio. Einwohnern

Lesen und Schreiben können: 99 von 100 Menschen

Milton – eine Kleinstadt im US-Staat Wisconsin

Milton ist eine Stadt mit etwa 5 000 Einwohnern. Der Grundriss sieht teilweise aus wie ein Schachbrettmuster. Die Menschen leben vorwiegend in Einfamilienhäusern oder zweigeschossigen Bungalows. Fast jedes Haus hat eine Garage für zwei Autos und einen großen Rasen. Der Schuldistrikt ist etwa 260 km² groß. In sieben Schulen werden etwa 3 000 Kinder betreut. Für jedes Kind, das außerhalb der Stadt Milton im Schuldistrikt wohnt, stellt die Schulbehörde einen Platz im Schulbus zur Verfügung. Über die Hälfte der arbeitenden Bevölkerung pendelt täglich in das zwölf Kilometer entfernte Janesville. Das ist die nächstgrößere Stadt mit etwa 100 000 Einwohnern. Alle fahren mit dem eigenen Auto. Öffentliche Verkehrsmittel gibt es kaum. Zum größeren Einkauf fährt man in die **Shopping Mall**. Sie liegt an einer Schnellstraße außerhalb der Stadt Janesville. In 75 Läden auf 75 000 m² Fläche werden viele verschiedene Waren angeboten.

Shopping Mall

Eine Shopping Mall in den USA ist ein großes Gebäude mit Kaufhäusern, vielen Einzelgeschäften, Restaurants, Cafés und Freizeiteinrichtungen. Sie liegt meist verkehrsgünstig an einer großen Straße, hat viele Parkplätze und ist zumeist voll klimatisiert.

M6 *Haus am Stadtrand Miltons*

M7 *Im Stadtzentrum von Milton*

M8 *Shopping Mall*

3 Nennt Unterschiede zwischen einer Kleinstadt in Deutschland und der Kleinstadt Milton.

4 Das CentrO in Oberhausen kann auch als Shopping Mall bezeichnet werden. Begründet diese Aussage (Internet).

Grundbegriff
- die Shopping Mall

M1 *Die Lage des indischen Bundesstaates Tamil Nadu*

M2 *Pandisvari bei der Arbeit*

Arbeit statt Schule

Pandisvari hat die Hände eines Roboters. Blitzschnell tauchen sie in den großen Haufen kleiner Holzstäbchen. Sie greifen eine Handvoll Stäbchen heraus, ziemlich genau 52 Stück. Dann verteilen sie die Hölzer in fünf Sekunden auf die 52 Rillen einer Holzlatte. Sie schrauben die Latte auf einen Rahmen. Dann füllen sie die nächste Latte – solange bis 50 Latten mit Hölzchen übereinander geschichtet und festgeschraubt sind.
Die Elfjährige arbeitet von sechs Uhr morgens bis sechs Uhr abends, und das sechs Tage in der Woche. Etwa 20 Mädchen sitzen vor ihren Streichholzrahmen, das jüngste ist neun, das älteste 14 Jahre alt. Durch die Reihen geht Herr Murgan, der Besitzer dieser Fabrik. In der Hand hält er einen Stock, den er regelmäßig zum Schlagen benutzt. Reden ist nicht erlaubt. Die Schläge sind aber nicht das Schlimmste für Pandisvari. Vielmehr ist es der stinkende Bottich in einer Ecke des Raumes. Hier wird Schwefel erhitzt, aus dem die Hölzer ihre rote Kuppe bekommen. Ein etwa 14-jähriger Junge taucht die fertigen Rahmen mit den Spitzen der Hölzchen in die Flüssigkeit. Dann löscht er sie kurz in einem Wasserbad ab. Jedes Mal zischt es wie bei einem Feuerwerk und ätzende Dämpfe ziehen durch den Raum. Sie brennen in den Augen und reizen die Lungen.

(Nach: Frank Herrmann: Bei den Streichholzkindern in Indien. In: Bal-Samsara 1/95 DWH Bonn 1995)

M3 *Die Geschichte von Pandisvari – auch heute noch aktuell*

Indien

Fläche: 3 Mio. km² (Deutschland: 357 000 km²)

Einwohner: mehr als 1 Mrd. (Deutschland: 80,8 Mio.)

Hauptstadt: Neu-Delhi mit 323 000 Einwohnern

Größte Stadt: Mumbai (Bombay) mit 13 Mio. Einwohnern

Lesen und Schreiben können: 60 von 100 Menschen

Informationen zu Indien: www.indienembassy.de

1. Ermittelt, wie lange Pandisvari arbeiten müsste, um das Geld für ihre Hochzeit selbst zu verdienen.
2. Beurteilt Herrn Murgans Rechtfertigung zur Kinderarbeit.
3. Überprüft, welche Kinderrechte bei Pandisvari verletzt werden (M3, M5).
4. Bewertet die Bedeutung des RUGMARK-Warenzeichens (M4, M6).

D3-158 www.diercke.de

Ursachen und Folgen der Kinderarbeit

Viele indische Eltern haben Schulden, weil sie wenig verdienen. So mussten Pandisvaris Eltern zur Hochzeit der älteren Tochter 50 000 Rupien (umgerechnet 600 Euro) aufbringen. Das Geld besorgten sie sich von einem Geldverleiher. Dieser verlangt sehr hohe Zinsen. Pandisvari verdient umgerechnet 40 Cent am Tag. Ohne ihre Mithilfe könnten die Eltern die Schulden nie abbezahlen. Dafür nehmen sie es in Kauf, dass ihre Tochter wahrscheinlich mit 40 oder 45 Jahren stirbt; das ist die Lebenserwartung der „Streichholzkinder". Sie erkranken im Schwefelqualm und Staub der Fabrik. Diese Kinder können nie zur Schule gehen und nicht lesen und schreiben lernen.

Im Bundesstaat Tamil Nadu werden 80 Prozent aller indischen Zündhölzer hergestellt. Hier arbeiten schätzungsweise 80 000 Kinder, die meisten von ihnen sind Mädchen. Herr Murgan, der Streichholzfabrik-Besitzer sagt: „Ich beschäftige die Mädchen nur, weil ich ein weiches Herz habe. Eigentlich ist **Kinderarbeit** verboten, aber was soll ich machen? Die Eltern flehen mich an, dass ihre Töchter bei mir arbeiten dürfen. Sie heiraten ja sowieso. Sie brauchen keine Schule!"

RUGMARK®

M6 *Das RUGMARK-Warenzeichen („Rug": engl. „Teppich") tragen Teppiche aus Fabriken, die keine Kinder unter 14 Jahren beschäftigen und den gesetzlichen Mindestlohn zahlen.*

Indien ist das Land, das die meisten Teppiche auf der Erde herstellt. Von hier aus werden jedes Jahr über drei Millionen Quadratmeter Teppich in andere Staaten der Welt verkauft. Das ist etwa die Fläche von 300 Fußballfeldern. Die Hälfte der Teppiche aus Indien geht nach Deutschland. In der Teppichherstellung arbeiten etwa 100 000 Kinder. In der Regel erhalten sie etwa 36 Cent Lohn pro Tag. Ein Kilo Reis kostet 72 Cent.
Bei Teppichen mit dem RUGMARK-Warenzeichen müssen zwei Prozent des eingenommenen Geldes aus dem Teppichverkauf für die Bezahlung von Lehrerinnen und Lehrern und für den Bau von Schulen und Kindergärten abgegeben werden.

M4 *Kinder als Teppichknüpfer*

1. Das Recht auf Gleichheit, unabhängig von Volksgruppe, Religion, Herkunft oder Geschlecht.
2. Das Recht auf eine gesunde körperliche und geistige Entwicklung.
3. Das Recht auf einen Namen und eine Staatsangehörigkeit.
4. Das Recht auf ausreichende Ernährung, menschenwürdige Wohnverhältnisse und medizinische Versorgung.
5. Das Recht auf besondere Betreuung im Falle geistiger oder körperlicher Behinderung.
6. Das Recht auf Liebe, Verständnis und Geborgenheit.
7. Das Recht auf unentgeltlichen Unterricht, auf Spiel und Erholung.
8. Das Recht auf Beteiligung an der Gestaltung der eigenen Umwelt.
9. Das Recht auf Schutz vor Grausamkeit, Vernachlässigung und Ausbeutung.
10. Das Recht auf Schutz vor allen Formen der Demütigung und Erniedrigung und auf eine Erziehung des Friedens und der Rücksichtnahme.

M5 *Die Rechte der Kinder nach UN-Kinderrechtskonvention von 1989*

5 Stellt die Stühle in zwei Reihen auf. Die Lehnen sollen sich berühren. Jeder von euch braucht ein kariertes Blatt und zwei verschiedene Buntstifte. Legt die Rechenblätter auf die Stühle und hockt euch davor. Zeichnet genau auf die Linienkreuze einen Punkt, immer abwechselnd in der Farbe. Zeichnet saubere Reihen! Redeverbot! Arbeitet so 15 min. Schildert danach eure Eindrücke.

Grundbegriff
- die Kinderarbeit

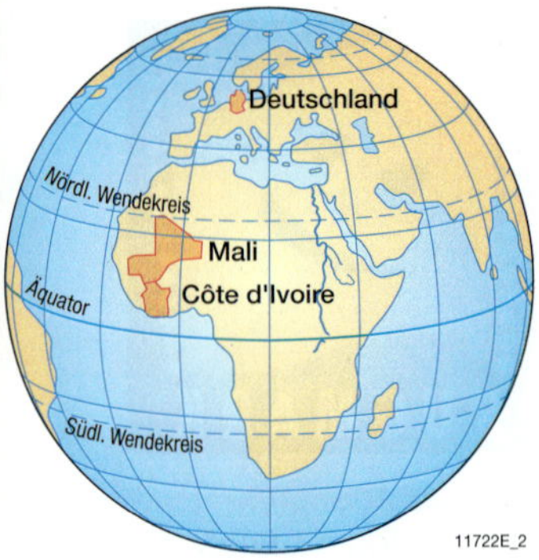

M1 *Die Lage von Mali und der Côte d'Ivoire (Elfenbeinküste)*

M2 *Schwere Arbeit auf einer Kakaoplantage in der Côte d'Ivoire (Elfenbeinküste)*

Côte d'Ivoire (Elfenbeinküste)

Fläche: 322 462 km² (Deutschland: 357 000 km²)

Einwohner: 22 Mio. (Deutschland: 80,8 Mio.)

Hauptstadt: Yamoussoukro mit 200 000 Einwohnern

Größte Stadt: Abidjan mit 3,7 Mio. Einwohnern

Lesen und Schreiben können: 49 von 100 Menschen

Informationen zu Côte d'Ivoire und Deutschland könnt ihr finden unter: www.die-geobine.de/cote.htm www.die-geobine.de/deutschland.htm

Einer Menschenhändlerin entkommen

Die Bushaltestelle im afrikanischen Land Mali nahe der Grenze zur Côte d'Ivoire ist ein trauriger Ort: Die Kinder, die hier warten, stehen barfuß auf staubigem Boden, Taschen haben sie nicht dabei. Ein Mädchen steht dicht neben einer Frau. Aber die beiden scheinen sich nicht zu kennen, sie blicken sich nicht einmal an. Plötzlich ist die Frau verschwunden und ein Mann steht an ihrer Stelle. Er ist ein Sozialarbeiter. Er fragt das Mädchen, wie es heißt und woher es kommt. „Ich heiße Mariam Marico, bin zwölf Jahre alt und komme aus Ségou." Das ist der Name eines Ortes, der viele Kilometer von der Bushaltestelle entfernt ist. Mariam ist von zu Hause weggelockt worden. Die fremde Frau hatte ihr Arbeit und Geld auf einer Kakaoplantage im Land Côte d'Ivoire versprochen. In Mali herrscht große Armut. Deswegen ist Mariam der fremden Frau gefolgt. Die Eltern wissen nicht, wo ihre Tochter jetzt ist. Der Mann bringt sie zurück in ihr Dorf.
Mariam hat großes Glück gehabt: Die Menschenhändlerin hat wohl den Sozialarbeiter an der Bushaltestelle entdeckt und ist geflohen, damit sie keinen Ärger mit der Polizei bekommt. Sonst hätte sie Mariam über die Grenze gebracht und verkauft: In der Côte d'Ivoire hätte das Mädchen auf einer Kakaoplantage arbeiten sollen, ohne Bezahlung und ohne Schutz – so wie Tausende anderer Kinder.
(Nach: Dein Spiegel, 12/2010, S. 28)

M3 *Gerettet kurz vor der Grenze*

1 a) Spielt die Geschichte von Mariam an der Bushaltestelle als Rollenspiel.
b) Ermittelt im Atlas, wie viel Kilometer es von Ségou bis zur Grenze der Côte d'Ivoire sind (Atlas, Karte: Afrika (nördlicher Teil) – physisch).

2 a) Beschreibt die Situation der Jungen in M2.
b) Beurteilt ihre Situation vor dem Hintergrund der Kinderrechte (Seite 81 M5).

3 Notiert Projekte von einer Hilfsorganisation zum Kinderschutz (z. B. www.kindernothilfe.de).

D3-180 www.diercke.de

Jeder Deutsche isst im Durchschnitt elf Kilogramm Schokolade pro Jahr. Ein großer Teil des Kakaos stammt aus der Côte d'Ivoire. Die Kakaobäume werden dort in großen **Plantagen** angebaut. Die Plantagenbesitzer bekommen für den Kakao nur einen sehr niedrigen Preis. Sie können daher keine hohen Löhne zahlen. Sie beschäftigen zunächst ihre eigenen Kinder und dann ihre Verwandten und deren Kinder. Wenn das nicht reicht, beschäftigen sie fremde Kinder. Die Plantagenbesitzer zahlen ihnen wenig oder sie kaufen sie einfach. Der Kinderhandel ist weit verbreitet.

M4 ***Schwarz und bitter***

In der Côte d'Ivoire bauen mindestens 600 000 Bauern Kakao an und rund sechs Millionen Menschen leben davon. Die meisten Farmen sind nur zwischen einem und drei Hektar groß. 1,8 Mio. ha sind mit Kakaobäumen bepflanzt. Kakao hat eine große Bedeutung für die Wirtschaft des Landes. Mehr als ein Drittel der weltweiten Kakaoernte stammt aus der Côte d'Ivoire. Fachleute gehen davon aus, dass weitere 60 000 bis 100 000 t Rohkakao aus der Côte d'Ivoire in die Nachbarstaaten geschmuggelt werden und von dort verkauft werden.

M7 ***Die Bedeutung des Kakao-Anbaus für die Côte d'Ivoire***

Man könnte etwas ändern!

Die Arbeiter auf den Plantagen müssten besser bezahlt werden. Dafür setzen sich Fair-Trade-Organisationen ein. Fair Trade bedeutet „Fairer Handel". Die Fair-Trade-Organisationen vergeben das Fair-Trade-Siegel. Nach ihm kann man im Supermarkt Ausschau halten. Für das Siegel gelten strenge Regeln: Kinder dürfen nicht ausgebeutet werden; die Bauern müssen angemessen bezahlt werden, damit sie ihre Familien ernähren und ihre Kinder zur Schule schicken können. Fair-Trade-Schokolade ist meist etwas teurer als andere Schokolade. Aber wer sie kauft, hilft beim Kampf gegen Kinderarbeit.

FAIRTRADE®

M5 ***Fair Trade***

Hilfsorganisationen verdächtigen die Schokoladenindustrie, von der Kinderarbeit zu profitieren. Der Filmemacher Miki Mistrati ist nach Afrika geflogen, um Beweise zu finden. Seine Reportage „Schmutzige Schokolade" zeigt, wie das Geschäft der Menschenhändler funktioniert. „Es war erschreckend einfach, Kinderarbeiter zu finden. Ich war auf 17 verschiedenen Plantagen und überall arbeiteten Kinder. Ein Kind kostet etwa 230 Euro. Ein Kakaobauer aus der Côte d'Ivoire sagt das, als ob Kinderhandel das Normalste auf der Welt wäre. „Wenn ihr meinem Bruder sagt, wie viele ihr braucht, dann besorgt er sie euch." Der Mann spricht über Kinder zwischen 10 und 14 Jahren, die aus Mali und anderen Nachbarstaaten entführt werden, um auf den Plantagen der Côte d'Ivoire zu arbeiten.
(Nach: Christian Teevs: Bittere Ernte. In: Spiegel online vom 6.10.2010)

M6 ***Schmutzige Schokolade***

4 a) Beurteilt, ob die Ziele der Fair-Traide-Organisation mithilfe des Fair-Trade-Siegels erreicht werden können (M5).
b) Erörtert in der Klasse, ob ihr für eine Tafel Schokolade mehr bezahlen würdet, wenn sie das Fair-Trade-Siegel trägt.

5 Schaut euch auf einem Internet-Videoportal (z. B. YouTube) den Film „Schmutzige Schokolade" von Miki Mistrati an und erörtert, was ihr tun könnt, um die Situation der Kinder zu verbessern.

Grundbegriff
- die Plantage

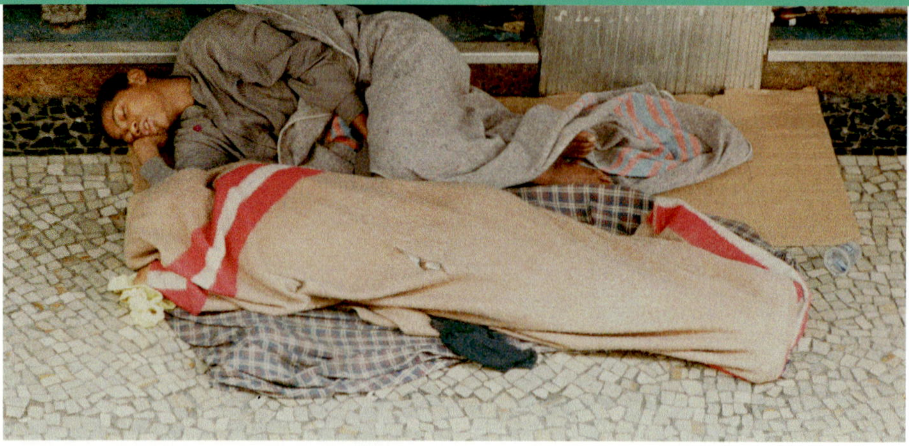

M3 *Obdachlose Jugendliche in Rio de Janeiro*

Vier Kinder berichten

Medonca aus Mosambik

„Ich bin zehn Jahre alt. Als ich sechs war, starb mein Vater. Meine Mutter ist mit mir in die Hauptstadt Maputo gezogen. Hier bauten wir uns eine Hütte in einer Siedlung am Stadtrand. Wir hatten nichts zu essen, deshalb habe ich gebettelt und manchmal auch gestohlen. Meine Mutter wollte das nicht und hat mich geschlagen. Da bin ich weggelaufen und lebe nun auf der Straße, zusammen mit vielen anderen Kindern."

M1

Mario aus Bolivien

„Ich bin 14 Jahre alt und lebe seit sieben Jahren in einem Heim für Straßenkinder, das von einer Hilfsorganisation eingerichtet wurde. Jetzt gehe ich in die achte, die letzte Schulklasse. Da ich Elektriker werden will, besuche ich nachmittags einen Kurs in der Berufsausbildungsstätte. Ich habe mir immer gewünscht, einen eigenen Beruf zu erlernen und meinen Unterhalt selbst zu verdienen. Irgendwann möchte ich heiraten und Kinder haben."

M4

Jaime aus Brasilien

„Ich war das älteste von neun Kindern. Mein Vater hatte früher Gelegenheitsjobs, aber dann fand er keine Arbeit mehr. Er begann zu trinken und wenn er abends nach Hause kam, schlug er uns. Mit elf Jahren bin ich weggelaufen. Aber es war ein schlimmes Leben auf der Straße. Ich wurde von Polizisten geschlagen und von anderen Jungen betrogen. Einmal wurde ich beinahe von einem Auto überfahren, als ich an einer Straßenkreuzung Zeitungen verkaufte."

M2

Adil aus Indonesien

„Als ich eines Nachmittags nach dem Fußballspielen nach Hause kam, gab es mein Zuhause nicht mehr! Bagger und Bulldozer waren angerückt und hatten unsere Siedlung* dem Erdboden gleichgemacht. Meine Familie war weg. Sie war an einen anderen Ort gebracht worden. Ich war allein. Ich begann, um Essen zu betteln. Auf dem Bahnhof traf ich andere Kinder, die sich ebenfalls allein durchs Leben schlugen."

*Es handelte sich um eine Hüttensiedlung.

M5

1. Erstellt eine Liste von Gründen, warum viele Kinder zu „Straßenkindern" werden (M1 – M5).
2. Stellt dar, wie das Leben von Medonca und Adil verlaufen wird, wenn sie über 20 Jahre alt sind (M1, M5).

M6 *Eine Hilfseinrichtung für Straßenkinder in Rio*

Wie werden Kinder zu Straßenkindern?

Untersuchungen haben ergeben, dass fast alle **Straßenkinder** mindestens einen lebenden Elternteil haben. Die Geschichte eines Straßenkindes in Südamerika, Afrika oder Asien beginnt oft in einer **Hüttensiedlung** am Stadtrand. Schon im Alter von sechs Jahren werden die Kinder losgeschickt, um einen Teil des Familieneinkommens zu verdienen. Meist gehen sie betteln. Weil sie noch klein sind und mitleiderregend aussehen, funktioniert das noch gut. Die Kinder fahren mit dem Bus in die Innenstadt. Dort erreichen sie mehr Menschen, die zu Spenden bereit sind, als am Stadtrand. Und eines Tages kehren sie nicht mehr zu ihren Eltern zurück. Warm genug ist es, um draußen zu schlafen. Aber zur eigenen Sicherheit sind vier Wände dringend notwendig.

Straßenkinder
Kinder und Jugendliche, die kein Zuhause haben und ihr Leben auf den Straßen der Großstädte verbringen, werden Straßenkinder genannt. Sie wohnen, essen und schlafen auf der Straße. Man schätzt, dass es etwa 100 Mio. Straßenkinder in den Großstädten Südamerikas, Afrikas, Süd- und Südostasiens gibt. Weltweit „verwahrlosen" etwa 300 Mio. Kinder und Jugendliche.

Hilfe für die Straßenkinder von Rio de Janeiro

Sie verkaufen Erdnüsse in Kneipen, betteln an Ampeln, schnüffeln Klebstoff oder betätigen sich als Taschendiebe – die Straßenkinder in Rio de Janeiro scheinen einfach überall zu sein. Wie viele es sind, weiß niemand genau. Die Schätzungen reichen von 300 000 bis zu zehn Millionen Kindern und Jugendlichen. Zu ihrem Alltag gehören Prostitution, Drogen und Polizeigewalt. Jeden Tag werden Kinder und Jugendliche auf der Straße getötet. Hilfsorganisationen bieten Straßenkindern Zuflucht und versorgen sie mit Essen, Unterkunft und Medizin. Sie erhalten eine Ausbildung und werden bei der Arbeitssuche unterstützt. Studentinnen und Studenten und andere Helfer haben monatelang die Straßen von Rio durchkämmt, mit den Straßenkindern gesprochen und Fotos gemacht. Dabei erhielten 932 Kinder und Jugendliche einen Ausweis. Durch ihn erhoffen sich die Kinder Schutz vor den Polizisten. Von ihnen werden sie oft geschlagen, da sie als „Verschandelung" der Stadt gelten.

(Nach: Meldung der Nachrichtenagentur AP vom 16.08.2013)

M7 *Zeitungsmeldung*

Wenn ihr mehr über die Arbeit der Hilfsorganisationen wissen wollt, dann informiert euch auf folgenden Internetseiten:

www.tdh.de
www.unicef.de
www.drk.de

3 Listet Maßnahmen auf, mit denen Straßenkindern geholfen werden kann (M4, M7).

4 Beschreibt die Ziele und Arbeitsweisen der Hilfsorganisationen zum Schutz des Kindes (Internetadressen).

Grundbegriffe
- das Straßenkind
- die Hüttensiedlung

Einsatz von Mähdreschern in der Zülpicher Börde: Kannst du dir vorstellen, warum hier nachts gearbeitet wird?

Versorgung durch Landwirtschaft – bei uns in Deutschland

Am Ende des Kapitels kannst du:

- die Bedeutung der Standortfaktoren Klima, Boden und Absatzmarkt beschreiben
- den Wandel in der Landwirtschaft darstellen
- Merkmale der herkömmlichen und ökologischen Landwirtschaft erklären
- einen Bauernhof erkunden
- Landschaften Deutschlands unterscheiden
- landwirtschaftlich genutzte Regionen in Deutschland miteinander vergleichen

M1 *Lage von Soest und Eslohe in Nordrhein-Westfalen*

M3 *In der Soester Börde*

M2 *Bauer Wagner zeigt zwei Zuckerrüben. Die Rüben hatten genug Wärme zum Wachsen. Die kleine Rübe ist in einem Boden gewachsen, der nicht so viel Wasser speichert.*

Vieles muss stimmen, sonst wächst nichts

In Nordrhein-Westfalen gibt es viele Landschaften. Nicht alle eignen sich gleich gut für die **Landwirtschaft**. Das liegt zum einen am **Klima**: zum Beispiel an den Temperaturen und Niederschlägen (z. B. Regen, Schnee). Pflanzen brauchen Wärme und Wasser, damit sie gedeihen. Zum anderen brauchen Pflanzen Nährstoffe. Diese nehmen die Pflanzen mit ihren Wurzeln aus dem Boden auf. Ein Boden mit vielen Nährstoffen ist fruchtbar.

Besonders fruchtbare Landschaften sind die **Börden**. Dort wird vor allem **Ackerbau** betrieben. In Gebieten mit hohen Niederschlägen lohnt sich der Ackerbau weniger. Hier herrscht die **Viehhaltung** vor. Gräser und Futterpflanzen wachsen auch bei einem feuchten und kühlen Klima. Anspruchsvolle Nutzpflanzen wie Zuckerrüben oder Weizen vertragen dieses Klima weniger gut.

„Wir haben einen Hof in der Soester Börde.
Auf den Feldern bauen wir Zuckerrüben und Weizen an. Diese Pflanzen brauchen viel Wasser und viele Nährstoffe. Nur dann fällt die Ernte gut aus. Die Börde bietet diese guten Voraussetzungen: Der Boden besteht aus **Löss**. Dieser ist fein wie Mehl und enthält keine Steine. Er ist fruchtbar und saugt den Regen auf wie ein Schwamm. Die Feuchtigkeit gibt der Boden nach und nach wieder an die Pflanzen ab.
Der Lössboden wird schnell warm, wenn die Sonne scheint. Er wirkt dann wie eine Fußbodenheizung für die Pflanzen."

M4 *Herr Wagner erzählt.*

Klima

Das Zusammenwirken von Temperatur, Niederschlag und anderen „Wetterbausteinen" (z. B. Wind, Bewölkung) über längere Zeit nennt man Klima.

Starthilfe zu 1
Nimm für die Abgrenzung die Signatur „Ackerbau auf sehr guten und guten Böden, z. T. Löss."

1 Erstelle eine Kartenskizze nach M1 und zeichne die Soester Börde ein (Atlas, Karte: Deutschland – Klima und Landwirtschaft).

2 Du bist ein Reporter und interviewst Herrn Wagner zu seinem Hof. Nutze M2 – M4, M8, M9.

3 Nenne Gründe, warum im Sauerland vor allem Viehhaltung betrieben wird (M6).

D3-070
www.diercke.de

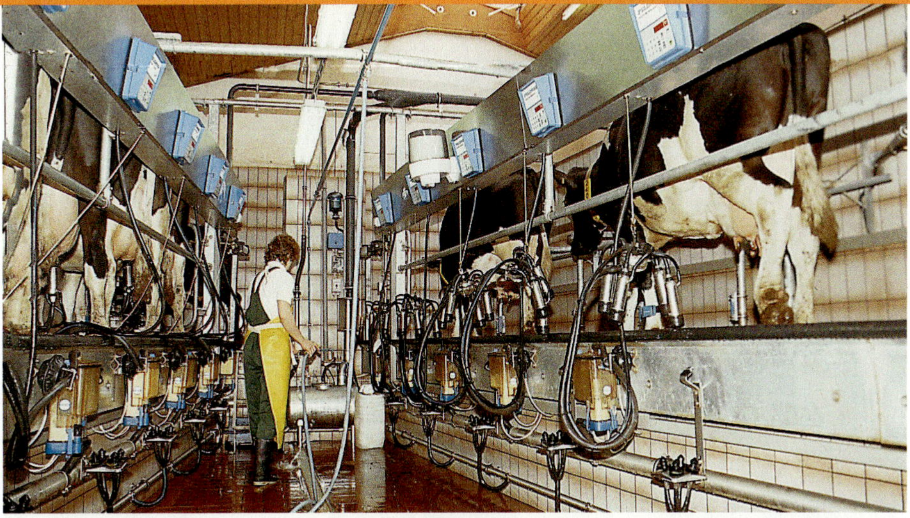

M5 *Melkstand in einem modernen Kuhstall*

M8 ***Weizen – hoher Nährstoff- und Wasserbedarf, wächst deshalb besonders gut auf Lössböden; wird z. B. verarbeitet zu Brot, Nudeln.***

„Mein Mann und ich bewirtschaften einen Bauernhof bei Eslohe. Diese Stadt liegt im Sauerland. Wir halten 110 Milchkühe. Die Wiesen können wir mehrere Male im Jahr mähen. Das Gras wächst prächtig, denn bei uns regnet es oft. Aber der Boden ist nicht so fruchtbar. Er enthält nicht so viele Nährstoffe. Deshalb bauen wir zum Beispiel keinen Weizen an.
Wir leben davon, dass wir die Milch der Kühe an eine Molkerei verkaufen. Jeden Morgen und jeden Abend werden die Kühe im Stall gemolken. Die frische Milch wird jeden Tag bei uns am Hof von einem Milchtanker abgeholt. In der Molkerei werden aus der Milch zum Beispiel Vollmilch, Butter und Joghurt gemacht.“

M6 ***Frau Schulte berichtet von der Arbeit auf dem Bauernhof.***

M9 ***Zuckerrübe – sehr hoher Nährstoffbedarf, hoher Wasserbedarf, keine Staunässe, liebt tiefe Lössböden; wird verarbeitet zu Zucker.***

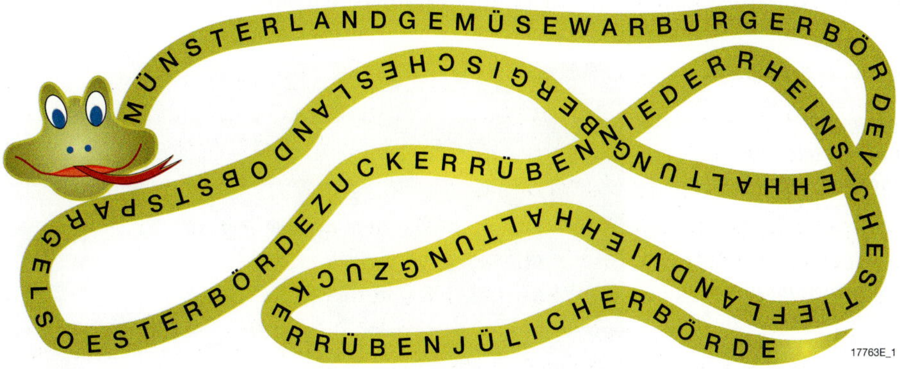

M7 *Die „Landwirtschaftsschlange“*

4 In M7 sind Landschaften in Nordrhein-Westfalen und Begriffe zur Landwirtschaft zusammengeschrieben. Finde die Namen und Landschaften heraus und ordne sie der jeweiligen landwirtschaftlichen Nutzung richtig zu (Atlas).

5 Beurteile die Eignung der Börden für den Anbau von Zuckerrüben und Weizen (M2 – M4, M8, M9).

Merke

Die Börden sind sehr fruchtbar. Hier werden vor allem Zuckerrüben und Weizen angebaut. In Gebieten mit hohen Niederschlägen überwiegt die Viehhaltung.

Grundbegriffe

- die Landwirtschaft
- das Klima
- die Börde
- der Ackerbau
- die Viehhaltung
- der Löss

M1 *Lage von Bornheim in Nordrhein-Westfalen*

M3 *Vor dem Hofladen*

Frische Erzeugnisse für Kunden aus der Region

Bauer Lange wohnt mit seiner Familie in Bornheim. Er hat sich auf den Anbau von Spargel und Erdbeeren spezialisiert. „Die Spargelstangen und Erdbeeren werden frühmorgens auf den Feldern geerntet. Wir verkaufen sie noch am selben Tag ab 8 Uhr in unserem Hofladen“, sagt Herr Lange. Die **Nachfrage** nach seinen frischen Waren ist hoch. Drei Viertel der Spargel- und Erdbeerernte werden auf dem Hof direkt an Privatkunden verkauft – zusammen mit anderen Waren. Die restlichen Spargelstangen und Erdbeeren liefert Bauer Lange an Restaurants oder an Obst- und Gemüsehändler in der Umgebung. Er ist **Selbstvermarkter**. Andere Landwirte sind Mitglied einer **Erzeugergenossenschaft**.

M2 ***Landwirt Brohm ist Mitglied einer Erzeugergenossenschaft. Er liefert seine Äpfel an die Genossenschaft. Dafür bekommt er Geld. Die Genossenschaft verkauft die Äpfel nicht an einzelne Kunden, sondern an Supermärkte und Wochenmarkthändler. So wird der Verkauf der Waren zentral organisiert. Die Bauern erhalten die Sicherheit, dass ihre Waren einen Käufer finden. Darüber hinaus kann über die Genossenschaft alles, was für den Obstanbau benötigt wird, in großen Mengen eingekauft werden: beispielsweise Dünge- und Spritzmittel.***

▷ 

1 Bestimme die Lage von Bornheim (zwischen welchen Städten, in der Nähe welches Flusses, …) (M1; Atlas, Karte: Nordrhein-Westfalen – südlicher Teil).

2 ↗ „Mein Absatzmarkt liegt vor der Haustür.“ Erkläre diesen Satz (M3).

3 Herr Lange stellt sich auf die Wünsche der Verbraucher ein. Erläutere an Beispielen (M5).

Starthilfe zu 2
Denke an die Verbraucher in den Städten in der Nähe von Bornheim.

D3-050 www.diercke.de

M4 *Spargelstecher bei der Arbeit*

„Die Deutschen essen am liebsten weißen Spargel aus Deutschland. Aber die jüngeren Kunden fragen immer häufiger nach grünem Spargel. Ich habe auch festgestellt, dass unsere Kunden gerne bereits geschälten Spargel kaufen. Deshalb habe ich im letzten Jahr eine Spargelschälmaschine für 100 000 Euro angeschafft. Und im nächsten Jahr bieten wir im Hofladen zusätzlich grünen Spargel an."

M5 ***Bauer Lange weiß, was seine Kunden wollen.***

Spargel- und Erdbeerbauern haben viel zu tun

Auf den Spargel- und Erdbeerfeldern werden viele Spezialmaschinen und Geräte eingesetzt: zum Beispiel beim Anlegen der Spargeldämme oder beim Verlegen von Folie auf den Erdbeer- und Spargelfeldern. Die Spezialmaschinen für die Feldarbeit kosten viel Geld. Sie werden aber im Durchschnitt nur an acht Tagen im Jahr genutzt.

Ab April haben die Spargel- und Erdbeerbauern sehr viel zu tun. Spargel beispielsweise wird von Ende April bis Ende Juni geerntet. Deshalb sind zusätzliche Arbeitskräfte notwendig. Viele dieser Erntehelferinnen und Erntehelfer arbeiten nur drei Monate auf dem Hof. Sie sind **Saisonarbeitskräfte**. Sie kommen zum Beispiel aus Polen, der Tschechischen Republik oder aus Kroatien. Hier in Deutschland verdienen sie mehr als zu Hause. Auf anderen Feldern werden bereits Maschinen, die Spargelvollernter, eingesetzt.

Der Anbau von Spargel und Erdbeeren ist sehr zeitaufwendig und erfordert große Sorgfalt. Spargel und Erdbeeren sind **Sonderkulturen**, weil der Anbau dieser Nutzpflanzen mit sehr viel Arbeit, Sorgfalt und Geld verbunden ist.

i Sonderkultur

Sonderkulturen sind Nutzpflanzen, die mit hohem Aufwand an Arbeit, Sorgfalt und Geld meist auf kleinen Flächen angebaut werden. Zu den Sonderkulturen gehören neben dem Obstanbau auch der Wein-, Hopfen-, Tabak- und Gemüseanbau.

4 Erkläre den Einsatz und die Bedeutung der Erntehelfer für einen Spargelhof (M4).

5 Erarbeite Unterschiede zwischen einem Selbstvermarkter und einem Landwirt, der Mitglied einer Erzeugergenossenschaft ist (M2, M3).

6 Begründe, warum Spargel eine Sonderkultur ist (M4).

Merke

Viele Bauern verkaufen ihre Erzeugnisse als Selbstvermarkter im Hofladen direkt an die Kunden aus der Umgebung. Andere Bauern sind Mitglieder in einer Erzeugergenossenschaft.

Grundbegriffe

- die Nachfrage
- der Selbstvermarkter
- die Erzeugergenossenschaft
- die Saisonarbeitskraft
- die Sonderkultur

1950 lebte und arbeitete die ganze Großfamilie gemeinsam auf dem Hof: Urgroßvater, Großmutter, Großvater, Vater, Mutter und ihre drei Kinder; außerdem zwei Knechte (für die Arbeiten auf dem Feld und im Stall) und eine Magd (als Hilfe im Haushalt). Heute ist die Familie kleiner, aber sie besteht manchmal noch aus mehreren Generationen (Großeltern, Eltern, Kind).

M1 *Die Bewohner eines Bauernhofes 1950 und heute*

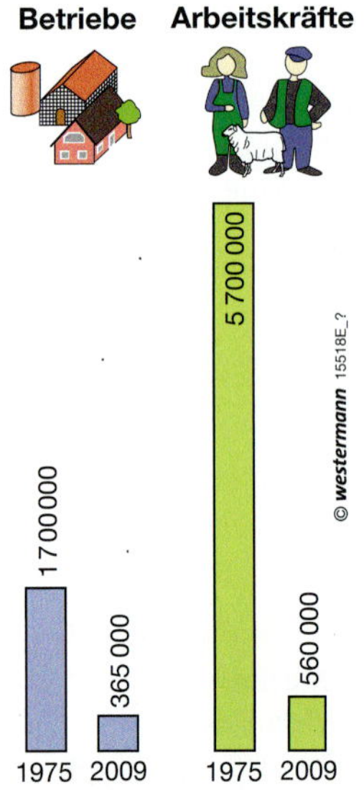

M2 *Die Landwirtschaft verändert sich.*

„Die Landwirtschaft verändert sich."
Entwickelt dazu eine Präsentation und stellt sie in der Klasse vor.

Vieles hat sich in der Landwirtschaft geändert

Um 1950 gab es in Deutschland mehr Bauernhöfe als heute. Jeder Landwirt baute mehrere Feldfrüchte an. Das waren zum Beispiel Kartoffeln, Weizen und Futterrüben. Die Arbeiten auf dem Feld und im Stall erledigte die Familie zusammen mit den Mägden und Knechten. Es gab kaum Maschinen. Seitdem haben viele Landwirte ihre Betriebe aufgegeben. Die Höfe waren zu klein und die Erträge zu gering. Andere Bauern vergrößerten ihre Höfe. Sie kauften oder pachteten Land dazu. 2012 war ein Hof im Durchschnitt 47 ha groß (1950: sechs Hektar).

Auf den großen Flächen setzen die Landwirte Maschinen ein. Traktoren ziehen Pflüge hinter sich her. Mähdrescher erleichtern die Ernte von Getreide. So werden Arbeitskräfte eingespart. Die **Mechanisierung** hat zugenommen. Heute kann ein Landwirt im Durchschnitt Nahrungsmittel für 142 Menschen erzeugen. 1950 konnte er nur zehn Personen versorgen. Auch beschränken sich die Bauern heute auf wenige Anbauprodukte oder Vieharten. So bauen manche Landwirte nur Gemüse an, andere halten nur Milchkühe. Es hat eine **Spezialisierung** stattgefunden.

Tipps für die Erarbeitung

1. Notiert Änderungen im Betrieb Kranekamp. Denkt an Ackerbau, Viehhaltung, Maschinen, Arbeitskräfte.
2. Die Landwirtschaft in Deutschland hat sich stark gewandelt. Stellt Beispiele zusammen (M1 – M5).
3. Erstellt ein Diagramm zum Thema: „So viele Menschen ernährte ein Landwirt 1950 und heute."
4. Erläutert, was unter dem Begriff Spezialisierung verstanden wird. Nennt Beispiele.

D3-050 www.diercke.de

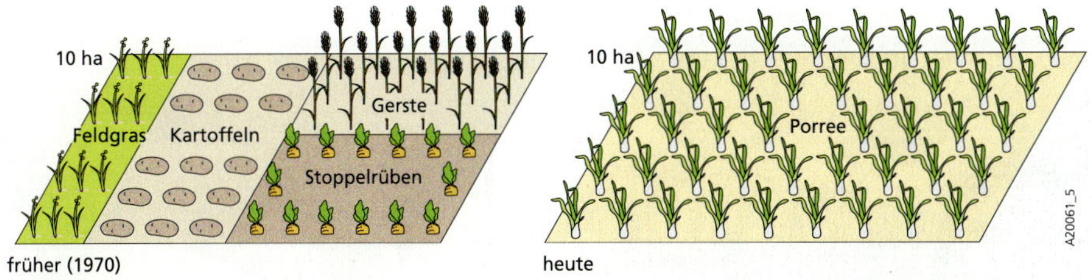

M3 ***Spezialisierung im Ackerbau auf einer Fläche von zehn Hektar (Hof Kranekamp)***

	Früher (um 1950)	Heute (2014)
Fläche	16 ha; davon 10 ha gepachtet	90 ha; davon 68 ha gepachtet
Nutzung	8 ha Grünland (Wiesen, Weiden), 8 ha Ackerland	125 ha Gemüse (vor allem Porree, Spinat)
Vieh	12 Kühe, 20 Bullen, 6 Sauen, 80 Schweine, 100 Hühner	300 Schweine
Maschinen/ Geräte	1 Traktor, Mähbinder, Heuwender, Egge, Sämaschine, Knollenpflücker	3 Traktoren, 2 Beregnungsanlagen, Porree-Roder, Porree-Waschanlage, Spinat-Vollernter, Pflanzenschutzspritze, Fütterungsanlage, Kühlanlagen
Arbeitskräfte	Bauer, Bäuerin, Großeltern, Kinder, Magd, Knechte	Bauer, Bäuerin, ein Auszubildender, 6 Erntehelfer, teilweise Kinder

M4 ***Der Hof Kranekamp bei Borken früher und heute***

M6 ***Lage von Borken im Münsterland***

„Was hat sich in den letzten 60 Jahren auf Ihrem Hof verändert?"
„1950 wurden viele Arbeiten in Handarbeit erledigt. Jeder auf dem Hof musste mit anpacken, auch die Kinder und Großeltern. Eine große Hilfe waren die Pferde. Sie konnten zum Beispiel bei der Frühjahrsbestellung die Sämaschine ziehen oder im Sommer den Heuwagen. Nach und nach kauften wir mehr Maschinen. Am wichtigsten war der Traktor. Die Kühe verursachten die meiste Arbeit. 1967 haben wir mit dem Porreeanbau begonnen. Seitdem hat sich viel getan. Als erstes haben wir die Kühe abgeschafft. Dann haben wir Land dazugepachtet und uns auf Gemüseanbau und Mastschweine spezialisiert. Das hieß: den Kuhstall umbauen, ein Kühlhaus bauen und Spezialmaschinen anschaffen."

„Warum haben Sie sich auf Gemüseanbau und Schweinemast spezialisiert?"
„In beiden Bereichen können wir gut Spezialmaschinen und automatische Anlagen einsetzen. Das erspart uns Arbeit, Zeit und Geld."

M5 ***Gespräch mit Landwirt Kranekamp***

5 Erstellt für eure Präsentation eine Karte mit der Lage des Hofes Kranekamp (M6) und dem Ruhrgebiet als Absatzmarkt. Sucht dazu das Münsterland im Atlas (Karte: Deutschland (mittlerer Teil) – physisch). Ermittelt die Entfernung Borken – Essen.

6 Erstellt für die Klasse einen kurzen Merktext über euer Thema. Erklärt darin auch die Grundbegriffe.

Grundbegriffe
- die Mechanisierung
- die Spezialisierung

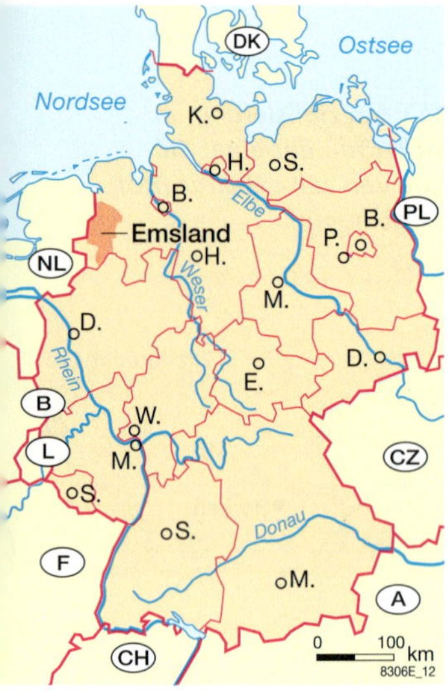

M1 *Lage des Emslandes in Deutschland*

M3 *Massentierhaltung – So mästet Landwirt Gerland viele Schweine auf wenig Fläche.*

„Massentierhaltung – ein Problem der Landwirtschaft" Entwickelt dazu eine Präsentation und stellt sie in der Klasse vor.

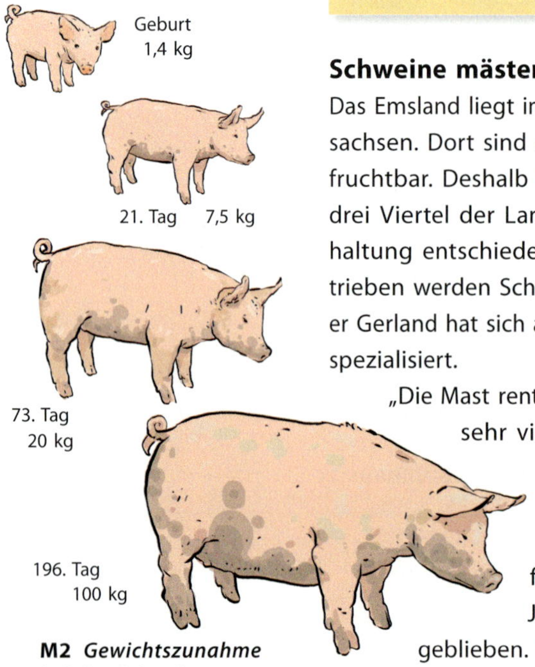

M2 *Gewichtszunahme bei der Schweinemast*

Schweine mästen – gar nicht so einfach

Das Emsland liegt im Bundesland Niedersachsen. Dort sind die Böden nicht sehr fruchtbar. Deshalb haben sich mehr als drei Viertel der Landwirte für die Viehhaltung entschieden. In rund 2000 Betrieben werden Schweine gehalten. Bauer Gerland hat sich auf die Schweinemast spezialisiert.

„Die Mast rentiert sich nur, weil ich sehr viele Schweine halte", sagt Herr Gerland. „Die Verbraucherpreise für Schweinefleisch sind seit dem Jahr 2006 fast gleich geblieben. Ich muss heute aber viel mehr Geld für das Viehfutter bezahlen. Auch die Preise für Wasser, Strom und Gas sind gestiegen."

Landwirt Gerland muss in kurzer Zeit viele Tiere mästen. Nur dann macht er so viel Gewinn, dass er seinen Stall ständig modernisieren kann. Er hat eine Anlage zur automatischen Fütterung der Schweine angeschafft. Er braucht nun keine zusätzliche Arbeitskraft mehr wie früher. Damit die Schweine schnell an Gewicht zunehmen, bekommen sie eine Futtermischung. Ein Computer rechnet genau aus, wie viel Futter die Schweine bekommen. Die Futtermenge hängt vom Gewicht der Tiere ab. Deshalb werden die Schweine regelmäßig gewogen. Tierschützer kritisieren diese **Massentierhaltung**.

Tipps für die Erarbeitung

1. Erläutert, warum im Emsland viele Bauern Vieh halten.

2. Beschreibt das Leben von Schweinen in der Massentierhaltung.

3. Begründet, warum Herr Gerland so viele Schweine mästet.

4. a) Bringt folgende Wörter in eine richtige Reihenfolge: Schweinestall, Verbraucher, Fütterung, Schlachthof, Ferkel (M4).
   b) Erläutert, mit welchen anderen Betrieben ein Schweinemastbetrieb in Verbindung steht (M4).

D3-070 www.diercke.de

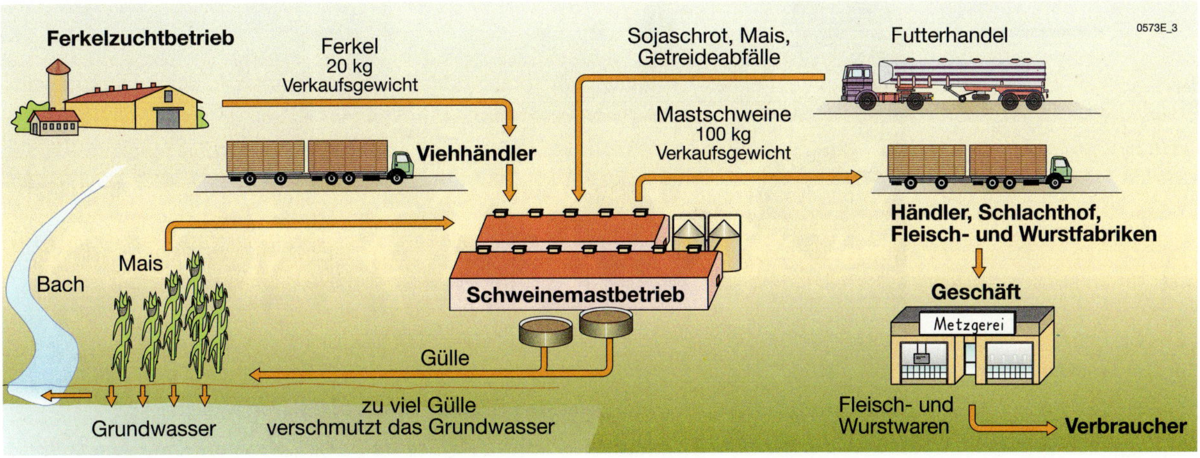

M4 ***Schweinemast – vom Ferkel zum Verbraucher***

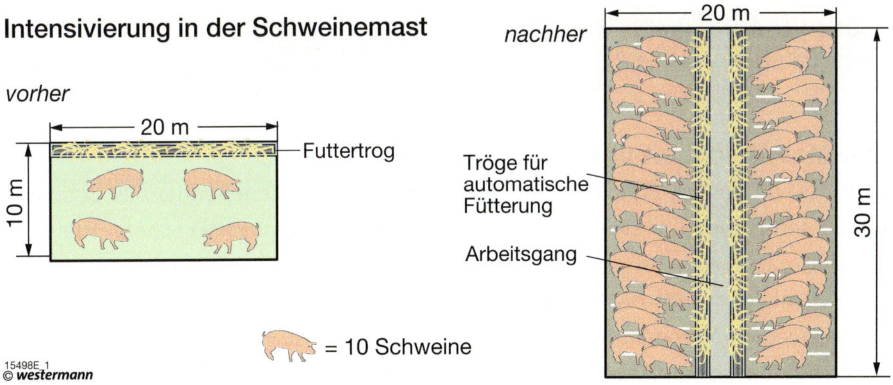

M5 ***Intensivierung in der Landwirtschaft***

Die Massentierhaltung bringt zum Teil Probleme mit sich. Durch die Tierhaltung auf engem Raum können sich Krankheiten schnell ausbreiten. Aus diesem Grund erhalten Schweine oft Medikamente. Gülle fällt in Mastbetrieben in großen Mengen an. Die Landwirte nutzen die Gülle als Dünger beim Anbau von Nutzpflanzen. Da die Pflanzen im Winter keine Nährstoffe aufnehmen können, darf von November bis Ende Januar keine Gülle auf die Felder gebracht werden. Zu viel Gülle auf den Feldern kann das Trinkwasser verunreinigen und die Gewässer überdüngen (siehe S. 266/267).

M6 ***Probleme der Massentierhaltung***

Intensivierung in der Landwirtschaft

Bei einer Intensivierung der Landwirtschaft werden auf gleicher Fläche mehr Tiere gehalten und Nahrungsmittel erzeugt als vorher.
Das heißt, auf gleichgroßer Ackerfläche erntet der Landwirt eine größere Menge. Das gelingt ihm mit Dünger, besseren Maschinen oder dichterer Bepflanzung.
Bei der Viehhaltung heißt das, dass die Ställe stärker ausgenutzt sind. Mehr Tiere können von einer Person versorgt werden.

5 Intensivierung in der Landwirtschaft kostet Geld und bringt Geld. Erklärt das am Beispiel der Massentierhaltung.

6 Nennt Probleme, die durch die Massentierhaltung entstehen (M6).

7 Nehmt aus der Sicht eines Umweltschützers zur Massentierhaltung Stellung.

8 Erstellt für die Klasse einen kurzen Merktext über euer Thema. Erklärt darin auch den Grundbegriff.

Grundbegriff
- die Massentierhaltung

M1 *Lage von Velbert in Nordrhein-Westfalen*

M3 *Öko-Landwirtschaft macht viel Arbeit: Täglich treibt Frau Maas die Kühe vom Melkstall auf die Weide.*

„Öko-Landwirtschaft – die Zukunft der Landwirtschaft?"
Entwickelt dazu eine Präsentation und stellt sie in der Klasse vor.

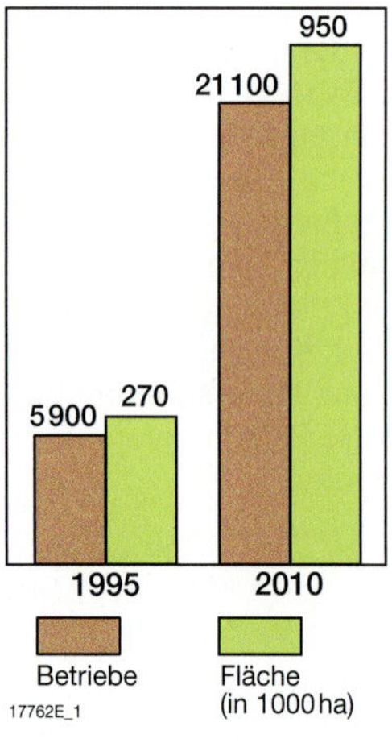

M2 *Entwicklung der ökologischen Landwirtschaft*

Herr Maas berichtet über seinen Biohof

„1990 haben meine Frau und ich den Betrieb schuldenfrei geerbt. Wie andere Landwirte auch mussten wir überlegen, wie wir mit dem Hof das Familieneinkommen sichern können. Damals waren die Getreidepreise noch sehr hoch und es gab gerade die erste staatliche Unterstützung für Biobauern. Dieses Geld wollten wir gern bekommen. Darüber hinaus hat es uns interessiert, im ökologischen Kreislauf zu wirtschaften. Dazu passte es gut, dass der Hof ein Mischbetrieb mit Hühnern, Kühen, Schweinen und Getreideanbau war. Das haben wir bis heute beibehalten. Wir bewirtschaften 70 ha Land, davon sind 25 ha Grünland. Auf 15 ha bauen wir nur Gemüse an. Wir halten 2000 Legehennen, 30 Schweine, 35 Milchkühe und 50 Schafe. Die Jungtiere stammen aus eigener Aufzucht; das Futter bauen wir selbst an. Für all diese Arbeiten brauchen wir viele Arbeitskräfte: Außer meiner Frau und mir sind das noch zwei Festangestellte, ein Auszubildender, eine Praktikantin, drei Aushilfen; zeitweise hilft mein Sohn Konstantin.
Unser Erfolgsrezept ist der Direktverkauf im Hofladen, auf zwei Wochenmärkten und im Bioladen in Essen. Weil wir vielseitig sind, haben die Kunden mehr Auswahl. In der Nähe einer Großstadt lohnt sich das. Wenn man viele Produkte anbietet, ist dies von Vorteil, wenn ein einzelnes Produkt wenig nachgefragt wird."

Tipps für die Erarbeitung

1. Beschreibt die Entwicklung der Öko-Landwirtschaft (M2).
2. a) Vergleicht die Ausgaben eines Öko-Hofes mit denen eines herkömmlichen Hofes (M5).
   b) Nennt mögliche Gründe für die Unterschiede.
3. Vergleicht die herkömmliche und ökologische Landwirtschaft.
   a) Fertigt dazu eine Tabelle an.
   b) Erstellt einen Zeitungsartikel.

D3-050 www.diercke.de

Öko-Landwirtschaft – was bedeutet das?

In der **ökologischen Landwirtschaft** arbeitet ein typischer Hof in einem natürlichen Kreislauf (M4). Das Futter für die Tiere wird auf eigenen Feldern angebaut. Mit dem anfallenden Mist werden die Ackerflächen gedüngt. Dadurch wird der Boden fruchtbar und bringt neues, gutes Futter. So braucht man weniger künstlichen Dünger. Das ist eine sogenannte nachhaltige Wirtschaftsweise. Man kann sie viele Jahre betreiben, ohne dass der Boden belastet wird. Kühe, Schweine und Hühner erhalten bei einer ökologischen Landwirtschaft viel Platz im Stall und auch draußen. Es wird eine **artgerechte Tierhaltung** angestrebt. Die Zahl der Tiere richtet sich danach, ob ausreichend Viehfutter auf dem eigenen Hof angebaut wird. Der Boden wird schonend bearbeitet. Er darf nicht zu fest werden, wenn die Pflanzen gut wachsen sollen. Ein abwechslungsreicher **Fruchtwechsel** verhindert, dass dem Boden einseitig Nährstoffe entzogen werden.

Öko-Landwirtschaft braucht viele Arbeitskräfte. Das macht die erzeugten Nahrungsmittel teuer. Sie werden meist im Hofladen, auf dem Wochenmarkt oder in Bioläden verkauft. Die Öko-Landwirtschaft wird in Deutschland zwar immer wichtiger, aber es gibt sie nur in etwa 21 000 von insgesamt 384 000 Betrieben.

Ausgaben für … (in Euro je ha)	**in Öko-Betrieben**	**in herkömml. Betrieben**
Düngemittel	15	163
Pflanzenschutz	2	9
Personal	151	72
Erzeugerpreise		
Milch (Euro je Liter)	0,43	0,30
Weizen (Euro je 100 kg)	41,18	15,47

***M5** Öko-Betriebe und herkömmliche landwirtschaftliche Betriebe im Vergleich*

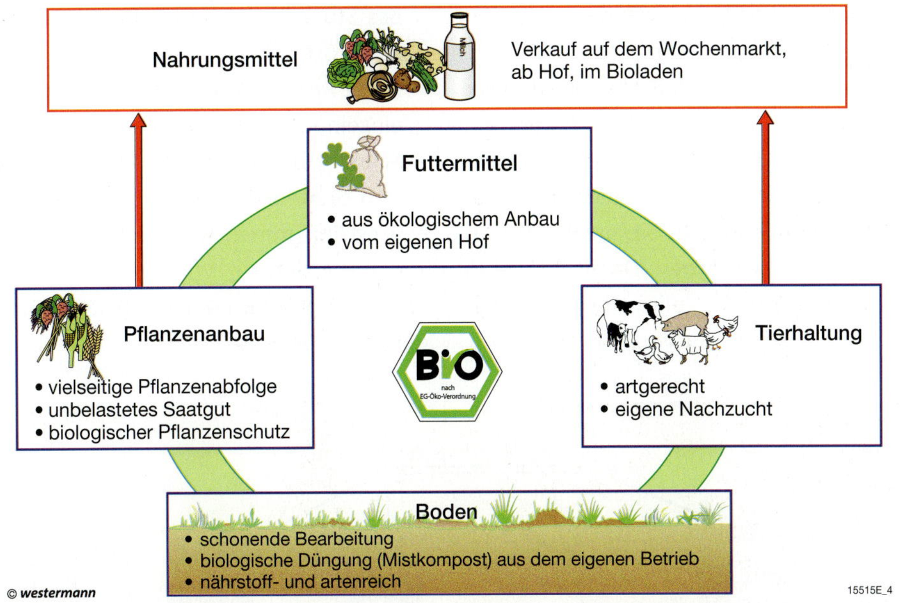

***M4** Ökologische Landwirtschaft – Wirtschaften im natürlichen Kreislauf*

Biosiegel

Öko-Betriebe werden jährlich kontrolliert. Das Biosiegel garantiert dem Verbraucher, dass das Produkt nach ökologischen Regeln hergestellt wurde.

4 a) Erklärt die Begriffe in M4: schonende Bodenbearbeitung, biologische Düngung, vielseitige Pflanzenabfolge, artgerechte Tierhaltung.
b) Erklärt den Kreislauf der Öko-Landwirtschaft (M4).

5 Erklärt, inwiefern der Hof Maas typisch für die ökologische Landwirtschaft ist.

6 Erstellt für die Klasse einen kurzen Merktext über euer Thema. Erklärt auch die Grundbegriffe.

Grundbegriffe
- die ökologische Landwirtschaft
- die artgerechte Tierhaltung
- der Fruchtwechsel

M1 *Arbeitsgruppen bereiten die Erkundung eines Bauernhofes vor.*

M3 *Vorstellungen vom Leben eines Bauern*

Landluft schnuppern auf einem Bauernhof

In eurem Bundesland Nordrhein-Westfalen gibt es 45 000 landwirtschaftliche Betriebe. Einer davon befindet sich sicher in der Nähe eurer Schule. Es lohnt sich, einmal einen solchen Betrieb anzusehen. Wollt ihr einen Bauernhof erkunden, dann solltet ihr in der Klasse überlegen, welche Fragen ihr dem Bauern oder der Bäuerin stellen wollt. Sie erzählen euch gerne von ihrer Arbeit. Damit ihr viel in Erfahrung bringt, solltet ihr die Erkundung des Hofes gut vorbereiten.

- Legt einzelne Themen fest (M2).
- Schreibt sie untereinander auf ein großes Stück Papier und heftet es an der Tafel fest.
- Bildet Arbeitsgruppen, die sich mit den einzelnen Themen beschäftigen.
- Schreibt die Namen der Schülerinnen und Schüler hinter die Themen. So wisst ihr immer, wer welches Thema gewählt hat.

Weitere Tipps zur Erkundung stehen auf der nächsten Seite.

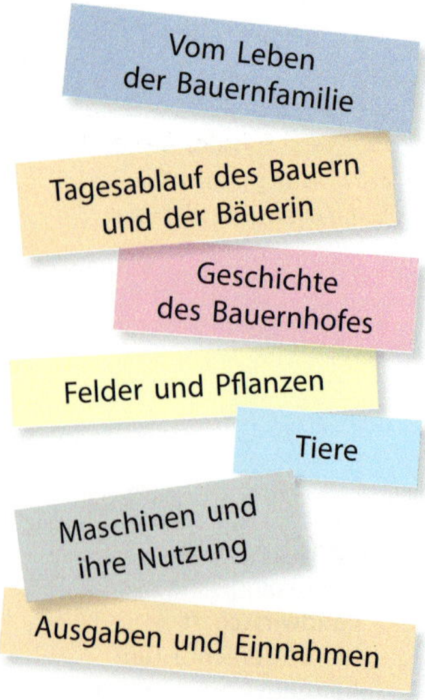

M2 *Themen für die Erkundung (Auswahl)*

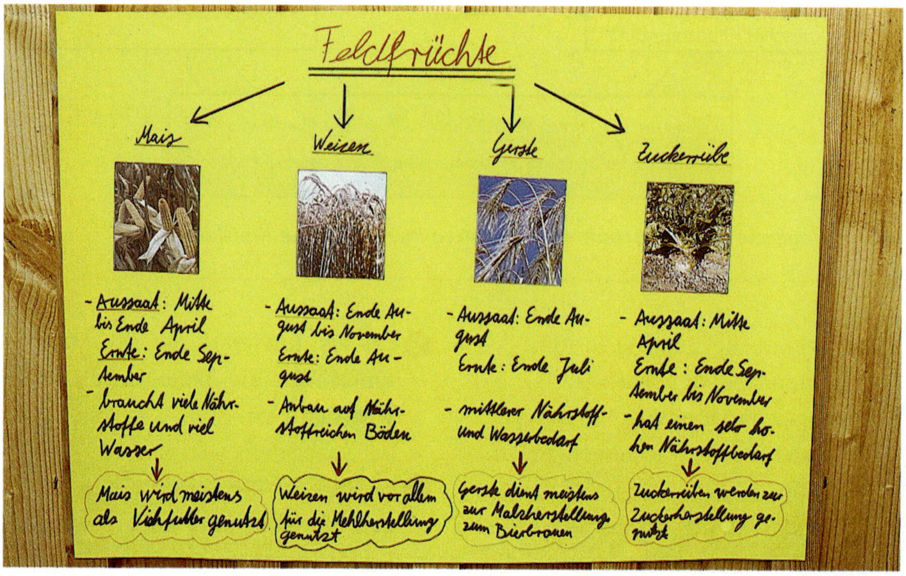

M4 *Plakat einer Arbeitsgruppe*

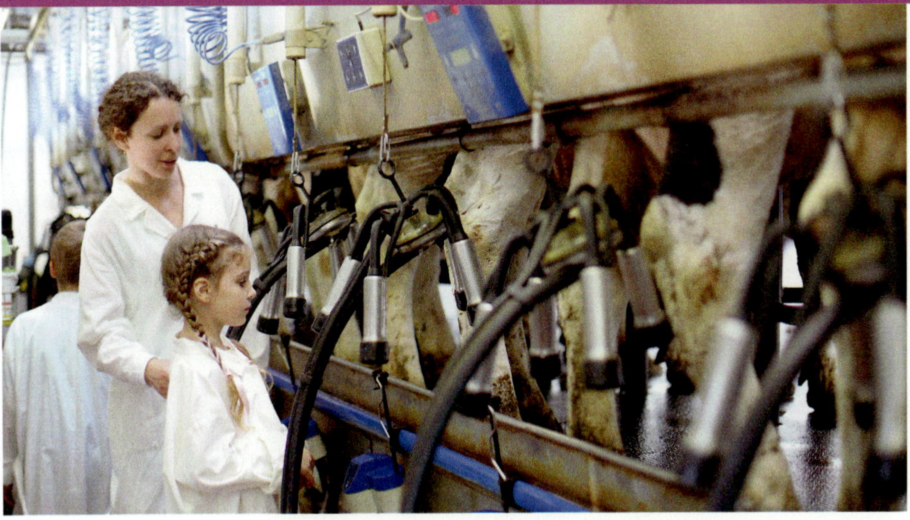

M5 *Die Landwirtin erklärt die Melkanlage.*

www.lernort-bauernhof-nrw.de
(Checkliste für die Bauernhoferkundung beachten!)

Drei Schritte zur Erkundung eines Bauernhofes

1. Vorbereitung

a) Wählt einen Bauernhof aus, den ihr besuchen wollt.
(Vielleicht kennen Eltern oder Verwandte einen Bauern oder eine Bäuerin.)

b) Ruft die Bäuerin oder den Bauern an. Fragt, ob ihr mit der Klasse den Hof besuchen dürft. Vereinbart einen Termin (Tag, Uhrzeit).

c) Findet heraus, wie ihr zum Bauernhof kommt (zu Fuß, mit dem Fahrrad, mit dem Bus, mit dem Zug).

d) Überlegt in der Arbeitsgruppe Fragen zu eurem Thema, die ihr auf dem Bauernhof stellen wollt.
- Schreibt Fragen auf ein Kärtchen.
- Ordnet die Kärtchen und legt eine Reihenfolge der Fragen fest.
- Kopiert das Blatt für jeden Schüler und jede Schülerin.

e) Legt fest, was ihr außer dem Fragebogen noch mitnehmen müsst: zum Beispiel
- Kugelschreiber und Schreibblock für zusätzliche Notizen,
- Buntstifte zum Zeichnen einer Pflanze,
- Digitalkamera zum Fotografieren des Hofes, der Tiere, Maschinen, Felder usw.

f) Vergesst nicht, ein kleines Geschenk für die Bäuerin und den Bauern mitzunehmen.

2. Durchführung

Geht entsprechend der Vorbereitung vor!

3. Auswertung der Ergebnisse/Präsentation

Jede Arbeitsgruppe erstellt eine Wandzeitung zu ihrem Thema. Gestaltet sie interessant und übersichtlich. Präsentiert dann eure Wandzeitungen in der Klasse (siehe S. 125).

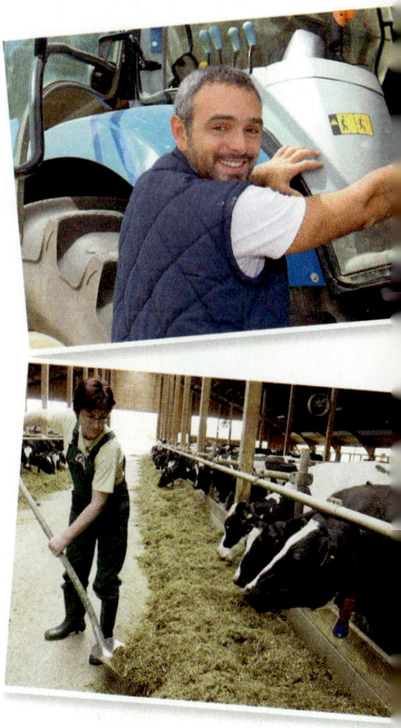

M6 *Fotos, die Schülerinnen und Schüler bei der Erkundung eines Bauernhofes gemacht haben*

M1 *Im Tiefland*

M3 *Im Mittelgebirge*

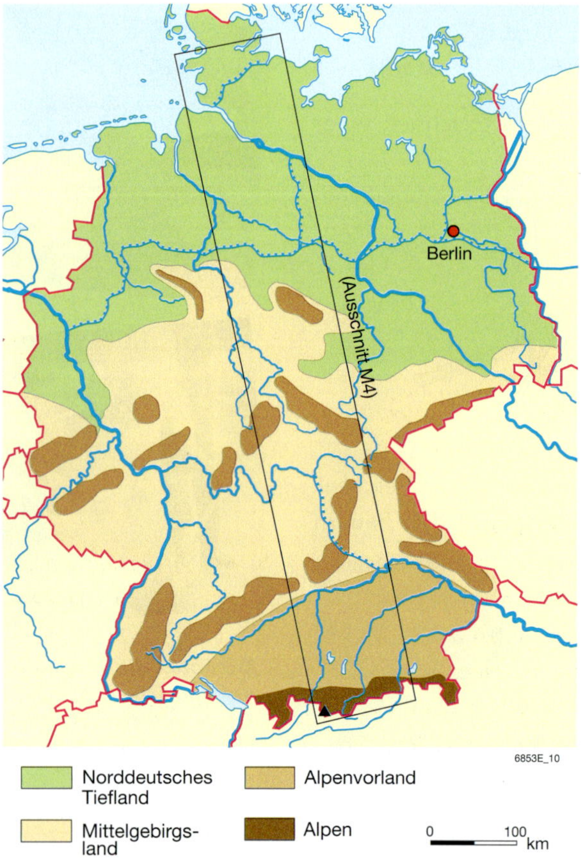

M2 *Deutschland – von der Küste bis zum Hochgebirge Alpen: die vier Großlandschaften*

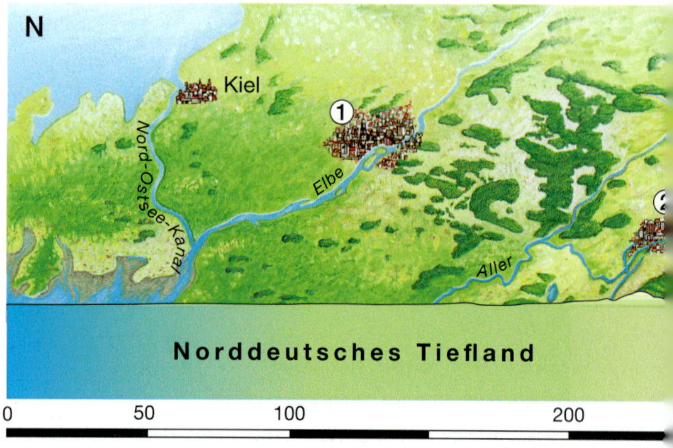

M4 *Schnitt durch Deutschland (links Norden: rechts Süden)*

Gliederung des Naturraums

In Deutschland gibt es von Norden nach Süden vier **Großlandschaften**: das Norddeutsche Tiefland, das Mittelgebirgsland, das Alpenvorland und die Alpen.

Das Norddeutsche Tiefland

Im Norden Deutschlands liegt das Norddeutsche **Tiefland**. Es ist eine tief gelegene Landschaft mit geringen Höhenunterschieden. Die Landhöhen liegen etwa zwischen zwei Meter unter dem Meeresspiegel und 200 m Höhe. Diese Landschaft erstreckt sich von der Küste im Norden bis etwa 200 km nach Süden.

Starthilfe zu 2
Der Text und M1, M3, M5, M6 geben eine Hilfe.

1 Bestimme die Nord-Süd-Ausdehnung und die West-Ost-Ausdehnung von Deutschland.

2 ↗ Notiere die Namen der vier Großlandschaften Deutschlands und erläutere ihre Merkmale.

D3-046 www.diercke.de

M5 *Im Alpenvorland*

M6 *In den Alpen*

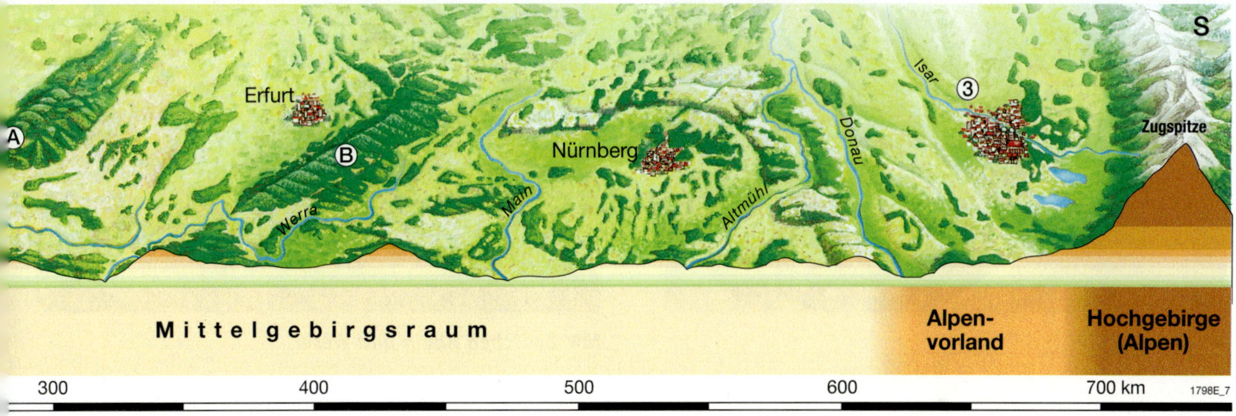

Das Mittelgebirgsland

In der Mitte Deutschlands befinden sich die **Mittelgebirge**. Es sind Bergländer mit abgerundeten Höhenzügen und langgestreckten Tälern. Sie sind bewaldet. Die Berge sind bis zu 1 500 m hoch. Steile Gipfel und hohe Felswände gibt es nicht.

Das Alpenvorland

Südlich der Donau beginnt das Alpenvorland. Es zeigt nur geringe Höhenunterschiede. Die sanft gewellte Landschaft steigt von 300 m südlich der Donau bis zum Rand der Alpen auf etwa 800 m Höhe an.

Die Alpen

Die Alpen sind ein **Hochgebirge**. Sie erreichen in Deutschland Höhen von 1 500 bis fast 3 000 m. Die Alpen bilden die Südgrenze Deutschlands. Schroffe Berge, tief eingeschnittene Täler, schneebedeckte Gipfel und Höhen über 1 500 m sind für die Alpen als Hochgebirge kennzeichnend.

Merke
Deutschland gliedert sich in das Norddeutsche Tiefland, das Mittelgebirgsland, das Alpenvorland und die Alpen.

Grundbegriffe
- die Großlandschaft
- das Tiefland
- das Mittelgebirge
- das Hochgebirge

3 Finde die Namen der Städte (1 – 3) und der Gebirge (A, B) in M4 mithilfe des Atlas (Atlas, Karte: Deutschland – physische Übersicht, Register).

4 Ordne den Großlandschaften Deutschlands folgende Städte zu: Rostock, Reutlingen, Münster, München (Atlas, Karte: Deutschland – physische Übersicht, Register).

M1 ***Südlich der Donau***

Deutschland – vielfältig genutzt

In Deutschland gibt es knapp 365 000 landwirtschaftliche Betriebe. Manche Landwirte bauen Feldfrüchte an oder halten Vieh. Andere haben sich sogar auf den Anbau einer Sonderkultur spezialisiert. Landwirte, die zum Beispiel Ackerbau betreiben, richten sich nach dem Klima und danach, ob die Böden nährstoffreich sind oder nicht. Die Nähe zu den Verbrauchern spielt vor allem für die Obst- und Gemüsebauern eine große Rolle.

M2 ***An der Elbe***

M4 ***Zwischen Rhein und Weser***

Viehhaltung herrscht oft in Gebieten vor, wo es viel regnet und der Boden wenige Nährstoffe enthält. Dort findet man Weiden, auf denen das Vieh grast, und Wiesen. Massentierhaltung kann jedoch überall betrieben werden.

Landwirte bauen Nutzpflanzen wie Zuckerrüben und Weizen dort an, wo der Boden sehr fruchtbar ist: zum Beispiel in den Börden in Norddeutschland.

Obst, Gemüse und vor allem Weinreben brauchen viel Wärme, damit sie gut wachsen und heranreifen. Diese Nutzpflanzen sind frostempfindlich. Sie vertragen auch keine hohen Niederschläge.

M3 ***Klima, Boden, Landwirtschaft – was am besten zusammenpasst***

1 a) Beschreibe die Fotos M1, M2 und M4.
b) Bestimme, wo die Fotos aufgenommen worden sein könnten (Atlas).
c) Überprüfe, welche Texte in M3 zu welchem Foto passen.

2 ↗ Notiere sechs Städte aus M5, in deren Nähe (höchstens 50 km Entfernung) Obst und Gemüse angebaut werden.

Starthilfe zu 2
Nutze die Maßstabsleiste der Karte.

D3-046, D3-070
www.diercke.de

(Gunstgebiete sind in besonderer Weise für den Anbau von Feldfrüchten geeignet. Mittlere und arme Böden sind hierfür nur eingeschränkt geeignet.)

M5 ***Deutschland: landwirtschaftliche Nutzung***

3 „Niwe wird oft entlang von Lüssenf angebaut.“
a) Hoppla! Da ist etwas durcheinander geraten. Schreibe den Satz richtig auf. M5 hilft dir weiter.
b) Überprüfe, ob diese Aussage stimmt (M5).

4 Notiere, welche Nutzung in folgenden Landschaften vorherrscht (Atlas):
a) Südoldenburg, Münsterland, Hohenloher Ebene.
b) Rheinhessen, Franken, Saale/Unstrut.

Merke
Deutschland wird landwirtschaftlich sehr vielfältig genutzt. In den Gunstgebieten, wie den Börden, werden Zuckerrüben und Weizen angebaut. Obst- und Gemüseanbau gibt es vor allem in der Nähe der großen Städte. Viehhaltung überwiegt in Gebieten mit hohen Niederschlägen.

M1 *Anbaufrüchte*

M3 *Rübenernte 1950 und heute*

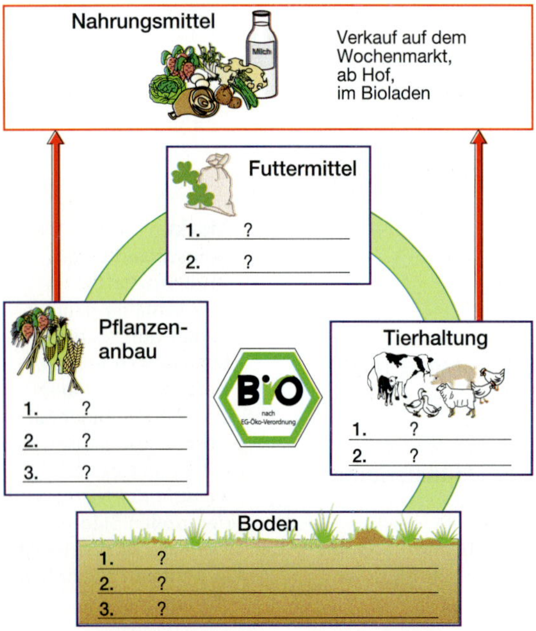

◁ **M2** *Der ökologische Kreislauf*

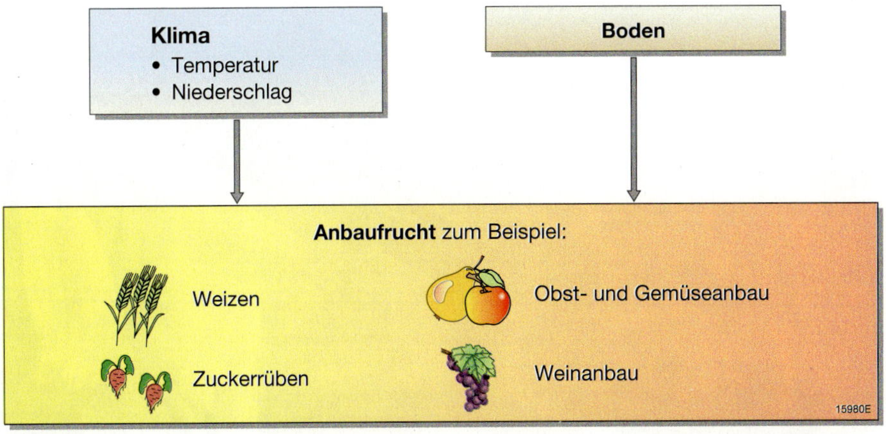

M4 *Schema zur Landwirtschaft*

Schätze dich selbst mit dem Zeichensystem ein, das auf Seite 33 erklärt ist.

Die Erläuterung der Kompetenzen findest du ebenfalls auf Seite 33.

Grundbegriffe

- Landwirtschaft
- Klima
- Börde
- Ackerbau
- Viehhaltung
- Löss
- Nachfrage
- Selbstvermarkter
- Erzeugergenossenschaft
- Saisonarbeitskraft
- Sonderkultur
- Mechanisierung
- Spezialisierung
- Massentierhaltung
- ökologische Landwirtschaft
- artgerechte Tierhaltung
- Fruchtwechsel
- Großlandschaft
- Tiefland
- Mittelgebirge
- Hochgebirge

Sachkompetenz

1 a) Wähle fünf Grundbegriffe aus der Liste und erkläre sie.
b) Ergänze die Grundbegriffe durch Zeichnungen.

2 Notiere die Großlandschaften Deutschlands. *(Schülerbuch S. 100/101)*

3 a) Notiere die Namen der Pflanzen in M1.
b) Füge zu jeder Pflanze Informationen über ihre Ansprüche an den Boden und das Klima hinzu. *(Schülerbuch S. 89)*

4 Erkläre mithilfe von M3, wie sich die Landwirtschaft verändert hat. *(Schülerbuch S. 92/93)*

5 Erkläre mithilfe von M2 die ökologische Wirtschaftsweise. *(Schülerbuch S. 96/97)*

Methodenkompetenz

6 Fertige zwei Zeichnungen an. Stelle in einer Zeichnung die artgerechte Tierhaltung und in der anderen die Massentierhaltung dar. *(Schülerbuch S. 94–97)*

7 Zeichne den Weg vom Ferkelzuchtbetrieb bis zum Metzger auf. *(Schülerbuch S. 95)*

8 Übertrage M2 vereinfacht in dein Heft oder deine Mappe und ergänze die fehlenden Begriffe in den Kästen. *(Schülerbuch S. 97)*

9 a) Erkläre, welche Zusammenhänge das Schema in M4 darstellt.
b) Auch die Nachfrage ist wichtig für den Landwirt. Übertrage das Schema in dein Heft oder deine Mappe und ergänze es entsprechend. *(Schülerbuch S. 88/89, 102/103)*

Urteils- und Handlungskompetenz

10 a) Begründe, welches Thema dich bei der Erkundung eines Bauernhofs am meisten interessiert.
b) Notiere Fragen, die du dem Landwirt stellen würdest. *(Schülerbuch S. 98/99)*

11 Beurteile, wie wichtig Kundenwünsche für einen landwirtschaftlichen Betrieb sind. Unterscheide dabei nach Ackerbau und Viehzucht. *(Schülerbuch S. 90/91)*

12 Schreibe ein Gespräch zwischen zwei Personen auf, die über Bio-Produkte diskutieren. Du kannst auch eine Bildergeschichte zeichnen. *(Schülerbuch S. 96/97)*

13 Die Veränderung der Landwirtschaft hat Vor- und Nachteile gebracht. Begründe. *(Schülerbuch S. 92/93)*

6

Gizeh (bei Kairo) in Ägypten. Im Hintergrund die Cheops-Pyramide (fertiggestellt 2580 v. Chr.). Was weist in dem Bild darauf hin, dass die 4 500-jährige Geschichte das Leben im heutigen Ägypten noch immer bestimmt? Achte auf Einzelheiten.

Ägypten – ein Geschenk des Nils

Am Ende des Kapitels kannst du:

- den Verlauf des Nils beschreiben
- erklären, wie die Nilschwelle entsteht
- Merkmale einer Hochkultur benennen
- die Bewässerungslandwirtschaft im alten Ägypten erläutern
- die Niloase als Gunstraum kennzeichnen
- den Aufbau der ägyptischen Gesellschaft beschreiben
- die Grundzüge der ägyptischen Schrift darstellen
- das Alltagsleben im alten Ägypten erläutern
- die Bedeutung der Pyramiden erklären
- das Leben eines Kindes im alten Ägypten mit deinem vergleichen
- den Bau des Assuan-Staudamms als Eingriff des Menschen in den Naturraum beurteilen

M1 *Lage von Ägypten heute*

M3 *Das Hotelschiff, auf dem Familie Becker ihren Urlaub verbringt*

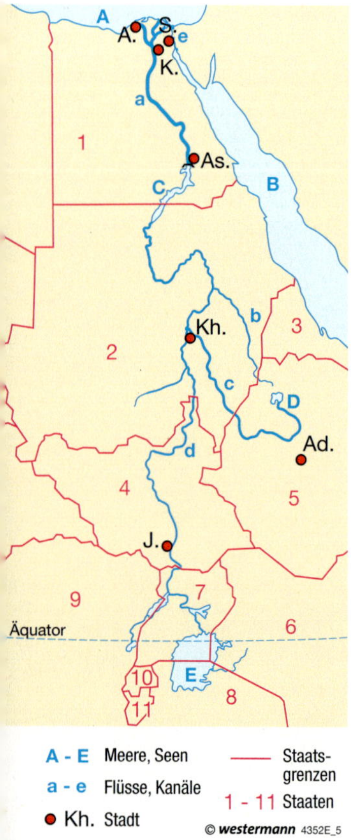

M2 *Übungskarte*

Familie Becker bei den Pharaonen

Julia und Jonas sind mit ihren Eltern in den Ferien nach Ägypten gefahren. Wie viele Touristen haben sie eine Strand- und Tauchwoche in Hurghada am Roten Meer verbracht. Jetzt haben sie in Kairo ihr Hotelschiff bestiegen. Heute beginnt die Schiffstour auf dem Nil. Die beiden sind sehr gespannt. Sie haben schon von den **Pyramiden** gehört, den mächtigen Bauwerken aus uralter Zeit.

Da stellt sich ihnen Ismael vor, ein ägyptischer Junge in ihrem Alter. Er hilft seinem Vater bei der Begleitung der Touristen. Er erzählt:

„Ich freue mich, euch unser Land zu zeigen. Ich bin sehr stolz auf unsere lange Geschichte. Sie wird euch beeindrucken. Wir starten bei der **Sphinx** vor den Pyramiden von Gizeh. Die Sphinx ist ein Wesen mit einem Menschenkopf auf einem Löwenkörper. Sie soll die Pyramiden bewachen.

Ägyptens alte Könige nannte man **Pharaonen**. Sie waren die Herrscher über das Land und über alle Menschen. Unsere Vorfahren haben sie als Götter verehrt. Der Pharao Cheops ließ sich vor 4500 Jahren die größte der Pyramiden als seine eigene Grabstätte schaffen. Ein Werk für die Ewigkeit.

Auf eurer Fahrt nach Süden werdet ihr noch viele Tempel und Grabstätten mit ihren wunderschönen Malereien kennenlernen. Vom Schiff aus könnt ihr die Bauern, die Fellachen, sehen. Sie leben und arbeiten teilweise noch wie früher."

i Hochkultur

Eine besonders weit entwickelte Kultur nennt man Hochkultur. Merkmale einer Hochkultur sind eine zentrale Verwaltung des Landes, die Entwicklung einer Schrift und einzelner Berufe. In Ägypten gab es bereits um 3000 v. Chr. eine Hochkultur.

1 ↗ Beschreibe die Lage von Ägypten (M1, Atlas).

2 Finde die Namen in M2 mithilfe des Atlas (Karte: Afrika (nördlicher Teil) – physisch).

3 Bestimme die Entfernung von Köln nach Kairo (Atlas) und die Dauer des Fluges (800 km/Stunde).

4 Begründe, warum Ägypten ein beliebtes Reiseland ist (M4).

Starthilfe zu 1
Notiere den Kontinent, die angrenzenden Meere und Staaten.

D3-180, D3-084
www.diercke.de

Ägypten – Reiseland mit vielen Problemen

Ägypten ist ein beliebtes Urlaubsziel. Der **Tourismus** ist die Haupteinnahmequelle des Landes und schafft über zwei Millionen Arbeitsplätze. Die Touristen schätzen den Badeurlaub am Roten Meer und die Bauwerke. Sie stammen aus der Zeit, in der das Land eine bedeutende **Hochkultur** war.

Im Vergleich zu Deutschland ist Ägypten ein armes Land. Auf den Straßen sieht man häufig Eselskarren oder Pferdekutschen. Viele Straßen sind nicht asphaltiert und staubig. Viele Menschen leben in einfachen Lehmhäusern oder Mietwohnungen. Jeder dritte Ägypter kann weder lesen noch schreiben.

In Ägypten befindet sich ein Drittel aller Altertümer der Welt. Das Klima ist warm und trocken. Am Mittelmeer und am Roten Meer gibt es feine Sandstrände. Klares türkisfarbenes Wasser mit echten Korallenriffen bietet das Rote Meer. Das lieben Schnorchler und Taucher. Aber auch Wasserski, Surfen und Angeln ziehen Urlauber an. Safaris durch die Wüsten bieten beeindruckende Landschaften und zeigen, wie die Menschen leben. Für Bergwanderungen eignet sich die Halbinsel Sinai mit dem Mosesberg und dem Katharinenkloster.

(Nach: www.aegypten-spezialist.de/wissenswertes/tourismus.html, 26.01.2010)

M4 *Was Touristen nach Ägypten zieht*

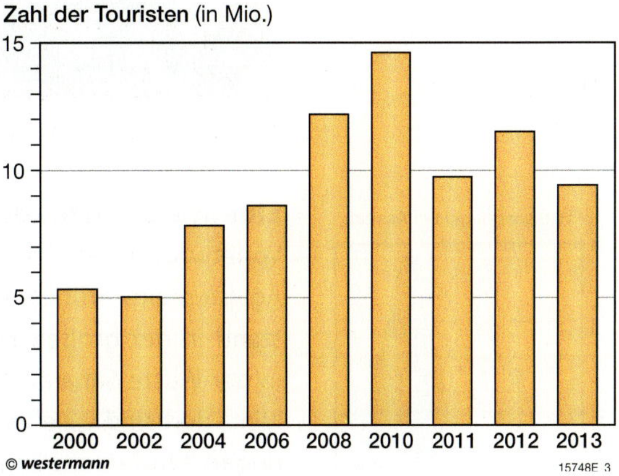

M6 *Zahl der Touristen in Ägypten*

Die Menschen in Ägypten haben große Probleme: Wie soll die rasch wachsende Bevölkerung versorgt werden? Viele Menschen haben keine Arbeit, vor allem die jungen. Die Unzufriedenheit führte zu Protesten. Anfang 2011 wurde der langjährige Präsident gestürzt. Die Ägypter sind verschiedener Meinung: Die einen wollen leben wie in Europa, die anderen eher traditionell, auch in der Religion. Beide Seiten bemühen sich, dass Ägypten nach ihren Vorstellungen regiert wird. Gewaltsame Konflikte brechen immer wieder aus. Der Tourismus als wichtigster Wirtschaftsbereich leidet darunter, denn viele Touristen entscheiden sich gegen einen Urlaub in einem Krisenland.

M5 *Ägypten – ein zerrissenes Land*

5 Fasse die Bedeutung des Tourismus für Ägypten zusammen.

6 Fasse zusammen, was sich ab 2011 politisch in Ägypten ereignet hat (M5, Internet).

7 Beschreibe und erkläre die Entwicklung der Besucherzahlen (M6). Berücksichtige M5.

8 Würdest du nach Ägypten fliegen, wenn du das Geld dafür hättest? Begründe.

Merke
Ägypten ist ein beliebtes Urlaubsziel. Das warme Klima, Sandstrände und viele Altertümer ziehen die Touristen an.

Grundbegriffe
- die Pyramide
- die Sphinx
- der Pharao
- der Tourismus
- die Hochkultur

M3 *Der Nil bahnt sich seinen Weg durch die Wüste.*

Informationen über das alte Ägypten: www.selket.de

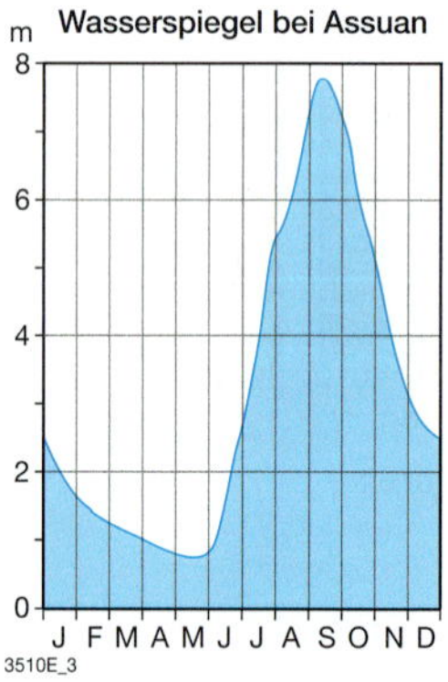

M1 *Der damalige Wasserstand des Nils im Verlauf des Jahres (gemessen bei Assuan)*

Eine frühe Hochkultur

Vor etwa 5000 Jahren entwickelte sich in Ägypten eine frühe Hochkultur. Sie entstand in der großen **Flussoase** des Nils in der Wüste Sahara. Durch das trockene Klima dort sind viele Bauwerke und Kunstgegenstände sehr gut erhalten. Daher weiß man heute sehr viel über die Menschen in dieser Zeit. Die ägyptische Geschichte beginnt um 3000 v.Chr. Damals wurde in Ägypten eine Schrift erfunden. Seitdem gibt es Funde mit schriftlichen Aufzeichnungen. Die ägyptische Hochkultur endet mit der Eroberung durch die Römer im Jahr 30 v.Chr.

Leben mit dem Fluss

Vor etwa 10000 Jahren, in der Jungsteinzeit, fand auf der Erde eine Klimaveränderung statt. Damals wurden die fruchtbaren und feuchten Gebiete Nordafrikas allmählich zur Wüste. Die jetzige Sahara entstand. Der Nil ist heute der einzige Fluss, der die Sahara durchquert. Im Niltal siedelten sich vor etwa 5000 Jahren Menschen an. Sie säten Getreide und züchteten Vieh. Die Häuser bauten sie aus getrocknetem Nilschlamm. Ihr Leben und ihre Landwirtschaft passten sie der Wasserführung des Flusses an.

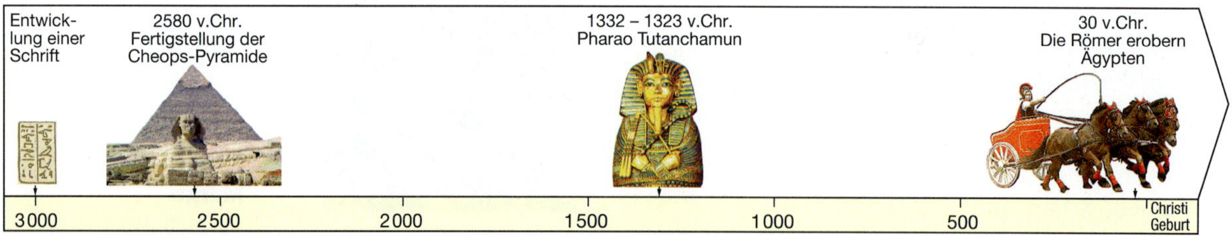

M2 *Zeitleiste der ägyptischen Hochkultur*

Starthilfe zu 1
Lege eine Tabelle nach folgendem Muster an:

+	–

1. Der Nil ist Segen und Fluch zugleich. Erläutere diese Aussage.
2. Beschreibe den Verlauf der Nilschwelle und erläutere ihre Entstehung (M1, M6).
3. Beschreibe mithilfe von M4 die drei Jahreszeiten in Ägypten.
4. Beurteile die Bedeutung der Nilschwelle für die alten Ägypter (M5, M6).

D3-168 www.diercke.de

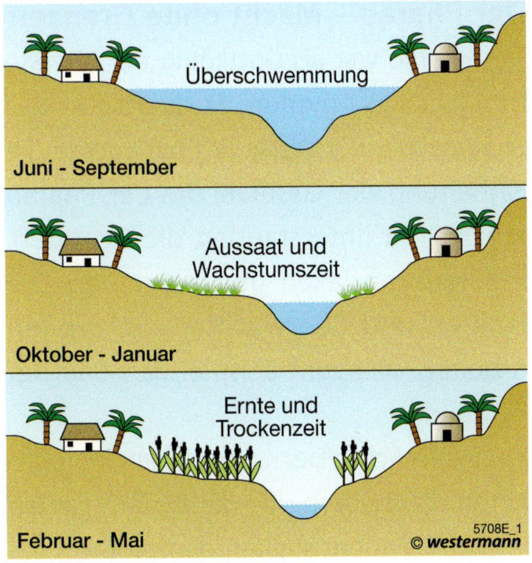

M4 *Landwirtschaft am Ufer des Nils*

Geschenk und Gefahr

Jedes Jahr im Herbst trat der Nil über die Ufer und bewässerte die Felder. Stieg das Wasser nicht hoch genug, drohten Missernten und Hungersnot. Stieg es aber zu hoch, konnte es Häuser und Felder zerstören. Deshalb schützten die Menschen sich durch Dämme.

Dazu mussten sie planvoll zusammenarbeiten. Das geschah unter Leitung des Pharaos und seiner Beamten. Getrockneter Nilschlamm war das alltägliche Baumaterial. Nur Paläste, Tempel und Gräber baute man aus Stein.

Die Flussoase des Nils durchzieht von Süden nach Norden die Wüste Sahara. Sie ist etwa 1 100 km lang und bis zu 25 km breit. Im Süden reicht sie bis Assuan. Im Mündungsgebiet teilt sich der Fluss in viele Arme. Er bildet ein weitverzweigtes **Delta**.

Der Nil ist mit 6 671 km der längste Fluss der Erde. Er hat zwei Quellflüsse: den Blauen Nil und den Weißen Nil. Sie kommen aus den regenreichen Gebieten am Äquator. Jedes Jahr im Herbst kam das Hochwasser.

Die **Nilschwelle** verwandelte das Land in einen einzigen großen See. Der Fluss bewässerte die Felder und füllte die Bewässerungskanäle mit Wasser. So ermöglichte er gute Ernten.

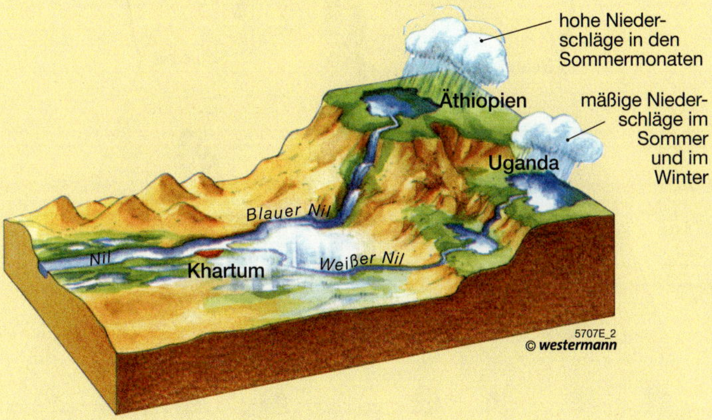

M6 *Flussoase Nil*

Heil Dir, o Nil, der Du der Erde entspringst und nach Ägypten kommst, um es am Leben zu erhalten. Wenn Dein Wasser über die Ufer tritt, wird Dir geopfert, und große Geschenke werden Dir dargebracht.
Grün bist Du, der Du es möglich machst, dass Mensch und Tier leben.

(In: Adolf Ermann: Die Literatur der Ägypter. Leipzig 1923, S. 193f)

M5 *Loblied auf den Nil*

5 Ein ägyptischer Vater bringt dir als seiner Tochter oder seinem Sohn bei, welche Bedeutung der Nil für die Ägypter hat. Schreibe mit.

6 a) Hapi ist bei den Ägyptern der Gott der Nilflut. Suche im Internet Informationen dazu und gestalte ein Plakat.
b) Du bereitest ein Fest vor, bei dem Hapi verehrt wird. Wie könnte die Festlichkeit aussehen?

Merke
Um 3000 v. Chr. entwickelte sich entlang des Nils die ägyptische Hochkultur. Der Nil durchquert als Flussoase die Wüste Sahara.

Grundbegriffe
- die Flussoase
- das Delta
- die Nilschwelle

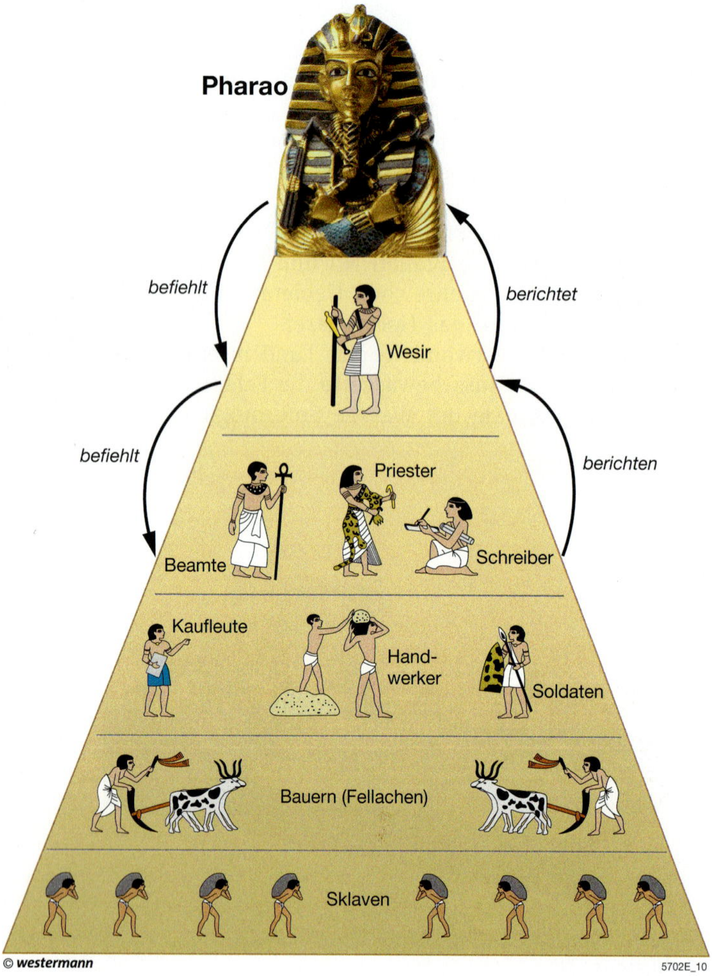

M1 *Schaubild: Der Aufbau der ägyptischen Gesellschaft*

Der Pharao – Macht ohne Grenzen

Der Pharao war als Gottkönig der oberste Herrscher in Ägypten. Stellvertreter des Pharaos war der Wesir. Er überwachte die Einhaltung der Gesetze, die der Pharao erließ. Ihm unterstanden die Beamten. Sie konnten lesen und schreiben. Sie lenkten und überwachten die großen Arbeiten, wie zum Beispiel den Bau der Pyramiden.

Spezielle Schreiber unter ihnen berechneten die Steuern, die die Bauern zahlen mussten. Bauern stellten den größten Teil der Bevölkerung. Sie arbeiteten auf den Feldern des Pharaos und mussten mehr als die Hälfte ihrer Ernte als Steuern abgeben. Obwohl sie die Grundlage für den Reichtum des Pharaos schufen, galten Bauern in der Gesellschaft nicht viel.

Handwerker arbeiteten in den Städten und Dörfern sowie am Hof des Pharaos. Insbesondere Maler, Bildhauer, Goldschmiede und Tischler waren geschätzte Spezialisten. Auch Frauen waren als Handwerkerinnen, Bäuerinnen und Beamtinnen tätig. Eine Armee schützte das Land vor Eindringlingen.

Schaubild

Ein Schaubild ist eine Zeichnung, in der komplizierte Zusammenhänge vereinfacht dargestellt werden. Dabei spielen manchmal Begriffe, Farben, Pfeile und Größen eine Rolle. Auch die äußere Form des Schaubildes kann zum Thema passen.

Fünf Schritte zur Auswertung eines Schaubildes

1. Schritt: Nenne das Thema des Schaubildes (Über- oder Unterschrift).
2. Schritt: Prüfe, ob eine Entwicklung oder ein Zustand dargestellt wird.
3. Schritt: Ist das Schaubild in einer besonderen Form gestaltet? Wenn ja, suche Gründe dafür.
4. Schritt: Untersuche die Einzelheiten des Schaubildes. Vergleiche zum Beispiel die Größen der dargestellten Einzelheiten. Erkläre die Bedeutung von Pfeilen.
5. Schritt: Fasse die Aussagen des Schaubildes zusammen.

Starthilfe zu 1
Auch Kleidungsstücke können „Zeichen der Macht" sein, z. B. eine Uniform.

1 ↗ Zeichen der Macht des Pharao sind der geflochtene Götterbart und der Geier über seiner Stirn (M1). Auch heute gibt es „Zeichen der Macht". Nenne Beispiele.

2 Schreibe einen Text zu den Aufgaben des Pharaos.

3 Ordne die Personen in M2 und M3 in das Schaubild M1 ein und beschreibe ihre Aufgaben.

M5 *Papyrusrolle mit Schreibfeder*

M2 *Handwerker im alten Ägypten bei der Papierherstellung aus der Papyruspflanze*

M3 *Wer macht was?*

1. Das Thema des Schaubilds ist der Aufbau der ägyptischen Gesellschaft.
2. Das Schaubild gibt einen Zustand wieder.
3. Die Form des Schaubildes ist ein Dreieck oder eine Pyramide. Diese Form betont die herausragende Stellung des Pharaos und seine Macht.
4. Der Pharao ist besonders groß gezeichnet: Er hat die größte Macht. Die Personen-Reihen darunter werden immer kleiner. Sie haben weniger zu bestimmen und weniger Ansehen. Die Pfeile zeigen, wer befehlen kann und wer gehorchen muss.
5. Das Schaubild zeigt die Verteilung der Macht im Pharaonenreich. Alle sind vom Pharao abhängig.

M4 *Auswertung des Schaubildes M1*

4 Schreibe einen Text, wer wem in der altägyptischen Gesellschaft befehlen kann (M1).

5 Werte das Schaubild M2 über die Papierherstellung aus.

Merke
Der Pharao war Gott, König und Herrscher in einer Person. Er stand an der Spitze der Gesellschaftspyramide. Der größte Teil der Bevölkerung bestand aus Bauern, Handwerkern und Kaufleuten.

M1 *Statue eines Schreibers (2500 v. Chr.)*

Wissen ist Macht

Die ägyptische Schrift wurde vor über 5 000 Jahren entwickelt. Sie war notwendig, um das große Reich zu verwalten. Listen über Vorräte mussten geführt werden. Befehle des Pharaos wurden aufgeschrieben und in entfernte Gegenden gebracht. Nur wenige Menschen konnten lesen und schreiben. Vor allem die Schreiber beherrschten diese Kunst. Ihre Ausbildung dauerte zehn bis 15 Jahre. Sie waren in der Gesellschaft sehr angesehen und hatten viel Macht und Einfluss.

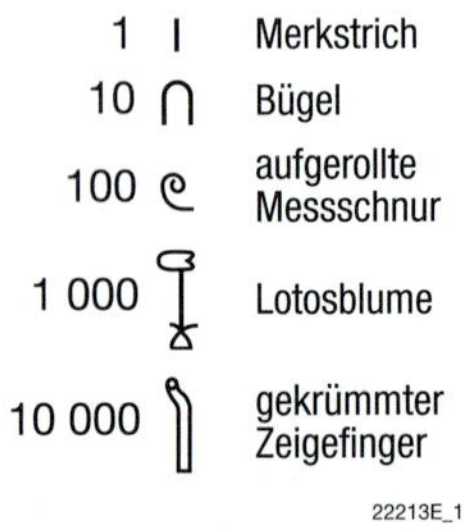

M2 *Einige Zahlzeichen*

Die ägyptische Schrift bestand aus sogenannten **Bildzeichen**. Zunächst bedeutete zum Beispiel das Bild „Mund" auch Mund. Später erhielt es weitere Bedeutungen: reden, essen, lachen. Schließlich wurde es auch für den Buchstaben „R" benutzt. Schreibregeln gab es nicht. Die Schreibrichtung war nicht festgelegt. Vokale (Selbstlaute) wurden oft weggelassen. **Deutzeichen** erleichterten das Verständnis.
Es gab etwa 700 verschiedene Bildzeichen. Sie konnten erst 1822 entziffert werden. Man wusste, dass die Namen der Pharaonen mit einer **Kartusche** eingerahmt waren. Ein Forscher verglich zwei Texte auf einer Steintafel. Ein Text bestand aus **Hieroglyphen**, der andere Text war die Übersetzung dieses Textes ins Griechische. In beiden Texten erkannte er den Namen des Pharaos „Ptolemaios". So gelang die Entzifferung.
Da viele Texte auf Grabstätten eingemeißelt waren, nannte man sie Hieroglyphen, das heißt „heilige Eingrabungen". Daneben schrieben die Menschen mit Pinsel und Tinte auf Papyrus.

M4 *Die ägyptische Schrift*

M3 *Hieroglyphen*

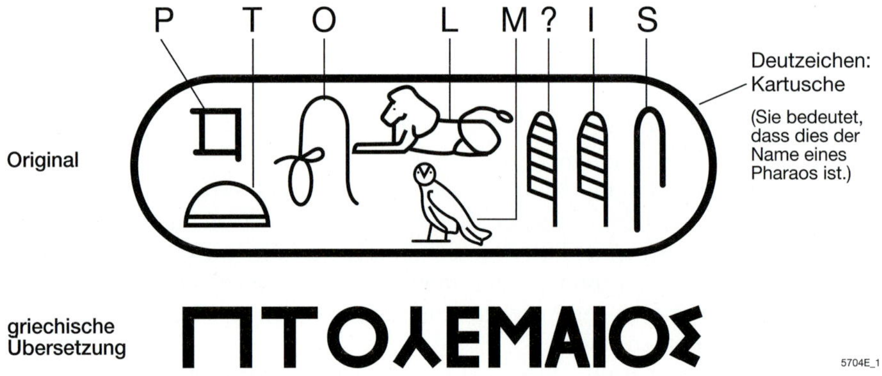

M5 *Kartusche von Ptolemäus*

1 Schreibe deinen Namen in Hieroglyphen. Benutze auch Deutzeichen.

2 ↗ Stelle dar, für welche Aufgaben die Schrift im alten Ägypten wahrscheinlich eine große Hilfe war.

3 Die Ägypter hatten auch Zahlzeichen. Schreibe folgende Zahlen als Hieroglyphen:
a) 101, b) 1 110, c) 12 100.

4 Schreiber hatten damals mehr Macht als die meisten anderen Menschen. Begründe.

Starthilfe zu 2
Erstelle eine Liste:
1. …
2. …
3. …

Quellen berichten über die Vergangenheit

Schriften wie die der alten Ägypter sind zum Teil erhalten geblieben. Forscherinnen und Forscher ermitteln anhand von **Quellen**, wie es in der Vergangenheit gewesen sein könnte. Es werden verschiedene Quellen verwendet: zum Beispiel Gegenstände oder Schriften. Um eine Quelle richtig zu erschließen, solltest du schrittweise vorgehen.

ℹ Quelle

Quellen berichten über die Vergangenheit. Dazu zählen:
- schriftliche Quellen aus Büchern, Zeitungen, Internet
- Filme und Tonträger, z.B. aus Fernsehsendungen
- Sachquellen wie Gebäude, Werkzeuge, Münzen, Kleidung

Wenn du eine geschichtliche Quelle auswertest, kannst du selbst in die Vergangenheit eintauchen und herausfinden, wie es damals war. Oder du kannst die Darstellung geschichtlicher Ereignisse überprüfen. Eine solche Darstellung nennt man auch Sachtext.

Ich habe den Erzarbeiter bei seiner Arbeit beobachtet. Seine Finger sind krokodilartig, er stinkt mehr als Fischlaich. Der Steinmetz schlägt mit dem Meißel in allerlei harte Steine. Hat er die Arbeit beendet, so versagen ihm seine Arme und seine Knie und sein Rücken ist gebrochen. Der Töpfer steckt in seinem Lehm; der beschmiert ihn mehr als ein Schwein. Siehe, es gibt keinen Beruf, in dem einem nicht befohlen wird, außer dem des Beamten: Da ist er es, der befiehlt. Wenn du schreiben kannst, wird dir das mehr Nutzen bringen als alle anderen Berufe.

(In: Friedrich Wilhelm von Bissing: Altägyptische Lebensweisheiten. Zürich 1955, S. 56ff)

M6 *Quellentext des Schreibers Cheti um 1900 v. Chr.*

Diese Leute brauchen sich nicht zu mühen, zu pflügen, zu hacken, noch sonst eine der Arbeiten zu verrichten, mit denen sich unsere Menschen auf dem Feld abplagen. Wenn bei den Ägyptern der Fluss von alleine kommt und die Fluren tränkt und nach dem Tränken wieder zurückweicht, dann besät jeder Bauer sein Feld und treibt die Schweine darauf. Ist die Saat von den Schweinen eingetreten, braucht er nur die Ernte abzuwarten.

(Nach: Herodot, Historien, Buch II, Kap. 5, 124, Übersetzung von Walter Marg, Zürich, 1973, S. 123)

M8 *Quellentext über die Bauern in Ägypten*

1. Der Autor heißt Cheti und war Schreiber und damit Beamter im alten Ägypten.
2. Cheti lebte vor fast 4000 Jahren.
3. Cheti sieht seinen Schreiber-Beruf höherwertig als viele andere Berufe im ägyptischen Reich. Diese anderen Berufe stellt er in übertriebener Form als schmutzig und gefährlich dar. Vor allem aber ist der Schreiber jemand, der befehlen kann.
4. Der Autor betreibt starke Werbung für seinen Beruf.

M7 *Auswertung der Quelle M6*

Vier Schritte zur Arbeit mit Textquellen

1. Wer ist der Autor/die Autorin? Welche Informationen finden sich dazu im Text?
2. Wann wurde die Quelle geschrieben?
3. Was ist das Hauptthema? In welche inhaltlichen Schwerpunkte ist es unterteilt?
4. Welche Absicht verfolgt der Autor oder die Autorin?

5 Beschreibe die Figur in M1. Gib mögliche Gründe dafür an, dass früher sehr viele solche Statuen hergestellt wurden.

6 Wende die vier Schritte zur Arbeit mit Quellen auf M8 an.

7 Der französische Forscher Champollion hat als erster die Hieroglyphen entziffert. Informiere dich im Internet über seine Leistung bei der Entzifferung und schreibe einen Text dazu.

Merke
Die Ägypter erfanden eine Bilderschrift aus Hieroglyphen.

Grundbegriffe
- das Bildzeichen
- das Deutzeichen
- die Kartusche
- die Hieroglyphe
- die Quelle

M1 ***Lehmziegelhaus einer reichen Familie***

M3 ***Querschnitt durch das Haus eines reichen ägyptischen Ehepaares (um 1400 v. Chr.)***

Süßspeise der alten Ägypter:
Himmlische Pharaobällchen

<u>Zutaten:</u>
250 Gramm Datteln
ein Teelöffel Zimt
ein Teelöffel Kardamom
100 Gramm Walnüsse
Puderzucker

<u>Zubereitung:</u>
Die Datteln mit dem Pürierstab zu einer sämigen Masse verrühren, Zimt und Kardamom untermischen, die grob gehackten Walnüsse drunterkneten, kleine Kugeln formen und in Puderzucker wälzen.

M2 ***Guten Appetit!***

„Das Leben der Menschen im alten Ägypten."
Entwickelt dazu eine Präsentation und stellt sie in der Klasse vor.

So lebten die Ägypter

In Ägypten gab es nur wenige große Städte. Dort wohnten der Pharao und seine reichen Beamten in ihren Palästen. Hier gab es auch riesige Tempelanlagen mit ihren einflussreichen Priestern. Die meisten Menschen jedoch lebten als Bauern in den zahlreichen Dörfern entlang des Nils. Das Land, das sie beackerten, gehörte ihnen nicht. Es war das Eigentum des Pharaos und seiner königlichen Familie oder der Beamten oder Priester, denen er es geschenkt hatte.

Bildquellen zeigen, dass in der Familie die Kinder eine große Rolle spielten. Die Söhne der reichen Leute erhielten Unterricht. Dadurch konnten sie später angesehene Berufe ausüben. Die Kinder der Bauern mussten dagegen schon in jungen Jahren mitarbeiten: auf den Feldern oder bei der Versorgung der Tiere. Einige Töchter wurden auch Dienerinnen bei reichen Familien.

Tipps für die Erarbeitung

1. Nennt Unterschiede zwischen verschiedenen Menschengruppen im alten Ägypten. Nutzt die Texte als Information.

2. Beschreibt M4. Geht ein auf Kleidung, Schminke und Frisur.

3. Betrachtet M3.
   a) Schreibt die Gegenstände auf, die ihr erkennt.
   b) Schreibt die Tätigkeiten auf, die ihr erkennt.
   c) Dienerinnen, Diener und Hausbesitzer sehen unterschiedlich aus. Erläutert.

M4 *Wandmalerei einer Familie*

Die wohlhabenden Ägypter hatten ihre Häuser prunkvoll geschmückt und mit teuren Möbeln ausgestattet. Die Wände waren farbig bemalt, die Böden waren mit bunten Fliesen belegt.
Die Wohnhäuser der Ägypter bestanden aus getrocknetem Nilschlamm, der zu Ziegeln verarbeitet wurde. Außen wurden die Ziegelwände mit Lehm bestrichen, um sie haltbar zu machen.
Die Häuser der reichen Leute hatten einen schön gestalteten Garten und einen Keller. Dort befanden sich Vorratsräume für Lebensmittel und Arbeitsräume. Die Dächer hatten Windöffnungen für den kühlen Nordwind.
Die Bauern lebten in einfacheren Hütten aus Schlammziegeln. In allen Behausungen waren die Fenster klein, damit nur wenig Sonne ins Haus scheinen konnte.

M5 *Wohnhäuser und Hütten*

Kleidung und Schmuck zeigten, welcher Schicht eine Person angehörte. Die Bauern und Handwerker trugen grobes Leinen. Reiche Beamte kleideten sich kostbarer. Sie wollten den Göttern gefallen. Bei festlichen Anlässen setzten Männer und Frauen schwarze Perücken auf. Sie färbten die Haare mit dem Blut von Tieren. Nicht nur Frauen, auch Männer schminkten sich vor allem die Augen und Augenbrauen. Dazu benutzten sie Salben aus dem Fett von Katzen, Nilpferden und Krokodilen. Sie vermischten es mit zerriebenen Metallen oder Steinen. Schmuck war teuer und ein Zeichen von Reichtum. Manche Schmuckstücke wurden auch als Glücksbringer getragen, wie zum Beispiel der Skarabäus, die Darstellung eines Käfers.

M6 *Kleidung und Schmuck*

Spiegel

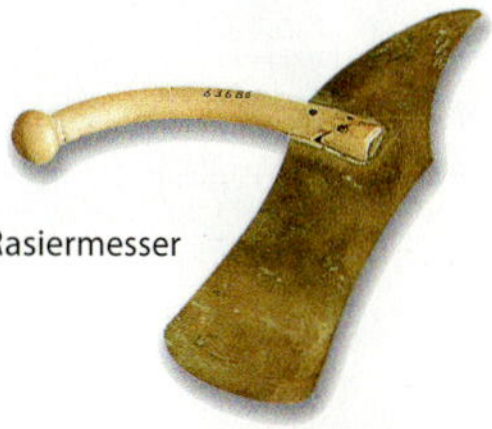

Rasiermesser

Salbengefäß

Haarschere

Halskragen

M7 *Ausgrabungsfunde*

4. Ordnet die Gegenstände (M7):
   a) Werkzeuge zur Körperpflege,
   b) Gegenstände zum Aufbewahren von Pflegemitteln,
   c) Schmuck, um zu gefallen.

5. Erstellt für die Klasse einen kurzen Merktext über euer Thema.

M1 *Die Pyramiden von Gizeh: Rechts die Pyramide des Pharaos Cheops, links daneben die seines Sohnes Chefren und links davor die seines Enkels Mykerinos. Die Pharaonen wurden hier vor etwa 4 500 Jahren nacheinander bestattet.*

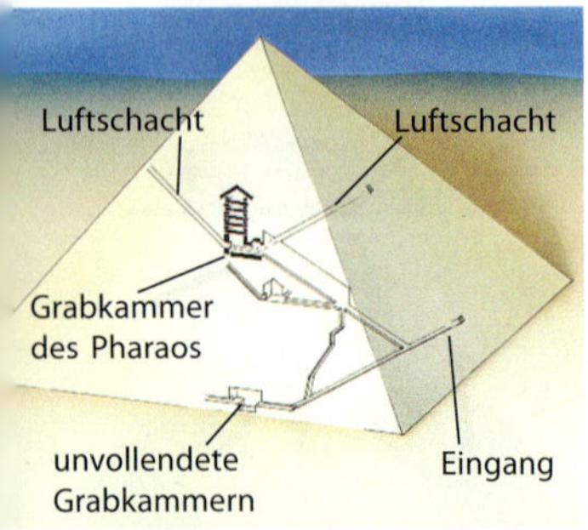

M2 *Schemazeichnung der Cheops-Pyramide: Die Höhe der Pyramide hat sich durch die Verwitterung im Lauf der Jahrtausende verringert.*

„Die Pyramiden in Ägypten – Zeugnisse einer Hochkultur"
Entwickelt dazu eine Präsentation und stellt sie in der Klasse vor.

Zeugnisse der Hochkultur

Eindrucksvolle Zeugen der ägyptischen Hochkultur sind die Pyramiden, die gewaltigen Grabstätten der ägyptischen Königinnen und Könige. Die Ägypterinnen und Ägypter verehrten die Pharaonen als Götter und glaubten an ein Weiterleben nach dem Tod. Durch die prächtige Ausstattung der Grabstätten und kostbare Grabbeigaben sollten die Pharaonen gnädig gestimmt werden und im Jenseits weiter für ihr Volk sorgen. Die Pyramiden liegen am Rand der Niloase, dort wo die Felder enden und die Wüste beginnt. Über den Bau der Pyramiden gibt es keine zeitgenössischen Berichte. Daher weiß man nicht genau, wie sie gebaut wurden. Heute sind noch etwa 30 Pyramiden vorhanden.

Tipps für die Erarbeitung

1 Ihr führt eine Touristengruppe zu den Pyramiden von Gizeh. Erklärt ihnen die Forschungsergebnisse über den Pyramidenbau und die Bedeutung der Pyramiden (M3).

2 Beschreibt die Tätigkeiten und nennt die Hilfsmittel der Pyramidenbauer in M4.

3 a) Erklärt, warum die Pyramiden erbaut wurden.
b) Begründet anhand des Quellentextes (M3) den aufwendigen Pyramidenbau.

Warum haben die Ägypter die Pyramiden gebaut?
Die Pyramide ist die Wohnung des Königs, der nun aus dem Reich der Toten die Menschen regiert. Der gestorbene Pharao lebt als Gott weiter und herrscht in einer für alle sichtbaren Pyramide. Sie ist das Sinnbild einer künftigen neuen Welt.
Warum war die Oberschicht auch für die Organisation der Bauarbeiten zuständig?
Solch ein Bauwerk konnte nur von Spezialisten geplant werden. In den alten Schriften findet man keine Beschreibungen über den Bau der Pyramiden. Die Mithilfe war für die Ägypter eine Art Gottesdienst – einmalig und unwiederholbar. Und für etwas Einmaliges verbot sich jede Beschreibung.
Wie viele Menschen haben an einer Pyramide gebaut?
Rund 25 000 – etwa einer von hundert Menschen der damaligen ägyptischen Bevölkerung. Mit dem Bau selbst waren 15 000 Mann beschäftigt, davon 5 000 Mann auf der Baustelle und 10 000 Mann in den Steinbrüchen der Umgebung. Etwa 1 000 Mann davon waren ausschließlich für die Werkzeuge zuständig. Um den Transport der Steinblöcke kümmerten sich weitere 5 000 Mann. Wir haben nachgewiesen, dass 18 Mann einen Steinklotz eine steile Böschung hochbringen können. Und noch einmal rund 5 000 Leuten – etwa Bäckern und Köchen – oblag die Versorgung.
(Nach: Rainer Stadelmann. In: GeoEpoche: Das Reich der Pharaonen, Heft 3, 2000)

M3 *Aus einem Interview mit dem Ägyptenforscher Rainer Stadelmann*

Lobpreisung auf den Pharao

Seine Augen ergründen jeden Leib. Er ist Re*, der mit seinen Strahlen schaut. Er erleuchtet Ägypten wie die Sonne. Er lässt das Land grünen wie ein hoher Nil. Er gibt Speisen denen, die ihn geleiten. Er nährt den, der seinem Weg folgt.
(In: Adolf Erdmann: Die Literatur der Ägypter. Leipzig 1923, S. 469) (Hinweis: *Re (auch Amun-Re) ist der Sonnengott.)

M5 *Quellentext*

M4 *Die Ägypter bauten die Pyramiden ohne moderne Technik. Wie sie genau bauten, weiß bis heute niemand. So könnte es gewesen sein.*

Die Cheops-Pyramide

Die Cheops-Pyramide besteht aus über 2 300 000 Kalksteinen. Sie war ursprünglich 146 m hoch. Die Grundfläche ist ein Quadrat von 230 m pro Seite. Jeder Stein wiegt etwa 2 500 kg, so viel wie drei Kleinwagen. Die Steine waren so genau behauen, dass sie ohne Fugen aneinander- und aufeinanderpassten. Über 20 000 Arbeiter waren täglich zehn Stunden im Einsatz. Der Bau dauerte 23 Jahre.

4 Vergleicht die Maße der Cheops-Pyramide mit den Maßen eurer Schule.

5 Stellt euch vor, ihr arbeitet beim Transport der Steine in M4 mit. Schreibt darüber einen Bericht.

6 Begründet, warum nicht genau bekannt ist, wie die Pyramiden erbaut wurden.

7 Erstellt für die Klasse einen kurzen Merktext über euer Thema.

Mumie
Nach ägyptischem Glauben musste ein toter Körper erhalten bleiben, damit seine unsterbliche Seele im Jenseits einen Wohnort hat. Die Ägypter entwickelten daher besondere Methoden, um den Leichnam vor Verwesung zu schützen, auch „mumifizieren"genannt. Viele **Mumien** sind erhalten geblieben. Man gab den Toten all das mit ins Grab, was sie auch zu Lebzeiten für ein angenehmes Leben gebraucht hatten.

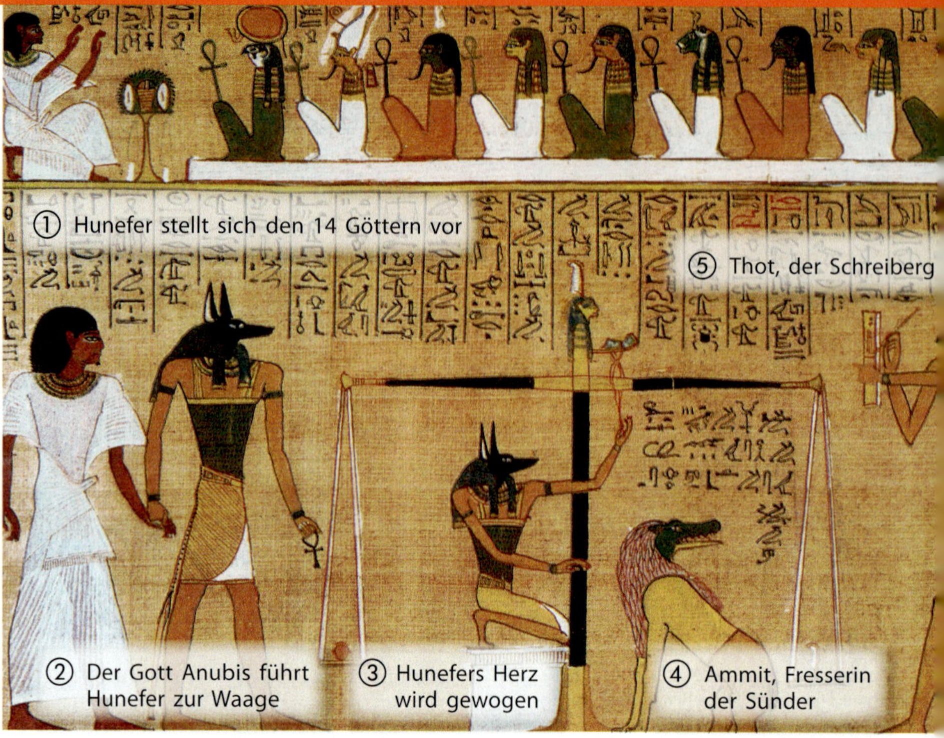

M2 *Das Totengericht – Ausschnitt aus dem Totenbuch des Schreibers Hunefer um 1300 v. Chr.*

„Das Totengericht tagt."
Entwickelt dazu eine Präsentation und stellt sie in der Klasse vor.

M1 *Die Mumie eines Pharaos. Er starb 1213 v. Chr. und war über 80 Jahre alt geworden.*

Die ägyptische Götterwelt

Die Ägypter glaubten an ein Weiterleben nach dem Tod. Sie stellten es sich ähnlich vor wie das Leben auf der Erde. Das wissen wir aus den Grabfunden. Sie verehrten viele Götter. Ihr oberster Gott war der Sonnengott Re, auch Amun-Re genannt. Viele Götter stellten die Ägypter als Menschen mit Tierköpfen dar, andere haben die Gestalt von Katzen, Krokodilen oder Affen. Bestimmten Tieren wurden göttliche Kräfte zugeschrieben.

Osiris wird von seinem eifersüchtigen Bruder ermordet. Isis, die Frau von Osiris, findet mithilfe des Gottes Anubis die Leichenteile. Sie fügt sie wieder zusammen und belebt den Osiris. Sie zeugt mit ihm einen Sohn, den Gott Horus. Osiris herrscht daraufhin als Richter über die Verstorbenen in der Unterwelt. Sein Sohn Horus führt die Toten zu ihm.

M3 *Die Sage von Isis und Osiris*

Tipps für die Erarbeitung

1. Beschreibt die vier Szenen beim Ablauf des Totengerichtes in M2. Sie werden durch ganze Sätze in den Zahlen (1) – (9) deutlich.
2. Versetzt euch in die Situation von Hunefer und berichtet aus seiner Sicht über den Ablauf des Totengerichtes.
3. Vermutet, was Hunefer dem 14-köpfigen Gericht erzählt (M5).
4. Auf der Waage liegen Hunefers Herz und eine Feder. Berichtet, was die Waage anzeigt und was das bedeutet.

Anubis: Gott mit dem Kopf eines Schakals. Er überwacht die Waage.
Ammit: Ungeheuer mit Krokodilskopf und Löwenkörper. Sie frisst die sündigen Toten.
Thot: Gott mit dem Kopf eines Vogels. Er ist der Schreiber und notiert die Ergebnisse der Waage.
Horus: Gott mit dem Kopf eines Falken. Er führt die Toten vor den Thron des Osiris.

M4 *Die Mitwirkenden am Totengericht*

Das Totengericht des Hunefer

Der Schreiber Hunefer lebte als hoher Beamter um 1300 v. Chr. Wie viele andere hoffte er, nach dem Tod im Jenseits weiterzuleben. Dies wird vor einem **Totengericht** verhandelt. M2 zeigt das Totengericht, vor das Hunefer tritt. Es stammt aus dem sogenannten Totenbuch des Hunefer. Das ist kein richtiges Buch, sondern eine **Papyrusrolle**. Sie sollte den Verstorbenen schützen und vor dem Totengericht sein vorbildliches Leben beweisen. Nur reiche Leute konnten sich solche Totenbücher leisten. Die Malereien berichten vom Leben der Verstorbenen und sollten die Seelen der Toten ins Jenseits begleiten.

Das Bild enthält vier Szenen. In der Hauptszene wird Hunefers Herz auf die linke Waagschale gelegt und gegen eine Feder in der rechten Waagschale aufgewogen. Für die Ägypter war das Herz die Mitte des Menschen. Hat der Verstorbene gesündigt, sinkt die Waagschale mit dem Herzen und es wird von Ammit verschlungen. Das wäre der endgültige Tod. Anubis prüft und stellt fest, dass Hunefer nicht gesündigt hat. Die Waage bleibt im Gleichgewicht. Thot schreibt das Ergebnis auf und Horus geleitet Hunefer zu Osiris. Nun ist der Weg frei für ein Weiterleben im Jenseits.

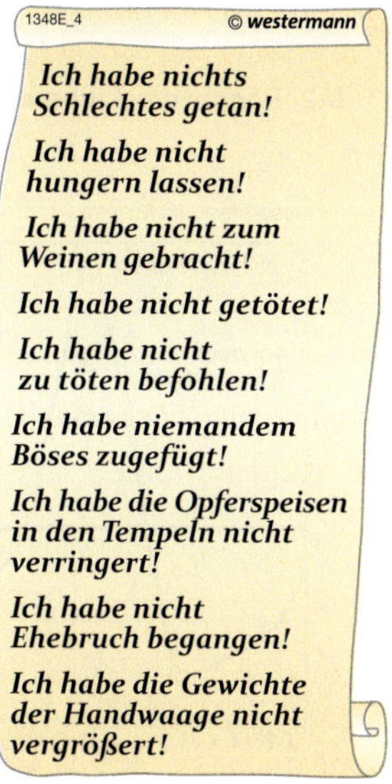

M5 *Aus Hunefers Totenbuch*

5 Beurteilt den Einfluss des Totengerichtes auf das Leben der Menschen.

6 Erläutert den Zweck eines Totenbuches im alten Ägypten.

7 Prüft, welche der Aussagen in M5 auch heute als Lebensregeln gelten könnten.

8 Erstellt für die Klasse einen kurzen Merktext über euer Thema. Erklärt darin auch die Grundbegriffe.

Grundbegriffe
- die Mumie
- das Totengericht
- die Papyrusrolle

M1 *Luftbild des Assuan-Staudamms*

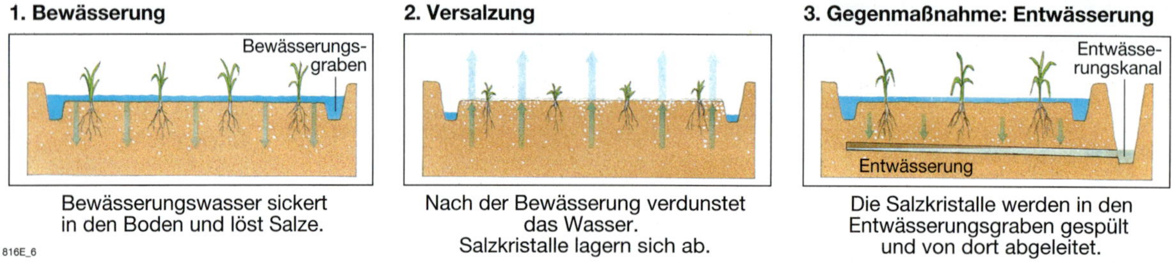

M2 *Bodenversalzung durch Bewässerung*

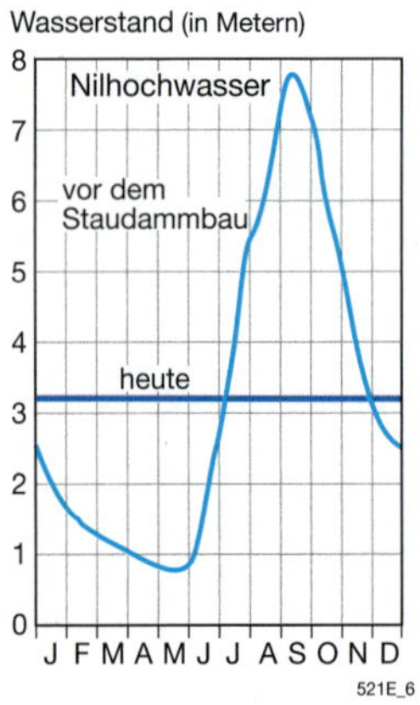

M3 *Der Wasserstand des Nils (bei Luxor)*

Eine Zeitbombe tickt

Ägypten ist fast dreimal so groß wie Deutschland. Es umfasst eine Fläche von einer Million Quadratkilometern. Davon sind jedoch nur 30 000 km² landwirtschaftlich nutzbar. Daraus ergeben sich große Schwierigkeiten für die Beschaffung von Nahrungsmitteln, denn die Bevölkerung wächst sehr schnell. Ägypten leidet unter einer **Bevölkerungsexplosion**. Vor allem fehlt Getreide.

Der Assuan-Staudamm

Um die Versorgung der Bevölkerung mit Nahrungsmitteln zu verbessern, baute die ägyptische Regierung den Assuan-Staudamm. Er wurde 1971 fertiggestellt. Durch den Damm entstand ein See, der fast zehnmal größer ist als der Bodensee. In diesem Stausee wird das Nilhochwasser zurückgehalten. Es gibt somit keine Überschwemmungen mehr, denn der Damm verhindert den unkontrollierten Abfluss des Nilhochwassers. Die Felder können das ganze Jahr über bewässert werden, sodass zwei bis drei Ernten im Jahr möglich sind. Durch dieses Projekt wurden über 5 000 km² Wüste in Ackerland umgewandelt. Die Erträge der Landwirtschaft sind gestiegen. Ein Wasserkraftwerk erzeugt zudem Strom. Viele Dörfer am Nil konnten so an das Stromnetz angeschlossen werden. Neue Fabriken wurden gebaut.

Starthilfe zu 1
Lege eine Tabelle an.

Vorteile	Nachteile
…	…

1 ↗ Erörtere das Für und Wider des Assuan-Staudamms (M2 – M4).

2 Erläutere, wie es zur Bodenversalzung kommt (M2).

3 Gestalte eine Diskussionsrunde (Talkshow) zum Staudammbau.

4 a) Gestalte eine Mindmap zu den Folgen des Assuan-Staudamms.

D3-168 www.diercke.de

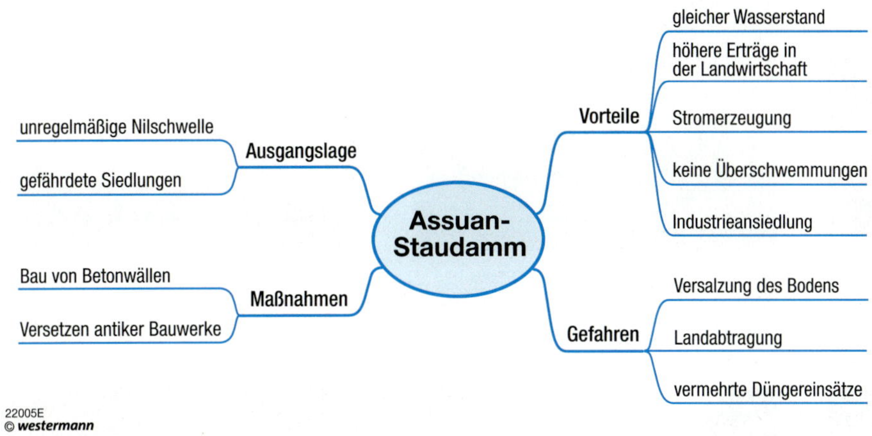

M4 *Mindmap zum Thema Assuan-Staudamm (noch ohne Zeichnung der Querverbindungen)*

Folgen durch den Bau des Assuan-Staudamms:

a) Landabtragung an der Mündung: An einigen Stellen der weitverzweigten Nil-Mündung dringt das Meer 30 m pro Jahr ins Land vor. Der Bau von Betonwällen soll die bedrohten Bereiche sichern.
b) Bewässerung: Das ganze Jahr über ist eine Bewässerung mit Nilwasser möglich. Dies führt zu einer Erhöhung der landwirtschaftlichen Erträge.
c) Einsatz von Dünger: In zehn Jahren verdoppelte sich der Düngerverbrauch.
d) Versalzung der Böden: Ständig sind die Äcker durch Versalzung gefährdet. Wenn die Bewässerung nicht sachgerecht durchgeführt wird, wird der Boden unbrauchbar.
e) Industrieansiedlung: Neue Betriebe siedelten sich an: ein großes Düngerwerk, ein Stahlwerk, eine Aluminiumfabrik und viele Kleinbetriebe im Gebiet um Assuan.
f) Stromerzeugung: Neue Kraftwerke erzeugen ungefähr ein Viertel des landesweiten Elektrizitätsverbrauchs.
g) Versetzung von antiken Bauwerken: Dies war nötig, damit sie nicht im Stausee untergingen.

Mindmap
Eine **Mindmap** (wörtlich: Gedankenkarte) hilft dabei, die vielen Teilbereiche eines Themas zu ordnen. So lässt sich eine Zusammenfassung oder ein Referat besser vorbereiten.

Drei Schritte zum Anfertigen einer Mindmap

1. Schritt: Schreibe das Thema deutlich markiert in die Mitte.

2. Schritt: Zeichne Hauptstränge mit wichtigen Gliederungspunkten.

3. Schritt: Zeichne Nebenstränge mit weiteren ergänzenden Unterpunkten.

b) Erweitere den Ast zu dem Unterthema Bodenversalzung mit weiteren Nebensträngen mithilfe von M2.

5 Halte ein Kurzreferat zum Thema Assuan-Staudamm ohne schriftliche Gedächtnisstütze.

Merke
Die Bevölkerung in Ägypten wächst sehr schnell. Zur Sicherung der Ernährung wurde der Assuan-Staudamm gebaut. Er bietet Vorteile, hat aber auch Nachteile.
Eine Mindmap hilft, viele Teilbereiche eines Themas zu ordnen.

Grundbegriffe
- die Bevölkerungsexplosion
- die Mindmap

PRAXIS: Wir erkunden ein Land: Ägypten heute

Wirtschaft: Landwirtschaft, Bergbau, Industrie, Dienstleistungen (z. B. Tourismus)

Natur: Berge, Täler, Gewässer, Klima, Boden sowie Pflanzen- und Tierwelt

Bevölkerung und Siedlung: Bevölkerungsverteilung, Städte, Dörfer, Lebensverhältnisse (z. B. Einkommen, Analphabeten)

Kultur: Bauweise, Religion, Kleidung, Traditionen

Politik: Aufbau des Staates, Mitbestimmung der Bevölkerung

Verkehr: Verkehrswege und Verkehrseinrichtungen

M1 *Viele Merkmale prägen ein Land oder einen Raum.*

Ägypten kennenlernen

Um ein Land kennenzulernen, könnt ihr einen Ländersteckbrief erstellen. Darin untersucht ihr das Land nach bestimmten Merkmalen (M1). Vorher fertigt ihr eine kleine Erstinformation an, zum Beispiel mit Stichworten zur Lage, zu den Nachbarländern, zur Größe und zur Einwohnerzahl.

Ein Tipp zur Erweiterung: Wenn ihr den Ländersteckbrief erstellt habt, könnt ihr noch ein bis zwei spezielle Themen erarbeiten, zum Beispiel zum Tourismus, über die Stadt Kairo, über das Leben der Menschen oder über den Baumwollanbau und die Verarbeitung von Baumwolle.

- Atlas
- Der Fischer Weltalmanach
- Tages- und Wochenzeitungen
- Literatur aus Büchereien
- Reisekataloge
- Zeitschriften,
- Reiseführer
- Internet-Informationen (z. B. www.auswaertiges-amt.de; „Länder“)

M2 *Informationsquellen*

So erstellt ihr einen Ländersteckbrief

Materialbeschaffung

Sammelt aktuelle Zeitungsartikel, Texte und sucht schöne Bilder. Nutzt möglichst viele Informationsquellen. Die Informationsbeschaffung kann lange dauern, fangt deshalb frühzeitig an.

Materialauswertung

Sortiert das Material nach Themen. Schreibt die Informationen nach M1 geordnet heraus. Fertigt mithilfe des Atlas eine einfache Karte an und tragt wichtige Städte, Flüsse, Bodenschätze usw. ein.

Präsentation der Ergebnisse

Ihr könnt eure Ergebnisse zum Beispiel als Wandzeitung oder in einem Schnellhefter präsentieren.
Achtet darauf, dass das Typische des Landes klar und anschaulich dargestellt wird. Dabei helfen Fotos und eine farbliche Gestaltung der Präsentation.

Ergebnisse präsentieren

Über die Ergebnisse deiner Arbeit sollen auch die anderen Schülerinnen und Schüler informiert werden. Für eine Präsentation hast du verschiedene Möglichkeiten (siehe M3).

Für welche Art der Präsentation du dich auch entscheidest: Bei jeder Präsentationsmöglichkeit können dir Karteikarten helfen. Schreibe dazu die wichtigsten Informationen stichwortartig auf kleine Karteikarten. Ordne diese dann entsprechend deiner Präsentation in eine sinnvolle Abfolge.

Homepage, PowerPoint-Präsentation
Du kannst deine Ergebnisse auch auf der Homepage eurer Schule präsentieren oder eine PowerPoint-Präsentation erstellen. Bitte die Netz-AG oder deine Lehrerin/deinen Lehrer um Mithilfe.

Referat/Vortrag
Vergleiche S. 51
Ein Referat ist ein kurzer Vortrag (etwa 10 Minuten) über ein Thema. Zu Beginn informierst du über die Gliederung und die Dauer deines Referats. Mögliche Hilfsmittel sind Plakate, Folien, Tafelanschrieb.

Mein Thema lautet ...

Reportage
Mache aus deinen Ergebnissen eine Reportage, die du aufnimmst. Übrigens: Viele lokale Rundfunksender senden gerne Schülerreportagen!

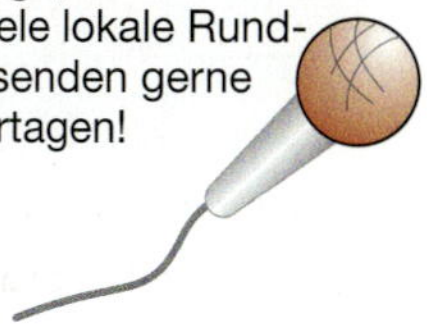

Wandzeitung
Bei einer Wandzeichnung werden eine Überschrift sowie kurze Texte und Bilder auf einem großen Blatt Papier geordnet zusammengestellt. Bei der Präsentation werden die einzelnen Teile der Wandzeichnung dann erläutert.

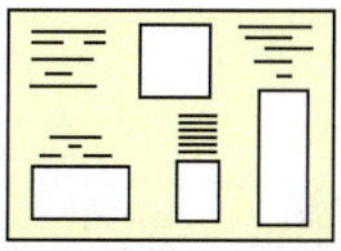

Prospekt, Informationsbroschüre
Für eine Informationsbroschüre musst du neben deinen Texten vor allem Abbildungen und Fotos auswählen. Klebe die Informationen so zusammen, dass du ein Faltblatt erhältst.

Buch, Mappe
Wenn du deine Ergebnisse als Buch präsentieren willst, dann benötigst du zwei Pappen als Vorder- und Rückseite (Buchdeckel). Die Buchseiten musst du entsprechend der Größe der Pappen anfertigen.
Binden kannst du dein Buch, indem du die Seiten lochst und mit einer Schnur zusammenbindest.
Gestalte das Deckblatt deines Buches!

9044E_4

M3 *Präsentationsmöglichkeiten*

Präsentieren von Ergebnissen

1. **Schritt:** Entscheide dich für eine Präsentationsmöglichkeit (M3).
2. **Schritt:** Erstelle kleine Karteikarten mit den wichtigsten Informationen.
3. **Schritt:** Ordne deine Karteikarten im Hinblick auf die Präsentationsart.
4. **Schritt:** Erstelle nun die Präsentation, um die anderen Schüler zu informieren..

M4 *Schülervortrag*

M1 *In der heutigen Türkei entstand die Stadt Çatal Hüyük vor ungefähr 8 000 Jahren. In rechteckigen Wohnhäusern aus Lehm lebten Tausende Menschen. Straßen, Plätze und öffentliche Gebäude gab es noch nicht.*

◁ **M2** *Babylon um 560 v. Chr. (Nachbau). Im Vordergrund die Prozessionsstraße mit einem Stadttor aus blaugebrannten Ziegeln. Im Hintergrund steht der Tempelturm. Er ist das religiöse Zentrum des Reiches.*

Entlang von Flüssen

Vor rund 4 500 Jahren hatten sich nicht nur in Ägypten frühe Hochkulturen entwickelt. Sie entstanden entlang von großen Flüssen. Eine geschickte Nutzung des Wassers machte die Landwirtschaft sehr ertragreich. Auch dienten die Flüsse als Transportweg.

In allen Hochkulturen gab es eine Schrift. Diese war wichtig für die Verwaltung der einzelnen Gebiete der Reiche. Handwerkerinnen und Handwerker schufen unter anderem Luxusgüter aus kostbaren Materialien.

Hochkulturen im Zweistromland

In Mesopotamien, dem Zweistromland an den Flüssen Euphrat und Tigris, lebten viele Menschen auf engem Raum zusammen. Sie schufen eine staatliche Ordnung. Sie gründeten Städte und schützten sie mit starken Mauern. Hier regierten ihre Priester-Könige, hier machten die Menschen bahnbrechende Erfindungen wie Rad, Wagen, Pflug und Töpferscheibe. Gelehrte forschten in Mathematik, Sternenkunde und Zeitberechnung, und sie erfanden etwa zeitgleich mit den Ägyptern die Schrift.

Um 3500 v. Chr. entwickelten hier die Sumerer die älteste Form einer Hochkultur. Da das Zweistromland nicht so geschützt liegt wie das Niltal, wurde es im Laufe der Jahrhunderte immer wieder erobert. Auf die Sumerer folgten die Babylonier, die Assyrer und die Perser.

Starthilfe zu 2
Die Umrisse der heutigen Staaten sind in M3 mit einer grauen Linie eingezeichnet.

1 Nenne Gründe, warum Hochkulturen an Flüssen entstanden sind.

2 ↗ Suche im Atlas die heutigen Länder, die in den Gebieten der alten Hochkulturen liegen. Schreibe ihre Namen auf (M3).

D3-138
www.diercke.de

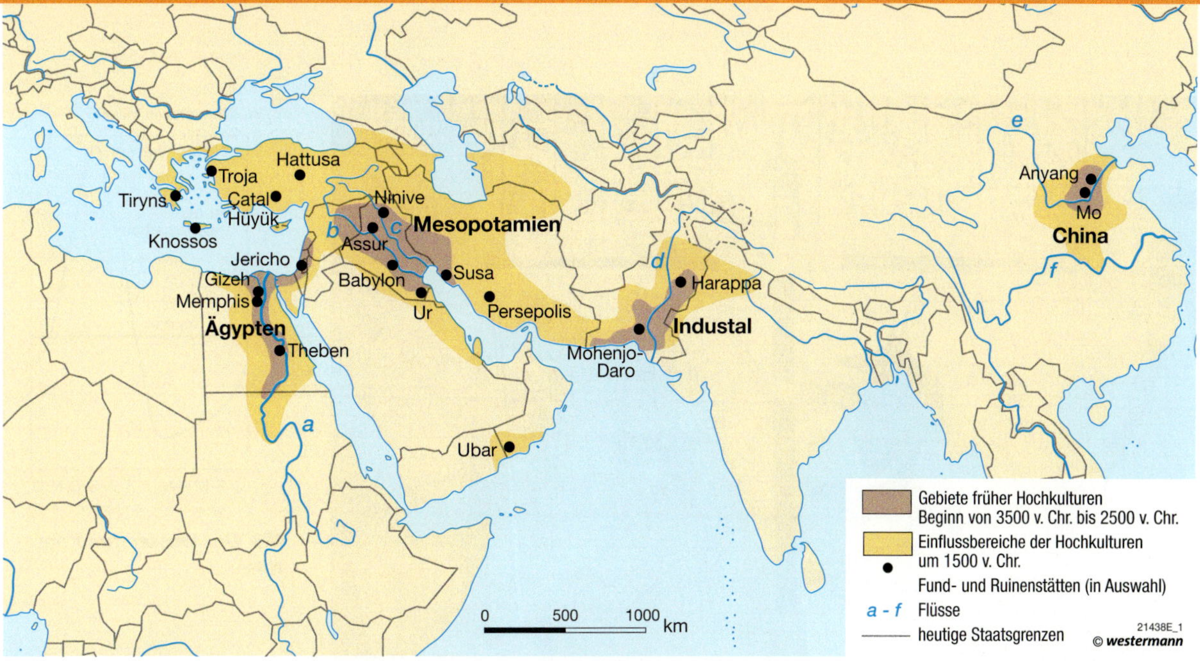

M3 *Frühe Hochkulturen (Auswahl)*

Gesetz und Ordnung

König Hammurabi hatte in Mesopotamien um 1780 v. Chr. ein großes Reich geschaffen mit Babylon als Hauptstadt. In seinem Reich erließ er Gesetze und eine einheitliche Rechtsprechung. Zum Beispiel durften Starke nicht die Schwachen bedrängen und Söhne nicht ihre alten Väter schlagen. Hammurabi ließ seine Gesetze in Stein meißeln und an mehreren Orten seines Reiches aufstellen. Alle sollten danach handeln. Er verkündete, dass sein oberster Gott ihm diese Gesetze gegeben habe. So hoffte er, die Gesetze am besten durchsetzen zu können. Das Strafmaß wurde nach dem Grundsatz „Auge um Auge, Zahn um Zahn" festgelegt.
Seine Gesetzessammlung umfasst 282 Gesetzesparagraphen. Es ist die älteste vollständig erhaltene Rechtssammlung auf der Erde.

Hochkulturen im Osten

Im Industal entstand ab etwa 3000 v. Chr. eine Hochkultur. Dort gab es geplante Städte, eine aufwendige Architektur und eine Schrift. Außerdem war die Landwirtschaft sehr ertragreich. Viele Menschen lebten hier nicht mehr als Bauern auf dem Land, sondern waren Handwerker in den Städten. Unsere Kenntnisse über diese Kultur sind noch gering. Erst 1922 begannen die archäologischen Forschungen. Die Schrift ist noch nicht entschlüsselt und auch das Verschwinden dieser Kultur gegen 1800 v. Chr. ist nicht geklärt. Über die frühe Hochkultur in China haben wir hingegen gute Kenntnisse, da diese Kultur sich bis heute erhalten und immer weiter entwickelt hat.

M4 ***Die Gesetzessäule (über 2 m hoch) des Königs Hammurabi von Babylon um 1700 v. Chr. Der Sonnengott Schamasch (rechts) übergibt Hammurabi Ring und Stab als Zeichen der Herrschaft. Darunter in Keilschrift Hammurabis Gesetze.***

3. Stelle die Merkmale der vorgestellten Hochkulturen zu folgenden Themen zusammen: Schrift, Gesetze, Kunst, Arbeitsteilung.

4. Erkläre, wie König Hammurabi seine Gesetze begründet (M4).

M1 *Ausschnitt aus dem Totengericht*

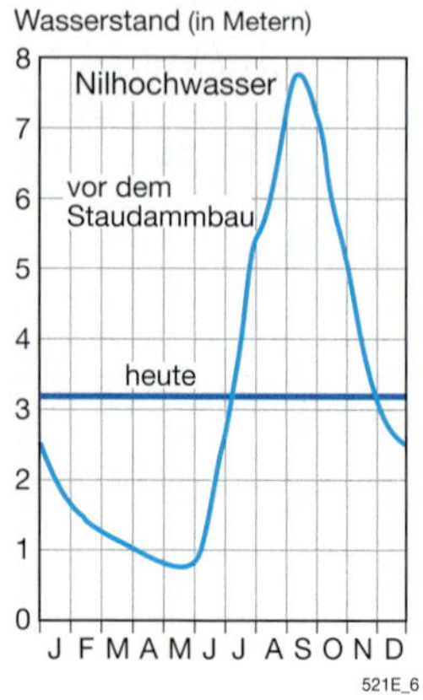

M3 *Der Wasserstand des Nils*

M2 *Der Aufbau der ägyptischen Gesellschaft*

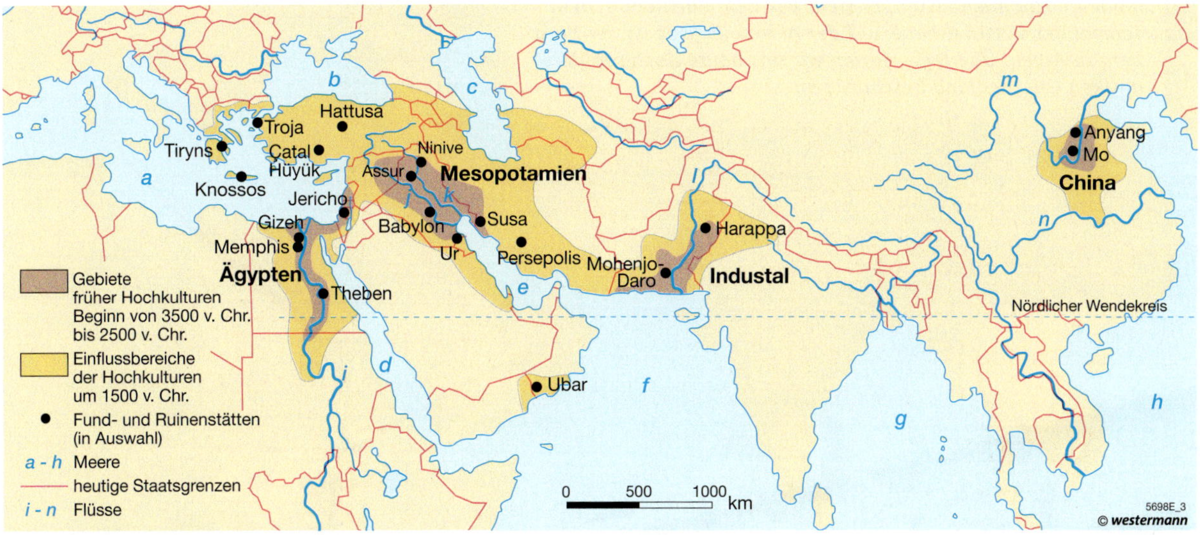

M4 *Frühe Hochkulturen der Erde*

Schätze dich selbst mit dem Zeichensystem ein, das auf Seite 33 erklärt ist.
Die Erläuterung der Kompetenzen findest du ebenfalls auf Seite 33.

Grundbegriffe
- Pyramide
- Sphinx
- Pharao
- Tourismus
- Hochkultur
- Flussoase
- Delta
- Nilschwelle
- Bildzeichen
- Deutzeichen
- Kartusche
- Hieroglyphe
- Quelle
- Mumie
- Totengericht
- Papyrusrolle
- Bevölkerungsexplosion
- Mindmap

Sachkompetenz

1. a) Wähle fünf Grundbegriffe aus der Liste und erkläre sie.
b) Ergänze die Grundbegriffe durch Zeichnungen.
2. Schildere das Alltagsleben im alten Ägypten. *(Schülerbuch S. 116/117)*
3. Zeichne vereinfacht das Schema M2 ab und beschrifte es. *(Schülerbuch S. 112)*
4. Beschreibe anhand von M1, wie die Ägypter sich das Totengericht vorstellten. Verwende die Begriffe Herz, Waagschale. *(Schülerbuch S. 120/121)*
5. Berichte mithilfe von M4 über die frühen Hochkulturen der Erde. *(Schülerbuch S. 126/127)*

Methodenkompetenz

6. a) Zeichne eine Zeitleiste der ägyptischen Hochkultur von 3000 v. Chr. bis 30 v. Chr. Notiere wichtige Ereignisse.
b) Ergänze die Zeitleiste durch Zeichnungen, die wichtige Veränderungen zeigen. *(Schülerbuch S. 110)*
7. Werte M3 aus: Welche Informationen erhältst du über die Situation am Nil früher und heute? *(Schülerbuch S. 110 und 122)*
8. Erschließe die Textquellen auf den Seiten 111 und 119 und vergleiche sie. Wende dazu die Schritte zur Erschließung einer Textquelle an. *(Schülerbuch S. 115)*

Urteils- und Handlungskompetenz

9. a) Stelle die Vor- und Nachteile des Assuan-Staudamms in einer Tabelle dar.
b) Bewerte den Dammbau, indem du die Vorteile und die Nachteile abwägst. *(Schülerbuch S. 122/123)*
10. In das unruhige Ägypten in den Urlaub? Nimm Stellung zu dem Thema. *(Schülerbuch S. 108/109)*
11. Die Quellen M6 und M8 auf der Seite 115 zeigen, wie Herodot und der Schreiber Cheti die verschiedenen Arbeiten der Menschen in Ägypten einschätzen. Beschreibe und bewerte. *(Schülerbuch S. 115)*

Die Griechen malten ihre Figuren bunt an, wie Forscher heute herausgefunden haben. Diesen Bogenschützen haben sie als Modell nachbauen lassen. Er steht vor dem Parthenon, dem Tempel der Göttin Athene, auf der Akropolis. Das ist der Burgberg in Athen. Überlege, warum wir uns heute noch mit dem antiken Griechenland beschäftigen.

Das antike Griechenland – Wurzeln unserer Kultur

Am Ende des Kapitels kannst du:

- die Bedeutung des griechischen Erbes für die heutige Zeit erklären
- die Lage der griechischen Poleis erklären
- über die Götterwelt der Griechen berichten
- die Anfänge der Demokratie in Athen erklären
- das Leben in Athen zur Zeit des Perikles darstellen
- Athen und Sparta vergleichen
- die Olympischen Spiele früher und heute vergleichen
- über das Leben der Frauen im antiken Griechenland berichten

Das griechische Erbe

M1 *Der Parthenon-Tempel auf der Akropolis in Athen (ab 447 v. Chr. errichtet)*

M3 *Das Brandenburger Tor in Berlin*

Urlaubsland und Land der Antike

Touristen fahren heute meist aus zwei Gründen nach Griechenland: Im Sommer ist es dort sehr warm und es regnet kaum. So erholen sich die Urlauber in der Sonne am Meer. Auch die griechischen Speisen sind beliebt.

Der andere Grund für Reisen nach Griechenland besteht in der jahrtausendealten Geschichte. Aus der Zeit der griechischen **Antike** kann man heute noch viele Zeugnisse dieser Hochkultur (z. B. Bauwerke, Statuen, Malereien) besichtigen.

Schon immer waren die Menschen beeindruckt von der Schönheit der griechischen Tempel in der Antike. In Europa hat man im 19. Jahrhundert zahlreiche Gebäude nach griechischem Vorbild errichtet. Auch in vielen Städten Deutschlands findet man Theater, Bahnhöfe und Museen, die an die Tempel der Griechen erinnern. Sie zeichnen sich aus durch Säulen und breite dreieckige Giebel, die von Säulen getragen werden. So wurde das Brandenburger Tor in Berlin nach griechischem Vorbild gestaltet.

M4 *Bauen nach griechischem Vorbild*

M2 *Zeitleiste zur griechischen Antike*

Starthilfe zu 1
Denke an die Lage innerhalb Europas (Himmelsrichtung), die begrenzenden Meere und Staaten.

1. ↗ Beschreibe die Lage von Griechenland (Atlas, M7).
2. Schreibe das Wort „Griechenland" in griechischen Buchstaben mithilfe von M5.
3. Griechen schreiben ihr Land „ΗΕΛΛΑΣ". Übersetze (M5).
4. Nenne Wissenschaften, in denen die Griechen heute noch als Lehrmeister gelten.

D3-092 www.diercke.de

Α	α	Alpha	a	Ν	ν	Ny	n
Β	β	Beta	b	Ξ	ξ	Xi	x
Γ	γ	Gamma	g	Ο	ο	Omikron	o
Δ	δ	Delta	d	Π	π	Pi	p
Ε	ε	Epsilon	e	Ρ	ρ	Rho	r
Ζ	ζ	Zeta	z	Σ	σ	Sigma	s
Η	η	Eta	i, h	Τ	τ	Tau	t
Θ	υ	Theta	t (th)	Υ	υ	Ypsilon	ü, u
Ι	ι	Iota	j, i	Φ	ϕ	Phi	f (ph)
Κ	κ	Kappa	k	Χ	χ	Chi	ch
Λ	λ	Lambda	l	Ψ	ψ	Psi	ps
Μ	μ	My	m	Ω	ω	Omega	o

M5 *Das griechische Alphabet*

M7 *Heutige Lage von Griechenland*

Der Beginn der wissenschaftlichen Forschung

Die Griechen begründeten die wissenschaftliche Forschung. Nun wurden erstmals geheimnisvoll erscheinende Dinge der Natur auf ihre Ursachen untersucht. Durch genaue Beobachtung fanden Gelehrte wissenschaftliche Erklärungen und machten wichtige Erfindungen. Viele ihrer Lehrsätze gelten noch heute. Der Gelehrte Eratosthenes (um 275 – 195 v. Chr.) zum Beispiel berechnete den Umfang der Erde auf 320 km genau. Er war auch als Geograph tätig und entwickelte eine Weltkarte.

Auch in der Dichtkunst, beim Theater und im Sport waren die Griechen Vorreiter. Berühmte Philosophen (deutsch: „Freund der Weisheit", Denker) waren unter anderem Platon und Aristoteles. Sie erstellten Schriften zu vielen verschiedenen grundsätzlichen Fragen, zum Beispiel, was gut und was böse ist, zur Gerechtigkeit und zum Sinn des Lebens.

Antike (Altertum)

Die Begriffe Antike und Altertum bezeichnen das gleiche – und zwar einen geschichtlichen Zeitraum, der von etwa 1500 v. Chr. bis 500 n. Chr. dauerte. Die Zeit davor nennt man Ur- und Frühgeschichte, die Zeit danach Mittelalter. Zur Antike zählt man die Zeit der griechischen Stadtstaaten (Seiten 134 / 135) und das Römische Reich.

Pythagoras (um 570 – 510 v. Chr.) war Philosoph und Mathematiker. Er entwickelte den schon bei den Babyloniern bekannten „Satz des Pythagoras" in der Mathematik.

Sokrates (469 – 399 v. Chr.), Platon (428 – 348 v. Chr.) und Aristoteles (384 – 322 v. Chr.) gehören zu den berühmtesten und einflussreichsten Philosophen der Geschichte.

Hippokrates (um 460 – 370 v. Chr.) gilt als Begründer der Medizin als Wissenschaft und war ein schon zu Lebzeiten hochverehrter Arzt.

Archimedes (287 – 212 v. Chr.) war Mathematiker, Physiker und Ingenieur. Er erfand zum Beispiel den Flaschenzug, mit dem man schwere Lasten heben kann.

M6 *Berühmte Griechen der Antike*

5 a) ΤΕΧΝΗ,
b) ΛΟΓΟΣ,
c) ΠΑΤΕΡΑΣ,
d) ΑΘΛΗΤΗΣ,
e) ΜΗΤΕΡΑ.

Diese Wörter bedeuten: 1) Athlet, Wettkämpfer, 2) Technik, 3) Logik, Vernunft, 4) Mutter, 5) Vater.
Ordne die Buchstaben a) bis e) den richtigen Zahlen 1) bis 5) zu (M5).

Merke
Die Antike dauerte von 1500 v. Chr. bis 500 n. Chr. In Griechenland hat sich vor etwa 3 000 Jahren eine Hochkultur entwickelt, die griechische Antike. Noch heute gibt es in Griechenland viele Zeugnisse aus dieser Zeit. In Europa hat man zahlreiche Gebäude nach griechischem Vorbild errichtet.

Grundbegriff
- die Antike (Altertum)

M2 ***Die griechischen Poleis: Athen, heute die Hauptstadt Griechenlands, war einer der größten Stadtstaaten im Altertum. Die griechischen Poleis am Mittelmeer saßen „wie Frösche um den Teich". (Sokrates)***

Griechische Stadtstaaten = Poleis

Auf dem griechischen Festland gibt es über 2500 m hohe Gebirge. Die Menschen wohnten daher vor allem an der Küste oder auf den griechischen Inseln. Das Meer und das Gebirge bildeten natürliche Grenzen zu den Nachbarn. Deshalb entwickelte sich im antiken Griechenland kein einheitlicher Staat wie in Ägypten. Einzelne Städte und ihr Umland bildeten jeweils einen selbstständigen Stadtstaat, griechisch: **Polis**.

Die frühen Siedlungen entstanden auf Hügeln, wenn möglich mit steilen Hängen. Um sich besser verteidigen zu können, wurde dort eine Burg gebaut, Akropolis genannt. Die heute bekannteste Akropolis ist die der Polis Athen.

Die einzelnen Poleis lagen teilweise weit voneinander entfernt. Dennoch herrschte unter den meisten Griechen ein Gemeinschaftsgefühl. Das lag zum einen an der gemeinsamen Sprache und Schrift. Zum anderen verehrten sie dieselben Götter; ihr Göttervater hieß Zeus. Schließlich gab es gemeinsame Feste wie die sportlichen Wettkämpfe in Olympia.

M1 ***Griechische Kämpfer (Vasenbild, um 600 v. Chr.)***

Den Griechen war der Krieg heilig. Sie glaubten, ihre Götter verfolgen ihn mit Anteilnahme. Zog sich der Feind zurück, so unternahm die siegreiche Armee alles, um ihm keine Überlebenschance zu lassen. Die Felder wurden verwüstet, die Ernten vernichtet und die Obstbäume gefällt. Gelang es, die Stadt einzunehmen, wurde sie in Brand gesteckt und die Bevölkerung, einschließlich der Frauen und Kinder, umgebracht oder zu Sklaven gemacht.

M3 ***Die Bedeutung des Krieges im antiken Griechenland***

---

1 a) ↗ Beschreibe die Landschaft Griechenlands (Atlas, Karte: Südosteuropa/Türkei – physisch).
b) Stelle dar, welche Bedeutung sie für die Entstehung der Poleis hatte.

2 Benenne, was die Einwohner der verschiedenen griechischen Poleis miteinander verband.

3 Liste auf, welche landwirtschaftlichen Produkte in der Polis Athen angebaut wurden (M4).

Starthilfe zu 1 a)
Informiere dich zunächst in der Legende über die Bedeutung der Farben.

D3-126 www.diercke.de

M4 *Die Polis Athen: Besonders wichtig war die Straße von Athen zum Hafen Piräus. Sie war durch lange Festungsmauern geschützt, um den Verkehrsweg zwischen den beiden Städten zu sichern.*

Polis

(Plural: **Poleis**)
Als Polis bezeichnet man einen selbstständigen griechischen Stadtstaat in der Antike. Jede Polis hatte eine eigene Regierung und eigene Gesetze. Um 500 v. Chr. gab es etwa 700 Poleis. Die Begriffe Politik und Polizei stammen von dem Wort Polis ab.

Die Polis Athen

Die größte griechische Polis war Athen. Sie umfasste die Halbinsel Attika und die Insel Salamis. In dieser Polis lebten im 5. Jahrhundert v. Chr. etwa 380 000 Menschen. Mit ihrer Flotte konnten die Athener im Jahr 470 v. Chr. einen Angriff der Perser bei der Insel Salamis zurückschlagen. Seit der Schlacht bei Salamis übten die Athener eine Vorherrschaft gegenüber anderen griechischen Poleis aus. Diese mussten den Athenern für den Schutz gegen die Perser oder andere Angreifer eine Schutzsteuer bezahlen.

Von 431 – 404 v. Chr. führten die Poleis Athen und Sparta gegeneinander Krieg. Athen unterlag Sparta und verlor dadurch seine Vorherrschaft gegenüber den anderen Poleis.

Merke
Die Griechen der Antike lebten in einzelnen Stadtstaaten (Poleis). Sie hatten eine gemeinsame Sprache, verehrten dieselben Götter und feierten dieselben Feste.

Grundbegriff
- die Polis (Plural: die Poleis)

4 Die Bewohner der Poleis verehrten ihre Götter in Tempeln.
a) Suche Tempel in M4. Sie sind nach einzelnen Göttern benannt. Schreibe die Namen der Götter heraus.
b) Suche dir drei Götter aus und berichte (Internet).

5 Schreibe fünf Fragen zum Thema „Stadtstaaten“ auf. Suche dir eine Partnerin oder einen Partner. Fragt euch gegenseitig und beantwortet euch die Fragen.

6 Erläutere die Bedeutung des Krieges im antiken Griechenland (M3).

M1 *So könnte die Volksversammlung in Athen stattgefunden haben.*

Das von der Volksversammlung abgehaltene Scherbengericht verbannte auch schlechte Politiker für zehn Jahre, wenn mindestens 6 000 Tonscherben mit dem Namen des Politikers abgegeben wurden.

Tonscherbe mit dem Namen des griechischen Politikers Themisthokles (5. Jahrhundert v. Chr.)

M2 ***Scherbengericht***

Starthilfe zu ❷ *a)*
Links zeichnest du die Gruppen, die politisches Stimmrecht hatten, rechts diejenigen ohne Stimmrecht. Ein Kästchen soll 10 000 Personen entsprechen.

Die Mehrheit entscheidet

Auf dem Versammlungshügel treffen nach und nach Tausende von Männern ein. Ob Perikles sich in dieser Volksversammlung wieder durchsetzen wird? Er ist einer der berühmtesten Politiker Athens und einer der zehn militärischen Führer. Er will, dass ein von Feinden zerstörter Tempel mit Staatsgeldern wieder aufgebaut wird.

Plötzlich verstummen die Gespräche. Alle blicken zur Rednertribüne. Der Vorsitzende eröffnet die Versammlung. Sklaven mit rot eingeschmierten Seilen werden ausgeschickt, um Nachzügler herbeizutreiben. Wer einen roten Fleck auf der Kleidung hat, muss eine Strafe zahlen. Der Vorsitzende gibt Perikles das Wort. Dieser setzt den Myrtenkranz der Redner auf. Dann spricht er zur Versammlung. Doch so leicht sind die Männer nicht zu überzeugen. Eine Gruppe hat einen besonders begabten Redner bezahlt, der jetzt gegen Perikles spricht. Eine hitzige Redeschlacht entwickelt sich. Jeder Redner hat nur eine bestimmte Redezeit. Sie wird mit einer Wasseruhr kontrolliert. Schließlich ruft der Vorsitzende zur Abstimmung auf. Jeder Bürger wirft einen roten oder schwarzen Stein in eine Urne. Mit diesen Stimmsteinen wählen die Männer, wenn es auf jede Stimme ankommt. Normalerweise hebt man bei Abstimmungen nur den Arm, wenn man für eine Sache ist. Dann wird die Zahl der erhobenen Arme geschätzt.

❶ Spielt den Ablauf einer Volksversammlung in der Klasse nach.

❷ a) ↗ Zeichne auf karierten Papier ein Schaubild zur Bevölkerung Athens (M3).
b) Nimm Stellung zu dieser Verteilung.

❸ Berichte über die Bedeutung des Scherbengerichts (M2, M3).

❹ a) Erläutere den Begriff Demokratie.
b) Nenne Unterschiede zur Herrschaft des Pharaos.

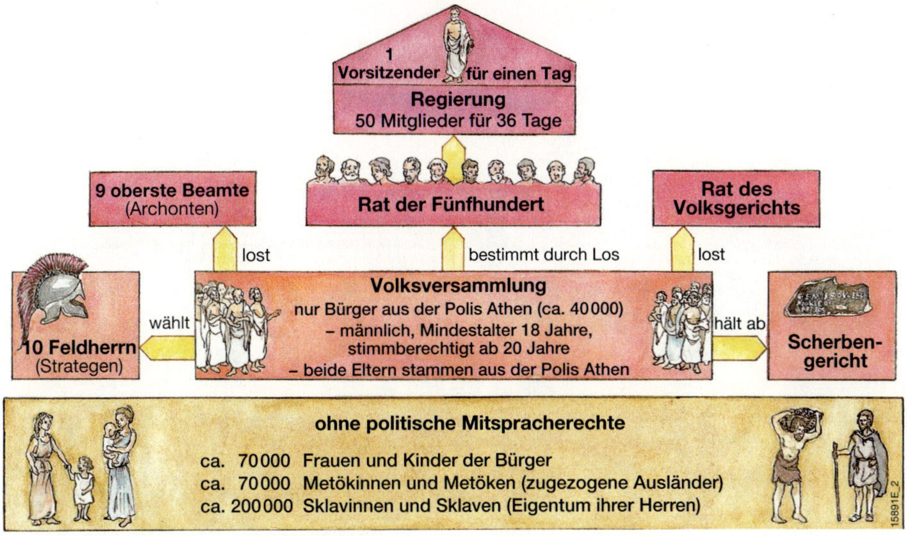

M3 *Mitbestimmung der Bürger in Athen im 5. Jahrhundert v. Chr.*

M5 *Büste des Perikles*

Anfänge der Demokratie

Im 5. Jahrhundert v. Chr. übernahmen in Athen die Bürger die Macht. Ihre Herrschaftsform nannten sie **Demokratie** (Volksherrschaft). Auch unsere heutige Staatsform stammt letztlich von der in Athen entstandenen Demokratie ab.

Mittelpunkt des Staates war die Volksversammlung. Jeder männliche freie Bürger über 18 Jahre durfte an der **Volksversammlung** teilnehmen und hatte das gleiche Stimmrecht.

Die Volksversammlung entschied über alles, was in Athen wichtig war, auch über Krieg und Frieden und die Ausgaben des Staates. Die Regierung führte die Beschlüsse der Volksversammlung durch. Die Männer für alle wichtigen Ämter wurden ausgelost oder gewählt. Die Volksversammlung konnte einen unzuverlässigen oder bestechlichen Staatsmann absetzen oder verbannen; dies geschah durch das **Scherbengericht**.

Aus einer Rede des Perikles 431 v. Chr.

Unsere Staatsform heißt Demokratie, weil bei uns nicht einer bestimmt, sondern die Mehrheit des Volkes entscheidet. Bei uns nennt man jemanden, der nicht an der Volksversammlung teilnimmt, nicht untätig, sondern unnütz.

(Nach: Thukydides [5. Jh.v.Chr.]: Geschichte des Peloponnesischen Krieges. Übers. G.P. Landmann. Darmstadt 1993, S. 164).

M6 *Quellentext*

Artikel 3 *Alle Menschen sind vor dem Gesetz gleich. Männer und Frauen sind gleichberechtigt. Niemand darf … benachteiligt oder bevorzugt werden.*

Artikel 20 (2) *Die Staatsgewalt geht vom Volke aus. Sie wird vom Volke in Wahlen und Abstimmungen und durch besondere Organe der Gesetzgebung, der vollziehenden Gewalt und der Rechtsprechung ausgeübt.*

Artikel 38 (1) *Die Abgeordneten des deutschen Bundestages … sind Vertreter des ganzen deutschen Volkes.*

M4 *Demokratie in Deutschland heute: Aus dem Grundgesetz der Bundesrepublik Deutschland*

5 Ermittle, wie viele Menschen in Athen abstimmen durften. Vergleiche ihre Zahl mit der Gesamtbevölkerung (M3).

6 Erläutere, warum Perikles jemanden, der nicht an der Volksversammlung teilnimmt, als unnütz bezeichnet (M6).

7 a) Liste Gemeinsamkeiten der Demokratie der Athener und der Demokratie in Deutschland auf (M3, M4, M6).
b) Stelle Unterschiede zwischen der Demokratie der Athener und der Demokratie in Deutschland zusammen (M3, M4, M6).

Merke

In Athen wurde vor dem fünften Jahrhundert vor Christus die Demokratie eingeführt. Jeder freie männliche Bürger hatte eine Stimme. Die Mehrheit der Stimmen entschied über die Politik. Mit dem Scherbengericht konnte die Macht einzelner Politiker eingeschränkt werden.

Grundbegriffe

- die Demokratie
- die Volksversammlung
- das Scherbengericht

M1 *Marktplatz (Agora) von Athen (heutige Zeichnung)*

„So lebten die Menschen in der Polis Athen."
Entwickelt dazu eine Präsentation und stellt sie in der Klasse vor.

Athen – Handelszentrum

Die Bauern der Polis Athen bauten vor allem Getreide, Wein und Oliven an. Die Ernten reichten jedoch nicht aus, um alle 380 000 Menschen zu ernähren. Getreide und andere lebenswichtige Güter mussten eingeführt werden.

Die selbstständigen Handwerker verkauften ihre Waren, wie Töpfe, Becher oder Schwerter, auf dem Markt, der Agora, oder an Großhändler. Diese handelten damit im ganzen Mittelmeerraum. Einige von ihnen wurden dabei sehr reich.

Viele Athener aber waren arm. Sie arbeiteten als Tagelöhner. Sie waren als Lastenträger, als Hilfsarbeiter beim Bau oder als Ruderer auf den Schiffen beschäftigt.

Menschen als Besitz

Die Mehrheit der Bevölkerung in Athen bestand aus **Sklavinnen** und **Sklaven**. Ihre Kinder wurden als Sklaven geboren. Sklaven waren Kriegsgefangene oder wurden gekauft und weiterverkauft.

Zu den meisten Haushalten in Athen gehörten ein oder zwei Sklaven. Sklaven waren von ihren Besitzern vollkommen abhängig.

Die Lage der Haussklaven war noch verhältnismäßig günstig. Schlimmer lebten die Sklaven, die in den Silberminen südöstlich von Athen arbeiten mussten. Das Gestein wurde mit einem Hammer aus dem Fels geschlagen. Viele Sklaven erlitten schwere Unfälle oder starben.

Tipps für die Erarbeitung

1. Verfasst einen Bericht über das Leben auf dem Marktplatz in Athen (M1).

2. Erstellt eine Liste mit Tätigkeiten, die Sklavinnen und Sklaven ausüben.

3. a) Berichtet, wie Menschen zu Sklaven wurden.
   b) Beschreibt die Situation der Sklaven (M4 – M6).
   c) Nehmt Stellung, ob ein Mensch einem anderen gehören darf (M4, M5).

M2 ***Handelsbeziehungen der Athener. Athen führte die Erzeugnisse der Handwerker in andere Länder aus und erzielte hohe Gewinne. Dadurch wurde die Polis Athen reich und mächtig.***

Rindsleder und Arzneisaft holen wir aus Kyrene, Makrelen und Salzfische besorgen wir uns vom Hellespont. Aus Syrakus bekommen wir Schweine und Käse, aus Naukratis Taue, Segel und Papyrus. Den Weihrauch beziehen wir aus Syrien, Zypressenholz von der Insel Kreta. Kyrene verkauft uns Feigen, Rhodos Rosinen und Feigen. Birnen und Äpfel kommen aus Euböa und die Sklaven holen wir aus Phrygien. Paphlagonien führt Mandeln aus, Cypern Datteln und feinstes Mehl. Karthago schickt uns Teppiche und bunte Kissen.

(Nach: Hermippos aus Smyma. In: Wolfgang Lautemann und Manfred Schlenke (Hrsg): Geschichte in Quellen. München 1975, S. 192)

M3 ***Quellentext***

Wie viel besser ist es doch, einen anständigen Herrn zu bekommen, als niedrig und schlecht als freier Mann zu leben.

(Philemon (um 360 v. Chr.) über die Sklaverei)

M4 ***Quellentext***

Die Natur hat die Körper der Sklaven und der Freien verschieden gestaltet: die einen kräftig für die schwere Handarbeit, die anderen aufgerichtet und ungeeignet für derartige Arbeiten, doch brauchbar für das politische Leben. Es gibt also von Natur aus Sklaven und Freie.

(Aristoteles (5. Jahrhundert. v. Chr.) über die Sklaven)

M5 ***Quellentext***

M6 ***Sklaven mahlen das im Bergbau gewonnene silberhaltige Gestein.***

4 Demetrius lässt für ein Gastmahl Makrelen, Schweinefleisch, Feigen, Mandeln und Datteln einkaufen. Tragt in eine Liste die Herkunft dieser Delikatessen ein (M2 und M3).

5 Erörtert die Aussagen der Griechen in M4 und M5.

6 Erstellt für die Klasse einen kurzen Merktext über euer Thema. Erklärt darin auch den Grundbegriff.

Grundbegriff
- die Sklavin / der Sklave

M1 *Das Gebiet der Polis Sparta. Die Bevölkerung wanderte aus nordwestgriechischen Gebieten ein und eroberte zuerst das Tal entlang des Flusses Eurotas. Die Siedler gründeten um 900 v. Chr. die Polis Sparta aus fünf kleinen Dörfern.*

M3 *Die Spartiaten kämpfen nicht als Einzelkämpfer, sondern in einer Reihe bewaffneter Krieger gegen persische Soldaten (480 v. Chr.). (Aquarell von 1977 von Peter Connolly)*

M2 *Krieger aus Sparta*

„So lebten die Menschen in der Polis Sparta."
Entwickelt dazu eine Präsentation und stellt sie in der Klasse vor.

Sparta – die Polis der Krieger

Unter den Stadtstaaten im antiken Griechenland spielte Sparta eine besondere Rolle. Es war ein Kriegerstaat. Im 10. Jahrhundert v. Chr. wanderten die Spartiaten auf die Halbinsel Peleponnes ein. Die Menschen, die dort lebten, wurden versklavt. Sie mussten die Hälfte ihrer Ernte abliefern und durften keine Waffen besitzen. Die Spartiaten besaßen Waffen und übten sich laufend im Kriegsdienst. Von Kind auf wurde die Bevölkerung auf den Krieg vorbereitet. Die Erziehung war hart. Den Befehlshabern musste bedingungslos gehorcht werden. Es war erlaubt, Sklaven zu töten. Die Bevölkerung Spartas lebte im dauernden Kriegszustand: Die Männer blieben auch nach der Eroberung des gesamten Staatsgebietes von Sparta im Heeresverband zusammen, da sie nur so die großen unterworfenen Gebiete beherrschen konnten.

Die Frauen durften nicht kämpfen und hatten keine politischen Rechte. Sie waren für das Gebären der Kinder und ihre Erziehung zuständig.

Tipps für die Erarbeitung

1. Beschreibt die Lage und die Entstehung der Polis Sparta (M1).
2. Erläutert die Ausrüstung eines Kriegers und stellt dar, wozu sie diente (M2, M3).
3. Beschreibt, wie die Spartiaten kämpften und nennt die Vorteile (M3).
4. Es gibt den Ausdruck „spartanisch leben". Erläutert den Sinn (M6).

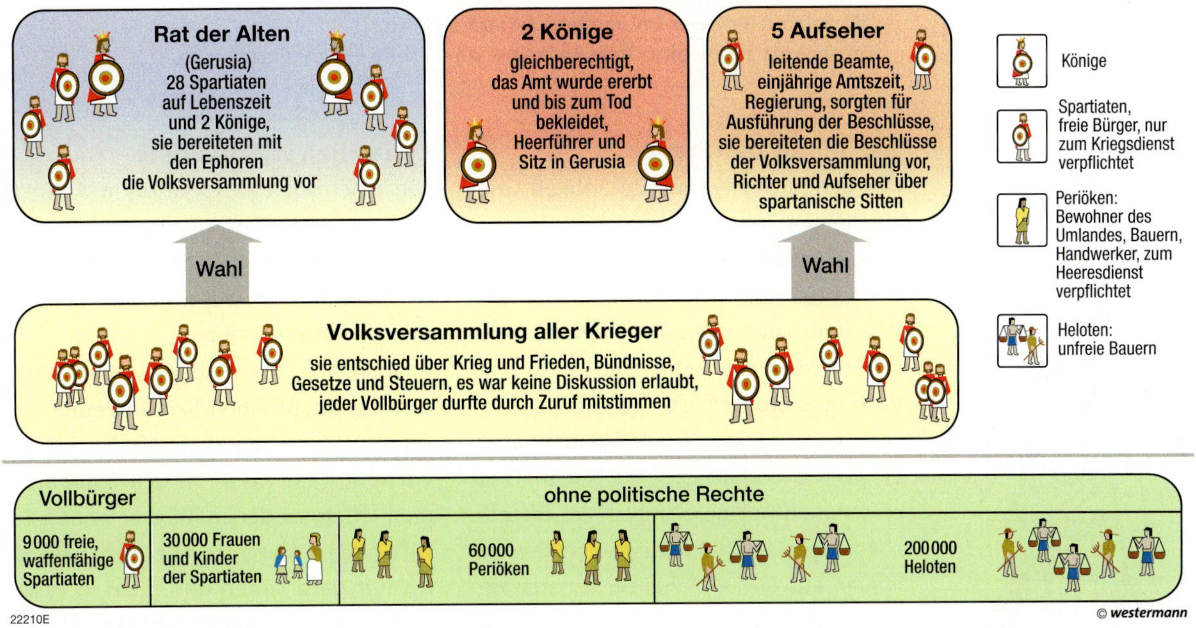

M4 *Der Staat von Sparta*

In Sparta versammelten sich alle Krieger über 20 Jahre. Sie wählten aus ihren Reihen 28 Männer über 60 Jahre auf Lebenszeit. Das war der „Rat der Alten“. Ihm gehörten auch die beiden Könige Spartas an. Sie waren die Heerführer und erbten dieses Amt.
Jedes Jahr wählten die Krieger fünf Aufseher, die die Regierung bildeten und polizeiliche Aufgaben hatten. Die Versammlung der Krieger entschied auf Vorschlag der Aufseher darüber, ob man in den Krieg zog oder nicht. Die größte Macht im Staat hatten die Aufseher. Der Rat der Alten konnte nur beraten.
Für die Spartiaten war das eigene Leben unbedeutend. Sie lebten nur für ihre Polis und für den Kriegsdienst. Deshalb wurden die Kinder ab dem siebten Lebensjahr gemeinschaftlich erzogen: die Jungen in der Männergemeinschaft und die Mädchen von den Frauen.

M5 *Die Krieger entscheiden.*

Die ganze Erziehung der Jungen war darauf ausgerichtet, dass sie pünktlich waren, gehorchten, Strapazen ertragen und im Kampf siegen konnten. Sie wurden bis auf die Haut geschoren, mussten barfuß gehen und die Übungen in der Regel nackt abhalten. Sobald sie zwölf Jahre alt waren, gingen sie stets ohne Unterkleidung, bekamen nur einen Mantel aufs Jahr, waren am ganzen Körper schmutzbedeckt und durften weder baden noch sich salben, bis auf wenige Tage im Jahr. Sie schliefen zusammen in Gruppen auf Streu. Die Körper der Mädchen sollten durch Laufen, Ringen und Speerwerfen gekräftigt werden, damit die Zeugung der Kinder in kräftigen Körpern erfolgte. Weiblichkeit, Verzärtelung und alles weibische Wesen wurden verbannt.
(Nach: Plutarch, Lykurg, Kapitel 14, übersetzt von Hanns Floerke. In: Lebensbeschreibungen, Bd. 1, München 1913, S. 129, 164)

M6 *Kindererziehung*

5 Versetzt euch in die Rolle eines Mädchens oder Jungen aus Sparta und schildert den Alltag in Sparta aus ihrer Sicht (M6).

6 Erläutert das Regierungssystem in Sparta (M4, M5).

7 Erstellt für die Klasse einen kurzen Merktext über euer Thema.

„So lebten Frauen im antiken Griechenland."
Entwickelt dazu eine Präsentation und stellt sie in der Klasse vor.

M1 *Damenbekleidung im antiken Griechenland*

Der Alltag der Frauen

Das Leben der Frauen im antiken Griechenland spielte sich vor allem im Haus ab. Hier mussten sie sich um die Erziehung der Kinder kümmern sowie kochen und den Haushalt führen. Ihr Ehemann oder – wenn sie nicht verheiratet waren – ihr Vater oder Bruder bestimmte über sie und vertrat sie vor Gericht: Die Männer hatten die Vormundschaft über die Frauen. Frauen nahmen nur gelegentlich am öffentlichen Leben teil, zum Beispiel bei Festen. Frauen aus armen Familien mussten neben ihrer häuslichen Arbeit noch einer anderen Tätigkeit nachgehen, um Geld zu verdienen, zum Beispiel als Hebamme, Händlerin oder Textilarbeiterin.

Die Kinder wurden bis zum sechsten oder siebenten Lebensjahr von ihrer Mutter betreut. Danach gingen die Jungen in die Schule. Kinder reicher Familien hatten auch Freizeit zum Spielen. Die Mütter brachten ihren Töchtern alles bei, was sie später brauchten. Die meisten Mädchen heirateten mit etwa 15 Jahren.

Lysias heiratet Agariste

Die Hochzeit der 13-jährigen Agariste und des 30-jährigen Lysias steht bevor. Der Hochzeitstag wird vorbereitet. Es wird Musik und Gesang, ein Festmahl und Opferungen geben.

Agariste erzählt am Abend vor der Hochzeit der ägyptischen Sklavin Leona, wie sie sich ihr Leben als Ehefrau in Athen vorstellt: „Ich werde in den Frauenräumen leben, zu denen Männer keinen Zutritt haben. Genauso wie bisher werde ich nur ganz selten und dann in Lysias' Begleitung das Haus verlassen. Ich hoffe, dass mein Vater mit Lysias eine gute Wahl getroffen hat und er mich gut behandelt. Im Haus werde ich die Herrin sein und dafür sorgen, dass der Haushalt funktioniert. Ach weißt du, wenn die Kinder erst da sind, werde ich mich vor allem um sie kümmern. Mit meinen Söhnen werde ich nicht viel Arbeit haben, denn sie werden bald von Lehrern erzogen und unterrichtet. Meine Töchter werden bei mir sein, bis sie etwa 15 Jahre alt sind."

M2 *Griechische Frauen beim Wasserholen. Frauen aus armen Familien mussten das Wasser, das ein Haushalt benötigte, vom Brunnen oder Fluss herantragen. Sie verrichteten alle Tätigkeiten im Haus selbst, denn sie hatten keine Sklaven. (Vasenmalerei aus dem 5. Jahrhundert v. Chr.)*

Tipps für die Erarbeitung

1. Beschreibt mithilfe von M2, M3, M7 und M8, welche Tätigkeiten Frauen ausüben.
2. Erklärt, wie Mädchen und wie Jungen auf das Leben als Erwachsene vorbereitet wurden.
3. Männer und Frauen hatten im antiken Griechenland unterschiedliche Aufgaben. Fasst zusammen.
4. Erstellt einen Dialog zwischen Lysias und Agariste in der ersten Zeit ihrer Ehe.

M3 *Griechische Frauen stellen Garn und Stoffe her. (Vasenmalerei, 5. Jahrhundert v. Chr.)*

Freilich kann man zur Verwaltung des Hauswesens und zur Ermunterung in Leiden sowie zur Flucht vor dem Alleinsein eine Frau heiraten. Aber viel besser kann doch ein treuer Sklave die Verwaltung übernehmen. Er gehorcht dem Herrn und befolgt seine Anweisungen viel mehr als eine Frau, zumal diese sich umso mehr als Herrin gefällt, wenn sie etwas gegen den Willen des Mannes tut. Bei einem sitzen, wenn man krank ist, können eher Freunde und Dienerinnen, die durch Wohltaten verpflichtet sind. In der Hoffnung auf die Erbschaft verkauft sie ihren alten Kram und bringt durch das Gerede über ihre Sorgen den leidenden Mann innerlich vollends zur Verzweiflung. Falls aber sie selbst leidend wird, muss man mit ihr leiden. Oder, wenn es eine gute und angenehme Frau sein sollte, was freilich ein seltener Fall ist, dann stöhnen wir mit der Gebärenden und quälen uns mit ihr.

(Nach: Theophrast [3. Jahrhundert. v. Chr.]. In: R. Rilinger [Hrsg.]: Leben im antiken Griechenland. München 1990, S. 195)

M4 *Vom Nutzen der Frauen*

Zwar schimpfen jetzt Männer auf das Frauengeschlecht und setzen es schmählich herunter: Wir seien, so lügt man, der Fluch der Welt und der Urquell allen Verderbens! Wenn ein Fluch wir sind, warum heiratet ihr? Was verbietet ihr uns auf die Straße zu gehen, ja, nur aus dem Fenster zu gucken?

(Aus einer Komödie von Aristophanes [5. Jahrhundert v. Chr.]. In: R. Rilinger [Hrsg.] Leben im antiken Griechenland, München 1990, S. 222)

M5 *Eine Frau wehrt sich.*

Da beide Arten von Arbeit nötig sind, die draußen und die drinnen, schuf Gott die Natur des Weibes für die Arbeiten im Hause, die des Mannes für die Arbeiten außerhalb des Hauses. Der Körper der Frau ist weniger widerstandsfähig, deshalb ist sie besser für die Arbeiten im Hause geeignet. Da sie aber eher dazu befähigt ist, die kleinen Kinder aufzuziehen, gaben ihr die Götter die größere Liebe.

(Nach: Xenophon [5. Jh. v. Chr.]. In: E.Bux [Hrsg.]: Die Sokratischen Schriften. Stuttgart 1956, S. 84)

M6 *Ein Schüler von Sokrates sagt*

M7 *Wäscherin (Vasenmalerei aus dem 5. Jahrhundert v. Chr.)*

M8 *Mutter mit Kind (Vasenmalerei aus dem 5. Jahrhundert v. Chr.)*

5 Theophrast (371 – 287 v. Chr.) war ein griechischer Philosoph und Naturforscher, Aristophanes (450 – 380 v. Chr.) der bekannteste griechische Komödiendichter. Vergleicht die Frauenbilder dieser beiden Männer (M4, M5).

6 Erstellt für die Klasse einen kurzen Merktext über euer Thema.

M1 *Streitwagenrennen (Vasenbild, um 570 v. Chr.)*

Stadionlauf (192 m)
Doppellauf (2 Stadionlängen)
Langlauf (3,8 km)
Waffenlauf (Lauf in voller Rüstung über 2 Stadionlängen)
Ringen (alle Griffe erlaubt; Ende des Kampfes nach dreimaligem Bodenkontakt eines Kämpfers)
Faustkampf (mit Lederriemen an den Händen; Ende bei Kampfunfähigkeit)
Pankration oder Allkampf (außer Beißen und Kratzen alles erlaubt; Ende nach Aufgabe oder Tod)
Fünfkampf (Diskuswerfen, Weitsprung aus dem Stand mit Schwunggewichten an den Händen, Speerwurf, Stadionlauf, Ringen)
Wagenrennen (vierspännig, später zweispännig)

M2 *Olympische Sportarten*

Über 192 m bis zum Olympiasieg

768 v. Chr.: Hitze liegt über Olympia. Besucher aus ganz Griechenland haben gerade die Wettbewerbe der 12- bis 18-jährigen Knaben im Laufen, Faustkämpfen und Ringen gesehen. Heute, am dritten Tag des Festes, sind alle gespannt auf den ersten Wettkampf der Männer: den Lauf über eine Stadionlänge (= 192,32 m).

Trompetenklänge verkünden den Einzug der Athleten. Die Besucher aus Korinth springen auf. Sie haben ihren Läufer entdeckt und jubeln ihm zu. Leonidas genießt den Applaus. Auf diesen Tag hat er sich zehn Monate lang vorbereitet: mit hartem Training und einer strengen Diät. Gleich wird sich zeigen, ob er die Konkurrenten schlagen kann: Androkles von der Insel Samos, Ephialtes aus Theben, Milon aus Rhodos und Archidamos, den schnellen Mann aus Neapolis. Geduckt und nackt, mit den bloßen Füßen in die Rillen am Boden gestemmt, wartet er auf das Startsignal.

Griechische Wettkämpfe

Obwohl die Menschen in Griechenland in vielen Poleis verstreut lebten, kamen sie zu gemeinsamen Spielen und Festen immer wieder zusammen. Menschen aus der ganzen griechischen Welt strömten nach Delphi, Korinth oder in andere Orte, um sportliche oder künstlerische Wettkämpfe zu sehen oder daran teilzunehmen.

Am bedeutendsten waren die **Olympischen Spiele**, die alle vier Jahre in Olympia stattfanden. Seit 776 v. Chr. wurden die Sieger festgehalten. An den Wettkämpfen durften nur Jungen und Männer der griechischen Poleis teilnehmen. Frauen hatten gesonderte Wettläufe in Olympia.

Während der Spiele durften in Griechenland keine Kriege geführt werden. Denn so konnten die besten Kämpfer an den Spielen teilnehmen.

Die Olympischen Spiele wurden zu Ehren des Göttervaters Zeus abgehalten. Die Spiele dauerten jeweils fünf Tage.

Starthilfe zu 1
Lege eine Liste an:
1. Tag:
Die Athleten schwören …
2. Tag:

1. ↗ Berichte über den Ablauf der Olympischen Spiele (M4).
2. a) Ordne M1 und M3 den Sportarten (M2) zu.
   b) Vergleiche sie mit heutigen Sportarten.
3. Fertige ein Plakat an, das über die antiken Olympischen Spiele informiert.
4. Erkläre die Überschrift: „Über 192 m bis zum Olympiasieg."

D3-126 www.diercke.de

M3 *Olympische Spiele (Vasenbild, 525 v. Chr.)*

Das Fest begann am ersten Tag mit dem Eid der Teilnehmer vor dem Standbild des Zeus. Sie schworen, dass sie die olympischen Kampfregeln einhalten. Am gleichen Tag folgte der Wettkampf der Trompeter. Der zweite Tag war den Wettkämpfen der Jungen gewidmet. Erst am dritten Tag begannen die Männer vormittags mit dem Wagenrennen und dem Stadionlauf, am Nachmittag fand der Fünfkampf statt. Am Abend wurde auf dem Opferplatz ein schwarzer Widder geschlachtet.
Der vierte Tag bildete den Höhepunkt des Festes. Alle Teilnehmer, die Athleten sowie die Zuschauer, zogen in feierlicher Prozession zum Zeus-Altar. Dort am Altar schlachteten die Gesandtschaften der Poleis viele Rinder, und alle Teilnehmer feierten danach einen großen Opferschmaus. Am fünften und letzten Tag fanden vormittags die Wettläufe im Stadion und nachmittags die Ring- und Faustkämpfe statt. Den Abschluss bildete die Ehrung der Sieger. Sie erhielten jeweils einen Kranz vom heiligen Ölbaum.

M4 *Der Ablauf der Spiele*

In Olympia gab es für Frauen gesonderte Wettkämpfe. Sie wurden alle vier Jahre zu Ehren der Göttin Hera, der Gemahlin des Zeus, durchgeführt. Diese Wettkämpfe bestanden jedoch nur in einer einzigen Sportart, dem Wettlauf. Er wurde für drei Altersklassen durchgeführt: Zuerst kamen die jüngsten, dann die mittleren und schließlich die älteren Mädchen. Nach der Vorschrift liefen sie in einem hemdartigen Kleid, das bis zu den Knien reichte.
Die Siegerinnen erhielten einen Zweig vom heiligen Ölbaum. Außerdem bekamen sie einen Teil von der Kuh, die zu Ehren der Göttin Hera geopfert wurde.
(Nach: Franz Mezö: Geschichte der Olympischen Spiele. München 1930, S. 148)

M5 *Wettkämpfe der Frauen*

M6 *Olympische Spiele (Vasenbild, um 560 v. Chr.)*

5 Bestimme in dem Text „Über 192 m bis zum Olympiasieg“, welcher Läufer die kürzeste und welcher die längste Anreise nach Olympia hatte (Atlas, Karte: Südosteuropa/Türkei – physisch).

6 Lege dar, von welchen Tätigkeiten die Sportarten der Olympischen Spiele abstammen könnten.

7 Erläutere Gemeinsamkeiten und Unterschiede der Wettkämpfe der Männer und Frauen.

Merke
Die ersten Olympischen Spiele fanden 776 v. Chr. in Olympia in Griechenland statt.

Grundbegriff
- die Olympischen Spiele

M1 *Bei der Eröffnung der Olympischen Spiele 2012 in London*

Ein olympischer Neuanfang

Im Jahr 394 n. Chr. regierte in Athen der christliche Kaiser Theodosius. Er ließ die Olympischen Spiele als heidnisches Fest verbieten. Jahrhundertelang wurden sie deshalb nicht mehr durchgeführt.
Erst 1894 hatte der Franzose Pierre de Coubertin die Idee, die Spiele wieder auszutragen. 1896 fanden dann die ersten Olympischen Spiele der Neuzeit in Athen statt. Seitdem werden sie alle vier Jahre veranstaltet. Ausnahmen waren die Zeiten des Ersten Weltkriegs (1914 – 1918) und des Zweiten Weltkriegs (1939 – 1945). Heute nehmen Sportlerinnen und Sportler aus fast allen Ländern der Erde an den Olympischen Spielen teil. Die Wettkämpfe werden von Millionen von Zuschauern auf der ganzen Welt im Fernsehen verfolgt. Die Siegerinnen und Sieger sowie die Athletinnen und Athleten auf den Plätzen zwei und drei erhalten eine Medaille (Gold, Silber, Bronze).

Die olympische Fahne

Fünf ineinander verflochtene Ringe sind das Symbol (Kennzeichen) der Olympischen Spiele der Neuzeit. Die olympische Fahne ist ganz weiß; die Ringe in der Mitte haben die Farben Blau, Gelb, Schwarz, Grün und Rot. Sie stehen für die Kontinente Europa, Asien, Afrika, Australien und Amerika. Sie stellen die fünf Erdteile dar, die in der olympischen Bewegung vereint sind. Die sechs Farben in der Fahne entsprechen den Farben der meisten Nationalflaggen der Welt.

Starthilfe zu 2
Denke an Austragungsort, Sportarten usw.

1 a) Beschreibe die Entwicklung der Olympischen Spiele bis heute.
b) Erkläre die Bedeutung der olympischen Ringe.

2 ↗ Erstelle ein Plakat über die nächsten Olympischen Spiele: (z. B. www.nok.de).

3 Nimm Stellung, inwieweit die Überzeugungen von Pierre de Coubertin heute zutreffen (M3).

Zur Erinnerung an den Ursprung der Olympischen Spiele in der Antike findet ein Fackellauf statt. Mehrere Monate vor der Eröffnungsfeier wird das **olympische Feuer** in Olympia mithilfe von Sonnenstrahlen entfacht. Mit dem Feuer wird eine Fackel angezündet. Sie wird bis ins Olympiastadion der jeweiligen Stadt von Fackelläufern getragen. Dabei durchqueren die Läufer verschiedene Weltregionen.
Am Eröffnungstag der Spiele kommt die letzte Läuferin oder der letzte Läufer ins Stadion. Sie oder er entzündet mit der Fackel das olympische Feuer in der Schale. Dort brennt es bis zum Ende der Spiele. Es wird am letzten Tag während der Schlussfeier gelöscht.
Zwar wurden in der Antike keine Fackelläufe durchgeführt, aber auch dort gab es Läufer. Sie rannten in verschiedene griechische Poleis und kündigten den genauen Zeitpunkt der Spiele an.

M2 ***Olympische Läufer – schon in der Antike***

Der Historiker und Sportpädagoge gründete 1894 das Internationale Olympische Komitee (IOC) und rief die modernen Olympischen Spiele ins Leben.
Er war der Überzeugung, damit eine neue Erziehung der Völker zu erreichen. Er wollte ein dauerndes Streben nach besserer körperlicher, aber auch geistiger Leistung erreichen. Die Olympischen Spiele sollen ein Zusammenspiel von Kunst, Kultur und Sport in Verbindung von Feiern, Wettkämpfen sowie völkerverbindendem Erleben und einem kulturellen Rahmenprogramm sein.
(Nach: www.olympia-ausstellung.de/olympische_idee.html, 19.03.2014))

M3 ***Pierre de Coubertin***

M4 ***Michael Phelps ist der erfolgreichste Olympionike aller Zeiten (18 x Gold, 2 x Silber, 2 x Bronze im Schwimmen).***

4 Beschreibe, wie und wo heute das olympische Feuer entzündet wird und wie es an den Austragungsort der Olympischen Spiele gelangt (M2).

5 Lege eine Tabelle mit den Überschriften „Olympia in der Antike“ und „Olympia heute“ an. Schreibe in die Spalten die Gemeinsamkeiten und die Unterschiede (siehe S. 144 / 145).

Merke
1896 fanden die ersten Olympischen Spiele der Neuzeit in Athen statt. Sie werden alle vier Jahre ausgetragen.

Grundbegriff
- das olympische Feuer

M1 *Im antiken Athen*

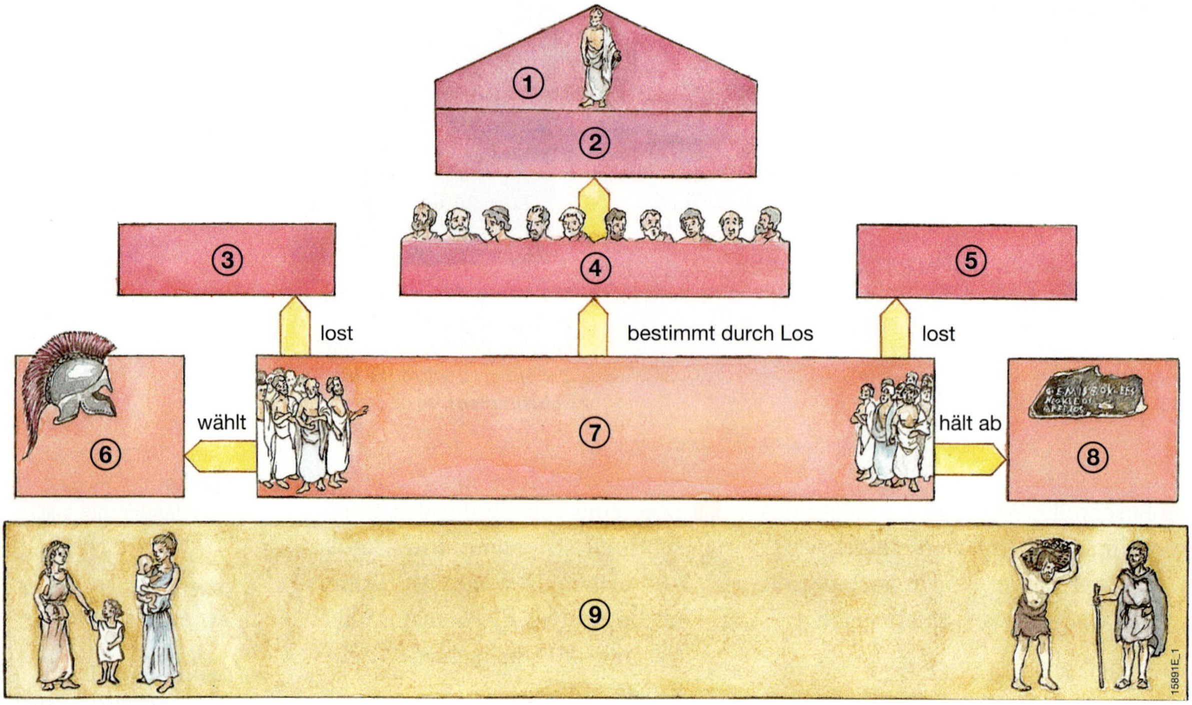

M2 *Mitbestimmung der Bürger in Athen*

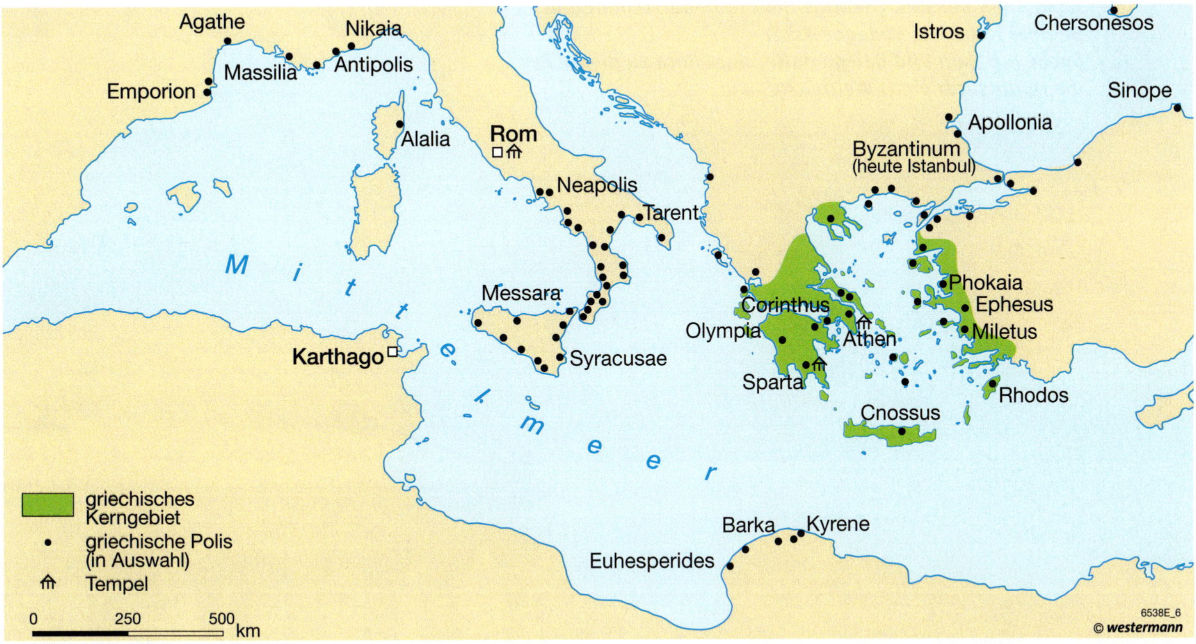

M3 ***Die griechischen Poleis***

Schätze dich selbst mit dem Zeichensystem ein, das auf Seite 33 erklärt ist.
Die Erläuterung der Kompetenzen findest du ebenfalls auf Seite 33.

Sachkompetenz

1 a) Wähle fünf Grundbegriffe aus der Liste und erkläre sie.
b) Ergänze die Grundbegriffe durch Zeichnungen.

2 a) Berichte über die Entstehung der Stadtstaaten auf dem griechischen Festland und in anderen Gebieten.
b) Die Athener gewannen eine Schlacht, verloren aber eine andere. Erkläre.
(Schülerbuch S. 134/135)

3 a) Berichte über die Anfänge der Demokratie in Athen.
b) Erkläre, was in M1 dargestellt ist.
(Schülerbuch S. 136/137)

Methodenkompetenz

4 Zeichne eine Zeitleiste mit wichtigen Ereignissen zur griechischen Antike (1200–399 v. Chr.).
(Schülerbuch S. 132)

5 Übertrage M2 und ersetze die Zahlen durch eine Beschriftung.
(Schülerbuch S. 137)

6 Zeichne mithilfe von M3 eine Kartenskizze, mit der du die Handelsbeziehungen der Athener verdeutlichst.
(Schülerbuch S. 139)

7 a) Vergleiche die Wettkämpfe der Männer und der Frauen bei den Olympischen Spielen im antiken Griechenland.
b) Vergleiche mit den Olympischen Spielen heute.
(Schülerbuch S. 144–147)

Urteils- und Handlungskompetenz

8 Die Quellentexte M4 und M6 auf S. 143 zeigen unterschiedliche Frauenbilder. Erkläre und beurteile.

9 Beurteile das Menschenbild, das in dem Quellentext M4 auf S. 139 dargestellt ist.

10 a) Erkläre, wer an der Volksversammlung teilnehmen durfte und ein Stimmrecht hatte.
b) Nimm Stellung zu dieser Volksherrschaft in Athen.
(Schülerbuch S. 136/137)

Grundbegriffe

- Antike (Altertum)
- Polis (Poleis)
- Demokratie
- Volksversammlung
- Scherbengericht
- Sklavin / Sklave
- Olympische Spiele
- olympisches Feuer

Der Tempel des Göttervaters Jupiter um 312 n. Chr. Er war über Jahrhunderte das politisch-religiöse Zentrum des Römischen Reiches. (Heutige Panoramadarstellung des Berliner Künstlers Yadegar Asisi)
Suche auf dem Bild Belege dafür, dass Rom zu dieser Zeit die Hauptstadt eines Weltreiches war.

Das antike Rom – vom Dorf zum Weltreich

Am Ende des Kapitels kannst du:

- die Bedeutung des römischen Erbes für die heutige Zeit beurteilen
- die Sage über die Gründung Roms mit der tatsächlichen Entwicklung vergleichen
- die Entwicklung Roms vom Dorf zum Weltreich anhand von Karten darlegen
- den Limes als bewachte Grenzmauer einordnen
- über den Warenaustausch am Limes berichten
- über die römische Gesellschaft berichten
- erklären, wie Römer und Germanen gekämpft haben

M1 *Italien heute und die Ausdehnung des Römischen Reiches im 3. Jahrhundert n. Chr.*

M2 *Städte, die es schon im Römischen Reich gab*

Rom wurde nicht an einem Tag erbaut

Rom ist heute die Hauptstadt von Italien. Vor 2800 Jahren entstand hier ein Bauerndorf. Es entwickelte sich allmählich zu der einflussreichen Stadt Rom. Sie wurde die Hauptstadt des römischen Weltreiches. Viele Jahrhunderte lang war sie die reichste, mächtigste und größte Stadt im Mittelmeerraum. Um 750 v. Chr. war Rom bereits eine größere Siedlung; um Christi Geburt lebten hier fast eine Million Menschen.

Die **Römer** bauten ihre Macht immer weiter aus. Auch im heutigen Deutschland eroberten sie Gebiete. Hier haben sie viele Spuren hinterlassen. Römische Münzen, Vasen oder Grabsteine sind in Museen ausgestellt.

Die Römer entwickelten eine Hochkultur. Sie bauten Häuser, Straßen und Brücken. Die Sprache der Römer war Latein. Lateinische Wörter wurden unter anderem ins Deutsche als **Lehnwörter** übernommen.

Lehnwort

Ein Lehnwort ist ein Wort, das aus einer anderen Sprache übernommen wurde. Die Sprache der Römer war Latein. Viele lateinische Wörter sind später als Lehnwörter ins Deutsche übernommen worden. Manche veränderten sich dabei bis heute kaum. Aus „strata“ wurde zum Beispiel „Straße“.

I	= 1	IX	= 9	LXXX	= 80	DC	= 600
II	= 2	X	= 10	XC	= 90	DCC	= 700
III	= 3	XX	= 20	XCIX	= 99	DCCC	= 800
IV	= 4	XXX	= 30	C	= 100	CM	= 900
V	= 5	XL	= 40	CC	= 200	CMXC	= 990
VI	= 6	L	= 50	CCC	= 300	M	= 1000
VII	= 7	LX	= 60	CD	= 400		
VIII	= 8	LXX	= 70	D	= 500		

M3 *Römische Zahlen werden auch heute noch verwendet.*

Starthilfe zu 1 a)
Die Buchstaben in den Fotos sind die Anfangsbuchstaben der heutigen Städtenamen.

1 a) ↗ Ordne die Bilder in M2 den richtigen roten Punkten in M4 zu.
b) Bestimme die heutigen Staaten, in denen die Städte liegen.

2 a) „753: Rom schlüpft aus dem Ei.“ Erläutere diesen Merksatz (M5).
b) Beurteile, ob die Aussage richtig ist.

D3-092
www.diercke.de

M4 ***Das römische Weltreich***

Der Kriegsgott Mars und die Königstochter Rhea Silvia bekamen die Zwillinge Romulus und Remus. Deren Onkel entführte die Säuglinge und setzte sie in einem Weidenkorb auf dem Fluss Tiber aus, um sie dadurch zu töten. Der machtsüchtige Onkel wollte selbst König werden. Der Korb trieb ans Ufer. Eine Wölfin rettete die Kinder und säugte sie. So fand sie ein Schaf-

hirte; er und seine Frau kümmerten sich um die Kinder. Als junge Männer erfuhren Romulus und Remus von ihrer Herkunft. Sie besiegten ihren Onkel und erhielten so ihr rechtmäßiges Königreich. Am Ort ihrer Rettung aus dem Tiber wollten sie eine prächtige Stadt bauen. Die Frage, wer von ihnen beiden Herrscher der Stadt sein sollte, ließen sie durch Vogelflug entscheiden: Derjenige, der die meisten Adler in seinem Bereich des Himmels zählen konnte, sollte Sieger sein. Romulus konnte den Wettbewerb für sich entscheiden und zog eine Mauer um seine Stadt Roma. Remus verspottete seinen Bruder und sprang immer wieder über die noch niedrige Mauer. Zur Strafe tötete Romulus seinen Bruder und schrie: „So soll es jedem gehen, der die Mauern meiner Stadt übersteigt.“ Dies war im Jahr 753 v. Chr.

M5 ***Die Sage von der Gründung Roms, an die die Römer in der Antike glaubten***

3 Schreibe folgende Zahlen als römische Zahlen (M3): 1099, 1580, 1800, 1999.

4 Verfasse einen Kurzvortrag zur Sage von der Gründung Roms.

5 Erkläre die Bedeutung folgender Sprichwörter:
a) Rom wurde nicht an einem Tag erbaut.
b) Lasst euch kein X für ein U (U = V) vormachen (M3).

Merke
Rom entwickelte sich von 800 v. Chr. vom Bauerndorf zum Mittelpunkt des römischen Weltreiches. Die Römer eroberten auch Gebiete im heutigen Deutschland.
Das Weltreich bestand bis 476 n. Chr.

Grundbegriffe
- die Römer
- das Lehnwort

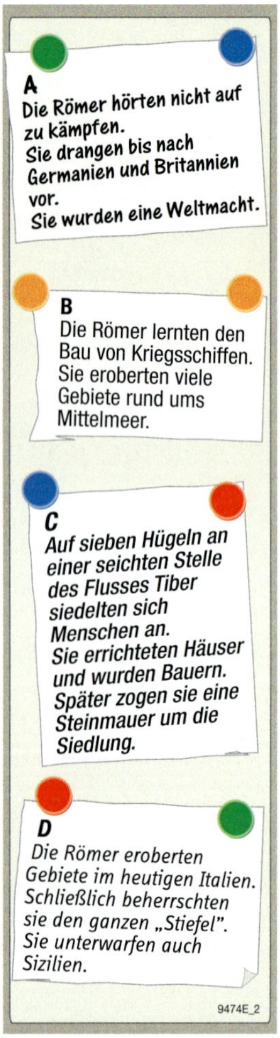

M1 *Aussagen über Rom zu verschiedenen Zeiten*

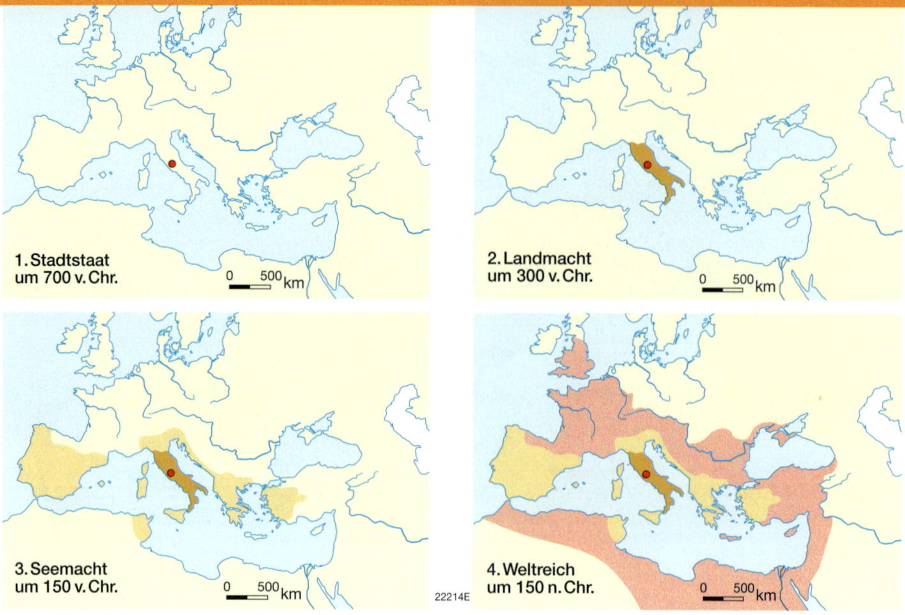

M3 *Rom: vom Stadtstaat über die Land- und Seemacht zum Weltreich*

Aufstieg und Fall des Römischen Reiches

Um 300 v. Chr. hatten die Römer einen großen Teil des heutigen Italiens erobert. Die besiegten Völker durften weitgehend selbstständig bleiben. Viele der ehemaligen Gegner wurden so allmählich zu Verbündeten. In den folgenden Jahrhunderten unterwarfen die Römer Gebiete im übrigen Europa, in Afrika und Asien. Die Römer machten viele Kriegsgefangene zu Sklaven. Im Rahmen der **Romanisierung** gliederten sie die besiegten Gebiete als **Provinzen** in ihr Reich ein. Als Grenzbefestigung bauten sie den **Limes** und **Kastelle** (siehe S. 178 / 179). Schließlich war das römische Reich so groß geworden, dass nicht mehr alle Grenzen gesichert werden konnten. Dies nutzten germanische Stämme für Eroberungen, wie zum Beispiel die Alemannen. Das Römische Reich verlor an Größe und Macht. Um 476 n. Chr. war das Römische Reich so geschwächt, dass es zusammenbrach.

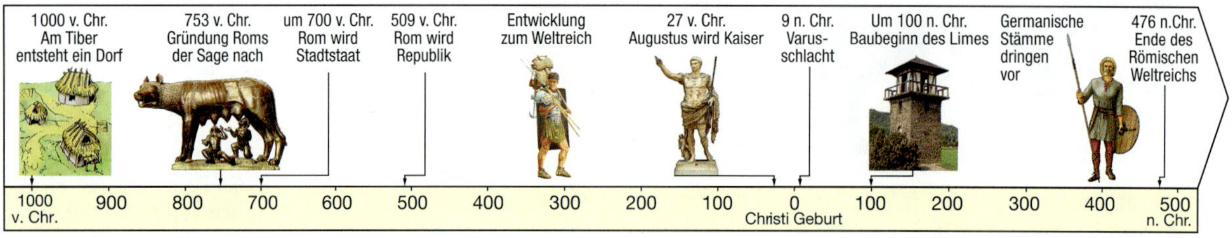

M2 *Zeitleiste des Römischen Reiches*

1. Ordne den Karten in M3 die passenden Texte aus M1 zu.

2. Ermittle die größte Länge und Breite des Römischen Reiches (Atlas, Karte: Europa – Antike; Römisches Reich 117 n. Chr.).

3. ↗ Als römischer Soldat schreibst du einen Brief an einen Verwandten (M4 – M6).

4. Beschreibe die Ausrüstung eines römischen Soldaten (M6). Stelle dar, wozu sie diente.

Starthilfe zu 3
Beachte folgende Punkte: fern der Heimat, Unterkunft im Kastell, Tagesablauf, Ausrüstung.

D3-086
www.diercke.de

① Haupttor
② Wachturm
③ Krankenhaus
④ Kornspeicher
⑤ Ställe
⑥ Werkstatt
⑦ Leitung des Kastells
⑧ Wohnhaus des Leiters des Kastells
⑨ Unterkünfte für Soldaten
⑩ Badehaus
⑪ Verteidigungsgraben
⑫ Limes
⑬ Wachturm am Limes
⑭ Germanische Händler

M4 ***Römerkastell am Limes (heutige Zeichnung)***

6.00 Uhr:	Aufstehen
6.30 Uhr:	Appell, Verteilung der Aufgaben
7.00 Uhr:	Frühstück
7.30 Uhr:	Wachdienste, Arbeitsdienste
12.00 Uhr:	Mittagessen
12.30 Uhr:	Waffenübungen, Übungsmärsche, Reittraining
18.00 Uhr:	Abendessen, Freizeit (Besuch einer nahe gelegenen Stadt, Pferderennen, Kampfspiele, Jagd)
21.30 Uhr:	Zapfenstreich, Nachtruhe
22.00 Uhr:	absolute Ruhe

(Nach: C. Kotitschke: Auf die Plätze … Römer los! Köngen 1993, S. 12f)

M5 ***Tagesablauf eines römischen Soldaten im Militärlager***

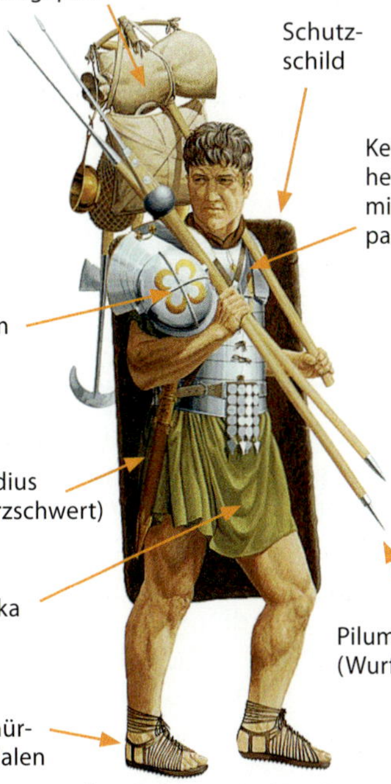

M6 ***Römischer Soldat mit Ausrüstung (etwa 29 kg) und Marschgepäck (etwa 18 kg)***

Die Räuber der Welt

Stehlen, Morden, Rauben bezeichnen die Römer als „Herrschaft“. Die von ihnen geschaffene Wüste bezeichnen sie als „Frieden“. Unsere Kinder werden zum Sklavendienst herangezogen. Unsere Leiber und Hände werden unter Schlägen gebraucht, um durch Wälder und Sümpfe Straßen zu bauen.

(Nach: Tacitus, 98 n. Chr.: Rede eines britannischen, von den Römern besiegten Fürsten)

M7 ***Quellentext***

5 Betrachte M4 und erläutere den Aufbau eines Kastells am Limes.

6 Werte die Quelle M7 aus. Nutze dazu die Seite 115.

7 Die Gegner der Römer hatten große Furcht vor der römischen Armee. Vermute weshalb.

8 Beschreibe den Aufstieg und Niedergang des Römischen Reiches.

Merke

Die Römer schützten ihr Reich durch den Limes. Die Soldaten waren in Kastellen untergebracht.

Grundbegriffe

- die Romanisierung
- die Provinz
- der Limes
- das Kastell

M1 *Kaiser Augustus (Marmor-Standbild um 20 v. Chr.)*

Monarchie – Republik – Monarchie

Vom 8. Jahrhundert v. Chr. bis 509 v. Chr. regierten in Rom Könige. Das heißt, Rom war eine **Monarchie**. Im Jahr 509 v. Chr. wurde der letzte König vertrieben.
Die Menschen wollten nicht mehr von nur einer Person regiert werden, sondern die politische Führung gemeinschaftlich in die Hand nehmen. Rom wurde eine **Republik**. Während der Zeit der römischen Republik gab es zahlreiche Krisen und Bürgerkriege.

Dann begann mit Augustus ab 27 v. Chr. die römische Kaiserzeit. Rom war wieder eine Monarchie. Kaiser Augustus (deutsch: „Der Erhabene") nahm die Bevölkerung für sich ein, indem er die Getreideversorgung sicherte und prächtige Feste ausrichten ließ.
Unter seiner Herrschaft gab es eine lang anhaltende Zeit des inneren Friedens im Römischen Reich.

i Monarchie
Wenn Könige oder Kaiser in einem Staat herrschen, spricht man von einer Monarchie.

i Republik
Nach der Vertreibung der Könige nannten die Römer ihren Staat „res publica". Das heißt „öffentliche Sache". Die politische Macht war auf den Senat, die Volksversammlung und die Beamten verteilt.
Heute versteht man unter einer Republik einen Staat, in dem das Volk die Macht hat (Demokratie). Das findet seinen Ausdruck z. B. in der Wahl des Parlaments (das die Gesetze beschließt) und in Abstimmungen.

Zum Aufstieg von Augustus

Sobald er aber das Heer durch Geldgeschenke, das Volk durch Getreidespenden, alle zusammen durch die Süßigkeit des Friedens an sich gezogen hatte, erhob er allmählich sein Haupt und nahm die Befugnisse des Senats, der Beamten und der Gesetzgebung an sich. Dabei fand er keinerlei Widerstand, da gerade die tapfersten Männer auf den Schlachtfeldern oder durch die Ächtung gefallen waren. Der übrige Adel wurde durch Reichtum und Ehrenstellen ausgezeichnet und zog die gegenwärtige Sicherheit den früheren Gefahren vor. Krieg gab es zu dieser Zeit nirgends mehr, abgesehen von dem Krieg gegen die Germanen.

(Nach: Tacitus: Annalen. In: Carl Hoffmann (Hrsg.): Historien. München 1954, S. 8).

M2 *Quellentext*

Octavian (Augustus): Mein Leben und meine Taten

Nachdem ich die Bürgerkriege beendet hatte, hielt ich nach Zustimmung aller Bürger die politische Macht in den Händen. Trotzdem habe ich die mir zugefallene Macht an den Senat und das römische Volk abgetreten. Bei diesen beiden lag damit wieder die freie Entscheidung über die Zukunft der römischen Republik.
Für diesen Verdienst wurde ich auf Senatsbeschluss Augustus genannt. Seit dieser Zeit habe ich an persönlichem Einfluss alle übertroffen. Mehr Macht als die anderen besaß ich jedoch nie.

(Nach: Octavian (13 n. Chr.) In: Monumentum ancyranum 34).

M3 *Quellentext*

Starthilfe zu 2
Nenne Gemeinsamkeiten und Unterschiede. Gehe dabei zum Beispiel auf Beruf, Stellung in der Gesellschaft, Unterkunft ein.

1. Teilt euch in Gruppen auf. Jede Gruppe beschäftigt sich mit einer Rolle in M4 und schreibt Stichwörter dazu auf (Name, Lebensumstände, Stellung in der Gesellschaft). Nach etwa 20 min stellen sich die Gruppen gegenseitig vor.

2. ↗ Vergleiche das Leben von Livius mit dem von Marcus (M4).

3. a) Nenne die zwei Herrschaftsformen im Römischen Reich.
b) Beschreibe ihre jeweiligen Merkmale.

M4 ***Die römische Gesellschaft zur Kaiserzeit***

---

4 Erkläre, was es bedeutete, eine Sklavin oder ein Sklave zu sein (M4).

5 Erläutere, wodurch Kaiser Augustus seine Macht gesichert hat (M2–M4).

6 Vergleiche, wie Augustus sich selbst und wie Tacitus Augustus sieht (M2, M3).

7 Begründe, warum sich Augustus oft in der Pose des Siegers oder in der Gesellschaft der Götter abbilden ließ.

Merke
Mit Augustus begann im Jahr 27 v. Chr. die römische Kaiserzeit. Er ließ die Republik der Form nach bestehen, war aber praktisch Alleinherrscher.

Grundbegriffe
- die Monarchie
- die Republik

M1 *Nachgestellte Szene eines Wagenrennens mit fünf Streitwagen mit je vier Pferden im Circus Maximus*

M2 *Diocles war der Star unter den römischen Wagenlenkern. Er hatte an 4 257 Wagenrennen teilgenommen (1 462 davon siegreich). Er war mehrfacher Millionär. (Mosaik, 1. Jahrhundert n. Chr.)*

„Das Volk in Rom will unterhalten werden."
Entwickelt dazu eine Präsentation und stellt sie in der Klasse vor.

Brot und Spiele

Im 1. Jahrhundert n. Chr. lebten in Rom etwa eine Million Menschen. Viele von ihnen waren arm und ohne Arbeit.
Um die Einwohner zu unterhalten, gab es zahlreiche Einrichtungen, zum Beispiel die **Thermen**. Dies waren große Bade- und Freizeitzentren. Sie waren beliebte Treffpunkte und boten alle möglichen zusätzlichen Unterhaltungen. Die größten konnten bis zu 5 000 Leute aufnehmen. Der Betrieb der Thermen war sehr aufwendig. Hier arbeiteten viele Sklaven, um die Wassertröge zu schleppen oder die Räume zu heizen. Schauspiele und Konzerte gehörten ebenfalls zu den Vergnügungen der Bewohner Roms.
Besonders beliebt waren **Wagenrennen** und die Kämpfe zwischen den **Gladiatoren** im Amphitheater. Es waren in der Regel Sklaven, die für die Kämpfe um Leben oder Tod besonders ausgebildet wurden. Um die Kämpfe blutrünstig zu gestalten, waren die Gladiatoren unterschiedlich ausgerüstet.

Tipps für die Erarbeitung

1 Gestaltet einen geschichtlichen Stadtführer über die Stadt Rom (M3 und Internet: www.antikefan.de).
a) Betrachtet M3 und zeichnet wichtige Sehenswürdigkeiten ab. Beschriftet sie auch mit ihren Namen.
b) Plant nun einen Stadtrundgang. Entscheidet euch für Sehenswürdigkeiten, die ihr für besonders wichtig haltet. Notiert sie in der Reihenfolge, in der sie nacheinander schnell besucht werden können.

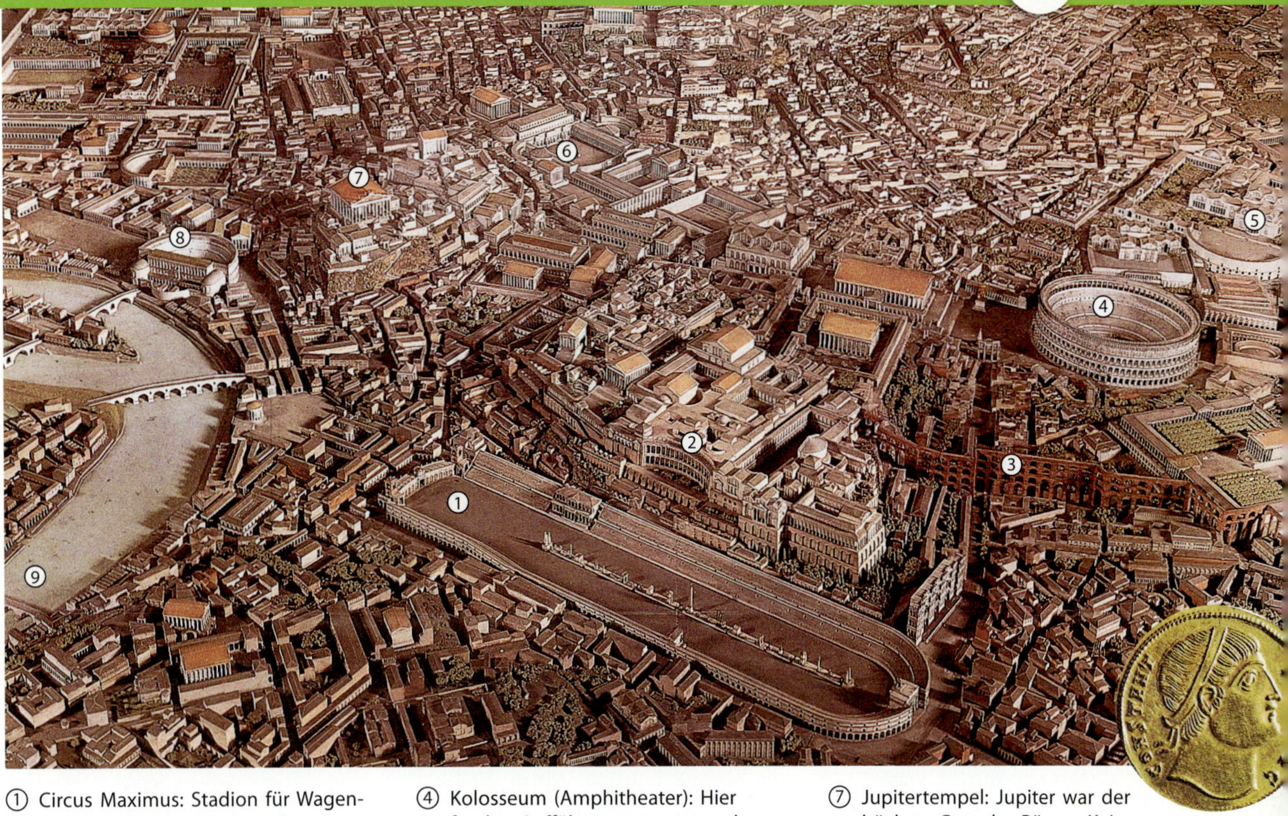

① Circus Maximus: Stadion für Wagenrennen (250 000 Zuschauer)
② Kaiserpaläste: Von hier aus regierten Kaiser das Römerreich.
③ Wasserleitung (Aquädukt): Versorgte einen Teil der Häuser und Thermen (Badehäuser) mit frischem Quellwasser. Dieses floss durch einen Kanal auf der Spitze des Bauwerks.
④ Kolosseum (Amphitheater): Hier fanden Aufführungen statt, auch kämpften hier die Gladiatoren.
⑤ Thermen: öffentlicher Ort der Reinigung, Erholung und Treffpunkt, eine Art Freizeitbad.
⑥ Forum Romanum: Fest- und Marktplatz, Tempelbezirk.
⑦ Jupitertempel: Jupiter war der höchste Gott der Römer. Kaiser verglichen sich gerne mit ihm.
⑧ Marcellus-Theater: 20 000 Sitzplätze, Aufführung von lustigen und traurigen Theaterstücken.
⑨ Tiber: Fluss, Verbindung zum Mittelmeer, wichtiger Verkehrsweg.

M3 *Modell der Stadt Rom im 1. Jahrhundert n. Chr.*

Wagenrennen im Circus Maximus

„Das Wagenrennen ging über fünf Runden mit insgesamt 2 840 m. Beim Umfahren der Wendemarken gab es immer wieder schwere Stürze. Es war erlaubt, dem Gegner „an die Karre zu fahren“ und ihn am Überholen zu hindern. Die hoch aufsteigenden Sitzreihen waren voller Menschen. Sie klatschten und schrien, sprangen auf, schwenkten Tücher und Gewänder. Der Gewinner erhielt donnernden Jubel.“

(Nach: Die Zeit vom 19.07.1994, S. 3f)

M4 *Quellentext*

c) Entwerft einen Text mit einer kurzen Wegbeschreibung und Informationen zu den Sehenswürdigkeiten (Internet). Achtet auf die richtige Reihenfolge.

2 Nehmt Stellung zur Aussage: „Gladiatorenkämpfe sind ein unmenschliches Vergnügen.“

3 Erstellt für die Klasse einen kurzen Merktext über euer Thema. Erklärt darin auch die Grundbegriffe.

Grundbegriffe
- die Therme
- das Wagenrennen
- der Gladiator

① Eingang, ② Laden, ③ Innenhof, ④ Regenbecken, ⑤ Hausaltar, ⑥ Empfangsraum, ⑦ Wohn-, Schlaf- und Wirtschaftsräume, ⑧ Speiseraum, ⑨ Garten mit Säulenhalle, ⑩ Keller, ⑪ Presse zur Weinherstellung

M1 *Villa einer wohlhabenden römischen Familie*

„So lebten die Menschen im alten Rom."
Entwickelt dazu eine Präsentation und stellt sie in der Klasse vor.

Wohnen in der Stadt Rom – Armut und Luxus

Die ersten Häuser in Rom waren einfache, aus Flechtwerk und Lehm erbaute Hütten. Als Rom sich zur Stadt und schließlich zur Millionenstadt entwickelte, brauchte man Wohnraum für die schnell wachsende Bevölkerung. Man baute Häuser. Meist waren es drei- bis fünfgeschossige Gebäude, in denen bis zu 400 Menschen wohnten. Wenn der Platz nicht reichte, wurde einfach ein weiteres Geschoss aufgebaut. Einige Gebäude stürzten ein; andere bekamen große Risse in den Wänden.
Die Mieten waren so hoch, dass sich mehrere Familien eine Wohnung teilten. Oft lebte eine römische Familie in nur einem dunklen Raum ohne Frischluft, Küche, Heizung oder Toilette. Das Wasser holte man vom Brunnen auf der Straße. Einige wenige Familien wohnten in luxuriösen Einfamilienhäusern, in **Villen**. Mittelpunkt des Hauses war ein offener Innenhof. Die Villa war mit wertvollen Möbeln ausgestattet und mit kunstvollen Wandmalereien sowie Einlegearbeiten (Mosaiken) geschmückt.

Tipps für die Erarbeitung

1. Beschreibt den Aufbau einer römischen Villa (M1).
2. Charakterisiert die Verhältnisse in der römischen Familie (M4) und vergleicht sie mit der Familie bei uns.
3. Ein Sklave berichtet einem Freund vom Haus einer vornehmen Familie, das heißt über Räume, Ablauf des Abendessens, Speisenfolge usw. (M1 – M3). Verfasst einen lebhaften und anschaulichen Bericht.

Die römische Familie

Die Familie war für die Römer der Kern der Gesellschaft. Der Vater war das Oberhaupt. Zur Familie zählten alle, die im Haus lebten: Ehefrau, Kinder, die angeheirateten Frauen der Söhne, Enkel und Sklaven. Der Vater bestimmte über das Geld. Ihm mussten alle gehorchen. Nach römischem Recht konnte der Vater jedes Familienmitglied bestrafen, verkaufen oder sogar töten. Er war die meiste Zeit des Tages außer Haus, kam aber zum Abendessen zurück. Dies war die wichtigste Mahlzeit des Tages.

Die Frauen verließen nur selten das Haus. Sie führten den Haushalt. Die Mädchen standen unter der Aufsicht ihrer Mutter. So wurden sie auf ihre spätere Rolle vorbereitet, für ihren Mann den Haushalt zu führen. Normalerweise wurden sie zwischen dem 12. und 17. Lebensjahr verheiratet.

Die Jungen wurden mit 16 Jahren volljährig. Dann gab es eine Feier auf dem Forum, dem zentralen Versammlungsplatz.

Für die römische Familie war die Verehrung der Vorfahren sehr wichtig. Eltern, Großeltern und Urgroßeltern dienten den Nachkommen als Vorbild. Schlichtheit und Frömmigkeit galten als erstrebenswert.

M2 ***Männer und Frauen liegen um einen kleinen Tisch und spielen. Diese Art des Zusammenseins kam im 1. Jahrhundert v. Chr. in Mode. Vorher saßen die Leute auf Stühlen, die Frauen meistens neben ihren Ehemännern.***

Das Abendessen der reichen Römer begann mit Eiern, Oliven, Datteln und anderem und es endete mit Früchten. Dazwischen gab es gefülltes Huhn, in Milch gekochten Hasen, einen Thunfisch oder auch ein gebratenes Rehkitz.

Die ärmeren Römer mussten sich mit viel weniger begnügen: Neben Brot, Wasser und ab und zu etwas Wein war das Hauptnahrungsmittel ein Mehlbrei. Dieser war mit Öl angerührt und mit Kräutern gewürzt.

M3 ***Essgewohnheiten der Römer***

Die Autorität des Vaters beruhte vor allem auf seinem Alter, seiner Erfahrung, der Reife seines Urteils und der eigenen Rechtschaffenheit. Hinzu kam, dass er niemals im aufbrausenden Zorn strafte, sondern wie ein gerechter Richter die Vergehen prüfte und erst dann bestrafte. Das ließ ihn seine Worte wägen und seine Taten bedenken. Sein Wille war unbeugsam gegenüber sich und anderen. Der Lebensstil war einfach und ohne Aufwand. Die Freuden und Feste, die er mit seiner Familie, mit den Verwandten und Nachbarn teilte, waren sehr selten.

(Nach: Hermann Brauer: Quellen zur römischen Geschichte. Paderborn 1950, S. 6)

M4 ***Die Autorität des Vaters***

4 Erklärt, welche Stellung der Vater in der Familie hatte (M4).

5 Beurteilt die Kindererziehung von Mädchen und Jungen im alten Rom vor dem Hintergrund der späteren Aufgaben in der Gesellschaft.

6 Erstellt für die Klasse einen kurzen Merktext über euer Thema. Erklärt auch den Grundbegriff.

Grundbegriff
- die Villa

M1 *Modell eines germanischen Dorfes bei Warendorf im Münsterland*

„So lebten die Germanen.“
Entwickelt dazu eine Präsentation und stellt sie in der Klasse vor.

Wer waren die Germanen?

Als die Römer auf ihren Eroberungszügen bis an den Rhein vorgedrungen waren, trafen sie auf unbekannte große Menschen. Die Männer waren meist zwischen 1,70 m und 1,80 m groß. Die Frauen erreichten 1,60 m bis 1,65 m. Die Römer nannten diese Menschen Germanen.
Die Germanen waren kein einheitliches Volk, sondern bestanden aus verschiedenen **Stämmen** oder Völkern. Sie hatten verschiedene Sprachen, doch diese ähnelten sich. Die Stämme hatten auch eine ähnliche Lebensweise. Sie verehrten Götter und Göttinnen. Dennoch kam es oft zum Kampf zwischen den Stämmen. Die Germanen haben keine schriftlichen Quellen hinterlassen. Unser heutiges Wissen stammt in erster Linie von dem Römer Cornelius Tacitus (etwa 55 – 115 n. Chr.) und von Bodenfunden.

ℹ Freie und Unfreie

Wie die Sklaven bei den Römern und Griechen, so gab es bei den Germanen auch Unfreie. Es handelte sich um Kriegsgefangene, die zum Eigentum eines Herrn geworden waren. Er konnte sie verkaufen und nach Belieben über sie bestimmen. Da die Germanen Ackerbauern und Viehzüchter waren, mussten die Unfreien in erster Linie die schweren Arbeiten in der Landwirtschaft verrichten.

M2 *Germanenstämme*

Tipps für die Erarbeitung

1. Erklärt den Satz: „Die Germanen waren kein einheitliches Volk.“
2. Ermittelt in M2 die Germanenstämme, die im Römischen Reich siedelten.
3. Bestimmt, in welchen heutigen Gebieten die Stämme lebten (M2, Atlas).
4. Bewertet, wie die Römer die Germanen sahen (M7).

D3-114
www.diercke.de

M3 *Eine germanische Familie in ihrem Haus (Nachbau in Leijre/Dänemark)*

Die germanischen Männer trugen Kniebundhosen oder lange Hosen, darüber einen kurzen Kittel, der von einem Gürtel zusammengehalten wurde. Auch das Schwert konnte dort befestigt werden. Gegen die Kälte schützten sich die Männer mit einer Decke, die als Umhang um die Schultern gelegt wurde. Die Frauen kleideten sich mit einem Gewand aus Leinen und trugen einen Gürtel, in dem Amulette aufbewahrt wurden. Diese sollten sie vor Unglück schützen. Auch sie hatten bei Kälte eine Decke über den Schultern. Diese wurde von einer kunstvollen Brosche, der Fibel, zusammengehalten. Fibeln gab es bereits in der Bronzezeit. An der Kostbarkeit der Fibel konnte man Stellung und Reichtum der Frau ablesen.

M4 *Die Kleidung der Germanen*

Blutsverwandte in einem Germanenstamm bildeten eine **Sippe**. Das Oberhaupt der Sippe war der Vater. Alle Mitglieder der Sippe waren gegenseitig zur vollen Unterstützung verpflichtet. Wurde ein Mitglied einer Sippe angegriffen, stand die ganze Sippe zusammen und verteidigte es. Wurde jemand getötet, galt die **Blutrache**.

M5 *Sippen und Stämme*

Die Häuser waren etwa 6 m breit und 20 m lang. Tiere und Menschen lebten unter einem Dach. Der wichtigste Teil war die Kochstelle, von der der Rauch durch eine Öffnung im Dach abzog. An der Wand befanden sich Sitze und Schlafbänke.
Auf dem Lehmboden standen Tongefäße für die Vorräte. Verderbliche Lebensmittel lagerte man kühl in kleinen runden Häusern, in die eine Grube eingelassen war. Das Getreide wurde in Speichern aufbewahrt, die auf Pfählen standen.

M6 *Die Häuser der Germanen*

Die äußere Erscheinung ist bei allen dieselbe: wild blickende blaue Augen, rötliches Haar und große Gestalten, die allerdings nur zum Angriff taugen. In jedem Haus wachsen die Kinder nackt und schmutzig zu diesem Körperbau, zu dieser erstaunlichen Größe heran.

(Nach: Tacitus: Germania. Wiesbaden 2000, S. 124)

M7 *Über die Germanen*

5 Nennt je drei Dinge, die zur Kleidung von germanischen Frauen und Männern gehörten (M4).

6 Beschreibt das Leben der Germanen (M3 – M5).

7 Erläutert die Bauweise und Ausstattung der Häuser in M1 und M3 mithilfe von M6.

8 Erstellt für die Klasse einen Merktext über euer Thema. Erklärt auch die Grundbegriffe.

Grundbegriffe
- der Stamm
- die Sippe
- die Blutrache

M1 *In nur drei Tagen besiegten germanische Stämme unter ihrem Anführer Arminius das als unschlagbar geltende römische Heer unter der Führung von Varus. Die Schlacht fand vermutlich nördlich von Osnabrück (Kalkriese) statt.*

Eine schwere Niederlage

Im Jahr 7 n. Chr. wurde der Römer Varus Oberbefehlshaber der römischen Legion im besetzten Germanien. Eine Legion war ein Verband von 3000 bis 6000 Soldaten. Varus fühlte sich den Germanen vollkommen überlegen. Er erhob Steuern und führte römische Gesetze ein. Die Germanen mussten sich den Römern unterordnen. Die Unzufriedenheit unter den Germanen war groß. Lange Zeit waren die germanischen Stämme so zerstritten, dass sie einen Aufstand gegen Rom nicht organisieren konnten.

In der römischen Armee gab es einen jungen Germanen vom Stamm der Cherusker: Arminius. Er wurde vermutlich als Kind aus Germanien nach Rom entführt. Als junger Mann trat er in die römische Armee ein und machte Karriere. In den Jahren 7 und 8 n. Chr. kehrte er nach Germanien zurück. Er sollte Varus bei der Erweiterung der römischen Provinz unterstützen.

In seiner Heimat wechselte Arminius die Seiten und kämpfte fortan gegen die Römer. Es gelang ihm, zahlreiche germanische Stämme zu verbünden und zum Kampf gegen Rom zu gewinnen. Im Jahr 9 n. Chr. besiegten die Germanen unter Führung von Arminius das Heer des Varus in einer mehrtägigen Schlacht am Teutoburger Wald.

Starthilfe zu 1
Stell dir vor, du bist „Reporter" und berichtest „live" von dem Ereignis.

1 ↗ Beschreibe den Ablauf der Varus-Schlacht (M2).

2 Nenne Gründe, warum Arminius die Römer besiegte.

3 Erkläre, warum die Germanen mit der römischen Herrschaft so unzufrieden waren.

D3-048 www.diercke.de

Arminius weiß, dass er auf offenem Feld keine Chance gegen die Römer hat. Er muss sie in einen Hinterhalt locken. Im Jahr 9 n. Chr. ist die Gelegenheit gekommen. Varus befindet sich mit seinen Soldaten im Hinterland Germaniens und will gerade den Rückweg antreten. Arminius ist zu diesem Zeitpunkt noch ein enger Vertrauter von Varus. Er streut das Gerücht, dass abseits der geplanten Route einige Germanen einen Aufstand planen. Varus fällt darauf herein und nimmt einen Umweg in Kauf. Die römischen Soldaten müssen dichte Wälder und morastige Sümpfe passieren. Die Wege sind so schmal, dass sie nur hintereinander gehen können. Genau diese Situation wollte Arminius herbeiführen. An einer besonders unwegsamen Stelle greifen die Germanen die Armee blitzschnell an. Die Römer können sich nicht zu ihrer üblichen Kampfaufstellung zusammenfinden. Sie müssen die Germanen in ihren Rüstungen Mann gegen Mann bekämpfen.
Mit dieser Taktik zermürbt Arminius die römischen Legionen drei Tage lang, dann ist alles vorbei. Etwa 15 000 bis 20 000 Römer verlieren in diesen Tagen ihr Leben. Ihr Heerführer Varus begeht noch auf dem Schlachtfeld Selbstmord. Mit relativ wenigen Angreifern fügt Arminius der als unbesiegbar geltenden römischen Armee eine vernichtende Niederlage zu.

(Nach: www.planet-wissen.de/politik_geschichte/voelker/expansion_der_roemer/varusschlacht.jsp, Zugriff: 17.01.2014)

M2 ***Die Germanen besiegen die Römer.***

M5 ***Arminius (heutige Zeichnung)***

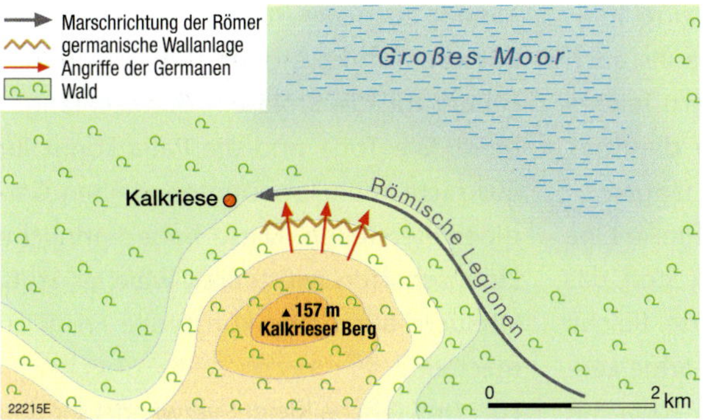

M3 ***Der wahrscheinliche Ort der Varus-Schlacht: Ob die Varus-Schlacht tatsächlich in Kalkriese stattgefunden hat, ist nicht bewiesen. Anhand von Funden kann man aber eindeutig feststellen, dass kriegerische Auseinandersetzungen in Kalkriese stattgefunden haben. Auch die Zeit der Kampfhandlungen kann man eingrenzen, da es nur Funde aus der Zeit vor 9 n. Chr. gibt. Neuere Ausgrabungen haben einen Wall freigelegt, der den Germanen als Hinterhalt gedient haben soll.***

Viele Gründe könnte es gegeben haben:

- Wunsch, der erste König Germaniens zu werden,
- späte Rache wegen seiner Entführung im Kindesalter,
- Überzeugung durch seine Verwandten, als er in seine germanische Heimat zurückkam,
- geringe Aufstiegschance in der römischen Armee

M4 ***Warum wendet sich Arminius gegen Rom?***

4 Beurteile die Argumente, die für Kalkriese als Ort der Varus-Schlacht sprechen (M3).

5 Beurteile die Gründe für den Sinneswandel von Arminius (M4).

6 Arminius: Verräter oder Befreier? Nimm Stellung.

Merke
Im Jahr 9 n. Chr. besiegten die Germanen unter Führung von Arminius das Heer des Varus in einer mehrtägigen Schlacht am Teutoburger Wald.

M1 *Römische Kleidung: Tunika, Stola und Palla (Frauen) sowie Tunika und Toga (Männer)*

M2 *So legst du eine Toga an.*

M4 *Auch Erwachsene spielen Römer: Römerfest im Archäologischen Park Xanten*

Kleiden und essen wie Römer und Germanen

Entwickelt ein Projekt mit dem Thema: „Römer und Germanen in der Klasse".

Die Römerinnen und Römer legten großen Wert auf modische Kleidung. Zu Hause trugen sie eine **Tunika**. Das war ein Hemd mit kurzen Ärmeln. Es wurde aus Wolle oder Leinen hergestellt und war mit einem Gürtel zusammengehalten. Die Tunika war das einzige Kleidungsstück, das sowohl Arme als auch Reiche trugen. Bei den Männern reichte die Tunika nur bis kurz unter die Knie, bei den Frauen war sie etwas länger.

Die Männer trugen über ihrer Tunika eine **Toga**. Das war ein langes Stück Stoff, das um den Körper gewickelt wurde. Reiche Leute hatten eine weiße Toga, arme Leute eine dunkle Toga. War die Toga mit einer roten Borte am Saum versehen, so gehörten die Leute zu den besonders angesehenen Bürgern der Gesellschaft.

Frauen trugen über der Tunika ein fußlanges Kleid, die Stola. Darüber legten sie einen togaartigen Überwurf, die Palla, an. Toga und Palla wurden mit einer Fibel zusammengehalten, die bei wohlhabenden Leuten sehr kostbar war. Dazu trugen die Frauen kunstvoll gesteckte Frisuren.

An den Füßen hatten Frauen und Männer farbige Ledersandalen (Zur Kleidung der Germanen siehe S. 163 M4).

Kleidet euch wie Römer und Germanen. Für die Tunika eignet sich ein langes Hemd, für die Stola ein dünnes, langes Kleid. Die Toga und die Palla könnt ihr aus nicht mehr benötigten weißen Gardinen herstellen. Diese haben ähnliche Eigenschaften wie teurer, weicher Stoff. Versucht auch eine kunstvolle Frisur zu machen.

Für germanische Kleider verwendet ihr derbe Hosen, Kartoffelsäcke, Wolldecken und für Schuhriemen einfache Textilbänder.

Die Fibel gestaltet ihr aus einer dicken Pappe, die ihr schön bemalt und auf die ihr eine Sicherheitsnadel klebt.

Ihr könnt das Projekt ergänzen mit Spielen und Speisen. Veranstaltet zum Beispiel eine römische Theateraufführung. Beim römischen Essen müssen Eier und Äpfel dabei sein. Vielleicht haben einige von euch Lust, „Mostbrötchen" zu backen (M6). Eurer Fantasie sind keine Grenzen gesetzt; nur „echt römisch und germanisch" muss es sein!

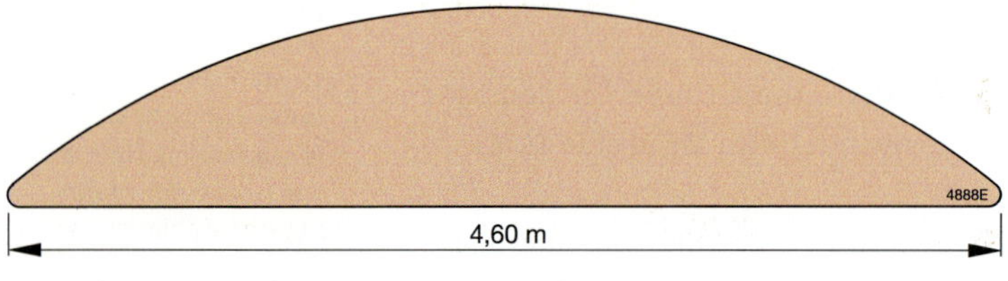

M3 *Schnittmuster für eine Toga oder Palla*

M5 *Schüler beim Anlegen einer Toga*

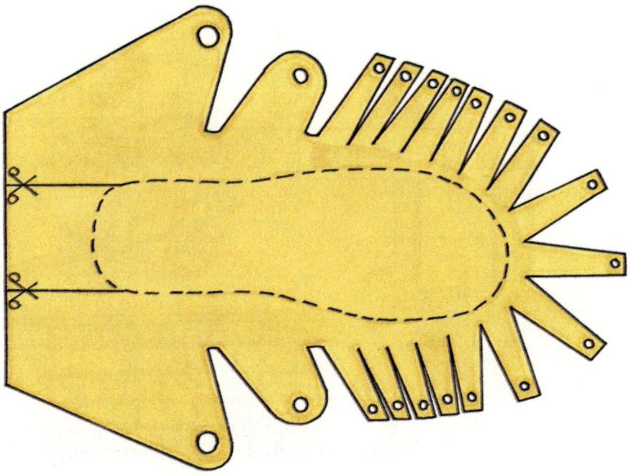

M9 *Schnittmuster einer Sandale (linker Schuh)*

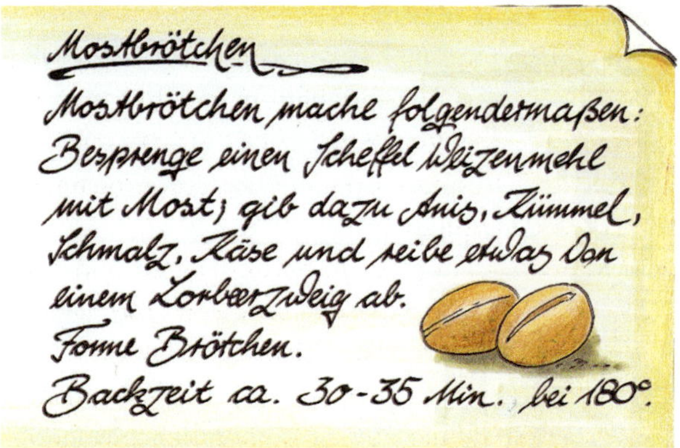

Mostbrötchen

Mostbrötchen mache folgendermaßen: Besprenge einen Scheffel Weizenmehl mit Most; gib dazu Anis, Kümmel, Schmalz, Käse und reibe etwas von einem Lorbeerzweig ab.
Forme Brötchen.
Backzeit ca. 30-35 Min. bei 180°.

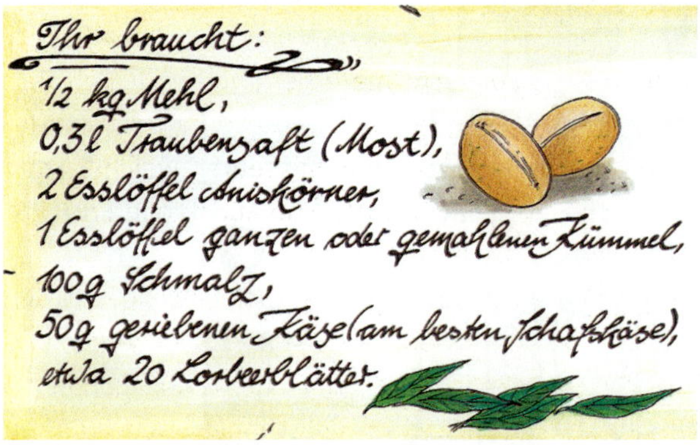

Ihr braucht:

1/2 kg Mehl,
0,3 l Traubensaft (Most),
2 Esslöffel Aniskörner,
1 Esslöffel ganzen oder gemahlenen Kümmel,
100 g Schmalz,
50 g geriebenen Käse (am besten Schafskäse),
etwa 20 Lorbeerblätter.

M6 *Rezept aus einem römischen Kochbuch*

Sandalen herstellen

Zur Herstellung brauchst du: braunes Packpapier, einen Stift, eine Schere, Klebeband und dickere Wolle.

Gehe folgendermaßen vor:

1. Wenn möglich, vergrößere die Abbildung M9 auf einem Kopierer, sodass sie der Größe deiner Füße entspricht. Oder zeichne sie in der richtigen Größe ab.
2. Schneide nun die Form aus, lege sie auf das Packpapier und zeichne die Umrisse nach.
3. Lege die Papierform noch einmal seitenverkehrt für den anderen Fuß auf einen anderen Teil des Packpapiers und zeichne die Umrisse nach.
4. Nun kannst du beide Formen ausschneiden und auch die Löcher hineinschneiden.
5. Klebe mit Klebeband an beiden Schuhen die Teile an der Ferse zusammen.
6. Stelle dich jeweils in die Mitte der Sandale. Ziehe einen lange Wollfaden durch die Löcher, bis die Sandale fest am Fuß sitzt.

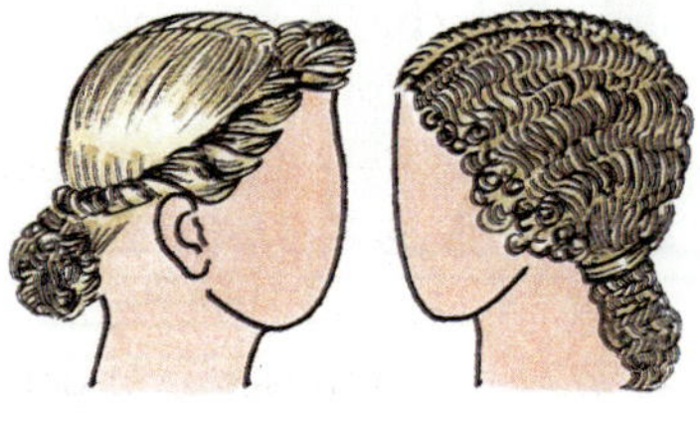

M7 *Kunstvolle Frisuren*

M8 *Ledersandalen*

Grundbegriffe
- die Tunika
- die Toga

M1 *Römische Wörter*

M2 *Aufbau der Gesellschaft im Römischen Reich*

M3 *Die Entwicklung des Römischen Reiches*

Schätze dich selbst mit dem Zeichensystem ein, das auf Seite 33 erklärt ist.
Die Erläuterung der Kompetenzen findest du ebenfalls auf Seite 33.

Grundbegriffe
- Römer
- Lehnwort
- Romanisierung
- Provinz
- Limes
- Kastell
- Monarchie
- Republik
- Therme
- Wagenrennen
- Gladiator
- Villa
- Stamm
- Sippe
- Blutrache
- Tunika
- Toga

Sachkompetenz

1 a) Wähle fünf Grundbegriffe aus der Liste und erkläre sie.
b) Ergänze die Grundbegriffe durch Zeichnungen.

2 Das Wahrzeichen Roms ist eine Wölfin. Erläutere. *(Schülerbuch S. 153)*

3 a) Betrachte die Gegenstände in M1 und übersetze die lateinischen Begriffe.
b) Schreibe weitere Lehnwörter aus dem Lateinischen auf. *(Schülerbuch S. 152)*

4 Zeichne M2 ab und ersetze die Zahlen durch eine Beschriftung. *(Schülerbuch S. 157)*

Methodenkompetenz

5 a) Erkläre mithilfe deiner Kenntnisse und M3 die Entwicklung des Römischen Reiches in vier Schritten.
b) Zeichne eine einfache Skizze über die Entwicklung des Römischen Reiches und beschrifte sie. *(Schülerbuch S. 153 und 154)*

6 Zeichne eine Zeitleiste zur Entwicklung des Römischen Reiches von 1000 v. Chr. bis 500 n. Chr. Notiere wichtige Ereignisse. *(Schülerbuch S. 154)*

7 Schreibe einen Text zum Aufbau der Gesellschaft im alten Rom (M2). *(Schülerbuch S. 157)*

8 Erschließe die Quellentext M2 „Zum Aufstieg von Augustus“ auf S. 156.

Urteils- und Handlungskompetenz

9 Beurteile mithilfe von M3 auf S. 165, wie wahrscheinlich es ist, dass die Varus-Schlacht in Kalkriese stattgefunden hat.

10 Die Quellentexte M2 und M3 auf der Seite 156 kommen zu unterschiedlichen Urteilen über Augustus. Erkläre und bewerte.

11 Diskutiere mit einer Mitschülerin oder einem Mitschüler darüber, wo euch die Römer und die Germanen im Alltag begegnen und welche Bedeutung sie für euch haben.

Das Bild zeigt einen Ort, an dem sich die Menschen in der antiken römischen Zeit begegnet sind: das Kastell in der Nähe von Wetzlar. Beherrschend war das goldene Reiterstandbild des Kaisers Augustus. (heutige Zeichnung von Gery Embledon)
Kannst du dir vorstellen, wozu der Ort gedient hat, was dort los war und wer sich dort getroffen hat? Achte auch auf die Kleidung.

Was die Menschen im Altertum voneinander wussten

Am Ende des Kapitels kannst du:

- die Bedeutung von Herodot und Caesar als Geschichtsschreiber einschätzen
- darlegen, welche Kontakte die Menschen in der Antike mit anderen Völkern pflegten
- eine Geschichtskarte auswerten
- die Götterverehrung der Griechen und Römer vergleichen
- den Einfluss der Antike auf die europäische Kultur bewerten

Herodot – der Vater der Geschichtsschreibung

Der Grieche Herodot (um 490 – 425 v. Chr.) gilt als Vater der Geschichtsschreibung. Er war einer der Ersten, die Ereignisse ausführlich schilderten.

In seinem Buch „Historien" berichtete er über Kriege und Verwüstungen. Historien (Einzahl: die Historie) bedeutet „Erkundungen, Forschungen". Er beschrieb auch die Lebensweise der Menschen zu seiner Zeit und in der Vergangenheit.

Herodot las und reiste sehr viel und war mit 30 Jahren eine bekannte Persönlichkeit. Es gab kaum etwas, wofür er sich nicht interessierte. Er war anderen Sitten und Gebräuchen gegenüber sehr aufgeschlossen. Manche beschimpften ihn daher als Freund der Barbaren.

Caesar – Feldherr und Geschichtsschreiber

Der römische Feldherr Gaius Julius Caesar (100 – 44 v. Chr.) hat mit seinem Werk „Der Gallische Krieg" ein bedeutendes Geschichtswerk geschaffen. Darin beschreibt er seine Eroberung Galliens (58 – 50 v. Chr.) und die blutigen Kämpfe gegen die Germanen.

Als Befehlshaber der Armee in Gallien war er selbst Zeitzeuge des Geschehens. Er schrieb sowohl über die Kriegsereignisse als auch über das Leben und die Gebräuche seiner Feinde. Seinen Bericht schickte er an den römischen Senat. So hörten die Leute in der Heimat während des langen Krieges von Caesars Heldentaten. Auch wollte Caesar, dass sein Buch noch in vielen hundert Jahren gelesen wird.

M1 *Herodot (Marmorbüste, 4. Jahrhundert v. Chr.)*

M2 *Caesar (Marmorbüste, 1. Jahrhundert v. Chr.)*

„Was bezweckte Herodot?"

„Herodot war überzeugt, dass wichtige Ereignisse und menschliche Leistungen nicht in Vergessenheit geraten dürfen. Er wollte, dass sich seine Zeitgenossen ein Beispiel an den Vorfahren nehmen und aus der Geschichte lernen. Er wollte, dass auch die Nachwelt von der griechischen Kultur in seiner Zeit erfährt. Außerdem forderte er die Griechen auf, sich mit anderen Kulturen auseinanderzusetzen."

M3 *Ein Experte beantwortet eine Schülerfrage.*

„Was bezweckte Caesar?"

„Caesar war überzeugt, dass die Römer ihn wegen seiner Erfolge bewundern würden. Sein Ruhm sollte ihm helfen, nach der Zeit als Feldherr in Rom die Macht zu ergreifen. Die Germanen beschrieb er als besonders tapfere Krieger. Er versuchte dadurch, den Römern Angst vor den Germanen einzuflößen, damit seine Erfolge noch mehr anerkannt wurden. In seiner Heimat wurde Caesar für seinen Mut bewundert und geehrt."

M4 *Ein Experte beantwortet eine Schülerfrage.*

1. Erläutere, wie Herodot und Caesar Geschichte schrieben.

2. ↗ Vergleiche Herodots und Caesars Absichten, von Ereignissen aus ihrer Zeit zu berichten (M3, M4).

3. a) Bestimme, in welchen heutigen Staaten Caesar im Verlauf seiner Eroberungen gewesen ist (M5, Atlas, Karte: Europa – Politische Übersicht).
b) Erkläre auf dieser Grundlage Caesars große Bedeutung für die Geschichtsschreibung.

Starthilfe zu 2
Erstelle eine Tabelle über die Ziele der beiden Geschichtsschreiber.

D3-092 www.diercke.de

M5 *Caesars Feldzüge*

Herodot schreibt über die Ägypter

Drei Tage in jedem Monat nehmen sie Abführmittel, weil sie glauben, dass alle Krankheiten von der verzehrten Nahrung kommen. Bei wichtigen Mahlzeiten der Wohlhabenden trägt ein Mann einen Toten herbei, der aus Holz gemacht ist und in einem Sarg liegt. Dabei zeigt er ihn jedem der Gäste und sagt: „Auf diesen blicke und dann trinke und freue dich. Wenn du nämlich stirbst, wirst du sein wie dieser."
Wenn die Jüngeren den Älteren begegnen, geben sie ihnen den Weg frei und treten beiseite; auch stehen sie von ihrem Platz auf, wenn jene kommen.

(Nach Herodot: Historien. Stuttgart 2005, S. 93 ff)

M6 *Quellentext*

Caesar schreibt über die Germanen

Ihr ganzes Leben besteht aus Jagen und militärischen Übungen. Von klein auf streben sie danach, Härte und Anstrengungen zu ertragen. Beide Geschlechter baden zusammen in den Flüssen und tragen nur Felle oder dürftige Pelzüberwürfe, wobei der größte Teil des Körpers nackt bleibt.
Ackerbau betreiben sie wenig, ihre Ernährung besteht zum größten Teil aus Milch, Käse und Fleisch. Auch kennen sie keinen Grundbesitz. Sie sollen keinen Gefallen an der Sesshaftigkeit finden und dadurch ihre kriegerische Neigung aufgeben.

(Nach: Caesar: Der Gallische Krieg. Stuttgart 2004, S. 335 ff)

M7 *Quellentext*

4 a) Erläutere, was der Grieche Herodot mit seinem Reisebericht über die Ägypter den eigenen Landsleuten sagen will (M6).
b) Bewerte, wie er über die Ägypter schreibt.

5 a) Erläutere, was der Römer Caesar mit seinem Bericht über die Germanen den eigenen Landsleuten sagen will (M7).
b) Bewerte, wie er über die Germanen schreibt.

Merke
Der Grieche Herodot gilt als Vater der Geschichtsschreibung. Der Römer Caesar war ein berühmter Feldherr und Geschichtsschreiber.

M1 *Eine Leistung der Antike ist die Weltkarte des Ptolemäus aus dem 2. Jahrhundert n. Chr. (Nachzeichnung von 1482).*

Phönizier
Die Phönizier waren ein Volk der Antike, das hauptsächlich im jetzigen Libanon und Syrien an der Mittelmeerküste lebte. Sie waren eine führende Macht etwa zwischen 1000 und 774 v. Chr.

Kontakte über Grenzen hinweg häuften sich

Immer wieder nahmen Völker in Kriegen fremdes Land ein. Sie brachten ihre Lebensweisen in die eroberten Gebiete mit ein, wie die Römer (S. 150 – 169). Auch durch Auswanderungen verbreiteten sich fremde Sitten und Gebräuche. In den griechischen Städten wuchs die Bevölkerung ab dem 7. Jahrhundert v. Chr. stark an. Deshalb wanderten viele Bürger in neue Siedlungsgebiete am Mittelmeer und am Schwarzen Meer. Ihre Lebensweise wurde so in vielen Ländern bekannt. Umgekehrt lernten die Griechen von anderen Völkern. Zum Beispiel übernahmen sie von den Phöniziern das Alphabet.
Griechen und Römer handelten mit Waren über immer größere Entfernungen. Auch die Händler tauschten nicht nur ihre Waren aus, sondern auch ihre Geschichten und Erfahrungen.
Die gebildeten Menschen des Altertums interessierten sich für Kunst, Wissenschaft und Religion. Menschen, mit denen sie in Kontakt kamen, wussten wiederum von noch ferneren Ländern zu berichten.
So wuchsen die Kenntnisse über fremde Länder. Erste Karten der damals bekannten Welt erleichterten das Reisen.

M2 *Handelsrouten der Phönizier*

Starthilfe zu 1
Denke an die Umrisse der Kontinente und Meere.

1 ↗ Vergleiche M1 mit einer Weltkarte im Atlas. Notiere Übereinstimmungen und Abweichungen.

2 Erläutere die Überschrift des Textes mithilfe von M2.

3 Betrachte M6.
a) Beschreibe die Szene, die auf dem griechischen Keramikgefäß dargestellt wird.
b) Worüber mögen die beiden Personen sprechen?

M3 *Museumsraum in Alexandria (Nachbildung)*

M6 *Marktszene (antike griechische Keramik, ohne Jahr). Die Darstellung von Handelsszenen gehörte zu den weit verbreiteten Themen in der Kunst. Der Handel über Land- und Seewege bot den Menschen hervorragende Möglichkeiten, zusammenzukommen. Orte zum Begegnen waren damals wie heute Märkte in den Hafen- und Handelsstädten.*

Claudius Ptolemäus (etwa 100 – 180 n. Chr.)

Der Astronom und Geograph Claudius Ptolemäus lebte in Alexandria in Ägypten. In seinem Lehrbuch „Geographia" stellte er die geographischen Kenntnisse seiner Zeit zusammen. Wichtigste Bestandteile sind eine Liste mit über 8000 Orten der damals bekannten Welt und die Gliederung der Welt in die drei Kontinente Europa, Afrika und Asien. Seine Ortsbestimmungen waren die Grundlage für die Anfertigung einer Weltkarte. Es ist umstritten, ob Ptolemäus die Karte selbst hergestellt hat.

(Nach: Ute Schneider: Die Macht der Karten. Darmstadt 2004, S. 14)

M4 *Quellentext*

Die Stadt Alexandria

Alexandria wurde durch Alexander den Großen 331 v. Chr. gegründet und entwickelte sich zum Zentrum der Künstler und Wissenschaftler. Die Stadt besaß die größte Bibliothek der Antike. Sie hatte auch einen der größten Häfen. Dort war der Schiffsverkehr so stark, dass der Hafen auch nachts angelaufen wurde. Daher wurde ein Leuchtturm gebaut. Er war mit 140 m Höhe nach den Pyramiden von Gizeh (siehe S. 118) das höchste Gebäude der Welt. Der Leuchtturm wies den ankommenden Schiffen den Weg, um sicher in den Hafen von Alexandria einzufahren.

M5 *Die Bedeutung von Alexandria*

4 Erkläre, welche Rolle das antike Alexandria bei der Begegnung von Menschen aus verschiedenen Ländern hatte (M3, M5).

5 In der Antike forschten Gebildete auf vielen verschiedenen Gebieten. Informiere dich über die einzelnen Berufe des Claudius Ptolemäus und erkläre sie (M4, Internet).

Merke

Griechen und Römer handelten mit Waren über große Entfernungen. Dabei tauschten sie sich auch über ihre Lebensgewohnheiten und Erfahrungen aus. Die Kenntnisse über fremde Länder wuchsen. Erste Karten der damals bekannten Welt erleichterten das Reisen.

1. Die Beschriftung

2. Die Legende

M1 *Griechenland und das Perserreich um 500 v. Chr.*

M2 *Die Alexanderschlacht (Schlacht gegen die Perser unter Darius III. 333 v.Chr.). Ausschnitt aus einem römischen Mosaik*

Der Umgang mit Karten

Eine Geschichtskarte informiert über die Vergangenheit. Es gibt Karten, die echte Quellen sind. Diese stammen aus der Zeit, über die sie berichten. Fast alle geschichtlichen Karten im Atlas und im Schulbuch sind nachträgliche Darstellungen: In eine geographische Karte sind die geschichtlichen Ereignisse oder Abläufe eingetragen.

In den Karten findest du den Titel, eine Beschriftung, den Maßstab, Signaturen und Flächenfarben sowie eine Legende, die dieses erklärt.

Makedonien

Makedonien war ab 413 v. Chr. die stärkste Militärmacht. Der Adel stellte die Reiterei. Die Bauern bildeten das Fußvolk. Sie waren mit langen Lanzen ausgerüstet und kämpften in einer Reihe.

Perserreich

Das Perserreich war eines der bedeutendsten Weltreiche der Antike.

Königsstraße

Die persische Königsstraße wurde im 5. Jahrhundert v. Chr. angelegt. Die Kuriere konnten etwa 2 700 km in sieben Tagen zurücklegen.

Hellenismus

Hellenismus bedeutet „Nachahmung des Griechischen". Kennzeichen sind die Durchdringung Persiens durch die griechische Kultur und der Einfluss Persiens auf die Griechen.

Vier Schritte zur Auswertung einer Geschichtskarte

1. Bestimme das Thema der Karte.
   Achte auf die Über- bzw. die Unterschrift.
2. Bestimme die Zeit, die dargestellt ist.
   Ist ein Zeitpunkt oder Zeitraum angegeben?
3. Verschaffe dir Zusatzinformationen.
   Informiere dich im Internet und nutze eine heutige politische Atlaskarte. Dann weißt du, welche Staaten jetzt in dem Raum liegen.
4. Beschreibe den Karteninhalt.
   Vergleiche die Eintragungen in der Karte mit den Informationen der Legende.

D3-140
www.diercke.de

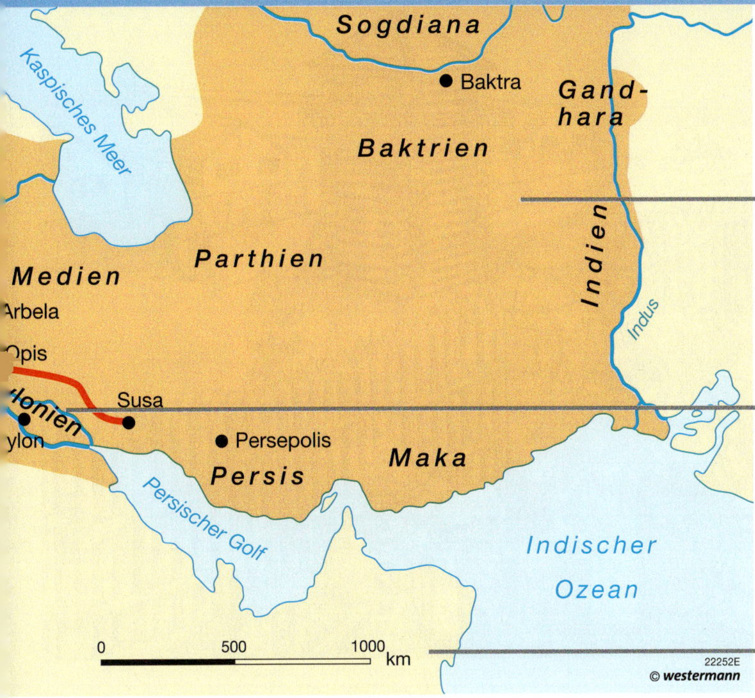

3. Die Flächenfarben

4. Die Signaturen (Kartenzeichen)

5. Die Maßstabsleiste

Was kam nach 500 v. Chr.?

Bis 470 v. Chr. kämpften die Griechen gegen die Perser, die Griechenland erobern wollten. Dann konnten sie gestoppt werden (siehe S. 135). Etwa 150 Jahre später brachte Alexander der Große (356–323 v. Chr.) Griechenland unter seine Kontrolle. Daraufhin eroberte er in einem mehrjährigen Feldzug das ganze Perserreich. Daher erhielt er den Namen Alexander der Große. Er lernte auf seinen Eroberungen viele Gebiete und Völker kennen, über die bis dahin nur wenig bekannt war. Alexander wurde König von Persien und ließ sich in Ägypten zum Pharao krönen. Sein Riesenreich erstreckte sich von Makedonien bis nach Indien. Alexander versuchte, die griechische mit der persischen Kultur zu verbinden. Seine ehemaligen Soldaten heirateten persische Frauen. Er gründete viele Städte und brachte die griechische Kultur in den Osten. **Hellenismus** hieß nun die Zeit, die mit Alexander begann.

M4 ***Alexander der Große; Statue in Thessaloniki, Griechenland***

1. Bestimme das Thema der Karte.
Das Thema ist: Griechenland und das Perserreich.

2. Bestimme die Zeit, die dargestellt ist.
Die Karte bildet die Zeit um 500 v. Chr. ab.

3. Verschaffe dir Zusatzinformationen.
Die Karte reicht vom heutigen Italien am Mittelmeer bis an den Indus im heutigen Pakistan. Die Persische Königsstraße war eine Hauptstraße, die vom persischen König Dareios I. im 5. Jahrhundert v. Chr. angelegt wurde.

4. Beschreibe den Karteninhalt.
Das Perserreich ist in Orange eingezeichnet. Es erstreckte sich vom östlichen Mittelmeer und Ägypten bis weit nach Asien hinein. Es umfasste viele Völker. Die griechischen Staaten sind in Blau eingetragen. Sie liegen im heutigen Griechenland und in Süditalien. Das kleineres Reich Makedonien liegt in Nordgriechenland. Man erkennt, dass um 500 v. Chr. in erster Linie die Perser und in zweiter Linie die Griechen das Mittelmeer beherrschten. Eine wichtige Straße im Perserreich, die Königsstraße, führt von Sardes nach Susa.

M3 *Auswertung von M1*

M1 *Handel am Limes (heutige Zeichnung)*

„Der Limes war eine Grenze und eine Begegnungsstätte." Entwickelt dazu eine Präsentation und stellt sie in der Klasse vor.

M2 *Römischer Reisewagen (Relief 1. Jahrhundert n.Chr.)*

Der Limes – Grenze und Begegnungsstätte

Im 1. Jahrhundert n.Chr. griffen Germanen immer wieder das Römerreich an. Deswegen schützten die Römer vor allem ihre Nordgrenze. Berge und Flüsse bildeten dabei eine natürliche Grenze. In den offenen Gebieten zwischen dem Rhein und der Donau bauten sie eine bewachte Grenzmauer, den Limes (siehe S. 154/155).
Am Limes begegneten sich germanische Händler und römische Soldaten. Römische Kaufleute brachten Schmuck, Töpfe, Glasbecher und Silbergeschirr nach Germanien und erhielten dafür Honig und Felle von den Germanen.
Um den Handel zu fördern, hatten die Römer ein dichtes Straßennetz angelegt. Dadurch konnten sie mit den verschiedensten Waren aus allen Gegenden des Römischen Reichs handeln. Personenreisewagen legten zur Römerzeit etwa 40 km am Tag zurück.
Häufig gingen römische Soldaten nach dem Militärdienst nicht nach Rom zurück, sondern blieben in Germanien. Sie bekamen dort ein Stück Land und heirateten germanische Frauen. Die Völker vermischten sich.
Einige Germanen lernten Latein. Im 2. und 3. Jahrhundert n.Chr. besaßen diese Germanen hohe öffentliche Ämter und hatten viel Einfluss, wie zum Beispiel Arminius (siehe S. 164/165)

Tipps für die Erarbeitung

1. a) Beschreibt den Verlauf des Limes anhand einer Atlaskarte (Karte: Handel und Wirtschaft im Römischen Reich).
   b) Erklärt die Bedeutung des Limes für die Römer.
2. Schildert die Situation in M1. Beschreibt die Menschen. Stellt dar, womit sie beschäftigt sind. Nennt die Waren, die von den Römern und die von den Germanen angeboten werden.

D3-086
www.diercke.de

M3 *Bau einer Römerstraße (heutige Zeichnung)*

Römische Straßen

Die Römerstraßen gelten als technische Meisterleistung. Sie waren genau vermessen und verliefen schnurgerade. Mithilfe von Brücken wurde hügeliges Gelände überwunden. Die Straßen waren geschottert oder gepflastert. So kamen Soldaten, Boten, Händler und andere Reisende auch bei schlechtem Wetter schnell vorwärts. Das war für die Sicherung des Römischen Reiches sehr wichtig. Wie ein Netz verbanden die Straßen Kastelle und Städte.

Warenverkehr über den Limes

Gegenstände des gehobenen Bedarfs, sogar ausgesprochene Luxusgüter, sind bis in die hintersten Winkel Germaniens gelangt. So werden germanische Stammesoberhäupter römisches Tafelgeschirr und andere Gegenstände feiner römischer Lebensart als Geschenke erhalten haben. Anderes mag aus der Beute germanischer Überfälle stammen, die in den römischen Gebieten vorgenommen wurden. Bestimmt haben auch germanische Krieger nach ihrem Militärdienst im Römerreich manches Stück mit nach Hause genommen.
Zu einem gewissen Teil dürften römische Produkte aber auch als Handelsgüter nach Germanien gelangt sein. Man fragt sich, wie germanische Waren den umgekehrten Weg zu den Römern genommen haben, zum Beispiel Pelze und Bernstein, nicht zu vergessen blondes Frauenhaar, das von vornehmen Römerinnen zur Verschönerung ihrer Frisur sehr geschätzt wurde. Auch Sklaven gelangten von Germanien über den Limes ins Römische Reich.
Wie der hohe Anteil römischer Keramik in germanischen Siedlungen nahe des Limes beweist, erstreckte sich hier der Austausch von Gütern auch auf Gegenstände des täglichen Gebrauchs, auf Küchengeschirr und landwirtschaftliche Produkte.
(Nach: Hermann Ament: Germanen. www.novaesium.de/artikel/germanen.htm, Zugriff: 02.03.2014)

M4 *Quellentext*

M5 *Typische römische Handelsware (Fundstücke, 2. Jahrhundert n. Chr.)*

3 a) Der Limes war zugleich militärische als auch kulturelle Grenze. Erklärt.
b) Der Limes war weniger eine Grenze als vielmehr ein Ort des Austausches. Nennt Beispiele.

4 Übertragt den Text von M4 in eine oder mehrere Zeichnungen.

5 Erstellt für die Klasse einen kurzen Merktext über euer Thema.

„Jupiter, der Göttervater, ist mit Juno, der Göttin der Ehe, verheiratet. Die Nachkommen des Jupiter heißen: Apollo (Gott der Musik und der Weissagung), Mars (Gott des Krieges), Diana (Göttin der Jagd), Minerva (Göttin des Schutzes), Vulcanus (Gott des Feuers und des Metallhandwerks) sowie Mercurius (Götterbote). Weitere Mitglieder der Götterfamilie sind Ceres (Göttin der Fruchtbarkeit und des Ackerbaus), Neptun (Meeresgott) und Bacchus (Gott des Weines). Eine Besonderheit ist Venus, die Göttin der Schönheit und der Liebe: Ausgerechnet sie ist aus Schlamm geschaffen."

M1 *Bericht über römische Götter aus einem Reiseführer*

M2 *Die griechischen Götter des Olymp*

„Griechen und Römer verehrten dieselben Götter." Entwickelt dazu eine Präsentation und stellt sie in der Klasse vor.

Götterverehrung verbindet Griechen und Römer

Die Griechen glaubten, dass ihre zwölf wichtigsten Götter auf dem höchsten Berg des Landes, dem Olymp, wohnten. Die Götter bildeten eine Familie. Gottvater Zeus und seine Frau Hera standen an der Spitze.

Jede Göttin und jeder Götter war für einen Lebensbereich zuständig und griff in das Leben der Menschen ein. Die Götter konnten helfen oder strafen; sie waren liebevoll oder grausam. Sie wurden als Statuen an wichtigen Orten platziert, in Bildern dargestellt, in Sagen und Geschichten beschrieben und mit vielen Opfergaben in Tempeln gnädig gestimmt.

Auch die Römer verehrten und glaubten an eine Götterfamilie. Nach der Eroberung Griechenlands im 2. Jahrhundert v. Chr. lernten sie die griechischen Götter kennen, gaben ihnen Namen in ihrer Sprache und ehrten sie wie ihre eigenen. Die römischen Kaiser wurden ebenfalls als göttlich angesehen. Glaube, Götterverehrung und Kaiserkult waren weitverbreitet. Sie verbanden die Menschen über Grenzen hinweg.

Tipps für die Erarbeitung

1. a) Ermittelt die Höhe des Berges Olymp (Atlas, Karte: Südosteuropa/Türkei – physisch).
   b) Erklärt, warum die Griechen den höchsten Berg ihres Landes zum Sitz der Götter machten.
2. Ermittelt den Namen und die Höhe des Berges bei Delphi (Atlas, Karte: Südosteuropa/Türkei – physisch).
3. Erklärt die Bedeutung der Götter für die Menschen der Antike.

D3-126 www.diercke.de

M3 *Delphi (hier: Tempel des Apollon)*

M5 *Das Pantheon – Tempel zur Götterehrung in Rom*

Zeus war der Herrscher unter den Göttern sowie Vater aller Götter und Menschen.
Hera war die Frau von Zeus. Sie war die Herrscherin des Himmels und die Beschützerin der Ehe.
Ares, Sohn von Zeus und Hera, war der Kriegsgott.
Hephaistos, Sohn von Hera, war Schmied und Metallgießer.
Aphrodite, Tochter von Zeus, war die Göttin der Liebe.
Poseidon war der Meeresgott.
Athene war die Göttin der Wissenschaft und Künste.
Dionysos war der Gott des Weines.
Apollon war der Gott der Künste und der Musik, des Bogenschießens und der Medizin.
Demeter war die Göttin des Ackerbaus und Beschützerin der Fruchtbarkeit.
Hermes war der Götterbote und der Beschützer der Reisenden.
Artemis war die Göttin der Hirten und der Jagd, Beschützerin der Kinder, Schwachen und der Tiere.

M4 *Griechische Götter und ihre Bedeutung*

Der Sage nach ist Delphi deswegen der „Nabel der Welt", weil Zeus zwei Adler gleichzeitig von den beiden Enden der Welt fliegen ließ und diese sich in Delphi trafen. So wurde es zum religiösen Zentrum und zu einem der bekanntesten und meistbesuchten Orte der antiken Welt.

M6 *Eine typische Göttergeschichte*

Delphi

Delphi war ein religiöses Zentrum der Griechen. Die Menschen kamen hierher, um den Gott Apollon zu verehren oder die Priesterin um Rat zu bitten. Von ihr glaubte man, dass sie Ratschläge geben und in die Zukunft schauen konnte. Sie wurde zum Beispiel befragt, ob ein Krieg Aussicht auf Erfolg haben könnte.

Die weissagende Priesterin in Delphi, Pythia genannt, war ein Orakel. Wenn sie die Zukunft voraussagte, saß sie auf einem Stuhl mit drei Beinen. Die Orakelsprüche der Priesterinnen waren oft allgemein und nicht immer verständlich:
„Erkenne dich selbst!"
„Nichts im Übermaß!"
„Hüte deine Zunge!"
„Beachte die Grenze!"
„Prahle nicht mit Stärke!"

M7 *Orakelsprüche der Pythia in Delphi*

4 Vergleicht die römischen Götter (M1) mit den Göttern der Griechen (M2, M4). Erstellt eine Tabelle mit den griechischen und römischen Namen sowie den Zuständigkeiten.

5 Erklärt die Bedeutung des Ortes Delphi für die Menschen in der Antike (M6, M7).

6 Erstellt für die Klasse einen kurzen Merktext über euer Thema. Erklärt darin auch die Grundbegriffe.

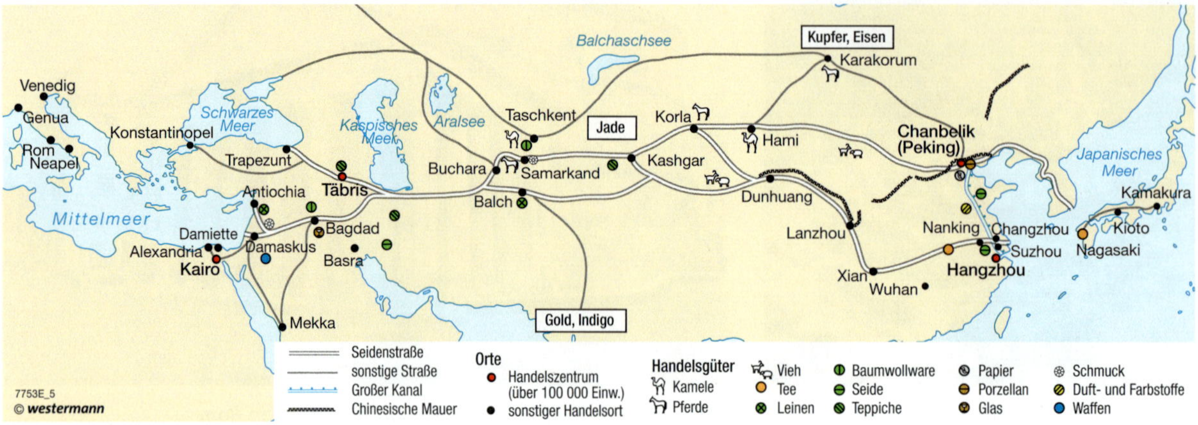

M1 *Hauptrouten der Seidenstraße vom Gelben Meer zum Mittelmeer*

Im Mittelalter trat die Pest in China auf und verbreitete sich nach Westen. 1347 hatte sie das Schwarze Meer erreicht und gelangte von dort nach ganz Europa. Flöhe übertrugen die Krankheit. Sie saßen in den Pelzen, die die Karawanen auf der Seidenstraße beförderten.

M2 *Auch Krankheiten wurden über die Seidenstraße transportiert.*

„Die Seidenstraße verbindet Asien und Europa." Entwickelt dazu eine Präsentation und stellt sie in der Klasse vor.

Austausch von Waren und Ideen

Die **Seidenstraße** war in der Antike eine bekannte Handelsstraße. Auf ihr waren die Händler oft viele Wochen unterwegs, um ihre Waren zu transportieren. Für die Reisenden war dies jedoch gefährlich: Überall konnten Räuber lauern, die die Karawanen überfielen. Das Pamirgebirge und die Wüste Takla Makan im Tarimbecken mussten bewältigt werden. Die einzelnen Händler und die Karawanen bewegten sich größtenteils auf Teilstrecken der Seidenstraße. Sie verkauften die Waren in einem der Handelsorte an einen nächsten Händler weiter. Jeder Verkauf erhöhte natürlich die Kosten der Waren. Man kaufte und verkaufte Seide, Porzellan, Gewürze, Parfüme, Tee und Samen von Orangen und Pfirsichen, Gold, Silber, Elfenbein, Jade, Trauben und Wein sowie Feigen und Walnüsse. Die Händler unterhielten sich miteinander. Sie tauschten Neuigkeiten aus, gaben Lebenserfahrungen weiter, berichteten über Waffen oder die Wirkung von Heilpflanzen, erzählten sich Geschichten und lernten gegenseitig ihre Lieder. Diese Art der Verbreitung von Wissen und Erfahrungen nennen wir mündliche Überlieferung. Sie war nützlich, wenn eine einheitliche Schrift fehlte.

Seide – von China zum Mittelmeer

Auf der Seidenstraße transportierten Kamele Seidenballen von China bis zum Mittelmeer nahe Damaskus. Dort wurde die wertvolle Fracht auf Schiffe umgeladen und zum Beispiel nach Rom gebracht. Insgesamt dauerte eine Karawanenreise von China zum Mittelmeer und zurück etwa sechs bis acht Jahre.

Tipps für die Erarbeitung

1. Erläutert die Bedeutung der Seidenstraße und erklärt den frühen Handel zwischen den Römern und Chinesen (M4, M5).
2. Erklärt, warum Seide in Rom begehrt war.
3. a) Beschreibt den Verlauf der Seidenstraße (M1).
   b) Notiert die Namen der heutigen Länder (M1, Atlas)
4. Malt eine Händler- oder Karawanenszene auf der Seidenstraße.

D3-140 www.diercke.de

M3 *Karawane auf der Seidenstraße (Katalanischer Atlas von Abraham Cresques, 1375)*

Chinesen und Römer

Die Chinesen benutzten für Rom und das Römische Reich den gleichen Namen wie für ihr eigenes Reich. Sie nannten es „Da Qin“, das heißt „Großes Qin“. Qin ist der Name der Gründerfamilie des Chinesischen Reiches. Seit dem 2. Jahrhundert n. Chr. hielten die Chinesen das Römische Reich für das zivilisierte „Gegenüber“ zum Chinesischen Reich, daher derselbe Name. Einige Wissenschaftler glauben, dass Chinesen und Römer ähnliche Vorstellungen voneinander hatten. Man war auf mündliche Überlieferungen angewiesen und deshalb entsprachen die Vorstellungen in den Einzelheiten wohl kaum der Wirklichkeit. Sie waren meistens ungenau oder falsch.

(Nach: Francis Wood: Entlang der Seidenstraße. Stuttgart 2007, S. 30)

M4 *Quellentext*

Die römischen Herrscher und reichen Familien Roms liebten die Seide aus China. Seit etwa 200 v. Chr. entwickelte sich der Handel zwischen Rom und China. Die gegenseitige Unkenntnis war zunächst groß. Die Bewohner des Fernen Ostens hießen in Rom einfach nur „Seidenmenschen“. Erst später kam es zu Kontakten zwischen Chinesen und Römern. Neben der Seide war Rom an Edelsteinen, Holz, Gewürzen, Pferden und Sklaven interessiert. Die Chinesen kauften Wolle, Glas, Gold, Silber und Weinreben.

Bemaltes Seidenkleid (etwa 170 n. Chr.)

M5 *Handel zwischen Rom und China*

Seide

Seidenstoffe waren lange Zeit ein Luxusgut, das sich nur die Reichen leisten konnten. Der Stoff kühlt bei Hitze und wärmt bei Kälte. Seide kann bis zu 30 Prozent ihres Eigengewichts an Feuchtigkeit aufnehmen, ohne sich nass anzufühlen. Die Oberfläche ist schmutzabweisend und unempfindlich gegenüber Gerüchen.

M6 *Tanz im Seidengewand (Römisches Mosaik, 2. Jahrhundert v. Chr.)*

5. Erstellt eine Übersicht über die Waren, die auf der Seidenstraße transportiert wurden. Unterscheidet zwischen Waren, die bei den Römern und die bei den Chinesen begehrt waren (M5).

6. Listet die Nachteile auf, wenn es nur mündliche Überlieferungen gibt.

7. Erstellt für die Klasse einen Merktext über euer Thema. Erklärt auch den Grundbegriff.

Grundbegriff
- die Seidenstraße

M1 *Zwei Kulturen treffen sich.*

M2 *Das Pantheon – Tempel zur Götterehrung in Rom*

M3 *Alexander der Große (Mosaik, Pompeji, ca. 150 – 100 v. Chr.)*

M4 *Einige römische Götter*

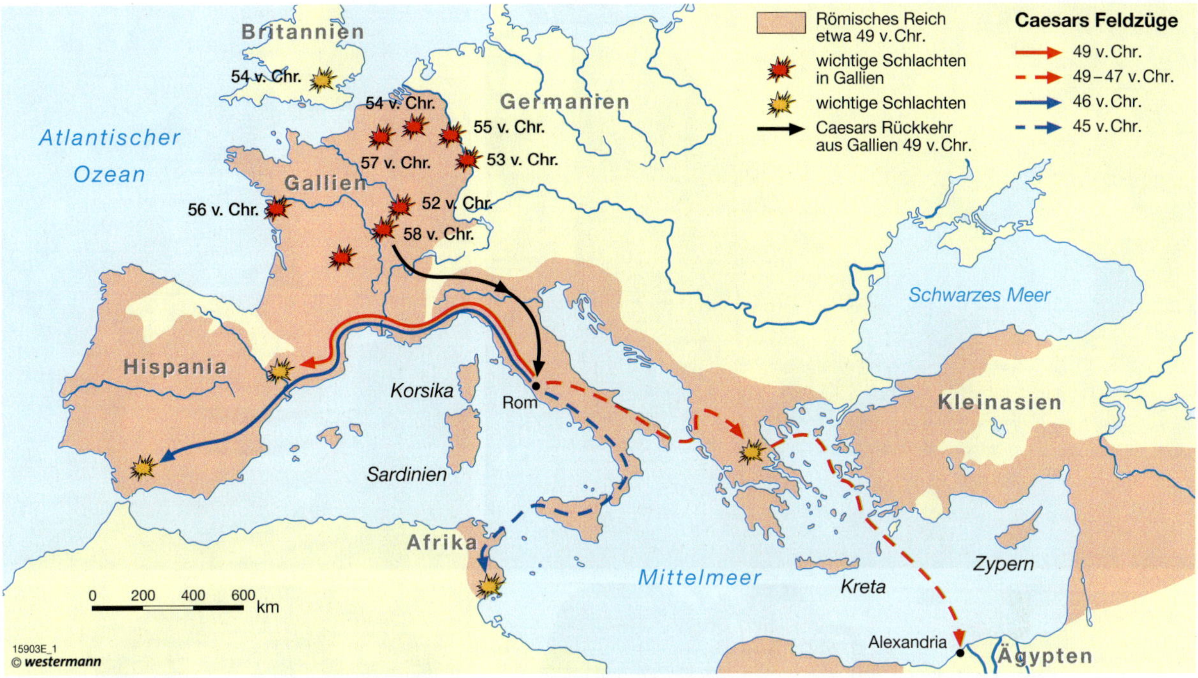

M5 *Caesars Feldzüge*

Schätze dich selbst mit dem Zeichensystem ein, das auf Seite 33 erklärt ist.
Die Erläuterung der Kompetenzen findest du ebenfalls auf Seite 33.

Sachkompetenz

1. Erkläre die Begriffe „Hellenismus“ und „Seidenstraße“.
2. Beschreibe und erkläre die Szene in M1. *(Schülerbuch S. 178)*
3. Erkläre die Bedeutung der Person in M3. *(Schülerbuch S. 177)*
4. a) M4 zeigt acht römische Götter. Liste auf, wofür sie zuständig waren.
b) Vier Götter kannst du ergänzen. Nenne sie sowie ihre Zuständigkeiten. *(Schülerbuch S. 180)*
5. a) Beschreibe den Verlauf der Seidenstraße (M1, S. 182).
b) Erkläre die Bedeutung der Seidenstraße. *(Schülerbuch S. 182/183)*

Methodenkompetenz

6. Zeichne die vier Götter, die in M4 fehlen und benenne sie.
7. Schreibe einen Brief aus Sicht eines römischen Soldaten aus dem Heer von Caesar. Berichte von den Eroberungen neuer Gebiete und dem Zusammentreffen mit fremden Völkern (M5). *(Schülerbuch S. 172/173)*
8. Werte M5 aus.
9. a) Das Pantheon ist im typischen griechischen Baustil erbaut worden (M2). Zeichne eine Skizze.
b) Notiere Gebäude, die du kennst und die ähnliche Merkmale dieses Baustils zeigen. *(Schülerbuch S. 132/133)*

Urteils- und Handlungskompetenz

10. Der Quellentext M7 auf Seite 173 schildert, was Caesar bei den Germanen beobachtet. Vergleiche mit M1 und beurteile Caesars Darstellung.
11. Die Seidenstraße brachte Europa überwiegend Vorteile. Erkläre und begründe. *(Schülerbuch S. 182/183)*
12. Das Römische Reich war ein Glück für die damaligen Völker Europas. Nimm Stellung zu dieser Aussage (M5). *(Schülerbuch S. 178/179)*
13. Diskutiert darüber, wo euch die Antike im Alltag begegnet und welche Bedeutung sie für euch hat.

Grundbegriffe
- Hellenismus
- Seidenstraße

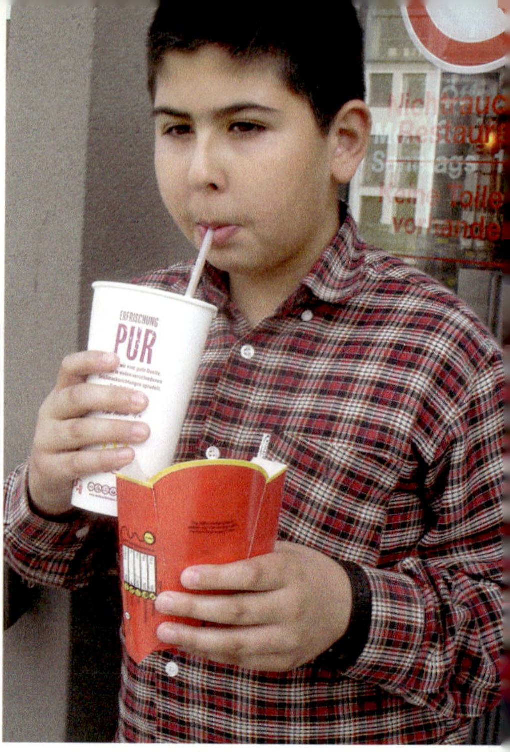
ERFRISCHUNG
PUR

nder und Jugendliche müssen sich edanken machen, was sie kaufen und as sie nicht kaufen können oder wollen. is Geldmangel können sie sich viele ünsche nicht erfüllen. Nenne Beispiele ithilfe der Bilder und aus eigenen Erfahngen.

Viele Wünsche – reicht das Geld?

Am Ende des Kapitels kannst du:

- erörtern, wie du mit deinem Taschengeld umgehst
- verschiedene Bedürfnisse unterscheiden
- verschiedene Güterarten unterscheiden
- erläutern, warum Geld eine praktische Erfindung ist

M1 *Karikatur*

Tina braucht mehr Taschengeld

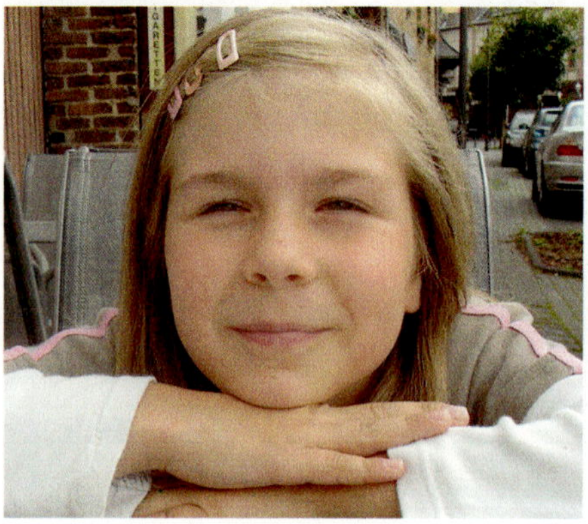

Tina hat gerade 20 Euro Taschengeld bekommen. Sie wurde von ihren Eltern ermahnt, nicht gleich alles auszugeben.

Nun überlegt sie, was sie sich davon alles kaufen könnte. Im Kino läuft gerade ein toller Film, den sie unbedingt sehen möchte. Eis und Süßigkeiten isst sie auch sehr gern. Ein bestimmtes Computerspiel hat sie seit Längerem im Auge.

Da fällt ihr ein, dass sie ihre Handy-Rechnung noch bezahlen muss. Außerdem wünscht sie sich schon lange ein neues Fahrrad. Am besten wäre es also, wenn sie das ganze restliche Taschengeld sparen würde. Tina wird bei ihren Überlegungen eines deutlich:
Sie braucht mehr Taschengeld!

Wünschenswerte Regeln für das Taschengeld

1. Taschengeld gehört in die Tasche des Kindes und nicht in die Sparbüchse. Es ist für kleine persönliche Ausgaben bestimmt.
2. Kinder und Jugendliche sollen Taschengeld regelmäßig, pünktlich und in fester Höhe erhalten, sonst können sie nicht planen.
3. Das Taschengeld ist nicht für notwendige Anschaffungen, zum Beispiel für die Schule, bestimmt.
4. Taschengeld ist kein Lohn für regelmäßig anfallende Arbeiten im Haushalt wie Einkaufen oder Geschirrspülen.
5. Zu schnell ausgegebenes Taschengeld soll von Eltern nicht ersetzt werden.
6. Taschengeld darf nicht als Strafe gekürzt oder entzogen werden.
7. Die Höhe des Taschengeldes richtet sich nach der finanziellen Lage der Eltern und sollte dem Alter der Kinder angemessen sein.

15908E

M2 *Zusammenstellung aus den Vorschlägen der Jugendämter (2013)*

Starthilfe zu 1
Vergleiche die Situation von Tina mit deiner eigenen Situation.

1 ↗ Sollte Tina mehr Taschengeld bekommen? Begründe deine Entscheidung.

2 Nenne den wichtigsten Grund für dich, weshalb Kinder Taschengeld bekommen sollten.

Leon erhält 50 Euro Taschengeld im Monat. Davon gehen 20 Euro direkt auf sein Sparbuch.

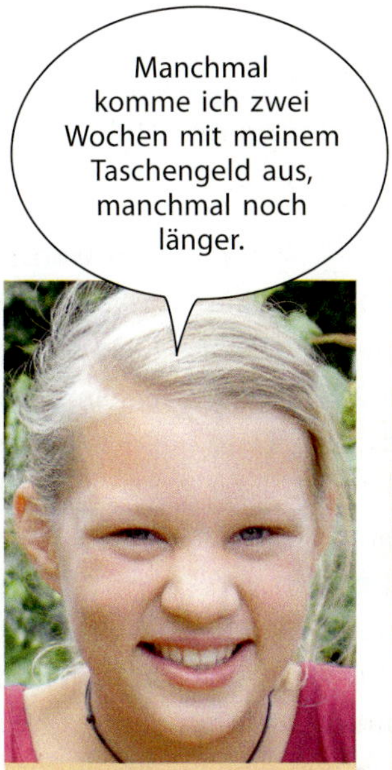

Laura erhält 20 Euro Taschengeld. Wenn sie das Geld ausgegeben hat, bekommt sie neues Taschengeld.

Ann-Sophie erhält 30 Euro Taschengeld pro Monat. Damit muss sie auskommen.

Nik bekommt im Monat 15 Euro Taschengeld. Wenn er im Haushalt hilft, erhält er jedes Mal noch zwei bis drei Euro.

M3 *Erfahrungen mit dem Taschengeld*

Kinder sollen regelmäßig Taschengeld erhalten

Fachleute sind davon überzeugt, dass es wichtig ist, Kindern regelmäßig Taschengeld zu geben. Sie sollen lernen, mit Geld sorgfältig umzugehen.

Als Gründe für ein Taschengeld werden genannt:

- Kinder fühlen sich ernst genommen, wenn ihnen zugetraut wird, dass sie das Geld für sinnvolle Dinge verwenden.
- Kinder lernen, was Geld wert ist.
- Kinder lernen, sich zu entscheiden, was sie haben möchten und worauf sie verzichten können.
- Kinder lernen, ihre Ausgaben selbst zu planen.

Die Höhe des Taschengeldes ist in erster Linie davon abhängig, über welches Einkommen die Eltern verfügen. Natürlich richtet sich die Höhe des Taschengeldes auch danach, was die Kinder und Jugendlichen davon bezahlen sollen.

Hier ein Beispiel (Empfehlung von den Jugendämtern):

10 bis 11 Jahre	13 € – 16 €
12 bis 13 Jahre	18 € – 22 €
14 bis 15 Jahre	25 € – 30 €
16 bis 17 Jahre	35 € – 45 €
18 Jahre	70 €

M4 *Orientierungswerte für das Taschengeld pro Monat 2013*

Merke
Taschengeld ist für Kinder und Jugendliche wichtig, um den Umgang mit Geld zu erlernen. Die Höhe des Taschengeldes kann nicht verbindlich festgelegt werden.

3 Die Taschengeldhöhe bei Schülerinnen und Schülern, die gleich alt sind, kann unterschiedlich sein. Stelle Gründe dafür zusammen.

4 Beurteile die Situationen in M3 mithilfe der Hinweise, die in M2 und M4 genannt werden.

„So verwenden wir unser Taschengeld."
Entwickelt dazu eine Präsentation und stellt sie in der Klasse vor.

Lukas hat viele Wünsche

Lukas wünscht sich einen Fußball, eine Zwei in der nächsten Mathearbeit, ein Mountainbike mit 24 Gängen, ein neues Handy. Die Liste seiner Wünsche ist lang. Jetzt möchte er erst einmal ein Eis essen. Das wird er sich von seinem Taschengeld kaufen. Beim Eisessen tut ihm sein Backenzahn links unten weh. Er wird sich nun wohl oder übel noch heute beim Zahnarzt zu einem Besuch anmelden.

Werbung beeinflusst das Kaufverhalten

Kinder sind für die Wirtschaft eine interessante Zielgruppe, weil mit ihnen viel Geld zu verdienen ist. Sie bekommen Taschengeld und Geldgeschenke. Dieses Geld nutzen sie vor allem für den **Konsum**.

Die Werbung wendet sich oft direkt an Kinder. Sie versucht bei ihnen schon früh, den Wunsch nach Markenprodukten zu wecken. Das gelingt ihr besonders bei Kleidung, Spielzeug und Elektronik (z.B. Spielekonsolen, Smartphones).

Diese Dinge werden zwar meist von den Eltern bezahlt, aber die Kinder entscheiden mit, was gekauft wird.

Nicht alle haben gleich viel Geld

Im Durchschnitt haben Mädchen und Jungen heute mehr Geld zur Verfügung als vor fünf Jahren. Das darf aber nicht darüber hinwegtäuschen, dass es viele Kinder und Jugendliche gibt, die wenig Geld von Zuhause bekommen. In den letzten Jahren sind es immer mehr geworden. Der Anteil der armen Kinder hat sich in den vergangenen zehn Jahren verdoppelt. Jedes sechste Kind wächst in Armut auf.

Gründe dafür können sein, dass Mutter oder Vater die Kinder allein erziehen muss, dass Eltern wenig verdienen oder arbeitslos sind. Auch Krankheit und Schicksalsschläge spielen hier oft eine Rolle.

Für Kinder ist es besonders schwer, wenn sie in einer Umgebung aufwachsen, in der die anderen mehr Geld haben als sie selber.

Tipps für die Erarbeitung

1. Listet auf, wofür ihr euer Taschengeld ausgebt. Erstellt eine Rangfolge. Vergleicht mit M2.
2. Gebt Gründe dafür an, warum viele Kinder wenig Geld zur Verfügung haben.
3. Erklärt den Taschengeldparagrafen und nennt Beispiele, die von euch gekauft und die von euch nicht gekauft werden dürfen (M3).
4. Notiert Beispiele für Waren, die ihr euch gekauft oder gewünscht habt, nachdem ihr sie in der Werbung gesehen habt.

Manche Eltern treibt es zur Verzweiflung, dagegen macht es dem Einzelhandel Freude: Wenn Teenager einkaufen, dann darf es nicht jede x-beliebige Jeans sein. Es ist Markenware gefragt! Ist die Jugend von heute besinnungslos dem Konsumrausch verfallen?
Ganz normal ist etwa, dass Jugendliche sich sowohl von den Kleineren als auch von den Erwachsenen abgrenzen wollen. Eine große Rolle spielt es darüber hinaus, dass sie sich in der Gruppe der Gleichaltrigen behaupten möchten. Wissenschaftler sagen dazu: „Wer nicht mithalten kann, wird schnell zum Außenseiter."
Viele Eltern können die Kleidungsstücke, die ihre Kinder gern haben möchten, nicht bezahlen. Hier raten die Wissenschaftler: „Nicht jeder Wunsch muss kritiklos erfüllt werden. In solchen Fällen sollte geklärt werden, ob der Kauf tatsächlich notwendig ist."
(Nach: ap (Associated Press) vom 04.03.2010)

M1 ***„Markenmacke" nervt die Eltern.***

„Mir ist die Marke völlig egal. Wichtig ist, dass mir die Kleidungsstücke gefallen."

„Markenkleidung ist oft viel zu teuer."

„Mit manchen Markensachen sieht man aus wie ein Werbeplakat."

„Nur die Markensachen sehen richtig cool aus. Ich trage nur Schuhe von …"

„Man wird oft gemobbt, wenn man keine teuren Sachen anhat."

„Wenn ich keine Markenkleidung trage, denken die anderen, ich kann mir das nicht leisten."

M4 ***Verschiedene Ansichten***

Platz	Ware
1.	Süßigkeiten, Kaugummis
2.	Zeitschriften, Comics
3.	Getränke
4.	Eis
5.	Fast Food, Essen unterwegs
6.	Spielzeug, Spiele
7.	Sticker, Sammelkarten
8.	salzige Knabberartikel
9.	Kinokarten
10.	Handy-Kosten

M2 ***Was sich Kinder von ihrem Taschengeld kaufen (Ergebnisse der Kids-Verbraucheranalyse 2012)***

Als Taschengeldparagraf wird der Paragraf 110 des **B**ürgerlichen **G**esetz**b**uches (BGB) bezeichnet. Der Paragraf lautet sinngemäß:
Ein Jugendlicher unter 18 Jahren kann nur dann ohne Zustimmung der Eltern selbstständig einkaufen, wenn sich der Preis der Ware in den Grenzen des Taschengeldes bewegt, das in seinem Alter üblich ist.

M3 ***Der Taschengeldparagraf***

i Konsum

Unter Konsum versteht man den Verbrauch und die Nutzung von Gütern. Dazu gehören zum einen Güter, die lange halten, wie Autos, Möbel oder Smartphones. Zum anderen gehören dazu Güter, die schnell verbraucht werden, wie Lebensmittel, Benzin, Kleidung und Schuhe. Wir konsumieren auch Dienstleistungen, wenn wir zum Beispiel zum Frisör oder zum Zahnarzt gehen, ein Konzert besuchen oder ins Kino gehen.

5 Mit einer einheitlichen Schulkleidung wäre es mit der „Markenmacke" in der Schule vorbei.
a) Notiert Gründe für eine einheitliche Schulkleidung und Gründe, die dagegen sprechen (M1).
b) Diskutiert nach eurer Präsentation dieses Thema in der Klasse.

6 a) Gebt an, wie wichtig euch persönlich Markenkleidung ist.
b) Welche der Aussagen in M4 kommt eurer Meinung am nächsten? Begründet.

7 Erstellt für die Klasse einen kurzen Merktext über euer Thema. Erklärt darin auch den Grundbegriff.

Grundbegriff
- der Konsum

M1 *Kinder haben viele verschiedene Wünsche.*

Wonach du sehnlichst ausgeschaut,
es wurde dir beschieden.
Du triumphierst und jubelst laut:
Jetzt hab ich endlich Frieden.
Ach Freundchen, werde nicht so wild,
bezähme deine Zunge.
Ein jeder Wunsch, wenn er erfüllt,
kriegt augenblicklich Junge.

M2 *Ein erfüllter Wunsch (Gedicht von Wilhelm Busch)*

„Die Bedürfnisse der Menschen sind sehr unterschiedlich." Entwickelt dazu eine Präsentation und stellt sie in der Klasse vor.

Verschiedene Arten von Bedürfnissen

Wünsche, die man sich erfüllen möchte, werden mit dem Fachbegriff **Bedürfnisse** bezeichnet.

Alle Menschen haben einige wichtige Bedürfnisse, damit sie überleben können: Sie brauchen ausreichend Nahrung, Wasser, Kleidung, Wohnraum und Sicherheit. Diese notwendigen Bedürfnisse nennt man **Grundbedürfnisse**.

Darüber hinaus gibt es Bedürfnisse, die dazu dienen, das Leben angenehmer zu machen. Man bezeichnet sie als **Luxusbedürfnisse**. Beispiele dafür sind die Tafel Schokolade, die Markenjeans, das schicke Handy und das Computerspiel.

Es gibt auch Bedürfnisse, die mit Geld nicht zu erfüllen sind, zum Beispiel Zuneigung, Freundschaft, Liebe, Erfolg, Glück, Anerkennung. Diese Bedürfnisse bezeichnet man als **soziale Bedürfnisse** (sozial: auf das Zusammenleben oder die Gemeinschaft bezogen).

Viele von euch haben auch häufig das Bedürfnis, Musik zu hören, einen Film anzusehen oder ein bestimmtes Buch zu lesen. Dies sind Bedürfnisse nach Unterhaltung und Bildung. Man nennt sie **Kulturbedürfnisse**.

Tipps für die Erarbeitung

1. Die Befriedigung der Grundbedürfnisse unterscheidet sich in verschiedenen Regionen der Erde. Erläutert mithilfe von M3 und M6.
2. Interpretiert M2.
3. Es gibt verschiedene Arten von Bedürfnissen.
   a) Sortiert sie nach ihrer Dringlichkeit.
   b) Stellt sie in einem Schaubild dar.
   c) Diskutiert, welche Bedürfnisse Werbung bei euch anspricht (M7).

M3 *Bedürfnisbefriedigung in vielen deutschen Familien*

M6 *Bedürfnisbefriedigung zum Beispiel in Nigeria*

M4 *Zu große Wünsche? (Karikatur)*

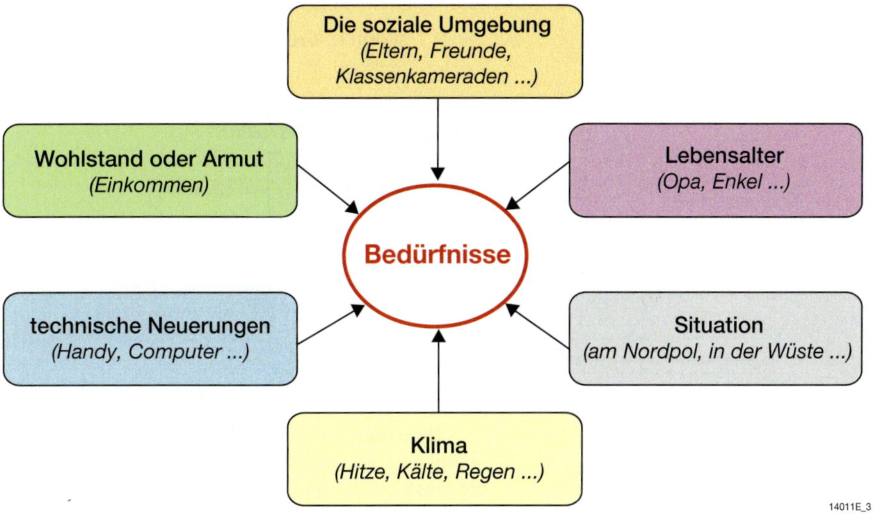

M5 *Dadurch werden Bedürfnisse beeinflusst.*

Die Werbebranche produziert speziell für Kinder besonders eingängige und lustige Werbespots und Zeitungsanzeigen. Sie sollen die Kinder beeinflussen. Die Kinder sollen glauben, dass sie bei anderen besonders beliebt sind, wenn sie zum Beispiel bestimmte Süßigkeiten essen oder mit einem bestimmten Smartphone telefonieren. Schon bei kleinen Kindern wird so das Bedürfnis nach Markenprodukten geweckt.

M7 *Werbung für Kinder*

4 Notiert bei den Bedürfnissen in M1, zu welcher Art sie gehören.

5 a) Viele Faktoren beeinflussen Bedürfnisse (M5). Notiert Beispiele für jeden Faktor.
b) Gibt es weitere Gründe? Listet sie auf und nennt Beispiele.

6 Betrachtet M4 und erklärt, was der Zeichner mit dem Bild sagen möchte.

7 Erstellt für die Klasse einen Merktext über euer Thema. Erklärt auch die Grundbegriffe.

Grundbegriffe
- das Bedürfnis
- das Grundbedürfnis
- das Luxusbedürfnis
- das soziale Bedürfnis
- das Kulturbedürfnis

M1 *Paulina mit Freundin und neuem Fahrrad*

„Es gibt ganz unterschiedliche Güter."
Entwickelt dazu eine Präsentation und stellt sie in der Klasse vor.

Paulina wünscht sich ein neues Fahrrad

Paulinas Fahrrad ist kaputt; sie wünscht sich ein neues. Mit ihrer Freundin Ann-Sophie geht sie in verschiedene Fahrradgeschäfte. Am besten gefällt ihr ein bestimmtes rotes Mountainbike. In der nächsten Zeit spart sie eisern und wünscht sich auch zum Geburtstag Geld für das Rad. Schließlich hat sie das Geld zusammen.

Sie geht mit ihrem Vater in das Geschäft und kauft sich das Fahrrad. Zu Hause probiert sie es gleich aus und freut sich riesig. Das Rad ist rot-orange, es hat 21 Gänge und der Rahmen ist gefedert. Mit ihren Eltern plant sie für das nächste Wochenende eine Radtour an einen nahe gelegenen See.

Paulinas Geschichte aus der Sicht der Wirtschaft

Paulina hat kein Fahrrad für ihre Radtouren und benötigt ein neues. Sie hat ein Bedürfnis. Ein Bedürfnis ist ein Gefühl des Mangels und der Wunsch, ihn zu beseitigen.

Sie sucht sich aus dem **Angebot** ein Fahrrad aus, spart und hat schließlich genug Geld. Nun will sie das Mountainbike kaufen. Aus dem Bedürfnis entsteht Bedarf. Der Bedarf ist ein Wunsch, den man sich mit seinem Geld erfüllen kann. Sie geht in das Geschäft und kauft das Mountainbike. Es entsteht eine **Nachfrage** nach einem Wirtschaftsgut, in diesem Fall nach einem Mountainbike.

Die Nachfrage entsteht, wenn man das wirklich kauft, was man sich wünscht.

Güter

In der Wirtschaft werden die Dinge, mit denen man seine Bedürfnisse erfüllt, **Güter** genannt.
Freie Güter stehen kostenlos zur Verfügung. Ein Gut ist frei, wenn es in so großer Menge vorhanden ist, dass jeder Mensch so viel davon verbrauchen kann, wie er will. Beispiele dafür sind die Luft zum Atmen oder der Sand in der Wüste. Da freie Güter ausreichend zur Verfügung stehen, haben sie keinen Preis.
Wirtschaftsgüter sind knappe Güter. Sie stehen nicht in ausreichendem Maße zur Verfügung. Sie müssen durch die wirtschaftliche Tätigkeit von Menschen erzeugt werden. Man muss sie bezahlen.

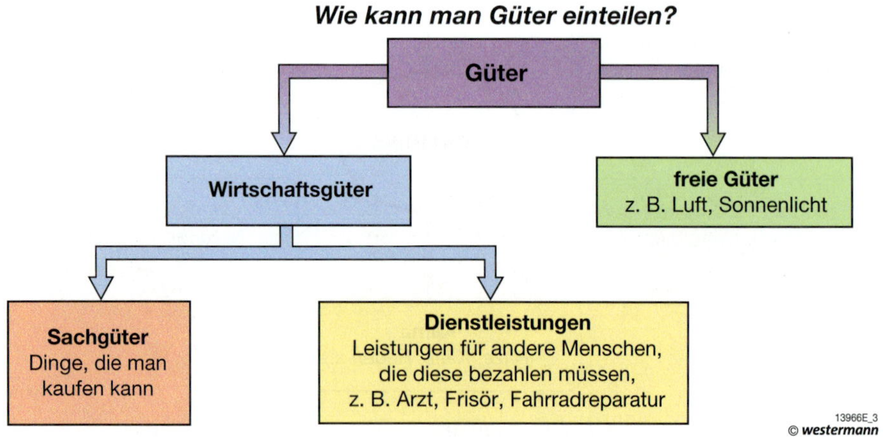

M2 *Die Arten von Gütern*

Tipps für die Erarbeitung

1. Vom Bedürfnis zur Nachfrage nach Gütern. Erläutert an zwei Beispielen.

2. a) Nennt Unterschiede zwischen freien Gütern und Wirtschaftsgütern.
   b) Freie Güter gibt es immer weniger. Begründet.
   c) Es gibt Güter, die sowohl Wirtschaftsgüter als auch freie Güter sind. Erläutert.

Jede Menge Güter

Pommes frites			Meerwasser
Cafébesuch	Fahrrad	Brötchen	Mineralwasser
Pilze im Wald	Taxifahrt	Äpfel	Haarschnitt
Tanken	Schokolade	Möbel	Hose
Busfahrt	Schulbuch	Spaghetti	Theatervorstellung

13965E_2

M3 *Beispiele für Güter*

In Deutschland gibt es nicht viele „freie Güter". Zwar ist die Luft zum Atmen frei, aber Firmen müssen viel Geld bezahlen, wenn sie die Luft verschmutzen. Wasser steht in Flüssen, Seen, im Meer und als Quellwasser frei zur Verfügung. Man kann es zum Baden umsonst benutzen. Trinken kann man es aber nur in wenigen Gegenden ohne Gefahr für die Gesundheit. Für das Wasser aus dem Wasserhahn muss man bezahlen, ebenfalls für das Abwasser. Am Strand und in manchen Seen muss man beim Baden Eintritt bezahlen. Schönheiten der Natur wie Bergwälder, Seen und Moore sind oft schon geschädigt. Viele Tiere sind ausgestorben. Jeder von uns sollte sich in der Natur so verhalten, dass es dieses freie Gut auch in Zukunft gibt.

M4 *Immer weniger Güter sind frei verfügbar.*

M5 *Auch das sind Güter.*

3 Ordnet die Güter in M3 den verschiedenen Güterarten in M2 zu. Manche Güter lassen sich nicht so einfach zuordnen. Überlegt gemeinsam, wie man sie einordnen könnte.

4 Erläutert an einem Beispiel, dass auch Dienstleistungen zu den Gütern gehören (M2).

5 Erstellt für die Klasse einen Merktext über euer Thema. Erklärt auch die Grundbegriffe.

Grundbegriffe
- das Gut
- das freie Gut
- das Wirtschaftsgut
- das Angebot
- die Nachfrage

M1 *Getauscht statt gekauft*

Die Geschichte von Michelle und Felix

Michelle und Felix sind sich fast einig: Michelle besitzt genau das handsignierte Fußballtrikot, das Felix gern hätte. Felix hat eine Karte für das Konzert von der angesagten Rockband, das Michelle sehr gern besuchen möchte. Die beiden wollen miteinander tauschen. Sie sind sich aber noch nicht einig, ob das Trikot und die Karte in etwa gleich viel wert sind. Schließlich will keiner von beiden ein schlechtes Geschäft machen. Sie schauen ins Internet.

Dort erfahren die Freunde, dass man für das Fantrikot etwa 75 Euro bezahlen muss, für die Konzertkarte dagegen nur 50 Euro. Felix bietet an: „Du gibst mir das Trikot. Ich gebe dir meine Karte und – weil wir Freunde sind – 15 Euro dazu. Topp, der Handel gilt."

Geld – eine praktische Erfindung

Damit Geld nützlich ist, müssen folgende Voraussetzungen vorhanden sein:

- Das Geld muss allgemein anerkannt sein. Jeder muss es als Zahlungsmittel akzeptieren.
- Das Geld muss wertbeständig sein. Die Menschen müssen sich auf einen stabilen Geldwert verlassen können.
- Das Geld muss teilbar sein. Das heißt, es muss aus verschiedenen Scheinen und Münzen bestehen.
- Das Geld muss leicht aufzubewahren und zu transportieren sein, z. B. im Portemonnaie.
- Das Geld muss schwer zu fälschen sein.

M2 *Bargeld und „Plastikgeld"*

Wir alle nutzen Geld, aber was ist das eigentlich?

Michelle und Felix haben getauscht: Konzertkarte gegen Fußballtrikot. Trotzdem spielt auch bei diesem Tausch der Preis eine wichtige Rolle. Geld ist hier eine Recheneinheit. Durch Geld kann der Wert verschiedener Waren und Dienstleistungen miteinander verglichen werden. Das Trikot ist mehr wert als die Karte. Jede Ware hat ihren Preis und ist dadurch vergleichbar.

Geld ist gleichzeitig ein Tauschmittel. Michelle tauscht ihr Trikot gegen die Karte und außerdem Geld. In der Regel tauschen wir Geld gegen Güter. Früher wurden auf dem Markt Waren gegen andere Waren getauscht. Es war nicht immer einfach, den richtigen Gegenwert zu finden. Kaufen ist daher praktischer als Tauschen, Geld ist handlich und leicht zu teilen. In Deutschland gibt es Münzen von 1 Cent bis 2 Euro und Scheine von 5 Euro bis 500 Euro.

Dazu ist Geld auch ein Zahlungsmittel. Mit Banknoten und Münzen kann man fast überall auf der Welt bezahlen. Der US-Dollar wird in vielen Ländern der Erde gern angenommen. Der Euro gilt nicht nur in Deutschland, sondern in vielen Ländern Europas.

Geld ist auch ein Wertaufbewahrungsmittel. Geld kann man sparen, zum Beispiel, um später größere Anschaffungen zu machen. Man kann es in der Sparbüchse sammeln oder auf der Bank.

Starthilfe zu 3
Denke zum Beispiel an die Preise für Erdbeeren zu verschiedenen Jahreszeiten.

1. Erläutere die Bedeutung des Geldes für Michelle und Felix.
2. Erläutere, was man in der Wirtschaft unter „Markt" versteht (M5).
3. ↗ Erkläre die Wirkung von Angebot und Nachfrage auf den Preis (M3 – M6).
4. Erkläre die Funktionen des Geldes.

M3 ***Angebot und Nachfrage bestimmen den Preis.***

M4 ***Großes Angebot und wenige Käufer***

M6 ***Kleines Angebot und viele Käufer***

Ein gutes Beispiel für einen **Markt** ist der Wochenmarkt. Dort treffen sich Händler, die Obst und Gemüse verkaufen, und Käufer, die diese Dinge kaufen möchten. In der Wirtschaft wird jeder Treffpunkt von Verkäufern und Käufern als Markt bezeichnet, selbst wenn man sich gar nicht persönlich trifft, wie beim Einkaufen im Internet.
Auf einem Markt gibt es viele Händler, die ihre Produkte anbieten. Diese Waren bezeichnet man als Angebot. Demgegenüber stehen die Kunden, die diese Waren kaufen wollen. Sie alle zusammen bilden die Nachfrage. Die Anbieter möchten einen möglichst hohen Preis erzielen, die Nachfrager möglichst wenig für eine Ware bezahlen.
Im Zusammentreffen von Angebot und Nachfrage entscheidet sich die Höhe des Preises: Ist das Angebot höher als die Nachfrage, sinkt der Preis. Ist die Nachfrage größer als das Angebot, steigt der Preis.

M5 ***Preise bilden sich auf dem Markt.***

5 a) Erkläre die Voraussetzungen dafür, dass Geld nützlich ist.
b) Beschreibe, welche mögliche Folgen es haben kann, wenn eine Voraussetzung nicht erfüllt ist.

6 Lange Zeit wurde vorwiegend bar bezahlt, inzwischen kann man häufig mit „Plastikgeld“ bezahlen. Erörtere die Vor- und Nachteile beider Zahlungsarten.

Merke
Geld ist eine Recheneinheit, ein Tauschmittel, ein Zahlungsmittel und ein Wertaufbewahrungsmittel. Preise bilden sich auf dem Markt. Sie richten sich nach Angebot und Nachfrage.

Grundbegriff
- der Markt

M1 *Wasserholen am Brunnen*

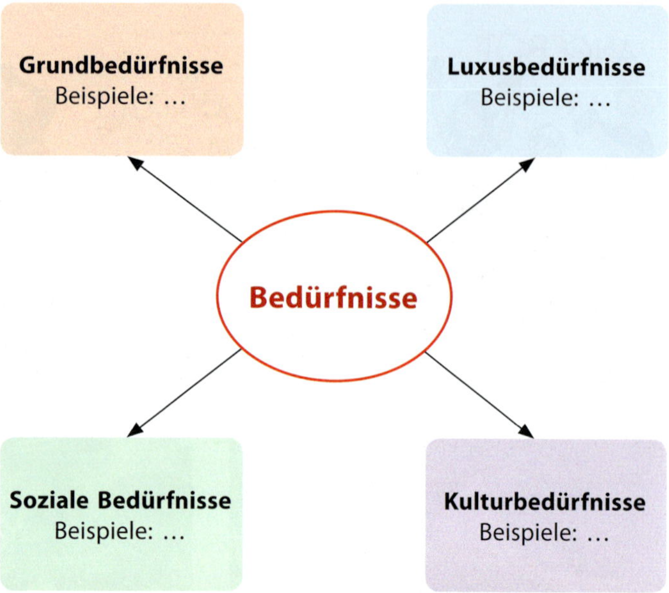

M4 *Bedürfnisse*

M2 *Preisbildung*

M3 *Ein neues Smartphone*

M5 *„Ein Cabrio, Papa, ich wollte ein Cabrio!"*

Schätze dich selbst mit dem Zeichensystem ein, das auf Seite 33 erklärt ist.
Die Erläuterung der Kompetenzen findest du ebenfalls auf Seite 33.

Grundbegriffe
- Konsum
- Bedürfnis
- Grundbedürfnis
- Luxusbedürfnis
- soziales Bedürfnis
- Kulturbedürfnis
- Gut
- freies Gut
- Wirtschaftsgut
- Angebot
- Nachfrage
- Markt

Sachkompetenz

1 Wähle fünf Grundbegriffe aus der Liste aus. Schreibe die Erklärungen in dein Heft oder deine Mappe.

2 Erkläre die Preisbildung an zwei Beispielen (M2). *(Schülerbuch S. 197)*

3 a) Ordne das Smartphone den Arten von Gütern und den Arten von Bedürfnissen zu.
b) Erkläre, was der Junge in M3 meint. *(Schülerbuch S. 190/191)*

4 Zeichne M4 ab und ergänze Beispiele für die vier genannten Bedürfnisarten. *(Schülerbuch S. 192/193)*

5 Das Geld ist eine Recheneinheit, ein Tauschmittel, ein Zahlungsmittel und ein Wertaufbewahrungsmittel. Erkläre und nenne jeweils Beispiele. *(Schülerbuch S. 196)*

Methodenkompetenz

6 Stelle in einer Skizze die Arten von Gütern dar. *(Schülerbuch S. 194)*

7 Schreibe ein Gespräch zwischen einer Mutter oder einem Vater und dem Sohn oder der Tochter auf, in dem es um eine Taschengelderhöhung geht.

8 Werte M5 aus. Gehe dabei nach folgenden Fragen vor:
a) Welche Personen und Gegenstände sind in der Karikatur dargestellt?
b) Was soll durch die Karikatur verdeutlicht werden? Beachte dazu auch den Text in der Bildunterschrift. *(Schülerbuch S. 192/193)*

Urteils- und Handlungskompetenz

9 a) Notiere die Vor- und Nachteile einer einheitlichen Schulkleidung.
b) Begründe deine Meinung. *(Schülerbuch S. 190/191)*

10 M7 auf Seite 193 berichtet über Werbung für Kinder.
a) Notiere mindestens zwei Beispiele aus deiner Erfahrung.
b) Begründe, warum viele Eltern gegen Werbespots für Kinder sind.

11 Erkläre mithilfe von M1, was Bedürfnisbefriedigung in unterschiedlichen Gebieten der Erde bedeuten kann. *(Schülerbuch S. 192/193)*

Die Collage zeigt Urlaubsgebiete an der Nordsee, in den Alpen und am Mittelmeer. Welche Auswirkungen unseres Freizeitverhaltens auf die Natur und die Urlaubsorte erkennst du in der Collage? Ergänze deine Antwort mit eigenen Beobachtungen.

Freizeitgestaltung mit Auswirkungen

Am Ende des Kapitels kannst du:

- Urlaubsprospekte und Reisekataloge auswerten
- die Küsten in Deutschland als Ferienregionen beschreiben
- die Bedeutung des Fremdenverkehrs für einen Alpenort beurteilen
- Touristenziele und Staaten in Europa bestimmen
- Klimadiagramme auswerten
- Veränderungen durch den Tourismus beurteilen

Hauptsaison und Nebensaison

Die **Hauptsaison** ist für einen Urlaubsort die Zeit des Jahres, in der die meisten Feriengäste kommen, z. B. in den Schulferien.
Die **Nebensaison** ist die Zeit des Jahres, in der in einem Urlaubsort nicht so viele Gäste sind.

Wer die Wahl hat, hat die Qual

Jedes Jahr verbringen Millionen Menschen ihren Urlaub an der Nord- und Ostsee, in den Alpen und am Mittelmeer. Sie wollen den Alltag vergessen, sich entspannen und erholen. Einige wollen auch interessante Sehenswürdigkeiten und andere Länder besuchen.

Viele Menschen haben das Bedürfnis, wenigstens einmal im Jahr zu verreisen. Dies hat mit gestiegenem Wohlstand, kürzeren Arbeitszeiten und damit längerem Urlaub zu tun.

Aber auch an den Wochenenden sind viele Menschen unterwegs. Sie besuchen die **Naherholungsgebiete** in der Nähe ihres Wohnortes. Um diese zu erreichen, fahren sie mit dem Auto, mit dem Fahrrad oder auch mit öffentlichen **Verkehrsmitteln**.

Für längere Urlaubsreisen oder weiter entfernte Reiseziele können verschiedene Transportmittel gewählt werden. Man kann mit dem Zug fahren oder ein Flugzeug nehmen; aber auch das Auto ist bei längeren Fahrten beliebt. Deshalb kommt es insbesondere in der Hauptsaison zu Verkehrsstaus. Viele Familien können nur in den Schulferien verreisen. Sie müssen Staus, Warteschlangen bei der Abfertigung auf den Flughäfen, Gedränge in den Urlaubsorten und höhere Preise in Kauf nehmen.

Die Freizeitangebote in den Erholungsgebieten sind vielfältig. Das Angebot reicht vom Badeurlaub bis zum Erlebnisurlaub. Durch die Nutzung dieser Angebote beeinflussen die Menschen die Erholungsräume, sie verändern sie. Oft geschieht dies zum Schaden der Natur.

M1 *Urlaubsfreuden?*

Starthilfe zu 1
Lege eine Tabelle an:

Ort	Art

1 Notiere, an welchen Orten und auf welche Arten du deine Freizeit gestaltest.

2 Nenne mögliche Folgen von Urlaubs- und Freizeitaktivitäten für die Landschaft (M1).

Familie Frisch möchte in den Sommerferien zwei Wochen Badeurlaub machen. Vater Ivo (35), Mutter Petra (33) und Tochter Sarah (10) studieren einen Katalog und rechnen die Kosten der Reise aus. Sie vergleichen die Preise in einem Hotel und in einer Appartement-Anlage.

Hotel oder ...

... Appartement?

Rechenbeispiel:

Appartement:

3 Personen für je 850 €

3 x 850 € = 2 550 €

Hotel:

2 Personen für je 822 €

2 x 822 € = 1 644 €

Sarah Frisch kann im Hotel auf einem Zustellbett im Zimmer der Eltern schlafen. Dadurch ermäßigt sich der Reisepreis. Für Sarah braucht Familie Frisch nur die Hälfte des Erwachsenen-Preises zu zahlen:

822 € : 2 = 411 €

1 644 € + 411 €

= 2 055 €

Flugtage, Reisezeiten

	Juli				
Köln	2	9	16	23	30
	C	E	D	D	D

Appartements Costa del Sol ☆☆☆				C			D			E	
Aufenthalt in Wochen				1	2	3	1	2	3	2	3
BD/WC/WO/BK/MB App.	3	ÜF		502	704	907	519	738	957	817	1075
BD/WC/WO/BK/MB App.	3	HP		558	817	1075	575	850	1126	924	1226
Hotel Marina Playa Park ☆☆☆											
BD/WC/BK Doppel		H	❶	558	822	1087	519	822	1087	901	1205
BD/WC/BK Doppel		VP	❶	586	879	1171	589	884	1179	957	1289
❶ Ermäßigung für 1 Kind 2–11 Jahre im Zustellbett bei 2 Vollzahlern				50 %			50 %			50 %	

22400E

M2 *Auszug aus dem Reisekatalog*

BD	Bad	HP	Halbpension (Frühstück und Mittag- oder Abendessen
WC	Toilette	VP	Vollpension (Frühstück, Mittag- und Abendessen
BK	Balkon	App.	Appartement
WO	Wohnzimmer mit einer Kochnische	3	drei Personen
MB	Meeresblick	2	zwei Personen
ÜF	Übernachtung mit Frühstück		

M3 *Zeichenerklärung für den Reisekatalog*

3 Berechne anhand von M2 den Reisepreis (3 Wochen, Reisezeit C) für eine andere Familie (2 Erwachsene, 2 Kinder). Sie benötigt zwei Zimmer im Hotel Marina Playa Park mit Vollpension (keine Kinderermäßigung).

Merke

Jedes Jahr fahren Millionen Menschen in den Urlaub. Dadurch wirken sie auf die Erholungsräume ein.

Grundbegriffe

- die Hauptsaison
- die Nebensaison
- das Naherholungsgebiet
- das Verkehrsmittel

Wohin soll die Reise gehen?

Familie Süderling plant den nächsten Urlaub. Sie haben sich verschiedene Reiseprospekte besorgt und schauen nun die Angebote an. Die erste Frage ist: Fahren wir in die Berge oder fahren wir ans Meer? Süderlings diskutieren zunächst einmal über das Urlaubsziel Meer.

Frau Süderling liest aus den Reiseprospekten vor und nennt Gründe, die für Ferien am Meer sprechen.

Herr Süderling möchte ins Gebirge. Er führt Argumente an, die die Nachteile eines Urlaubs am Meer beschreiben.

Timo und Eva sollen nun auch ihre Meinung äußern. Sie haben andere Vorstellungen.

Urlaub am Meer – das ist Erholung!

Glasklares Wasser, lange Sandstrände und Sonne. Hier können Sie schwimmen, surfen, tauchen oder einfach in der Sonne liegen. Für Kinder und Jugendliche bieten wir ein umfangreiches Programm: Strandspiele, Wettschwimmen, Wasserspiele, Boccia und Beach-Volleyball. Bei uns finden Sie moderne, komfortable Hotels mit Meerblick und Unterhaltungsangeboten oder kleine Pensionen und Ferienwohnungen.

Urlaub in den Bergen – das ist das Richtige für sportlich Interessierte!

Wandern Sie durch die wunderschöne Welt der Berge oder fahren Sie mit Mountainbikes bergauf und bergab. Genießen Sie den unvergleichlichen Blick von den Gipfeln der Berge. Sie können auch Klettertouren unternehmen oder sich von unseren Bergbahnen zu den Höhenwanderwegen bringen lassen. Traumhafte Bedingungen gibt es auch für Drachen- und Gleitschirmflüge.

M1 ***Aus einem Reiseprospekt***

Starthilfe zu 1
Legt eine Tabelle an:

Pro	Kontra

1 a) Notiere die Pro-Argumente für einen Urlaub am Meer, die Frau Süderling vorliest (M1).
b) Überlege Kontra-Argumente, die Herr Süderling nennen könnte, und trage sie ein (M1).
c) Führt die Diskussion zwischen Herrn und Frau Süderling durch.

2 Lege eine Tabelle mit Pro- und Kontra-Argumenten zu einem Urlaub in den Bergen an, die du für treffend hältest (M1).

3 Notiere Pro- und Kontra-Argumente für eine Diskussion über das Urlaubsziel deiner Familie.

M2 *Collage zu Städtereisen*

Was heißt Pro und Kontra?

Als ***Pro-Argumente*** bezeichnet man Gründe, die für eine Sache sprechen.

Als ***Kontra-Argumente*** bezeichnet man Gründe, die man dagegen anführen kann.

So legst du eine Tabelle für Pro- und Kontra-Argumente an.

In der Spalte „Pro" notierst du die Gründe, die für eine Sache sprechen. In die Spalte „Kontra" kommen die Gründe, die dagegen sprechen.

Pro	Kontra

4 Im Urlaub kann man auch Städtereisen unternehmen. Berlin, Paris und London sind beliebte Reiseziele (M2). Für welche Stadt würdest du dich entscheiden?

a) Arbeitet in Kleingruppen und notiert Gründe für ein Reiseziel.

b) Überlegt auch Gründe, die gegen das ausgesuchte Reiseziel sprechen.

c) Legt als Gruppenergebnis eine Tabelle an, in der ihr eure Pro- und Kontra-Argumente festhaltet.

d) Stellt die Ergebnisse in der Klasse vor.

M1 *Der deutsche Küstenraum* ▷

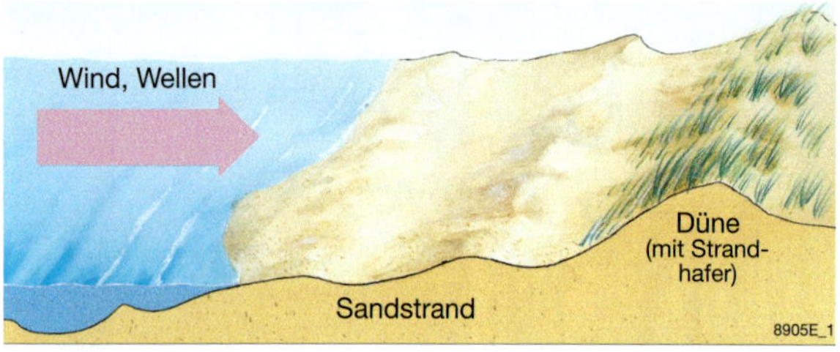

M2 *Flachküste*

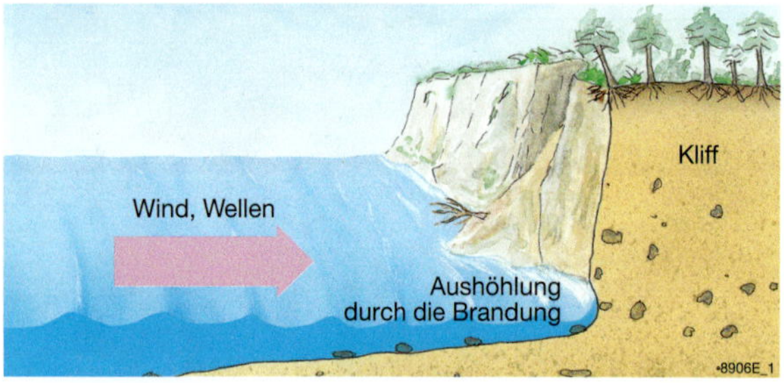

M3 *Steilküste*

M4 *Steilküste (Kap Arkona, Rügen)*

Wasser, Strand und Meeresbrandung

Überall in Europa gibt es lohnende Ferienziele, aber besonders beliebt sind die Küsten der Meere. Deutschland hat Anteil an der Nordseeküste und an der Ostseeküste. Die Nordsee wird durch den ständigen Wechsel von **Ebbe** und **Flut**, durch die **Gezeiten**, bestimmt. Der Meeresspiegel senkt und hebt sich. Zweimal täglich fällt bei Ebbe ein bis zu 40 km breiter Streifen Meeresboden entlang der Küste trocken. Dieser Bereich heißt **Wattenmeer.** Die Nordseeküste ist eine Wattenküste.

Die Ostsee ist ein **Binnenmeer**. Nur eine schmale Stelle verbindet sie mit dem Atlantischen Ozean. Hier treten die Gezeiten sehr schwach auf.

Der Naturraum der Küsten ist unterschiedlich. An den Flachküsten fällt der Strand allmählich zum Meer hin ab. Sie bestehen aus Sand und Kies.

Die Küste verändert sich ständig, weil die Wellen Sand abtragen und an anderer Stelle wieder ablagern. Trockener Sand wird häufig durch den Wind zu **Dünen** aufgehäuft.

Steilküsten entstehen dort, wo die Meeresbrandung Gesteins- und Sandmaterial abträgt. Der Steilabfall zum Meer wird als **Kliff** bezeichnet. Durch die Meeresbrandung wird die Steilküste immer weiter zerstört und landeinwärts verlagert.

Starthilfe zu 1
Erstelle eine Tabelle:

Nordsee	Ostsee
Randmeer	Binnenmeer
...	...

1 ↗ Stelle Merkmale von Nord- und Ostsee gegenüber.

2 Orientiere dich: Finde die Namen in M1 (Atlas).

3 a) Beschreibe die Küste am Kap Arkona (M4) und erkläre, wie sie entsteht (M3).
b) Die Nordseeküste ist eine Wattenküste. Erkläre.

D3-048
www.diercke.de

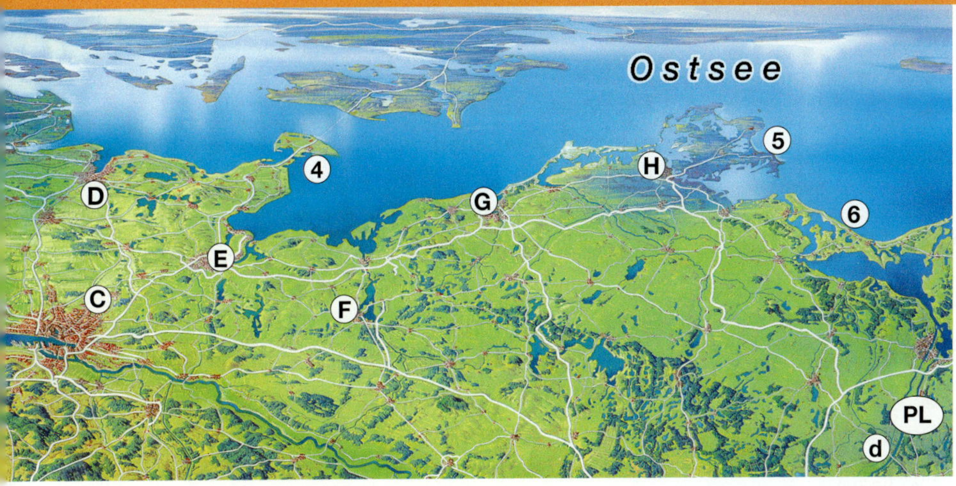

M9 *Die Lage der Nordseeküste*

Im Norden Deutschlands sind die Küsten entlang der Nordsee und ihrer Inseln beliebte Urlaubsziele. In der Nordsee treten die Gezeiten auf. Der ständige Wechsel zwischen Ebbe und Flut bestimmt das Leben an der Nordsee. Bei Ebbe zieht sich das Wasser von der Küste zurück, bei Flut strömt es wieder an den Strand. Die Badezeiten sind von den Gezeiten abhängig, denn die Strömung des ablaufenden Wassers ist so stark, dass es auch gute Schwimmer mit sich ziehen kann. Gezeitenkalender gibt es in fast allen Urlaubsorten.

M5 *Gezeiten an der Nordseeküste*

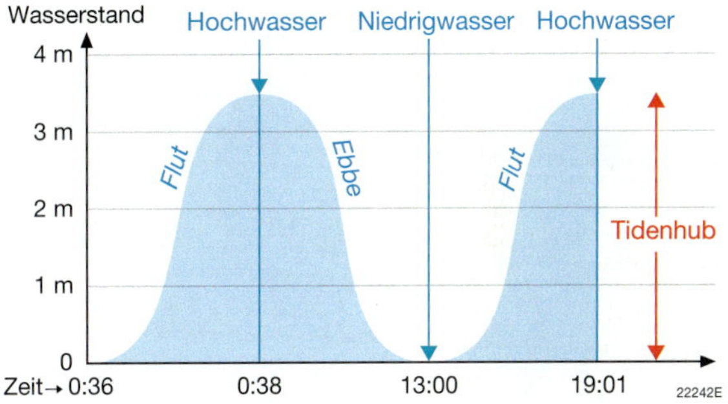

M7 *Gezeitenkurve an der Nordseeküste*

Kalendertag	Uhrzeit			
	Hochwasser		Niedrigwasser	
5. (Sa.)	03:20	15:20	09:24	22:07
6. (So.)	04:05	16:08	10:08	22:53
7. (Mo.)	04:51	16:59	10:57	23:41
8. (Di.)	05:42	17:58	11:54	–
9. (Mi.)	06:38	19:01	00:36	13:00
10. (Do.)	07:39	20:09	01:39	14:12
11. (Fr.)	08:40	21:12	02:43	15:20
12. (Sa.)	09:35	22:07	03:41	16:19

M6 *Auszug aus dem Gezeiten-Kalender*

Tag	Badezeit	Tag	Badezeit
5. (Sa.)	10:30 – 15:20 Uhr	9. (Mi.)	14:00 – 18:00 Uhr
6. (So.)	11:00 – 16:00 Uhr	10. (Do.)	15:00 – 18:00 Uhr
7. (Mo.)	12:00 – 17:00 Uhr	11. (Fr.)	–
8. (Di.)	13:00 – 18:00 Uhr	12. (Sa.)	–

M8 *Badezeiten (Aufsicht durch Bademeister)*

Merke
In der Nordsee liegt das Wattenmeer. Die Ostsee ist ein Binnenmeer.

Grundbegriffe
- die Ebbe
- die Flut
- die Gezeiten
- das Wattenmeer
- das Binnenmeer
- die Düne
- das Kliff

4 a) Beschreibe den Ablauf der Gezeiten (M5, M7).
b) Berechne den Zeitunterschied zwischen Hoch- und Niedrigwasser für Freitag den 11. (M6).

5 Es ist Samstag, der 5.:
a) Notiere, wann Badezeit ist (M8).
b) Erkläre, wovon die Badezeiten abhängen (M5 – M7).

Ein Meer, viele Nutzer

Millionen Menschen verbringen jedes Jahr ihren Urlaub an den Meeresküsten. Sie baden, liegen am Strand, fahren Boot oder surfen. Feriensiedlungen und Hotels wurden gebaut. Durch die große Zahl an Urlaubern entstehen immer mehr Müll und Abwässer, die beseitigt werden müssen.
In die Meere münden große Flüsse. Dörfer, Städte und Industriebetriebe leiten ihre Abwässer in die Flüsse. Diese transportieren die Schmutzfracht dann ins Meer. Zu den Abwässern gehören auch Schädlingsbekämpfungsmittel und Düngemittel aus der Landwirtschaft. Das verschmutzte Meerwasser gefährdet die Pflanzen- und Tierwelt. Dadurch sind zum Beispiel auch die Menschen betroffen, die vom Fischfang leben.
Vor den Küsten herrscht reger Schiffsverkehr. Die Schiffe bringen Waren aus allen Teilen der Welt zu den deutschen Häfen oder von dort aus in andere Länder. Sie stören dabei die Tier- und Pflanzenwelt. Je dichter auch der Schiffsverkehr wird, desto größer wird die Gefahr von Schiffsunglücken. Wird etwa ein Öltanker beschädigt, läuft Öl aus und verschmutzt die Küsten.
In den flachen Meeresgebieten wird häufig Erdöl gefördert. Dazu sind Bohrplattformen errichtet worden. Auch hier kommt es immer wieder zu Unfällen und Verschmutzungen durch ausgelaufenes Öl.
Menschen und Tiere beanspruchen denselben Raum. Es kommt zu einem **Nutzungskonflikt**.

M1 *Nutzungskonflikt an der Küste*

1 a) Das Wattenmeer ist ein Raum, in dem es einen Nutzungskonflikt gibt. Erläutere.
b) Erkläre, welcher Nutzungskonflikt in M1 dargestellt ist.

2 ↗ Bei einer Wattwanderung sollte man auch die Gezeiten beachten. Erkläre (M2).

***Starthilfe zu* 2**
Berücksichtige auch die Gezeitenkurve (siehe S. 207).

D3-082
www.diercke.de

M2 *Im Watt*

M5 *Das Wattenmeer an der Nordseeküste*

Das Wattenmeer liegt in der Nordsee zwischen der Küste und den vorgelagerten Inseln. Es fällt bei Ebbe trocken. Die Tier- und Pflanzenwelt hier ist einzigartig. Tausende von Vögeln finden im Wattboden Nahrung. Für Fische ist das Wattenmeer das Laichgebiet. Seehunde wachsen auf Sandbänken im Watt auf.

M3 *Das Wattenmeer – einzigartig*

Die Miesmuschel filtert aus dem Wasser heraus, was sie zum Leben braucht. Alle Muscheln zusammen durchfiltern innerhalb von zwei Wochen einmal das Gebiet des Wattenmeeres.

M6 *Die Miesmuschel, ein „Reiniger"*

M4 *Leben und Wirtschaften an der Küste*

3 a) Erläutere die verschiedenen Ursachen der Verschmutzung des Wattenmeeres (M4).
b) Erkläre, welche Nutzungskonflikte in M4 dargestellt sind.

4 Entwirf ein Informationsblatt für Wattwanderer mit Besonderheiten über den Lebensraum Wattenmeer und gib Tipps, ihn zu schützen (M2 – M6, Internet).

Merke
Das Wattenmeer ist eine einzigartige Tier- und Pflanzenwelt. Dieser Lebensraum ist gefährdet.

Grundbegriff
- der Nutzungskonflikt

M1 *Einzigartige Naturlandschaft im Nationalpark Niedersächsisches Wattenmeer*

„Im Nationalpark erleben Sie einzigartige Natur und Begegnungen mit Tieren. Deshalb handeln Sie so, dass die Natur geschützt wird. Blumen pflücken und Feuer machen sind streng untersagt. Bleiben Sie auf den Wegen und genießen Sie die Natur. Oder wollen Sie die Gelbe Karte?“

M2 *Aus einer Informationsschrift eines Nationalparks*

M4 *Naturparks und Nationalparks in Deutschland*

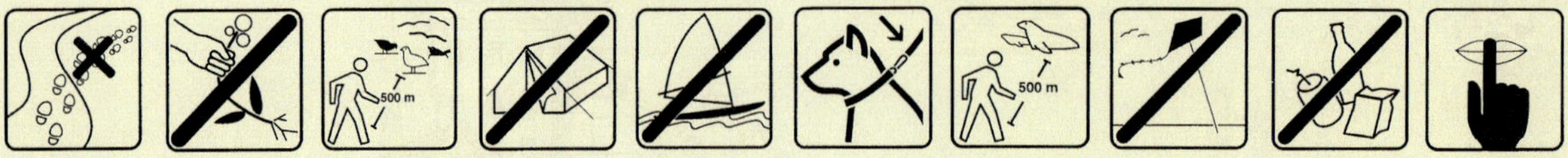

M3 *Hinweisschilder aus dem Nationalpark*

Starthilfe zu 2
Schreibe zu jedem Schild eine Regel auf.

1 Erläutere den Unterschied zwischen einem Nationalpark und einem Naturpark.

2 Erkläre M5 mithilfe von M6.

3 ↗ Die Hinweisschilder (M3) zeigen, wie man sich im Nationalpark verhalten muss. Erkläre.

D3-082 www.diercke.de

Naturparks und Nationalparks

Naturparks sind große Gebiete, in denen auf den Schutz der Umwelt und den Erhalt der Landschaft geachtet wird. Sie dienen überwiegend der Erholung. Innerhalb der Naturparks gibt es wiederum spezielle Gebiete. Diese stehen unter strengem Naturschutz. Viele Naturparks liegen in den deutschen Mittelgebirgen, zum Beispiel in der Eifel, im Rothaargebirge, im Harz und im Spessart.

Außerdem wurden 14 **Nationalparks** in Deutschland eingerichtet. Nationalparks sind Gebiete mit seltenen Naturlandschaften. Sie liegen unter anderem in den Mittelgebirgen sowie an der Nord- und Ostseeküste. Es gelten besondere Schutzbestimmungen, um die Tier- und Pflanzenwelt zu erhalten. Durch die Einteilung in drei Zonen mit strengen Bestimmungen werden Naturschutz und Nutzung durch den Menschen geregelt.

M7 ***Die Lage des Nationalparks Niedersächsisches Wattenmeer***

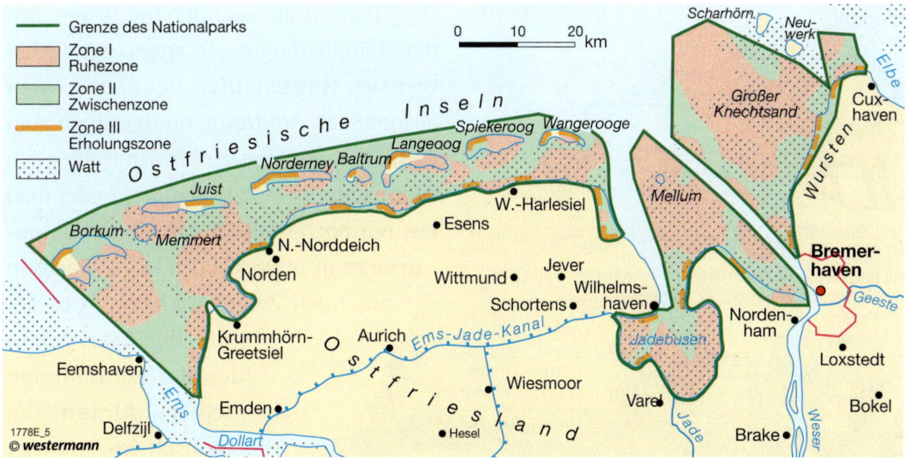

M5 ***Nationalpark Niedersächsisches Wattenmeer***

M8 ***Wattbewohner***

An der deutschen Nordseeküste gibt es drei Nationalparks. Sie wurden zwischen 1985 und 1990 eingerichtet. Zusammen sind sie rund 70 km² groß. In diesen Nationalparks gibt es verschiedene Schutzzonen.
In der Ruhezone (Zone 1) gelten die strengsten Bestimmungen. Sie darf weder betreten noch mit Booten befahren werden. In dieser Zone liegen die Brutgebiete der Vögel sowie auf den Sandbänken die Ruheplätze der Seehunde.
Die Zwischenzone (Zone 2) ist weniger streng geschützt. Wattwandern und Bootfahren sind hier erlaubt.
Der geringste Schutz besteht in der Erholungszone (Zone 3). Hier liegen Hotels, Pensionen, Badestrände und Freizeiteinrichtungen.

M6 ***Aller guten Dinge sind drei!***

4 Ermittle mithilfe des Internets: Welcher Nationalpark an der deutschen Nordseeküste ist der älteste? Welcher ist der größte?

5 a) Notiere mindestens vier Naturparks in Nordrhein-Westfalen (Internet).
b) Erkläre, warum Naturparks eingerichtet werden.

Merke
Zum Schutz des Wattenmeeres hat man Nationalparks mit unterschiedlichen Schutzzonen eingerichtet.

Grundbegriffe
- der Naturpark
- der Nationalpark

„Die Alpen sind ein Hochgebirge."
Entwickelt dazu eine Präsentation und stellt sie in der Klasse vor

Aufenthalt im Hochgebirge

Zu den Hochgebirgen zählt man die Gebirge mit über 1 500 m Höhe und oft schroffen Felsen. Für Wanderungen werden warme Kleidung, Wind- und Regenschutz, Sonnencreme mit hohem Lichtschutzfaktor sowie eine Sonnenbrille dringend empfohlen.

Im Hochgebirge ist es kälter als im Tiefland. Der Wind bläst stärker, die Niederschläge nehmen zu, die Sonneneinstrahlung ist intensiver und der Anteil des für Haut und Augen schädlichen ultravioletten Lichts ist größer. Außerdem kann das Wetter im Hochgebirge rasch wechseln.

Höhenstufen der Pflanzenwelt

Die Pflanzen im Hochgebirge haben sich den Klimabedingungen angepasst. Es haben sich **Höhenstufen** der Pflanzenwelt ausgebildet. Am Nordrand der Alpen zum Beispiel können bis zu 1 300 m Höhe noch Laubbäume gedeihen, darüber findet man fast nur noch Nadelbäume. Ab der **Baumgrenze** in etwa 1 700 m Höhe wachsen nur noch Zwergsträucher. In dieser Stufe der Grasflächen (der Matten) befinden sich auch die **Almen**, die der Mensch im Sommer als Viehweide nutzt. Ab etwa 2 000 m Höhe gibt es nur noch Fels, Eis und Schnee.

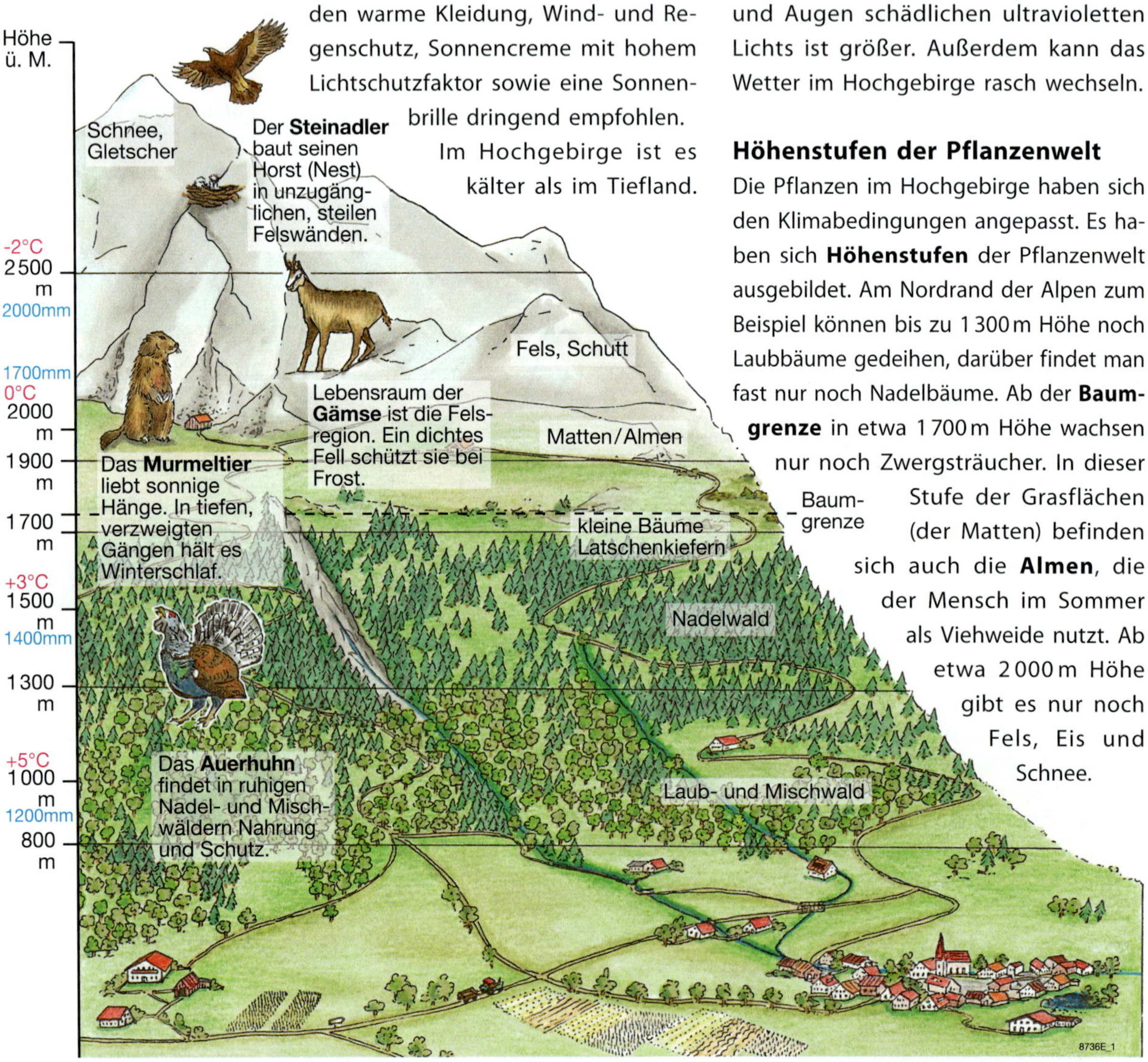

M1 *Tiere, Pflanzen und Höhenstufen (Beispiel: Nord-Alpen) mit Temperatur- (rot) und Niederschlagsangaben (blau)*

Tipps für die Erarbeitung

1. Die Alpen sind ein Hochgebirge. Begründet.
2. Beschreibt die Höhenstufen in den Alpen.
3. Ordnet die in M1 abgebildeten Tiere den Höhenstufen zu. Informiert euch über ein Tier genauer und berichtet (Internet).

D3-214 www.diercke.de

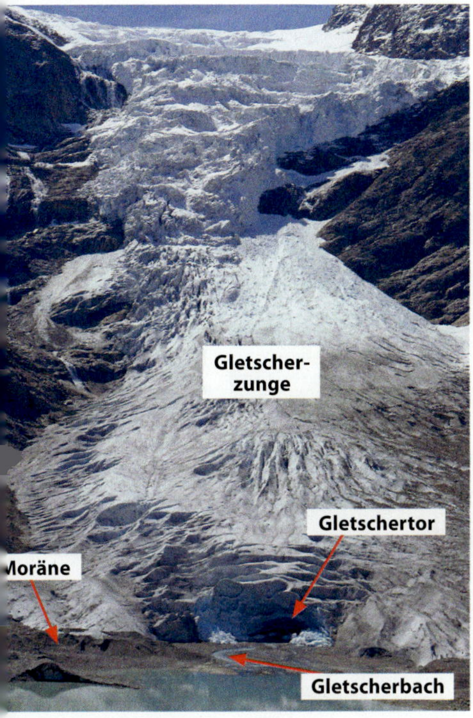

M2 *Gletscher in den Schweizer Alpen. Der Gletscher bildet sich, da in großer Höhe mehr Schnee fällt als wegschmilzt. Das Gletschereis wird langsam als Gletscherzunge ins Tal gedrückt. Dabei schiebt es Schutt vor sich her. Diese Schuttwälle nennt man Moränen.*

Bei Tagesanbruch waren wir mit René, unserem Schweizer Bergführer, aufgebrochen. Unser Tagesziel war die Besteigung eines Gipfels der Bernina-Gruppe in fast 4000 m Höhe. Von unserer Hütte aus mussten wir über 600 Höhenmeter überwinden.
Vor uns lag der Gletscher – mit seinen Spalten ein gefährliches Hindernis. Zunächst wateten wir durch den eisigen Gletscherbach. Das Wasser sprudelte aus dem Gletschertor.
René erzählte: „Das Gletschereis bewegt sich pro Jahr rund 50 m talwärts. Der Schnee, der oben am Gletscher zu Eis wird, kommt erst in 20 Jahren am Gletschertor an.“ Nach einer Rast holten wir Eispickel und Seile aus den Rucksäcken. Wir setzten Schneebrille und Helm auf, bevor wir auf den Gletscher gingen. Vorsichtig folgten wir dem Bergführer. Nach vier Stunden Aufstieg erreichten wir den Gipfel. Der Ausblick war überwältigend.

M4 *Eine Gletscherwanderung in den Alpen*

M5 *Die Lage der Alpen*

Tiere im Hochgebirge

Auch die Tiere haben sich den harten Bedingungen im Hochgebirge angepasst. Schneehase und Schneehuhn sind zum Schutz vor Greifvögeln weiß gefärbt und damit dem Schnee angepasst. Steinbock und Gämse haben ein dichtes Fell, das vor Kälte schützt. Sie sind ausgezeichnete Kletterer, sodass sie auch noch Nahrung in steilem Gelände finden.
Auf dem Eis der **Gletscher**, die langsam talwärts fließen, lebt der Gletscherfloh. Er ernährt sich von Pflanzenteilchen, die der Wind angeweht hat.

M3 *Wanderung über den Gletscher*

4 Erklärt, warum viele Berge über 2500 m vergletschert sind (M1).

5 Erstellt für die Klasse einen Merktext über euer Thema. Erklärt darin auch die Grundbegriffe.

Grundbegriffe
- die Höhenstufe
- die Baumgrenze
- die Alm
- der Gletscher

M1 *Sommerangebote …*

„Garmisch-Partenkirchen – Urlaub im Sommer und im Winter"
Entwickelt dazu eine Präsentation und stellt sie in der Klasse vor.

Sommer- und Wintersaison – Ganzjahrestourismus in den Bergen

Jährlich besuchen Millionen Menschen die europäischen Hochgebirge. Deshalb ist es keine Seltenheit, dass selbst kleine Orte (z.B. Ischgl in Österreich mit 1 500 Einwohnern) weit über eine Million Übernachtungen pro Jahr zählen.

Die Besucher kommen im Sommer und im Winter. Sie gehören allen Altersgruppen an. Daher haben sie auch ganz verschiedene Interessen und Bedürfnisse: Die einen wollen Ski fahren und sich abends amüsieren, die anderen wollen wandern und die Ruhe der Berge genießen.

Um möglichst viele Urlauber anzulocken, haben die Touristenorte **Fremdenverkehrseinrichtungen** geschaffen: von der Seilbahn über das Schwimmbad und den Tennisplatz bis hin zur Großraum-Disko. Einige Orte organisieren auch attraktive Veranstaltungen zur Unterhaltung der Gäste: Folklore-Abende, Tennisturniere, Wettspiele für Kinder oder Feste zum Almabtrieb der Kühe.

Tipps für die Erarbeitung

1. Beschreibt die Lage von Garmisch-Partenkirchen (Atlas).
2. Die Alpen sind ein Tourismusmagnet. Erklärt.
3. Notiert große Städte und Gebirge entlang einer Reiseroute von eurem Heimatort nach Garmisch-Partenkirchen (Atlas).

D3-118
www.diercke.de

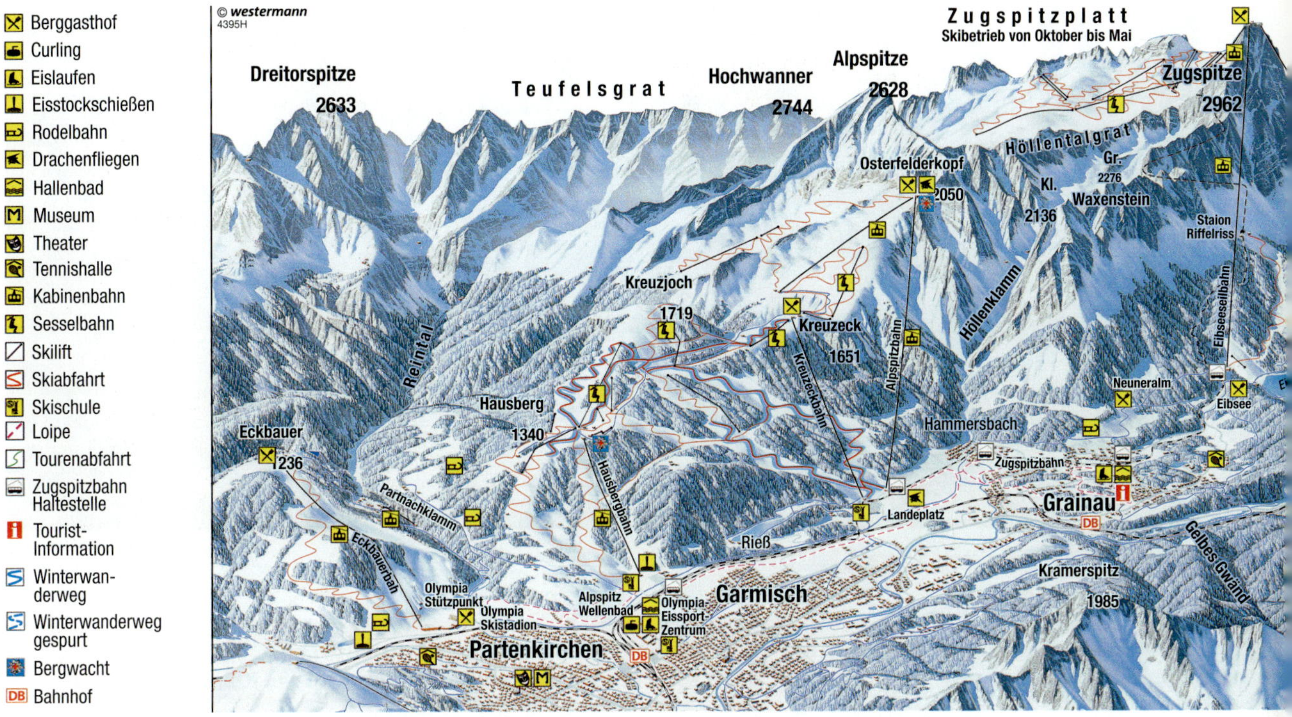

M2 *... und Winterangebote im Hochgebirge – Beispiel Garmisch-Partenkirchen*

In Garmisch-Partenkirchen finden in jedem Jahr internationale Großveranstaltungen statt wie das Neujahrsspringen, das zur Vierschanzentournee gehört, und die Weltcuprennen im Skisport. Diese „Events" locken Gäste aus allen Kontinenten an.
Der Tourismusdirektor der Gemeinde erklärt: „Auf dem Zugspitzplateau kann man noch Ski oder Snowboard fahren, wenn im Tal bereits die Bäume blühen. Selbst wenn einmal zu wenig Schnee liegt, überlisten wir die Natur mit Schneekanonen.
Für Gäste, die nicht Ski laufen, gibt es etwa 100 km geräumte Wanderwege. Durch unsere zahlreichen Urlaubsangebote begegnen wir der wachsenden Konkurrenz in den benachbarten Alpenländern."

M3 *Freizeitangebote in Garmisch-Partenkirchen*

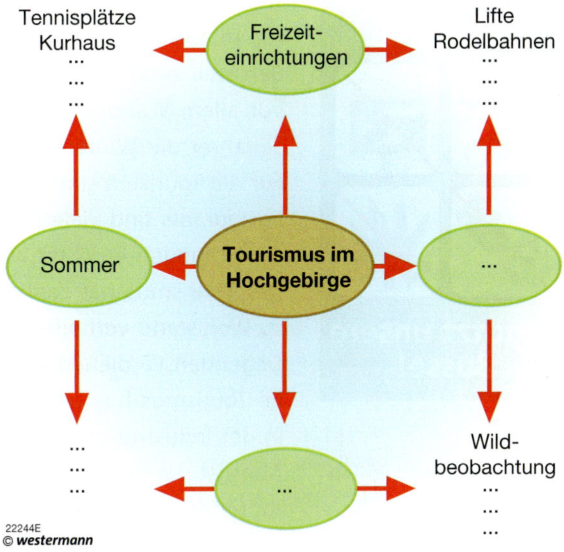

M4 *Begriffsnetz: Tourismus im Hochgebirge*

4 a) Fertigt eine Liste von je fünf Angeboten an, die insbesondere für Jugendliche eures Alters im Sommer und Winter attraktiv sind (M1 – M3).
b) Begründet eure Auswahl.

5 Vervollständigt das Begriffsnetz in M4.

6 Erstellt für die Klasse einen Merktext über euer Thema. Erklärt auch den Grundbegriff.

Grundbegriff
- die Fremdenverkehrs-einrichtung

M1 *Blick in das Villnösstal*

„Der Tourismus ist eine Gefahr für die Naturlandschaft." Entwickelt dazu eine Präsentation und stellt sie in der Klasse vor.

M2 *Hinweisschild im Villnösstal*

Förderung des Tourismus

Jedes Jahr fahren viele Urlauber in die Alpen. Sie wollen sich in der schönen Bergwelt erholen. Im Sommer kommen vor allem Wanderer, im Winter nutzen Skifahrer die Wintersportmöglichkeiten. Für die Touristen sind Hotels, Pensionen, Restaurants und viele Fremdenverkehrseinrichtungen errichtet worden.

Der Tourismus hat zahlreichen Dörfern zu Wohlstand verholfen. In den meisten Gegenden verdienen die Menschen, die im Tourismus beschäftigt sind, mehr als in der Industrie und der Landwirtschaft. Aber ist der Tourismus wirklich ein Motor für das wirtschaftliche Wachstum und garantiert er auf lange Zeit Wohlstand?

Gefahr für die Naturlandschaft

Die Zahl der Gäste in den Alpen nimmt ständig zu. Immer mehr Täler und Berghänge werden bebaut. Autoabgase schädigen die Bäume. Breite Skipisten sind in den Wald geschlagen. Skilifte durchziehen die Landschaft. Der von Schneekanonen erzeugte Kunstschnee verbraucht nicht nur große Wassermengen, er schädigt auch die Pflanzendecke. Die Landschaft verliert ihren Reiz.

In einigen Orten ist die Zahl der Urlauber bereits zurückgegangen. Nun sind Arbeitsplätze gefährdet. Es gibt jedoch eine Möglichkeit, die Naturlandschaft zu erhalten und den Tourismus zu fördern. Das ist der **sanfte Tourismus**.

Tipps für die Erarbeitung

1 a) M5 zeigt, wie der Tourismus die Wirtschaft ankurbelt. Erläutert.
b) Erklärt, wodurch der Tourismus gefährdet wird (M3, M5).

2 Viele Bewohner des Villnösstals sind Landwirte. Sie bieten Ferien auf dem Bauernhof an. Prüft, ob man diesen Tourismus als sanften Tourismus bezeichnen kann.

D3-120 www.diercke.de

Ursache	Wirkung
Straßen- und Liftbauten	zerstören Wälder an Steilhängen (Bannwälder), die Wintersportorte in den Tälern vor Lawinen schützen.
Pistenraupen	beschädigen oder zerstören die Pflanzendecke, die den Boden festhält. Schmelzwasser spült dann den Boden ab.
Tiefschneefahrer	können Lawinen auslösen.
Schneekanonen, Skipisten	lassen Pflanzen unter gepresster Schneedecke absterben.
Mountainbiker, Motocrossfahrer	reißen mit groben Reifenprofilen die dünne Rasendecke auf.
Wanderer, die Wege verlassen	zertreten die Gras- und Krautschicht, die oberhalb 1 800 m Höhe jährlich nur einen Millimeter wächst.

M3 *Folgen des Tourismus und ihre Ursachen*

M6 *Die Lage des Villnösstals in Südtirol (Italien)*

Das Villnösstal liegt in den Dolomiten in Südtirol. Es gibt sechs kleine Orte im Tal. Der Hauptort ist St. Peter. Am Ende des Tals befindet sich das Naturschutzgebiet Puez-Geisler. Es ist besonders interessant, weil hier alle typischen Gesteinsschichten der Dolomiten vorkommen. Der Talboden und die Hänge des Tals werden landwirtschaftlich genutzt. Für die Touristen wurde die Landschaft nur wenig verändert, sodass man die einzigartige Schönheit des Tales erhalten konnte. Ziel ist ein sanfter Tourismus. Die Umwelt soll geschont werden. Dazu gehört auch, dass für die Touristen ein Busdienst eingerichtet wurde.

M4 *Schutz für das Villnösstal*

Sanfter Tourismus

Als sanften Tourismus bezeichnet man eine Form des Fremdenverkehrs, der die Umwelt wenig belastet und der auf das Leben und die Kultur der Einheimischen Rücksicht nimmt. Maßnahmen des sanften Tourismus sind z. B. Sperrungen für den Autoverkehr, Bauverbote für Hochhäuser und Begrenzung der Skipisten.

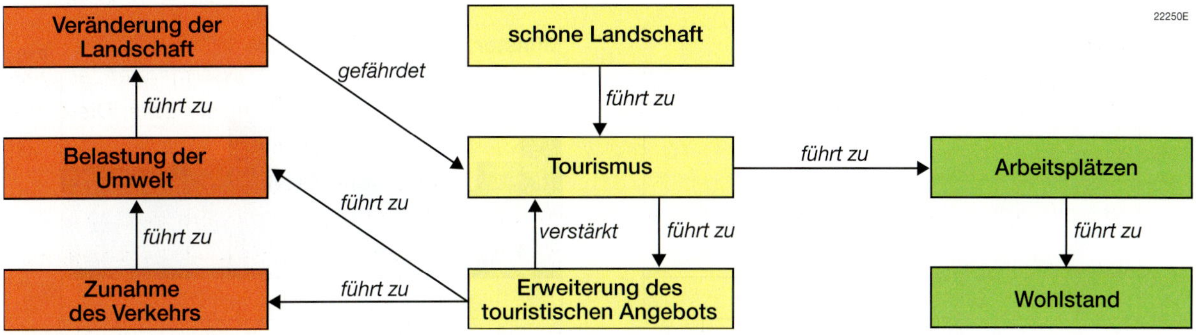

M5 *Der Tourismus und seine Auswirkungen*

3 Zählt auf, für welche Tourismusformen und -gruppen das Villnösstal attraktiv ist und für welche nicht (M4).

4 Erstellt ein Werbeplakat mit den Vorzügen des Villnösstals.

5 Erläutert, wodurch der sanfte Tourismus die Natur erhalten und den Tourismus fördern kann.

6 Erstellt für die Klasse einen Merktext über euer Thema. Erklärt auch den Grundbegriff.

Grundbegriff
- der sanfte Tourismus

Klimadiagramm

In einem Klimadiagramm sind die Temperaturkurve und die Niederschlagssäulen eines Ortes zusammen eingetragen. Auf der linken Seite befindet sich die rot beschriftete Temperaturachse; auf der rechten Seite ist die blau beschriftete Niederschlagsachse. Dabei ist die Temperaturzahl links immer halb so groß wie die Niederschlagszahl rechts. Zum Beispiel werden 10 °C auf derselben Höhe eingetragen wie 20 mm Niederschlag. Mithilfe des Klimadiagramms kannst du zum Beispiel folgende Fragen beantworten:

- Welches ist der wärmste, welches der kälteste Monat im Jahr?
- Wie viel Niederschlag fällt in den einzelnen Monaten?

Ein Klimadiagramm – Was ist das?

Meteorologen, die Wetter- und Klimakundler, beobachten und messen die Temperaturen und Niederschläge an vielen Orten auf der Erde.

Die Temperatur wird mit einem Thermometer in Grad Celsius (°C) gemessen. Der Niederschlag wird mit einem „Regenmesser" aufgefangen. An einer Millimeterskala kann man ablesen, wie viel Niederschlag gefallen ist.

Aus den langjährigen Mittelwerten lassen sich **Klimadiagramme** anfertigen.

Die Temperaturkurve

Die Durchschnittstemperaturen der einzelnen Monate stellt man zeichnerisch als Temperaturkurve (in Rot) dar.

Auf der unteren (waagerechten) Linie des Diagramms sind im gleichen Abstand die Monate des Jahres eingetragen. Links schließt sich eine senkrechte Achse an. An dieser sind in gleichmäßigen Abständen die Temperaturwerte in Grad Celsius (°C) eingetragen (M1). Für jeden Monat wird ein Punkt in der richtigen Höhe gezeichnet. Die Punkte werden verbunden.

Die Niederschlagssäulen

Die Niederschläge der einzelnen Monate stellt man zeichnerisch als Niederschlagssäulen (in Blau) dar.

Die untere (waagerechte) Linie bleibt dieselbe wie bei der Temperaturkurve: Hier sind die Monate des Jahres eingetragen. Diesmal schließt sich auf der rechten Seite eine senkrechte Achse an. An dieser sind in gleichmäßigen Abständen die Niederschlagswerte in Millimetern (mm) eingetragen (M2). Nun wird in das Diagramm für jeden Monat eine Säule in der richtigen Höhe eingezeichnet.

Klima

Das Zusammenwirken von Temperatur, Niederschlag, Bewölkung, Wind und Luftdruck über einen langen Zeitraum nennt man **Klima**. Das Klima eines Ortes ergibt sich damit aus den langjährigen Durchschnittswerten des Wetters.

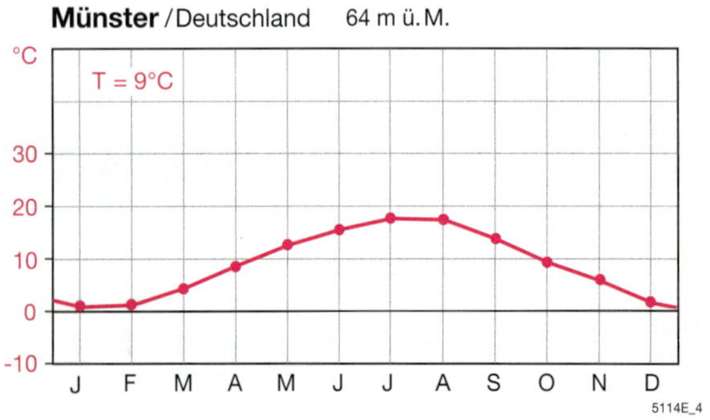

M1 *Temperaturkurve der Klimastation Münster*

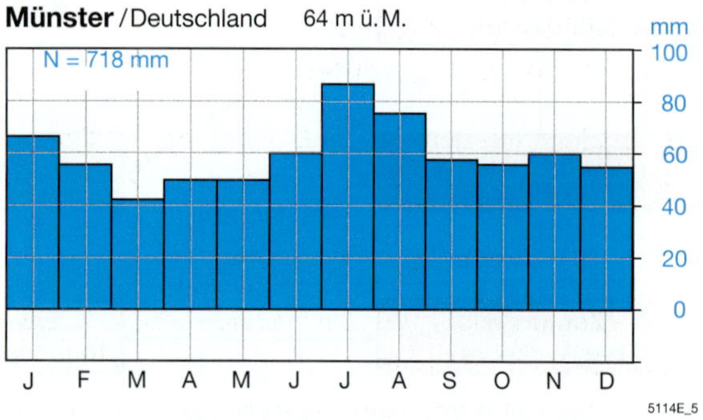

M2 *Niederschlagssäulen der Klimastation Münster*

Starthilfe zu 1
Ermittle auch die Differenzen zwischen den Temperatur- und Niederschlagswerten der genannten Monate.

1 ↗ Werte das Klimadiagramm von Valencia aus (M5). Ermittle die Monate mit den höchsten und niedrigsten Temperaturen und die mit den höchsten und niedrigsten Niederschlägen.

2 Vergleiche die Klimadiagramme von Münster (M3) und Valencia (M5) (Monate mit höchster und niedrigster Temperatur und mit höchsten und niedrigsten Niederschlägen).

D3-098, D3-070
www.diercke.de

M4 *Die Lage von Münster und Valencia*

Fünf Schritte zum Lesen der Temperaturkurve

1. Beginne mit dem Januar (J). Lege deinen Finger auf den Buchstaben J (Januar).
2. Fahre mit dem Finger gerade nach oben, bis du auf die rote Kurve triffst.
3. Lies die Zahl auf der Höhe deiner Fingerspitze an der linken senkrechten Achse ungefähr ab. Dies ist die Monatsmitteltemperatur für den Januar.
4. Gehe genauso bei den übrigen Monaten vor.
5. Lies die Jahresdurchschnittstemperatur ab.

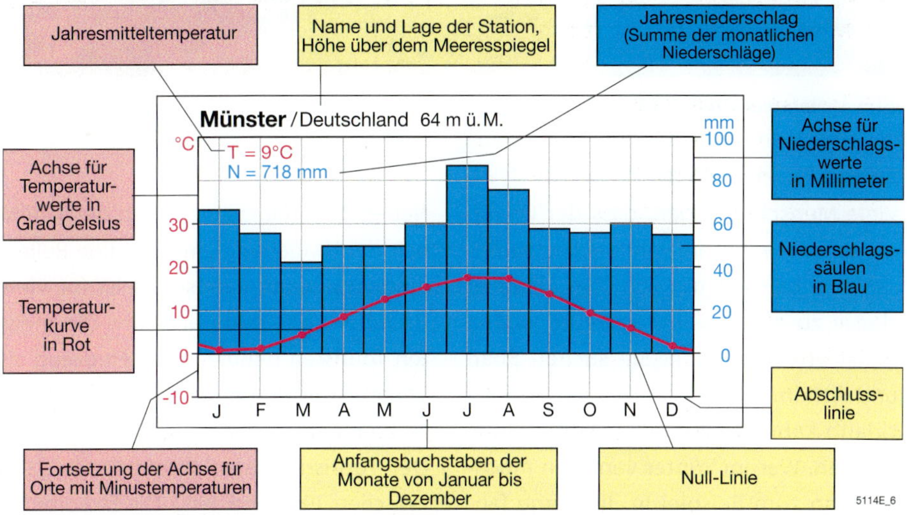

M3 *Ein Klimadiagramm in seinen Einzelheiten (Klimastation Münster)*

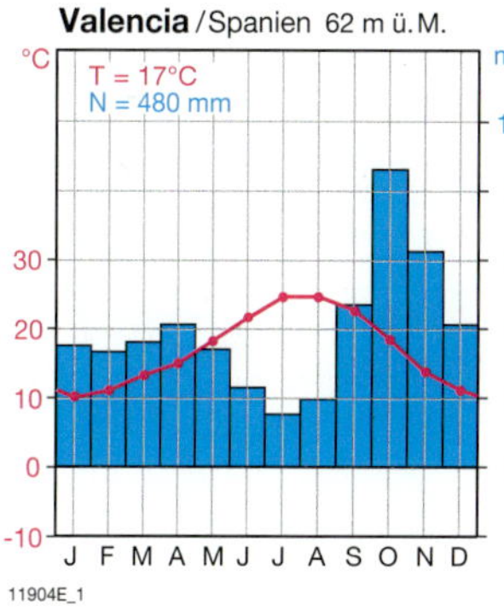

M5 *Das Klimadiagramm von Valencia*

Fünf Schritte zum Lesen der Niederschlagssäulen

1. Beginne mit dem Januar (J). Lege deinen Finger auf den Buchstaben J (Januar).
2. Fahre mit dem Finger gerade nach oben, bis du an den oberen Rand der blauen Säule gelangst.
3. Lies die Zahl auf der Höhe deiner Fingerspitze an der rechten senkrechten Achse ungefähr ab. Dieses ist der Monatsniederschlag für den Januar.
4. Gehe genauso bei den übrigen Monaten vor.
5. Lies den Jahresniederschlag ab. Das ist die blaue Zahl oben im Diagramm.

3 Orangen benötigen in ihrer Wachstumszeit viele Monate mit einer Monatsdurchschnittstemperatur von über 17 °C. Weizen benötigt in seiner Wachstumszeit Monatsniederschläge von über 50 mm und Temperaturen von 15 °C. An welchem Ort (M3 oder M5) würdest du die Pflanzen anbauen? Begründe.

Merke
In einem Klimadiagramm sind die Temperaturkurve und die Niederschlagssäulen eines Ortes zusammen eingetragen.

Grundbegriffe
- das Klima
- das Klimadiagramm

M1 *Landschaftliche Schönheit im Mittelmeerraum, hier: Italien*

Sonne ist das Wichtigste

Viele Menschen sagen, dass der Urlaub die schönste Zeit im Jahr sei. Sie verreisen zum Beispiel, um sich vom Alltag zu Hause zu erholen. Junge Leute wollen meist etwas erleben. Sie suchen Spaß und Action.

Urlaub kann man zu allen Jahreszeiten machen. Wer im Winter verreisen möchte, kann zum Beispiel in die Berge fahren oder in weit entfernten Ländern am Strand in der Sonne liegen.

Im Sommer ist für die meisten Menschen nur eines wichtig: ein Urlaub ohne Regen. Also entscheiden sie sich für ein Gebiet, wo es mit Sicherheit im Sommer warm und trocken ist. Deshalb sind unter anderem die Länder am Mittelmeer beliebte Reiseziele für viele Millionen Urlauber. Sie fahren zum Beispiel nach Italien, Griechenland, Kroatien und Spanien.

Neben dem Klima spielt auch die Schönheit der Umgebung eine wichtige Rolle – eine zugebaute Landschaft ist für viele Urlauber nicht mehr attraktiv. Die meisten Touristen benutzen das Flugzeug als Verkehrsmittel, um an ihren Urlaubsort zu kommen.

Der Tourismus am Mittelmeer begann zwischen 1950 und 1960. Die Einkommen stiegen, die Arbeitszeiten verringerten sich und die Menschen hatten mehr Freizeit. Nun konnten sich viele ihren Wunsch nach Sonne, Strand und Meer erfüllen.

Die Orte am Mittelmeer stellten sich immer mehr auf den Tourismus ein. Hotels und Ferienhaussiedlungen wurden gebaut. Es entstanden Restaurants, Geschäfte und Freizeiteinrichtungen. An den Stränden werden Liegen und Sonnenschirme vermietet.

---

1 a) Schreibe Gründe auf, die für dich bei der Wahl des Urlaubsziels wichtig sind.
b) Vergleiche sie mit den im Text genannten Gründen.
c) Nenne die für deutsche Urlauber beliebtesten Reiseziele 2013 (M4).

2 a) ↗ Notiere die Inselgruppe, zu der Mallorca gehört und die weiteren Inseln dieser Gruppe (M2, M7, Atlas).
b) Benenne die Urlaubsgebiete an der spanischen Mittelmeerküste (M2).

Starthilfe zu 2 a)
Nutze das Register im Atlas.

D3-122 www.diercke.de

M2 *Urlaubsregionen im westlichen Mittelmeer; eine davon ist Mallorca.*

M7 *Lage von Mallorca*

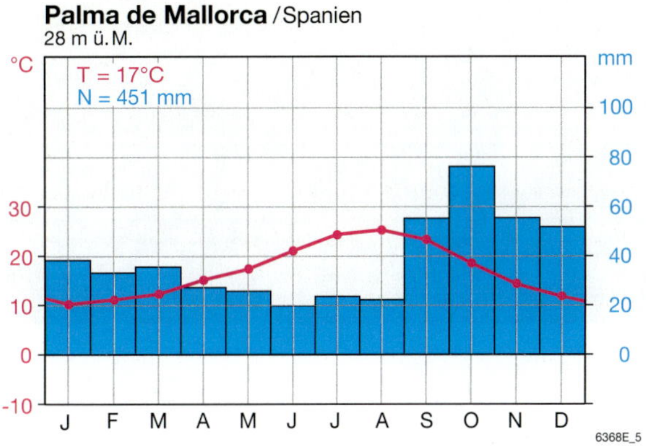

M3 *Klimadiagramm von Palma de Mallorca*

		Juni	Juli	Aug.	Sept.
Durchschnittliche Tagestemperatur in °C	M. O.	25 16	28 18	28 17	25 14
Durchschnittliche Sonnenscheindauer in Stunden pro Tag	M. O.	9 8	10 8	9 7	7 6
Durchschnittliche Anzahl der Niederschlagstage	M. O.	4 14	2 15	5 15	4 14
Durchschnittliche Wassertemperatur in °C	M. O.	20 13	23 17	24 18	23 15

M5 *Klima und Wassertemperaturen an der Küste Mallorcas (M.) und an der Ostsee (O.)*

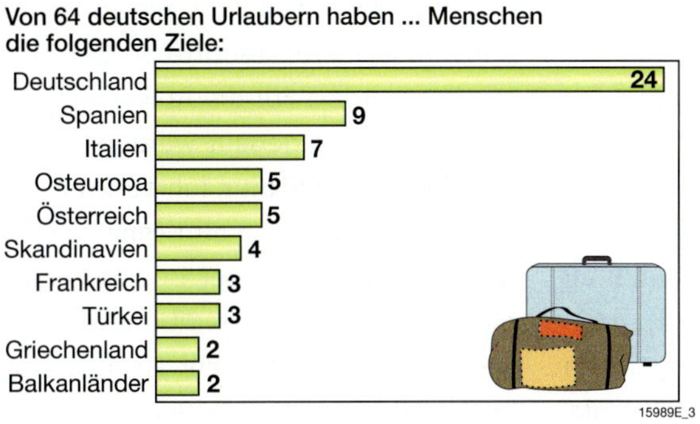

M4 *Die beliebtesten Reiseziele der Deutschen 2013*

Frau Perez vom Tourismusbüro: „Warum verbringen Sie Ihren Urlaub auf Mallorca?"
Herr Räther: „Wir sind hier, weil wir drei kleine Kinder haben und ein Urlaub am Strand für sie am schönsten ist."
Frau Perez: „Warum haben Sie Mallorca gewählt?"
Frau Neumann: „Ich habe mich nach Sonne gesehnt. Es gab noch einige günstige Angebote und der Flug ist kurz. Man ist schnell am Urlaubsziel."

M6 *Umfrage am Strand von Mallorca*

3 Das Klima und die Wassertemperaturen sind für die meisten Urlauber wichtig (M5, M6). Werte das Klimadiagramm von Mallorca aus (M3).

4 Vergleiche Klima und Wassertemperaturen von Mallorca (M.) und der Ostsee (O.) (M5).

5 Der Tourismus am Mittelmeer ist von der wirtschaftlichen Situation im Herkunftsland der Touristen abhängig. Erkläre.

Merke
Im Sommer sind die Länder am Mittelmeer beliebte Reiseziele, weil es dort dann kaum regnet. Außerdem ist es dort wärmer als zum Beispiel an der Ostsee.

M1 *Strand an der spanischen Mittelmeerküste*

M2 *Die Lage von Benidorm (Spanien)*

Fischerdörfer werden Bettenburgen

Früher waren die Küstenorte am Mittelmeer meist kleine Fischerdörfer. Heute sind sie nicht wiederzuerkennen. Hotelhochhäuser mit zum Teil dreißig Stockwerken stehen dicht nebeneinander. Für die Touristen wurden Restaurants, Diskotheken, Geschäfte und Freizeiteinrichtungen gebaut. Die Orte sehen alle gleich aus. Wenige Gebäude erinnern noch an früher, als die Häuser die Kultur des Landes widerspiegelten. Überall liest man „Bayerische Bierstube", „Pizzeria", „Pub" und „Disko".

Während der Hauptsaison wird die Wasserversorgung in einigen Gebieten zum Problem, weil kein Niederschlag fällt. Das Wasser muss darum aufwendig über lange Rohrleitungen aus anderen Landesteilen in die Touristenorte an der Küste geleitet werden. Für die Abwässer mussten Kläranlagen gebaut werden.

Der **Massentourismus** führte dazu, dass heute viele Menschen als Kellner, Verkäufer, Bootsverleiher oder in anderen Berufen arbeiten. Viele traditionelle Berufe werden daher nicht mehr ausgeführt.

In der Hauptsaison gibt es eine Menge zu tun, doch in der Nebensaison werden viele Menschen wieder arbeitslos.

***Starthilfe zu** 2*
Die Großbuchstaben in M5 sind die Anfangsbuchstaben der Monate des Jahres. Schreibe die Monate mit der kürzesten und der längsten Säule auf.

1 Beschreibe, wie sich der Massentourismus auf die Orte an der Mittelmeerküste ausgewirkt hat. Gehe dabei insbesondere auf die Veränderungen für die einheimischen Menschen ein (M5).

2 ↗ Untersuche die Auslastung der Hotels mit Gästen (M4): In welchen Monaten kommen die meisten und in welchen die wenigsten Touristen nach Benidorm?

D3-122 www.diercke.de

M3 ***Strand an der spanischen Mittelmeerküste 1955***

M6 ***Benidorm 1955***

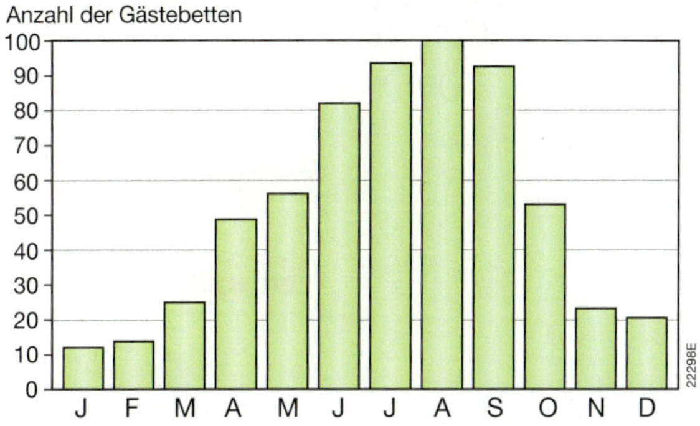

M4 ***Durchschnittliche monatliche Auslastung der Hotels in Benidorm***

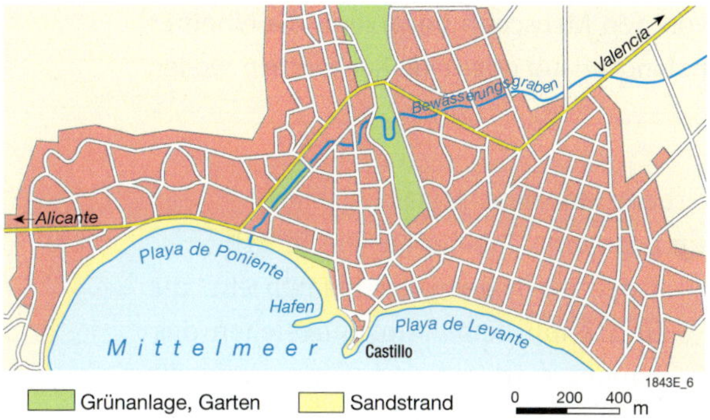

M7 ***Benidorm heute***

M5 ***Zwei Einheimische aus Benidorm berichten.***

3 a) Benidorm hat sich von einem kleinen Fischerdorf zu einer Bettenburg gewandelt. Beschreibe die Veränderungen (M1, M3 – M7).
b) Bewerte die Veränderungen.

4 Liste die Vorteile und die Nachteile des Massentourismus auf.

5 Führt ein Rollenspiel zur heutigen Situation in Benidorm durch (siehe S. 243).

Merke
Der Massentourismus hat die Küstenorte am Mittelmeer verändert.

Grundbegriff
- der Massentourismus

Viele Länder, viele Möglichkeiten

Europa ist vielfältig und bietet insbesondere für Touristen ein reichhaltiges Angebot an unterschiedlichen Freizeitmöglichkeiten. In den Ländern am Mittelmeer spielt der Badetourismus eine große Rolle, während für die Länder in den Alpen der Skitourismus die wichtigste Einnahmequelle ist. Die Hauptstädte mit ihren Sehenswürdigkeiten bieten gute Voraussetzungen für den Städtetourismus. Heilbäder und Kurorte werden von den Menschen bevorzugt, die einen Erholungsurlaub oder eine Kur machen wollen.

Arbeite mit dem Atlas:

1. Lege eine Tabelle an wie in M1. Trage die Namen der Staaten ein, die in M2 mit dem Autokennzeichen des Landes markiert sind. Schreibe in die nächste Spalte die Namen der Hauptstädte sowie in die nachfolgende Spalte die touristischen Möglichkeiten und die Namen der angegebenen Fremdenverkehrsgebiete.

2. Notiere, nach Ländern sortiert, die Namen der in M2 eingetragenen Seebäder und Wintersportzentren.

3. a) Plane eine Flusskreuzfahrt auf der Donau. Sie geht von Wien zum Schwarzen Meer. Notiere die Staaten und Hauptstädte.
   b) Plane eine Kreuzfahrt durch das Mittelmeer.

Staat	Hauptstadt	Tourismus
Slowakei	Bratislava	Sommer- und Wintererholung in der Hohen Tatra Besichtigungstourismus
Großbritannien	London	überwiegend Sommererholung Besichtigungstourismus Seebad Brighton

M1 *Ausgewählte Tourismusziele (Beginn einer Tabelle)*

M2 *Ziele deutscher Touristen in Europa (Auswahl)*

D3-092 www.diercke.de

Fremdenverkehrsgebiete
überwiegend Sommererholung
Sommer- und Wintererholung
Fremdenverkehrsorte
Seebad (Auswahl)
Wintersportzentrum (Auswahl)
Hauptstadt
Stadt
mit bedeutendem Besichtigungs-tourismus
sonstige Hauptstadt
Harz Fremdenverkehrsgebiet
D Internationales Autokennzeichen
0 250 500 km
N
S
Vänersee
Schären-küste
Gotland
Vättersee
Öland
Ostsee
Jütland
DK
Bornholm
Rügen
Friesische Inseln
Ostpommern
NL
Harz
D
Thüringer Wald
Erzgebirge
Sudeten
PL
CZ
Hohe Tatra
SK
L
Schwarz-wald
A
CH
Alpen
SLO
Balaton
H
HR
Istrien
BIH
Toskana
Riviera
Adria-küste
MC
Abruzzen
Dalmatien
MNE
SRB
KOS
MK
AL
I
Korsika
Sardinien
Kalabrien
Sizilien
Kreta
GR
TR
BG
RO
MD
UA
BY
LT
LV
EST
0478E_16
© westermann

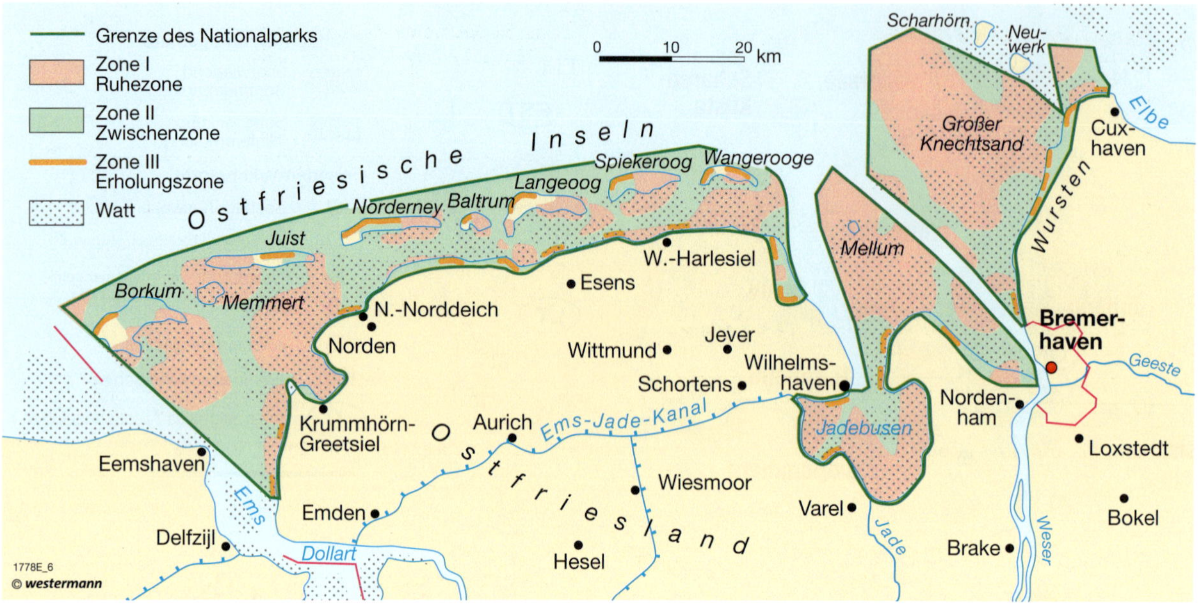

M1 *Nationalpark Niedersächsisches Wattenmeer*

M2 *Hinweisschilder*

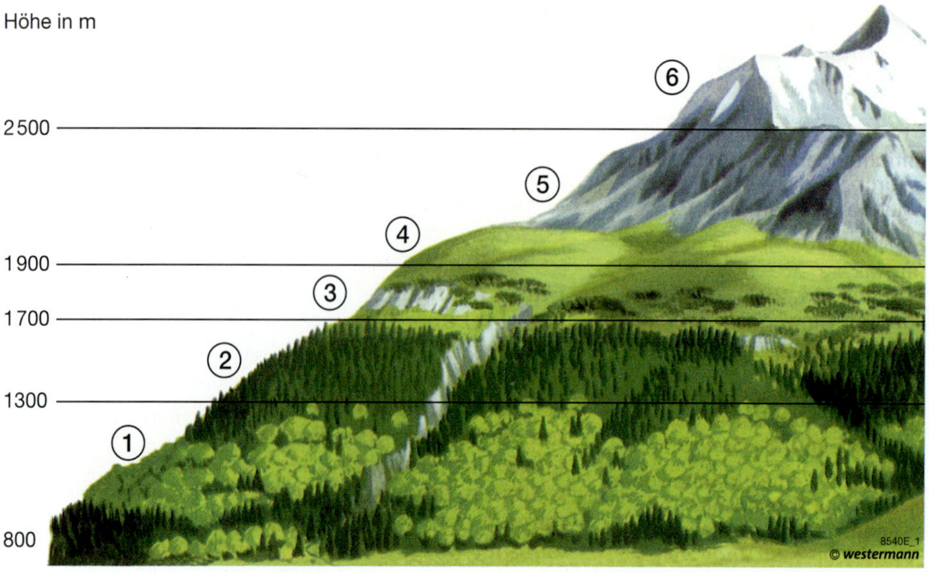

M3 *Höhenstufen in den Alpen*

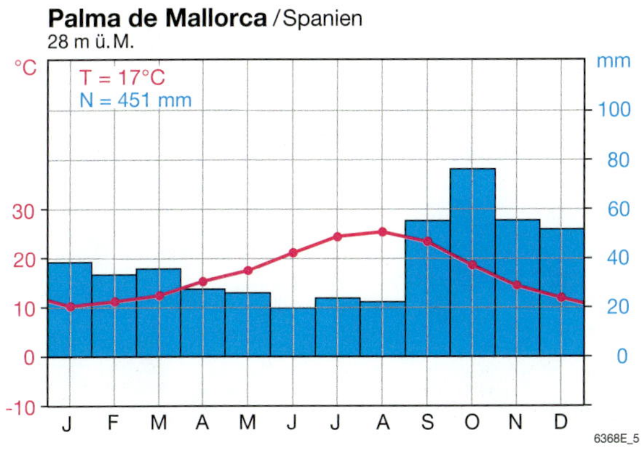

M4 *Klimadiagramm*

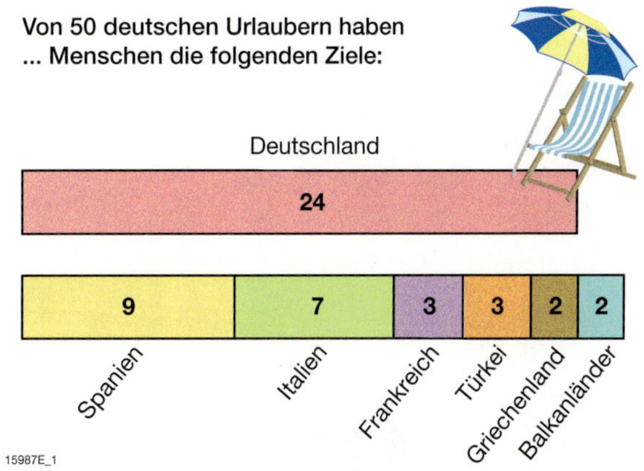

M5 *Beliebte Reiseziele der Deutschen 2013*

Schätze dich selbst mit dem Zeichensystem ein, das auf Seite 33 erklärt ist.
Die Erläuterung der Kompetenzen findest du ebenfalls auf Seite 33.

Grundbegriffe

- Hauptsaison
- Nebensaison
- Naherholungsgebiet
- Verkehrsmittel
- Ebbe
- Flut
- Gezeiten
- Wattenmeer
- Binnenmeer
- Düne
- Kliff
- Nutzungskonflikt
- Naturpark
- Nationalpark
- Höhenstufe
- Baumgrenze
- Alm
- Gletscher
- Fremdenverkehrseinrichtung
- sanfter Tourismus
- Klima
- Klimadiagramm
- Massentourismus

Sachkompetenz

1 a) Wähle fünf Grundbegriffe aus der Liste und erkläre sie.
b) Ergänze die Grundbegriffe, wenn möglich, durch Zeichnungen.

2 Erkläre, wie es zum Nutzungskonflikt an der Küste kommt. *(Schülerbuch S. 208)*

3 Es gibt in Nordrhein-Westfalen einen Nationalpark, aber mehrere Naturparks. Erkläre und begründe. *(Schülerbuch S. 210/211)*

4 Notiere die in M3 eingezeichneten Höhenstufen in den Alpen. *(Schülerbuch S. 212)*

5 Erkläre die drei in M1 dargestellten Zonen im Nationalpark Niedersächsisches Wattenmeer. *(Schülerbuch S. 211)*

Methodenkompetenz

6 a) Erkläre, in welcher Zone bzw. in welchen Zonen die fünf Hinweisschilder in M2 stehen könnten.
b) Zeichne weitere Schilder und erkläre ihre Bedeutung. *(Schülerbuch S. 210)*

7 Zeichne eine Skizze, mit der du die Auswirkungen des Tourismus verdeutlichst. *(Schülerbuch S. 217)*

8 Werte das Klimadiagramm M4 aus. *(Schülerbuch S. 218/219)*

9 Stelle die in M5 auf Seite 221 aufgeführten Klimawerte und Wassertemperaturen an der Küste Mallorcas und an der Ostseeküste für den Monat August in Säulendiagrammen dar. *(Schülerbuch S. 221)*

10 Werte M5 aus. *(Schülerbuch S. 221)*

Urteils- und Handlungskompetenz

11 a) Beschreibe, warum die Küste als Ferienregion beliebt ist.
b) Begründe, ob du deine Ferien an der Küste verbringen würdest. *(Schülerbuch S. 206–209)*

12 Erläutere die Vor- und Nachteile des Tourismus für Garmisch-Partenkirchen und nimm Stellung zu den Auswirkungen für die Naturlandschaft und die Menschen. *(Schülerbuch S. 214/215)*

13 Das Villnösstal ist ein Beispiel für sanften Tourismus. Erkläre und beurteile. *(Schülerbuch S. 216/217)*

In der Viktoriastraße in Bonn im Sommer 1955. Stell dir vor, dass einer der Jungen dein Opa wäre. Welche Fragen würdest du ihm stellen? Was würdest du ihm von dir erzählen?

Unsere Gesellschaft im Wandel

Am Ende des Kapitels kannst du:

- erläutern, wie Menschen in Familien zusammenleben
- die unterschiedlichen Lebenssituationen von Familien beurteilen
- darstellen, welche Schwierigkeiten Eltern haben, Kindererziehung und Beruf miteinander zu vereinbaren
- die Situation von älteren Menschen in der Gesellschaft einschätzen
- ein Standbild bauen
- ein Rollenspiel durchführen

M2 *Der Vater hatte das Recht, zu entscheiden. (1958)*

M3 *Kleinfamilie vor dem neuen Fernseher (um 1960)*

M1 *Die Großfamilie früher (1900)*

Von der Groß- zur Kleinfamilie

Noch im 19. Jahrhundert lebten auf dem Land drei Generationen (eine Generation umfasst Menschen eines Lebensalters) unter einem Dach: Großeltern, Eltern und Kinder.

Am Ende des 19. Jahrhunderts entwickelte sich in den Städten die Industrie. Fabriken entstanden. Daher verließen viele ihre Bauernhöfe und zogen vom Land zu den neuen Arbeitsplätzen in der Stadt. Die Zahl der **Großfamilien** nahm ab.

In den Wohnungen auf dem Land und in der Stadt lebten jetzt meist nur noch zwei Generationen zusammen. Die Zahl der **Kleinfamilien** nahm zu.

Die Ehepaare blieben in der Regel ein Leben lang zusammen. Mit der Geburt von zwei oder drei Kindern war die Kleinfamilie komplett. Die Rollen in der Familie waren eindeutig verteilt. Die Ehefrau und Mutter bildete das Herz der Familie. Ihre Aufgabe war es, den Haushalt zu führen und die Kinder zu erziehen.

Die Gleichberechtigung

„Männer und Frauen sind gleichberechtigt." Das steht in Artikel 3, Absatz 2 im **Grundgesetz**, das am 23. Mai 1949 in Kraft trat.

Doch die Wirklichkeit damals sah anders aus. Dafür sorgte schon das **Bürgerliche Gesetzbuch (BGB)**, das die Beziehungen zwischen Personen rechtlich regelt. Im BGB war damals die Autorität des Mannes in Familie und Beruf festgeschrieben. Der Mann hatte das „Letztentscheidungsrecht". Zum Beispiel konnte eine Ehefrau nur dann arbeiten, wenn ihr Mann einverstanden war. Auch konnte der Mann den Arbeitsplatz seiner Frau jederzeit kündigen.

Erst im Jahr 1958 trat das „Gesetz über die Gleichberechtigung von Mann und Frau" in Kraft. Allerdings behielt der Vater bei der Kindererziehung noch bis 1979 das letzte Wort.

***Starthilfe zu** 1 a)*
Denke daran, was sie tun, wie sie gekleidet sind und wie das Zimmer oder der Garten ausgestattet ist.

1 a) ↗ Betrachte M1 – M4 und beschreibe die Mitglieder der Familie.
b) Bewerte ihre Tätigkeiten unter dem Gesichtspunkt der Gleichberechtigung.

2 Beschreibe die Entwicklung von der Großfamilie zur Kleinfamilie.

3 Nimm Stellung zum damaligen Gesetz: Frauen dürfen ohne Zustimmung des Mannes nicht arbeiten.

M4 *Familie in Frankfurt (1961)*

Berufstätigkeit der Frau

Wie kann man die Frage der Berufsarbeit der Ehefrau so lösen, dass Konflikte nach Möglichkeit vermieden werden? Nichts einzuwenden ist gegen die Berufsarbeit der Ehefrau, solange keine Kinder da sind.
Anders sieht die Lage aus, wenn Kinder kommen. Die moderne Kinderpsychologie weiß sehr genau um die Notwendigkeit der „Nestwärme" gerade für das Kleinkind. Deshalb sollte, solange die Kinder noch klein sind, die Mutter im Hause bleiben, falls nicht aus wirtschaftlichen Gründen ihre Mitarbeit unbedingt erforderlich ist. Über die Notwendigkeit der Mitarbeit gehen die Ansichten natürlich weit auseinander. Sehr oft treibt nicht die finanzielle Notlage die Ehefrau zur Berufsarbeit, sondern der Dämon „hoher Lebensstandard".

(Nach: „Die gute Ehe" von 1959. In: Spiegel Special 4/2007, S. 103).

M5 *Quellentext*

Ratgeber für eine gute Ehe

Eine Hausfrau soll ihrem Mann ein Heim schaffen, in dem er wirklich zu Hause ist, in das er nach des Tages Arbeit gern zurückkehrt. Dabei muss immer das im Vordergrund stehen, was ihm besonders am Herzen liegt, und das kann verschieden sein.
Der eine verlangt unbedingte Ordnung. Er liebt es, wenn alle Gegenstände immer am gleichen Platz liegen, damit er seinen Zigarrenabschneider oder eine bestimmte Krawatte auch im Dunkeln finden kann. Einem anderen Ehemann ist es wichtiger, dass seine Frau immer gepflegt aussieht und hübsch angezogen ist. Ein dritter legt großen Wert darauf, dass ihm nicht nur Allerweltsessen auf den Tisch gestellt wird, sondern Dinge, die seinem Gaumen immer von neuem schmeicheln.

(Nach: „Die gute Ehe" von 1959. In: Spiegel Special 4/2007, S. 103)

M6 *Quellentext*

Grundgesetz

Das Grundgesetz ist das oberste Gesetzeswerk der Bundesrepublik Deutschland; es ist unsere **Verfassung**. Es enthält die grundsätzlichen Regeln für das Zusammenleben der Menschen.
Der erste Abschnitt des Grundgesetzes enthält die Grundrechte. Sie lauten beispielsweise:
Die Würde des Menschen ist unantastbar.
Alle Menschen sind vor dem Gesetz gleich.
Die Freiheit des Glaubens ist unverletzlich.
Jeder hat das Recht, seine Meinung frei zu äußern.

4 Nach dem Grundgesetz sind alle Menschen vor dem Gesetz gleich. Erörtere die Tatsache, dass nach dem BGB der Vater noch bis 1979 das letzte Wort bei der Kindererziehung hatte.

5 Nimm Stellung zum Quellentext M5.

6 a) Nimm Stellung zu M6.
b) Schreibe einen heutigen Ratgeber für eine gute Partnerschaft.

Merke

Durch die Ausbreitung der Industrie nahm die Zahl der Großfamilien ab und die der Kleinfamilien zu. Nach dem Grundgesetz sind Frauen und Männer gleichberechtigt.

Grundbegriffe

- die Großfamilie
- die Kleinfamilie
- das Grundgesetz
- das Bürgerliche Gesetzbuch (BGB)
- die Verfassung

M1 *Schulunterricht – getrennt für Jungen und Mädchen (Ende der 1950er-Jahre)*

Rolle

In unserem Leben werden uns viele Rollen zugewiesen. Wir sind zum Beispiel gleichzeitig Schülerin, Tochter, Mitglied eines Sportvereins und Freundin; oder wir sind Schüler, Sohn, Gitarrenspieler und Freund. Alle Rollen sind mit bestimmten Erwartungen an unser Verhalten geknüpft. Diese Erwartungen müssen wir erfüllen. Ansonsten setzen wir uns der Missbilligung der Mitmenschen aus und erhalten keine Anerkennung.
Vor 50 Jahren waren ganz andere Erwartungen an die Rollen von Jungen und Mädchen geknüpft als heute.

Mädchen und Junge – getrennt oder gemeinsam?

Um 1960 wurden Mädchen und Jungen in der Schule und zu Hause auf unterschiedliche **Rollen** in der Gesellschaft vorbereitet. Mädchen sollten Frau und Mutter werden und den Haushalt führen. Jungen sollten einen möglichst gut bezahlen Beruf ergreifen und die Familie ernähren.

Mädchen und Jungen wurden damals meist in verschiedenen Schulen unterrichtet. In den Jungenschulen gab es zum Beispiel in der 8. und 9. Klasse vier Stunden Werken in der Woche, die Mädchen hatten stattdessen Hauswirtschaft und Nadelarbeit. Physik und Chemie gab es manchmal nur für Jungen. Von zehn Abiturienten waren nur vier Mädchen.

Wann vermännlicht eine Frau?

„Sind Frauen dümmer? Eine junge Frau gibt sich so weiblich wie möglich. Sie benutzt ihre Intelligenz, um ihre anderen Qualitäten einzusetzen, denen die männliche Intelligenz selten gewachsen ist. Aber sie versucht nicht, in Bereichen Karriere zu machen, in denen ein Mann mit seiner Veranlagung besser dran ist. Dort vermännlicht eine Frau fast immer. Eine Frau sollte ihr Glück in der Familie suchen und sich nicht in den beruflichen Wettstreit mit ihren Kollegen begeben.

(Nach: Freundin/Filmrevue Nr. 13, 1964)

M2 *Quellentext*

Starthilfe zu 3
Begründe, warum es sich jeweils um Zeugnisse eines Jungen und eines Mädchen handelt.

1 Nenne drei Rollen, in denen du lebst, und ordne ihnen Erwartungen zu, die du erfüllen musst.

2 Schreibe die Erwartungen an einen Jungen und an ein Mädchen um 1960 auf (M1).

3 ↗ Vergleiche die Zeugnisse M3 und M7.

4 a) Erläutere, was in M2 den Frauen 1964 geraten wurde.
b) Nimm Stellung zu den Ratschlägen der Frauenzeitschrift.

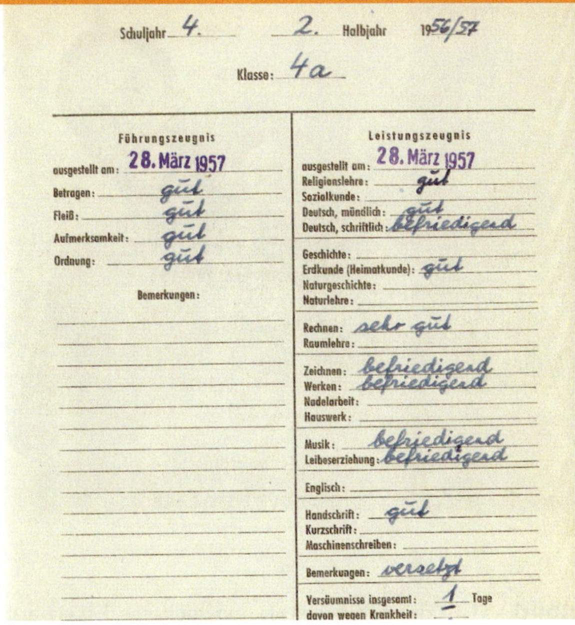

Schuljahr 4. 2. Halbjahr 1956/57

Klasse: 4a

Führungszeugnis		Leistungszeugnis	
ausgestellt am:	28. März 1957	ausgestellt am:	28. März 1957
Betragen:	gut	Religionslehre:	gut
Fleiß:	gut	Sozialkunde:	
Aufmerksamkeit:	gut	Deutsch, mündlich:	gut
Ordnung:	gut	Deutsch, schriftlich:	befriedigend
Bemerkungen:		Geschichte:	
		Erdkunde (Heimatkunde):	gut
		Naturgeschichte:	
		Naturlehre:	
		Rechnen:	sehr gut
		Raumlehre:	
		Zeichnen:	befriedigend
		Werken:	befriedigend
		Nadelarbeit:	
		Hauswerk:	
		Musik:	befriedigend
		Leibeserziehung:	befriedigend
		Englisch:	
		Handschrift:	gut
		Kurzschrift:	
		Maschinenschreiben:	
		Bemerkungen:	versetzt
		Versäumnisse insgesamt:	1 Tage
		davon wegen Krankheit:	

M3 ***Zeugnis eines Jungen***

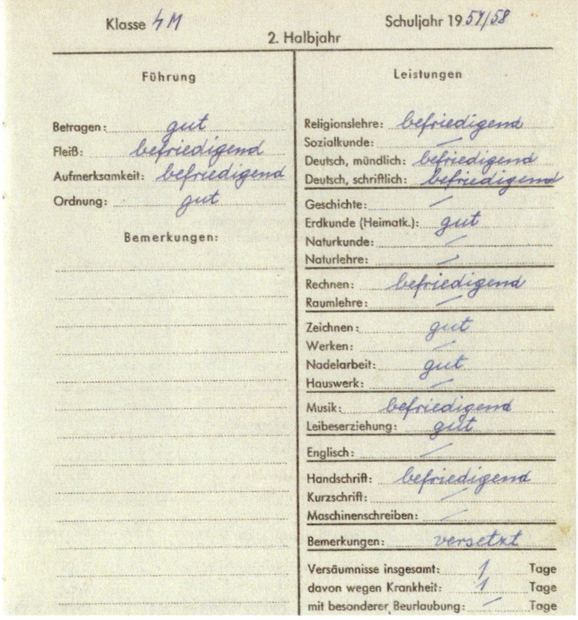

Klasse 4M 2. Halbjahr Schuljahr 1957/58

Führung		Leistungen	
Betragen:	gut	Religionslehre:	befriedigend
Fleiß:	befriedigend	Sozialkunde:	–
Aufmerksamkeit:	befriedigend	Deutsch, mündlich:	befriedigend
Ordnung:	gut	Deutsch, schriftlich:	befriedigend
Bemerkungen:		Geschichte:	–
		Erdkunde (Heimatk.):	gut
		Naturkunde:	–
		Naturlehre:	–
		Rechnen:	befriedigend
		Raumlehre:	–
		Zeichnen:	gut
		Werken:	
		Nadelarbeit:	gut
		Hauswerk:	–
		Musik:	befriedigend
		Leibeserziehung:	gut
		Englisch:	–
		Handschrift:	befriedigend
		Kurzschrift:	
		Maschinenschreiben:	–
		Bemerkungen:	versetzt
		Versäumnisse insgesamt:	1 Tage
		davon wegen Krankheit:	1 Tage
		mit besonderer Beurlaubung:	– Tage

M7 ***Zeugnis eines Mädchens***

Der gemeinsame Unterricht von Jungen und Mädchen in einer Klasse heißt Koedukation.
In der Bundesrepublik Deutschland wurde erst Ende der 1960er-Jahre begonnen, Mädchen und Jungen gemeinsam zu unterrichten. Ziel war es, mit dem gemeinsamen Unterricht gleiche Chancen für Jungen und Mädchen herzustellen.
Heute gibt es einige Kritiker der Koedukation. Allerdings wollen sie in der Regel keine getrennte Mädchen- und Jungenschulen einführen. Sie meinen, dass die Lerninhalte bei der Koedukation die Interessen der Mädchen oft zu wenig berücksichtigen. Sie befürworten eine teilweise Trennung von Jungen und Mädchen in bestimmten Fächern.

M4 ***Früher getrennt, heute gemeinsam***

Wir lernten Lesen, Schreiben und Rechnen in der Volksschule, die die meisten von uns acht Jahre besuchten. Auf den Dörfern gab es Zwergschulen, in denen Kinder mehrerer Altersjahrgänge in einem Klassenraum unterrichtet wurden. Die Lehrer oder Lehrerinnen der vierjährigen Grundschule waren meist streng, achteten vor allem auf Betragen, Aufmerksamkeit und Schönschreiben. Damit haben sie uns die Freude am Lernen gehörig erschwert.

(Nach: Peter Renz: Wir vom Jahrgang 1946. Kindheit und Jugend. Gudensberg-Gleiche)

M5 ***Quellentext***

M6 ***Karikatur***

5 Antworte dem Verkäufer in der Karikatur (M6).

6 Lies den Quellentext M5. Schreibe einen Bericht darüber, worauf heute in der Schule Wert gelegt wird.

7 a) Stelle Argumente auf, die für eine Koedukation sprechen, und solche, die dagegen sprechen (M4).

b) Nimm anschließend Stellung zu Koedukation.

Merke
Mädchen und Jungen wurden früher auf unterschiedliche Rollen in der Gesellschaft vorbereitet. Sie gingen auf verschiedene Schulen. Heute werden sie meistens gemeinsam unterrichtet.

Grundbegriff
- die Rolle

M1 *Der Mann in der Werbung: um 1960, 1990 und 2010*

Die Werbung – ein Spiegelbild der Gesellschaft

Die Darstellungen von Männern und Frauen in der Werbung haben sich von 1950 bis heute deutlich gewandelt.

Zwischen 1950 und 1960

Staubsauger, Waschmaschine, Toaster und Mixer: Elektrogeräte erobern den Haushalt. Sie erleichtern der Hausfrau die Arbeit. Doch das ist erst der Anfang. Nach und nach kommen weitere Helfer dazu: Geschirrspülmaschine, Trockner, Kaffeemaschine usw. Die vollständige Ausstattung des Haushaltes mit Elektrogeräten ist nur noch eine Frage der Zeit. Viele Familien wünschen sich Ende der 1960er-Jahre einen Haushalt mit modernen technischen Geräten. Diese Wünsche können leichter erfüllt werden, wenn die Hausfrau berufstätig ist und Geld dazuverdient.

Die Werbung erfindet Frau Renate. Tagsüber ist Frau Renate tüchtig im Beruf und abends stellt sie für ihren Mann und die Kinder stets ein leckeres Essen auf den Tisch. Dabei helfen ihr die Produkte aus der Werbung. Die Werbung sagt: „Mach es, wie es Frau Renate tut – mach es mit Dr. Oetker gut!" Als Dank erntet sie zufriedene Mienen ihrer Lieben. Der Werbespruch „Zufriedene Mienen danken es ihnen" bleibt bis Anfang der 1960er-Jahre aktuell.

Zwischen 1980 und 1990

In der Werbung wird das Bild der berufstätigen Frau weiterentwickelt. Es werden mehr junge Leute gezeigt, die allein oder als Paar zusammenleben. Beide Geschlechter sind berufstätig und verdienen gut. Häufig arbeiten die Frauen in einem Büro. Sie sind selbstbewusst und verfügen über ihr eigenes Geld. Daher werden Werbespots für Frauen nun nicht mehr nur für Haushaltsprodukte gemacht. Immer mehr wird in der Werbung der Unterschied zwischen Mann und Frau aufgehoben. Es gibt die ersten Werbeplakate mit Männern im Haushalt.

Starthilfe zu 2
Lies dir dazu noch einmal die Texte auf der Seite 232 zu den unterschiedlichen Rollen durch.

1 a) Beschreibe, wie sich das Bild der Frau in der Werbung verändert hat (M2, M3).
b) Beschreibe, wie sich das Bild des Mannes in der Werbung verändert hat (M1, M3).

2 ↗ Wähle einen der drei Zeitpunkte aus und vergleiche die Rollen von Frau und Mann (M1, M2).

M2 *Die Frau in der Werbung: um 1960, 1990 und 2010*

a) Heim und Haushalt sind die für Frauen geeigneten Gebiete. Die Frau führt den Haushalt mit Leichtigkeit, beschäftigt sich mit Ernährung, Pflege und Erziehung. Sie ist adrett gekleidet und immer bei der Arbeit dargestellt.

b) Die Frau erscheint als Karrierefrau, sie ist jung und strahlend. Sie ist gut gekleidet, schlank, selbstbewusst, erfolgreich und nach Unabhängigkeit strebend.

c) Das Bild der Frau ist vielschichtig geworden. Es gibt zum Beispiel die schöne und intelligente Geschäftsfrau mit eigenem, schicken Auto. Zum anderen erscheint die sportliche junge Frau, welche sich kalorienbewusst ernährt und körperbewusst ist. Weiterhin gibt es die ältere, gepflegte Dame, die noch voll im Leben steht.

d) Der gesetzte, stattliche Mann wirbt als Fachmann für verschiedene Produkte. Er gilt als kompetent, logisch, sachlich und mit hohem Fachwissen argumentierend.

e) Der „neue“, gefühlvolle Mann tritt auf. Der Vater kümmert sich um sein Kind. Er strahlt Zärtlichkeit und Wärme aus. Darüber hinaus hilft der Mann im Haushalt. Dank der modernen Haushaltsgeräte macht es Spaß, zu putzen und zu kochen. In der Regel sind die Männer sportlich und durchtrainiert dargestellt.

f) Auch das Bild des Mannes ist vielschichtig geworden. Es gibt den Geschäftsmann, den sportlichen Mann, den Familienvater, den älteren Herrn usw. Für jeden Typ Mann gibt es eigene Produktlinien und für diese wird geworben.

M3 *Werbung im Laufe der Zeit*

Ab 2010

In der Werbung spielt jetzt der Unterschied zwischen Mann und Frau wieder eine große Rolle. Allerdings ganz anders als in den 1950er-Jahren. Es werden zunehmend kosmetische Artikel für Männer beworben. Frauen haben eine aktive Rolle, sowohl im Beruf als auch in der Partnerschaft und in der Freizeit. Sie genießen es, sich etwas leisten zu können. Männer und Frauen werden als Partner dargestellt, die sich gegenseitig auch in der Hausarbeit ergänzen. Ab und zu werden Frauen gezeigt, die dem Mann überlegen sind.

3 a) Ein Tag ohne technische Geräte im Haushalt. Stelle dar, wie der Alltag sich verändert.
b) Erörtere, ob sich die Aufgaben von Mann, Frau und Kindern verändern.

4 Erläutere, inwiefern Werbung ein Spiegelbild der Gesellschaft ist.

5 Nehmt Werbespots auf und beschreibt, wie Männer und Frauen dargestellt werden.

Merke
Die Werbung ist ein Spiegelbild der Gesellschaft. Die Darstellung von Männern und Frauen in der Werbung hat sich zwischen 1950 und heute deutlich verändert.

M1 *Leyla und Mehmet Aslan mit ihren Kindern Cem und Murat. Leyla und Mehmet sind seit 18 Jahren verheiratet und leben in Hagen. Mehmet Aslan arbeitet als Kfz-Mechaniker in einer Autowerkstatt. Leyla Aslan ist stundenweise in einem Lebensmittelgeschäft tätig. Nachmittags hat sie Zeit, ihren Kindern bei den Hausaufgaben zu helfen. Bei schönem Wetter am Wochenende fährt die Familie gern an die Biggetalsperre.*

M2 *Bärbel Lampe ist geschieden und lebt mit ihrer 11-jährigen Tochter Leonie in Solingen. Bärbel Lampe arbeitet ganztägig bei einer Versicherung. Leonie geht nach der Schule in den Hort. Sie wird um 16 Uhr von ihrer Mutter abgeholt. Donnerstags geht sie vom Hort zu ihrer Oma, da ihre Mutter einen langen Arbeitstag hat. Jedes dritte Wochenende fährt Leonie zu ihrem Vater.*

„Familien sind sehr unterschiedlich."
Entwickelt dazu eine Präsentation und stellt sie in der Klasse vor.

Familie
Eine Kleinfamilie, auch Kernfamilie genannt, ist die Gemeinschaft der Eltern oder eines Elternteils mit ihrem Kind oder ihren Kindern.
Zur Großfamilie gehören außerdem die Großeltern und weitere Verwandte.

Familie – Freude, Hilfe, Streit und Stress

Die meisten Kinder und Jugendlichen wachsen in einer **Familie** auf. Hier machen sie die ersten Erfahrungen im Zusammenleben. In vielen Familien erleben die Kinder und Jugendlichen, dass andere für sie da sind, sie schützen und ihnen helfen.

In den letzten Jahren hat die Zahl der Familien, die aus einem Elternteil und Kind bzw. Kindern bestehen, stark zugenommen. Die alleinerziehenden Elternteile müssen Beruf und Kindererziehung miteinander vereinbaren. Dabei helfen Ganztagsbetreuung und Ganztagsschule.

Patchwork-Familie
Wenn ein oder beide Partner Kinder aus einer früheren Beziehung in eine neue Partnerschaft mitbringen, spricht man von einer **Patchwork-Familie** oder Mischfamilie.

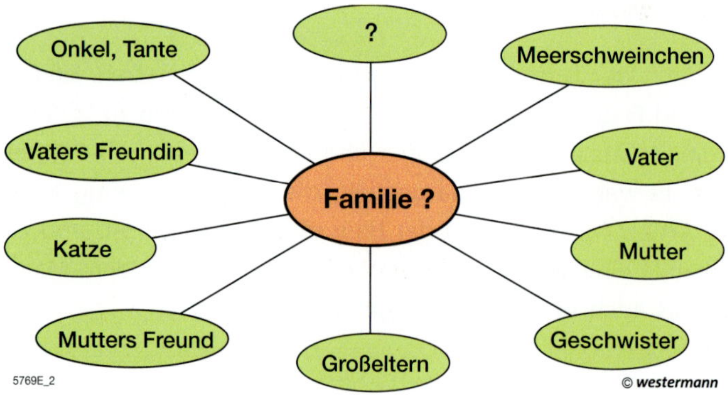

◁ **M3** *Wer gehört alles zur Familie?*

Tipps für die Erarbeitung

1. a) Beschreibt die Situation der Kinder in M1, M2 und M4.
   b) Vergleicht mit eurer Situation.

2. a) Stellt dar, wer für euch zur Familie gehört (M3).
   b) Diskutiert die Frage: „Was bedeutet Familie für mich?"

M4 ***Marianne Müller wohnt mit ihrem Sohn Marco und ihrer Tochter Franziska in einem Haus in Bonn. Bevor Michael Bittner mit seiner Tochter Cecilia dort einzog, kannten sich die Familienmitglieder schon. Dennoch gab es anfangs Schwierigkeiten im Zusammenleben. Cecilia wollte sich mit den Regeln nicht abfinden, die im Haus von Marianne gelten.***

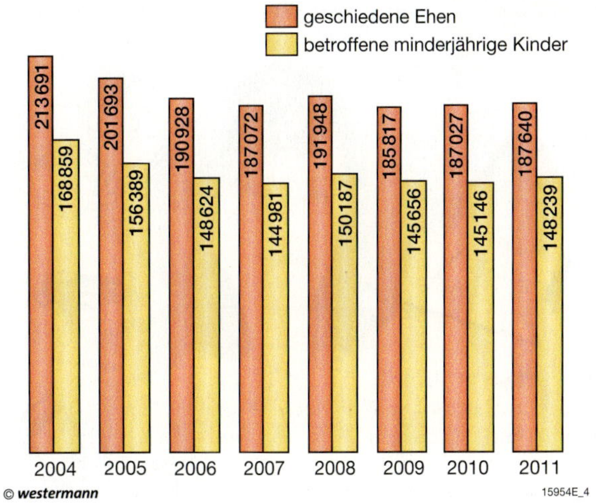

M8 *Ehescheidungen in Deutschland (Nach: BMFSFJ, Berlin 2012)*

Kevin (11 Jahre):
...nie wieder meinen Vater sehen zu können, weil er gestorben ist. Mit dem neuen Freund meiner Mutter streite ich mich sehr oft.

Anna (11 Jahre):
...Liebe, Freunde, Streit, Stress, Lachen, Weinen, Ausflug, Arbeit.

Leon (12 Jahre):
...dass man sich gegenseitig unterstützt und den anderen vertrauen kann. Es ist schön eine große Familie zu haben, auch wenn es manchmal sehr anstrengend ist.

Leyla (12 Jahre):
...durch dick und dünn gehen. Meine Eltern sollen sich nicht streiten. Dass wir zum Essen immer zusammensitzen und man sich gegenseitig zuhört.

M5 ***Schüleraussagen zum Thema: Was bedeutet mir Familie?***

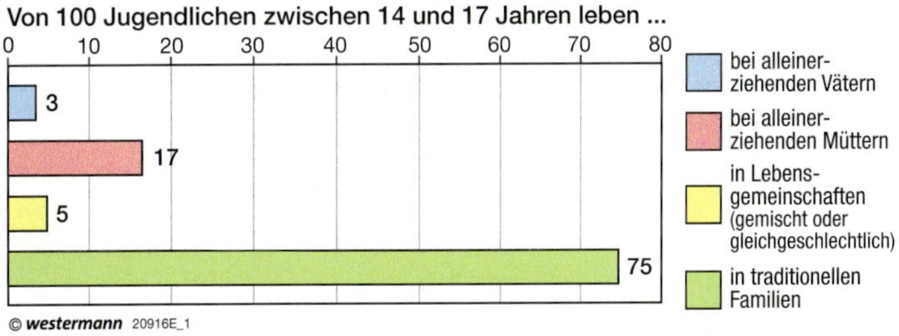

M6 *Familien in Deutschland (2013)*

Was bedeutet heute Familie, was macht sie in Deutschland aus? Typisch ist inzwischen die Vielfalt der Lebensformen. Eine Antwort beim Besuch von Zweitklässlern in Hamburg-Ottensen lautet: Familie ist da, wo man ohne zu fragen an den Kühlschrank gehen kann.

(Nach: Anke Dürr, Barbara Supp und Claudia Voigt, Der Spiegel, 26.02.2007)

M7 *Auf der Suche nach der typisch deutschen Familie*

3 Eine typische Familie gibt es nicht. Nehmt Stellung zu den Aussagen (M6 – M8).

4 Erstellt für die Klasse einen kurzen Merktext über euer Thema. Erklärt darin auch die Grundbegriffe.

Grundbegriffe
- die Familie
- die Patchwork-Familie

M1 *Doppelte Last: Beruf und Kinder*

M2 ***Heike Kaufmann, verheiratet, 40 Jahre alt, arbeitet in einem Büro. Sie sagt: „Ich arbeite Teilzeit und verdiene fast 450 Euro im Monat. Damit zähle ich zu den geringfügig Beschäftigten und muss keine Steuern zahlen. Das Geld können wir gut gebrauchen. Ich habe das Glück, dass ich vormittags arbeiten kann. Nachmittags kümmere ich mich um meine beiden Kinder und den Haushalt. Mein Mann hilft, wo er kann. Aber Haushalt und Kinder sind vor allem meine Aufgabe. Teilzeitarbeit finde ich gut. Ich möchte wegen der beiden Kinder nicht mehr voll arbeiten."***

„Wenn beide Eltern arbeiten, ist einer doppelbelastet – muss das sein?" Entwickelt dazu eine Präsentation und stellt sie in der Klasse vor.

Teilzeitarbeit
Von Teilzeitarbeit spricht man, wenn jemand regelmäßig kürzer arbeitet als seine Kolleginnen und Kollegen, die voll arbeiten. Während die meisten Männer Vollzeit arbeiten, arbeitet fast jede zweite erwerbstätige Frau in Teilzeit. Das waren 2010 in Deutschland fast neun Millionen Frauen.

Wenn ein Kind erwartet wird …

Viele junge Paare haben heute eine gute Schulbildung und Berufsausbildung. Sie wollen deshalb beide beruflich vorankommen und Karriere machen.

Wenn in der Partnerschaft der Kinderwunsch entsteht, stellt sich für das Paar die Frage nach der Arbeitsverteilung. Manche Frauen fühlen sich für die Kindererziehung verantwortlich. Zwar hat sich inzwischen die traditionelle Rollenerwartung gelockert. Trotzdem gibt es noch viel weniger Männer als Frauen, die aus dem Beruf für eine bestimmte Zeit ausscheiden, um die gesamte Familien- und Hausarbeit durchzuführen.

Um berufstätig zu bleiben und Geld zu verdienen, nehmen viele Frauen **Teilzeitarbeit** an. Häufig können sie auch nicht mehr Vollzeit arbeiten, da es keine ausreichenden Betreuungsmöglichkeiten für die Kinder gibt.

Laut Gesetz sind Frau und Mann gleichgestellt. Wenn Männer die Kindererziehung übernehmen wollen, wird dies jedoch von vielen Arbeitgebern noch nicht gern gesehen und unterstützt.

Tipps für die Erarbeitung

1 a) Beschreibt M1.
b) Erklärt, welches Problem darin deutlich wird.
c) Fertigt eine eigene Collage an, die das Problem der Doppelbelastung verdeutlicht.

2 Erörtert Vor- und Nachteile der Teilzeitarbeit (M1, M2, M5, M6).

3 Nehmt Stellung zur Aufgabenverteilung im Haushalt (M5).

M3 ***Zeichnung (Karikatur)***

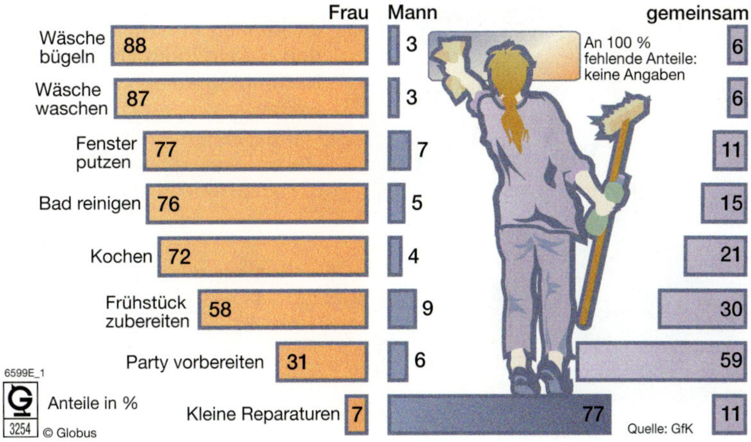

M5 ***Wer macht die Hausarbeit?***

Mittwochmorgen, 7 Uhr: Familie Schmidt frühstückt. Frau Schmidt liest den Börsenteil der Zeitung, Herr Schmidt schenkt ihr Kaffee nach und schmiert das Pausenbrot für die beiden Kinder. Er fragt seine Frau, wann sie heute Abend nach Hause kommt. Frau Schmidt greift geistesabwesend nach ihrer Tasse und murmelt: „Das weiß ich noch nicht. Es kann sehr spät werden." Der Hund springt an Herrn Schmidt hoch und möchte Gassi geführt werden. Tochter Paula findet ihren Turnbeutel nicht. Es wird hektisch. Frau Schmidt nimmt ihre Aktentasche, gibt ihrem Mann einen flüchtigen Kuss und rennt aus dem Haus.
Nachdem auch die Kinder zur Schule gegangen sind und der Hund gefüttert ist, findet Herr Schmidt endlich Zeit für eine Tasse Kaffee. Dabei überlegt er sich, was heute zu tun ist: Die Fenster haben es mal wieder nötig, der Wäschekorb quillt über, der Hund muss zum Tierarzt, der große Hausputz steht an. Er beschließt, erst einkaufen zu gehen. Vielleicht trifft er dabei Herrn Maier, dem er sein Eintopfrezept versprochen hat. Er seufzt: „Das wird wieder eine Schlepperei, meine Frau hat ja das Auto." Spät am Abend unterhält sich Ehepaar Schmidt über den vergangenen Tag. Frau Schmidt berichtet über die Probleme am Arbeitsplatz und mit den Kollegen, Herr Schmidt zuckt die Schultern und sagt: „Bei mir war's wie immer. Haushalt und Kinder ..."

(Nach Rosemarie Portmann: Gleich verschieden. Hrsg. v. d. Arbeitsgemeinschaft Jugend und Bildung e. V. Wiesbaden 1999, S. 69)

M4 ***Familie Schmidt im Jahr 2050?***

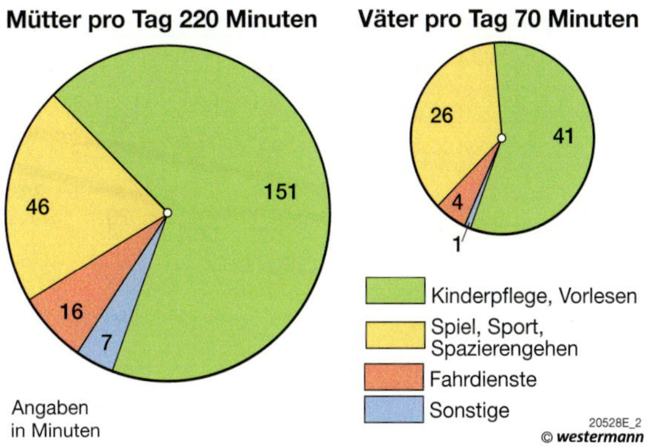

M6 ***Wer kümmert sich durchschnittlich wie lange um die Kinder? Befragt wurden Ehepaare, deren jüngstes Kind unter drei Jahre alt war. (Quelle: BMFSFJ, Berlin; 2012)***

4. Notiert treffende Aussagen zur Kinderbetreuung (M6) und nehmt Stellung.
5. Erläutert, welches Problem die Zeichnung M3 deutlich macht.
6. Bewertet die Situation in M4.
7. Erstellt für die Klasse einen kurzen Merktext über euer Thema. Erklärt darin auch den Grundbegriff.

Grundbegriff
- die Teilzeitarbeit

Karl Wolters (79 Jahre)
Heute betreibt seine Tochter den Lebensmittelladen der Familie. Dennoch kommt Karl fast jeden Tag und unterstützt seine Tochter, wo er nur kann.

Conny Lange (71 Jahre)
Sie war fast 40 Jahre als Schneidermeisterin tätig. Heute gibt sie ihr Können in Nähen, Stricken und Häkeln ihren Enkeln und in Nachmittagskursen an Schulen weiter.

Peter und Andrea Schmid (78 und 75 Jahre)
Sie haben sich das Ziel gesetzt, einen Halbmarathon mitzulaufen und viel trainiert. In diesem Jahr soll es endlich soweit sein.

M1 *Noch lange nicht untätig*

„Es gibt immer mehr alte Menschen."
Entwickelt dazu eine Präsentation und stellt sie in der Klasse vor.

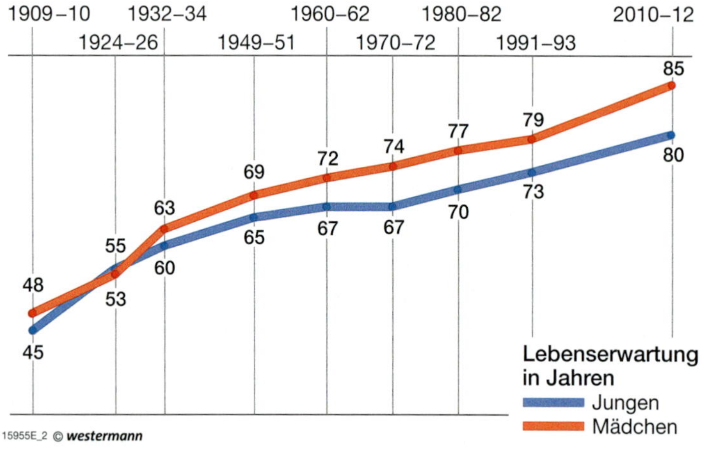

M2 *Lebenserwartung in Deutschland*
(Quelle: Statistisches Bundesamt, Wiesbaden, 2012)

Mit 75 noch aktiv?

In Deutschland leben immer mehr alte Menschen. Viele von ihnen sind bis ins hohe Alter rüstig. Sie unternehmen Reisen, bilden sich fort, gehen ihren Hobbys nach und betreuen ihre Enkelkinder.

Allerdings: Je älter jemand wird, umso größer ist die Wahrscheinlichkeit, dass er krank oder hilfsbedürftig wird. Wenn Ehepartner, Geschwister und Freunde sterben, werden viele ältere Menschen einsam. Manchen fällt es dazu schwer, die Aufgaben des alltäglichen Lebens ohne fremde Hilfe zu meistern.

Tipps für die Erarbeitung

1 a) Beschreibt die Veränderungen in der Lebenserwartung der Menschen (M2).
b) Begründet sie.
c) Beschreibt mögliche Folgen für die Gesellschaft (M5).

2 Schaut euch die Bilder in M1 an und lest die dazugehörigen Texte. Beurteilt, ob und wie die in M1 dargestellten Personen ein Vorbild sein können.

Fit im Alter

Ob Radfahren oder Schwimmen, Motorradrennen oder Florettfechten, Karate oder Bodybuilding – es gibt kaum eine Disziplin, in der Alte nicht inzwischen kräftig mitmischen. Bei den europäischen Seniorenspielen wetteifern silberhaarige Damen und kahlköpfige Herren in 22 Disziplinen um Medaillen. Die meisten Alten wollen aber gar nicht so viel: Schon regelmäßiges Wandern, Tanzen oder Schwimmen hält den Körper länger gesund. Muskeltraining schützt das Skelett. Selbst der regelmäßige Spaziergang bewirkt einiges. Die Abwehrkräfte gegen Krankheiten werden gestärkt. Gedächtnis und Reaktionsfähigkeit verbessern sich, das Denken wird klarer.

(Nach: Horst Güntheroth. In: Stern vom 25.03.2010, S. 126)

M3 *Sport hält jung.*

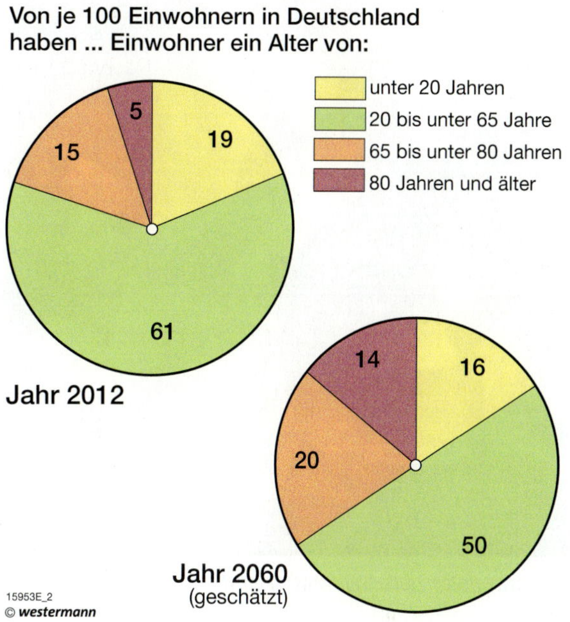

M5 *Deutschland wird älter. (Quelle: Statistisches Bundesamt, Wiesbaden, 2012)*

Die Zahl der Seniorinnen und Senioren wächst

Fitnessstudios und Krankenkassen haben eine neue Kunden entdeckt: die „jungen Alten". Speziell für Seniorinnen und Senioren gibt es Angebote vom Nordic Walking über die Rückenschule und den Ernährungskurs bis zum Gesundheitsführerschein.

Die **Lebenserwartung** der Menschen in Deutschland hat sich erhöht. Unter Lebenserwartung versteht man die Anzahl der Jahre, die Neugeborene eines Jahrgangs durchschnittlich leben werden. Gründe für die steigende Lebenserwartung gibt es viele: Die Medizin hat sich verbessert. Viele körperlich belastende Arbeiten in den Fabriken werden heute von Maschinen durchgeführt. Außerdem leben die Menschen gesünder.

Ein Altenpfleger berichtet:

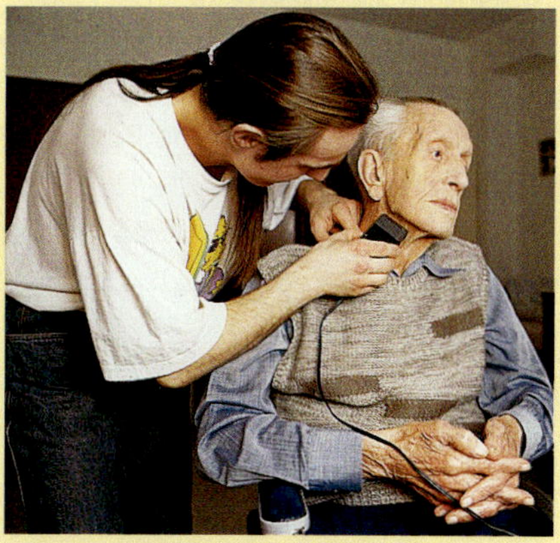

Mit den Menschen bei uns im Altersheim muss man sehr geduldig sein. Die Leute, die bei uns einziehen, verlieren ihren Haushalt und ihre Nachbarn. Das Wichtigste ist, dass man die alten Leute ernst nimmt. Mein Leitspruch ist vor allem: Altenpflege ist Beziehungspflege. Dazu gehört der Einsatz von Gefühlen und Zeit. Leider ist unser Betreuungsplan zeitlich viel zu knapp. Ich habe oft ein schlechtes Gewissen, dass ich mich den einzelnen Personen zu wenig widmen kann.

M4 *Das Problem mit der Zeit*

3 Auch ihr werdet vielleicht einmal 90 Jahre. Versetzt euch in diese Situation und beschreibt, wie ihr euch eurer Leben wünscht und welche Probleme im Alltag auf euch zukommen.

4 Verfasst ein Gespräch zwischen dem Altenpfleger und dem älteren Herrn (M4).

5 Erstellt für die Klasse einen Merktext über euer Thema.

Grundbegriff
- die Lebenserwartung

M1 *Standbild zwischen Mutter und Sohn*

Was ist ein Standbild?

In einem Standbild wird eine Situation ohne Worte und ohne Bewegung gezeigt.

Im Gegensatz zum Rollenspiel (siehe S. 243) gibt es im Standbild eine Regisseurin bzw. einen Regisseur und nur wenige Darstellerinnen und Darsteller. Sie müssen die wortlosen Anweisungen wie Marionetten befolgen.

Die anderen in der Klasse können Tipps geben, aber allein die Regisseurin oder der Regisseur entscheidet, wie sich die Darstellerinnen und Darsteller aufbauen müssen. Am Ende wirken sie wie erstarrt. Dann wird das Bild ausgewertet.

Drei Schritte beim Bau eines Standbildes

1. Schritt: Vorbereitung
- Es wird ein Stuhlkreis gebildet. Es wird genau festgelegt, welche Situation dargestellt werden soll.
- Ihr wählt außerdem eine Regisseurin oder einen Regisseur.
- Weiterhin bestimmt ihr die Darstellerinnen und Darsteller.

2. Schritt: Durchführung
- In der Mitte des Stuhlkreises entsteht das Bild.
- Jetzt darf kein einziges Wort gesprochen werden, auch nicht von der Regisseurin oder dem Regisseur.
- Die Darstellerinnen und Darsteller dürfen nur wortlos in die richtige Position gebracht werden. Der jeweilige Gesichtsausdruck muss vorgespielt werden.
- Wenn die Regisseurin bzw. der Regisseur fertig ist, wird das Bild „eingefroren".
- Alle Darstellerinnen und Darsteller sowie Zuschauerinnen und Zuschauer müssen sich in das Bild „einfühlen". Nach einer festgelegten Zeit gibt die Regisseurin bzw. der Regisseur das Zeichen zum Auflösen des Bildes.

3. Schritt: Auswertung
- Zuerst wird das Bild durch die Zuschauerinnen und Zuschauer, dann durch die Darstellerinnen und Darsteller beschrieben und gedeutet.
- Zum Schluss sagt die Regisseurin bzw. der Regisseur, warum sie bzw. er das Bild so und nicht anders gebaut hat.

***Starthilfe zu** ① a)*
Das kann eine nette Situation sein (z. B. Eltern sind stolz auf ihr Kind) oder auch eine weniger schöne (z. B. Eltern streiten sich vor den Kindern).

① a) ↗ Überlege dir eine typische Familiensituation. Schreibe die Situation möglichst genau auf einem Blatt Papier auf.
b) Suche dir eine Partnerin oder einen Partner. Tauscht euch über eure Ideen aus.
c) Gebt eure Vorschläge, die ihr für besonders geeignet haltet, der Lehrkraft für den Bau eines Standbildes im Stuhlkreis.
d) Baut ein Standbild nach der Schrittfolge.

Konflikte in der Familie

Ein Familienstreit kann Thema eines Rollenspiels sein. Schülerinnen und Schüler spielen dann verschiedene Personen der Familie.

Drei Schritte zur Durchführung eines Rollenspiels

1. Schritt: Vorbereitung

- Bildet zu jeder Rolle drei Interessengruppen mit je drei bis vier Schülerinnen und Schülern.
- Besprecht den Verlauf der Geschichte. Überlegt mögliche Lösungen.
- Verfasst zu jeder Rolle eine Rollenkarte. Legt fest, wie sich die Personen verhalten müssten, damit sie ihr gewünschtes Ergebnis erreichen.
- Entsendet für eine der beteiligten Personen ein Mitglied in das Rollenspiel.
- Die Schülerinnen und Schüler, die nicht mitspielen, bilden Beobachtungsgruppen. Jede Beobachtungsgruppe legt fest, worauf sie während des Rollenspiels besonders achten will.
  Beispiele: Welche Lösung wird vorgestellt? Ist diese Lösung glaubwürdig? Wer hat am besten argumentiert?

2. Schritt: Durchführung

- Das Rollenspiel wird in drei Durchgängen gespielt.
- Achte auf Folgendes: Sprich die Person, mit der du dich unterhältst, direkt an (Vorname, Mama ...). Benutze selbst die Ich-Form. Sprich in einfachen klaren Sätzen. Vermeide umgangssprachliche Ausdrücke wie „echt“ oder „cool“, wenn du einen Erwachsenen spielst. Greife die Argumente deines Vorredners auf und gehe auf sie ein.
- Die Beobachtungsgruppen machen sich Notizen.

3. Schritt: Auswertung

- Die Beobachtungsgruppen teilen den Spielerinnen und Spielern ihre Meinung zu den vorgetragenen Inhalten und zum Verlauf des Rollenspiels mit, z. B.:
  Wurden die Rollen glaubwürdig vertreten? Wurde sachlich diskutiert? Sind die Spielerinnen und Spieler aufeinander eingegangen? Wurden Argumente kritisch bedacht? Wurde eine Lösung gefunden, die für alle nachvollziehbar ist?

„Immer muss ich auf Paul aufpassen“

Clara ist fast zwölf Jahre alt. Heute hat sie nach der Schule in ihrem Zimmer Musik gehört, mit ihrer Freundin Sandra telefoniert und die Hausaufgaben gemacht. Jetzt will sie wie jeden Donnerstag zum Training der Tischtennismannschaft gehen. Es beginnt um vier Uhr. Da kommt ihre Mutter. Sie teilt ihr mit, dass sie ab nächster Woche jeden Donnerstagnachmittag zwischen vier und sechs Uhr einen Spanischkurs besuchen möchte. Sie bittet Clara, das Training aufzugeben und während dieser Zeit auf ihren achtjährigen Bruder Paul aufzupassen.

M2 *Ausgangssituation für das Rollenspiel*

Clara (12 Jahre)
spielt Tischtennis in der Mannschaft. Das Training findet nur einmal in der Woche statt. Clara nimmt gern am Training teil, denn im Training kann sie sich verbessern. Die Teilnahme am Training ist Voraussetzung, um in der Mannschaft zu spielen. Gelegentlich muss Clara auf ihren kleinen Bruder aufpassen, zum Beispiel, wenn ihre Mutter zum Elternabend geht.

Frau Weber
(42 Jahre)
lebt allein mit ihren beiden Kindern. Sie arbeitet halbtags in einer Speditionsfirma. Nachmittags kümmert sie sich um die Kinder und den Haushalt. Sie möchte Spanisch lernen, weil die Firma viele spanische Kunden hat. Mit Spanisch-Kenntnissen wäre ihr Arbeitsplatz in der Firma viel sicherer und sie könnte auch eine anspruchsvollere Tätigkeit übernehmen.

M3 *Rollenkarten*

---

2 „Immer muss ich auf Paul aufpassen“ (M2). Gestaltet ein Rollenspiel zu der Situation und nutzt dabei die Rollenkarten von M3.

3 Wählt einen anderen Konflikt aus und führt dazu ein Rollenspiel nach der Schrittfolge durch. Mögliche Themen können sein:
a) Mithelfen im Haushalt
b) Erhöhung des Taschengeldes.

M1 *Familien um 1900 und heute*

M2 *Drei Familien*

M3 *Eine Familie 1958*

M4 *Heike Kaufmann arbeitet Teilzeit.*

Schätze dich selbst mit dem Zeichensystem ein, das auf Seite 33 erklärt ist.
Die Erläuterung der Kompetenzen findest du ebenfalls auf Seite 33.

Grundbegriffe
- Großfamilie
- Kleinfamilie
- Grundgesetz
- Bürgerliches Gesetzbuch (BGB)
- Verfassung
- Rolle
- Familie
- Patchwork-Familie
- Teilzeitarbeit
- Lebenserwartung

Sachkompetenz

1 a) Wähle fünf Grundbegriffe aus der Liste und erkläre sie.
b) Ergänze die ausgewählten Grundbegriffe durch Zeichnungen.

2 a) Ordne die Begriffe „Kleinfamilie“, „Kernfamilie“ und „Großfamilie“ den Familien in M2 zu.
b) Erkläre, was eine Patchwork-Familie ist.
(Schülerbuch S. 236)

3 Erläutere die Veränderung der Rollen von Mann und Frau in der Familie (M1).
(Schülerbuch S. 230–235)

4 a) Beschreibe, wie sich die Lebenserwartung in Deutschland seit 1910 gewandelt hat.
b) Nenne Gründe, für die Veränderungen.
c) Erkläre mögliche Folgen für die Gesellschaft.
(Schülerbuch S. 240/241)

Methodenkompetenz

5 Beschreibe das Foto in M3. Gehe dabei besonders auf die Rolle des Mannes in der Familie ein.
(Schülerbuch S. 230)

6 M1 und M2 auf den Seiten 234/235 zeigen Werbeplakate, die den Mann und die Frau in einer bestimmten Rolle zeigen.
Gestalte selbst ein Werbeplakat und stelle die aktuelle Rolle der Frau bzw. des Mannes in der Gesellschaft dar.

7 a) Erkläre, was die Zeichnung M3 auf Seite 239 darstellt.
b) Zeichne selbst eine Zeichnung zu diesem Thema.
(Schülerbuch S. 238/239)

Urteils- und Handlungskompetenz

8 a) Vergleiche die Rolle des Mannes früher (M3) und heute.
b) Nimm Stellung zu den beiden Rollenbildern.
(Schülerbuch S. 230/231)

9 a) Werte die Quelle M2 von Seite 232 aus.
b) Beurteile die Ratschläge der Frauenzeitschrift.

10 a) Erkläre mithilfe von M4, was Teilzeitarbeit bedeutet.
b) Nimm Stellung zum Arbeitsmodell Teilzeit unter dem Gesichtspunkt der Gleichberechtigung.
(Schülerbuch S. 238/239)

11 „Wenn ich einmal alt bin, dann ...“ Beende den Satz. Du kannst auch mehrere Sätze aufschreiben.

13

Wichtige Personen stehen den Medien bei Fragen und Problemen Rede und Antwort.
Überlege, was für ein Problem ein so hohes Medieninteresse hervorrufen kann.

Medien – chatten, mailen, informieren, ...

Am Ende des Kapitels kannst du:

- darlegen, wie sich das Leben durch die Einführung von neuen Medien verändert hat
- die Rolle des Fernsehens erörtern
- die Chancen und Gefahren von Handy und Internet erörtern
- die Einflussmöglichkeiten von Medien beurteilen
- darlegen, was der Onlinehandel bewirkt
- eine Befragung durchführen

M1 *Jugendliche nutzen verschiedene Medien.*

Medien, Massenmedien
Der Begriff Medien ist eine Sammelbezeichnung für alle Mittel, die der Information, Kommunikation, Unterhaltung oder Werbung dienen. Medien, die sich an viele Menschen wenden, bezeichnet man als Massenmedien. Zu den Massenmedien zählen:
- die Printmedien (z. B. Druckerzeugnisse: Zeitungen, Zeitschriften, Bücher, Plakate),
- die elektronischen Medien (z. B. Rundfunk, Fernsehen, Telefon, Internet, Smartphone, E-Book, DVD, Computerspiel).

Vom Buch zum Internet

Früher erfuhren die Menschen wichtige Neuigkeiten vor allem durch Erzählungen. Wenige Menschen konnten lesen oder schreiben. Bücher wurden mühsam mit der Hand geschrieben. Erst 1452 erfand Johannes Gutenberg den Buchdruck. Von da an konnten Texte in großer Zahl gedruckt und verbreitet werden. Im 17. Jahrhundert entstanden die ersten Tageszeitungen mit Texten und Zeichnungen. Mit der Erfindung der Fotografie im 19. Jahrhundert wurden auch Fotos in Zeitungen veröffentlicht. Um 1900 wurden die ersten Filme gedreht und 1922 nahm der erste deutsche Radiosender seinen Betrieb auf.
Bis 1950 waren Radio und Zeitung die wichtigsten **Medien**. Seitdem ist das Fernsehen das beliebteste **Massenmedium**.
Mitte der 1980er-Jahre begann das Computerzeitalter. Seitdem spielen die neuen elektronischen Medien, wie zum Beispiel das Internet und das Smartphone, eine immer wichtigere Rolle für die Menschen.

Medien prägen unser Leben

Unser Leben wird von verschiedenen Medien beeinflusst wie Handy, Fernsehen, Radio, Internet oder Zeitung.
Viele Menschen nutzen die Medien zur Kommunikation, zur Unterhaltung, als Freizeitbeschäftigung und zu vielem mehr. Eine wichtige Aufgabe der Medien ist es, die Menschen zu informieren.
Die Medien können aber auch gezielt die Meinung der Menschen beeinflussen, zum Beispiel indem Informationen einseitig oder Sachverhalte falsch oder unvollständig dargestellt werden.
Auch die Wirtschaft nutzt die verschiedenen Medien, um mithilfe von Werbung Interesse für ihre Produkte zu wecken.
Der verantwortungsvolle Umgang mit Medien muss vor allem von Kindern gelernt werden. Denn es ist zum Beispiel bekannt, dass die übermäßige Mediennutzung auch abhängig oder krank machen kann.
Die Verwendung und Nutzung von Medien kann also sowohl bereichernd als auch bedenklich sein.

---

1 a) ↗ Führe über das Wochenende ein Medientagebuch.
b) Ermittle, wie viel Zeit du für jedes Medium genutzt hast im Vergleich zu deiner gesamten Freizeit.

2 Gestalte ein Bild zu deiner Mediennutzung: Zeichne dich oder klebe ein Foto von dir auf. Zeichne um das Bild Sprechblasen, in die du Aussagen über dein Medienverhalten schreibst (z. B.: Ohne mein Smartphone kann ich…).

Starthilfe zu* 1 *a)
Notiere, wann und wie lange du welches Medium nutzt.

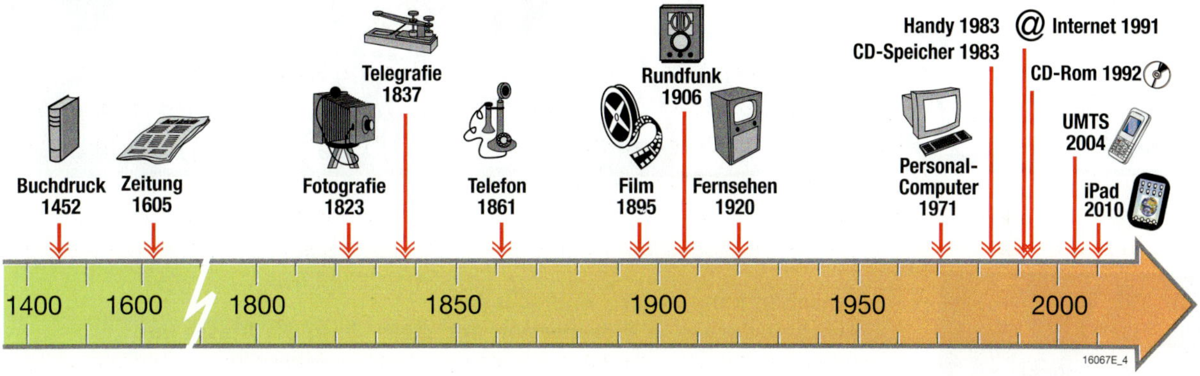

M2 *Erfindungen wichtiger Medien*

Kinder und Medien

Mit einer Befragung von etwa 1 200 Kindern zwischen sechs und 13 Jahren und deren Erziehungsberechtigten wurde das Mediennutzungsverhalten von Kindern untersucht.
Für Kinder bleibt der Fernseher das wichtigste Medium. Der Computer spielt im Alltag aber eine immer wichtigere Rolle. Jedes zweite Kind von sechs bis sieben Jahren hat bereits Erfahrungen damit gesammelt. Die Kinder nutzen den Rechner vor allem für Computerspiele, zum Arbeiten für die Schule und für das Surfen im Internet.
Das Internet dient Kindern in erster Linie als Informationsquelle. Insbesondere für Jungen sind auch Online-Spiele wichtig. Mit zunehmendem Alter wird das Netz häufiger dazu genutzt, mit anderen Menschen in Verbindung zu treten. Am wichtigsten sind hierbei das Schreiben und Empfangen von E-Mails und das Chatten.
(Nach: JIM-/KIM-/FIM-Studie XY, Medienpädagogischer Forschungsverbund Südwest, www.mpfs.de)

M3 *Aus einer Befragung von Kindern zur Mediennutzung (2012)*

3 Erarbeite Unterschriften für die vier Bilder in M1.

4 Erläutere an drei ausgewählten Erfindungen, wie sich das Leben der Menschen verändert hat (M2).

5 Wähle dir ein Medium aus und erörtere die Vor- und Nachteile (M2).

6 Bewerte die Situation in M3.

Merke
Unser Leben wird von verschiedenen Medien beeinflusst. Dazu gehören z. B. Smartphone, Fernsehen, Radio, Internet oder die Zeitung.

Grundbegriffe
- das Medium
- das Massenmedium

M1 *Comic*

M2 *Alina bei ihrer liebsten Freizeitbeschäftigung*

„Fernsehen kann nutzen und schaden."
Entwickelt dazu eine Präsentation und stellt sie in der Klasse vor.

Das Fernsehen bleibt die Nr. 1

Auch wenn Computer und Internet immer mehr zum Einsatz kommen: Der Fernseher ist für Kinder nach wie vor das wichtigste Medium, das „Leitmedium". Dies ist das Ergebnis einer Umfrage. Im Durchschnitt sitzt jedes Kind täglich länger als eine Stunde vor dem TV-Gerät. Der Fernseher ist auch das Medium, auf das Kinder am wenigsten verzichten wollen. Am beliebtesten sind Kindersendungen und hierbei vor allem die Zeichentrickfilme. Viele Kinder haben einen eigenen Fernseher im Zimmer und schalten ihn gezielt für ihre Lieblingssendung ein.

Fernsehen kann schädlich sein

Schon kleine Kinder sind gefesselt von Zeichentrickfilmen. Immer früher beginnen die Kinder in jüngerem Alter, fernzusehen. Doch können vor allem die Kleinen noch nicht verstehen, dass zum Beispiel am Computer erzeugte Fernsehfiguren nicht real sind.

Fernsehschauen kann auch für ältere Kinder und Jugendliche schädlich sein. So haben Studien gezeigt, dass ein unverhältnismäßig hoher Fernsehkonsum ernsthafte Folgen haben. Viele Kinder, die zu viel fernsehen, bewegen sich im Durchschnitt weniger. Auch lernen sie schlechter lesen, sind weniger ideenreich und nehmen Dinge oberflächlicher auf als "Weniggucker" gleichen Alters.

Tipps für die Erarbeitung

1. a) Schreibt einen Text für die letzte Sprechblase in M1.

2. Erstellt eine Wandzeitung mit Bildern rund um das Thema Fernsehen (z. B. TV-Stars, Sendungen). Ordnet sie nach Überschriften.

Freizeit ohne jedes Fernsehen können sich Kinder nicht vorstellen. Die durchschnittliche TV-Nutzung überschreitet die Zeit, die in der Freizeit mit anderen Medien verbracht wird. Bei den Jungen ermittelte man im Durchschnitt täglich: 81 min TV-Konsum, 30 min vor dem PC und 30 min mit elektronischen Spielen ohne PC. Mädchen sehen durchschnittlich 77 min am Tag fern, verbringen 22 min am PC und zwölf Minuten mit elektronischen Spielen ohne PC.
Eine weitere Freizeitbeschäftigung hat bei Jungen und Mädchen einen genauso hohen Stellenwert wie TV: das klassische Spielen ohne elektronische Hilfsmittel, wie z. B. Brett- oder Geschicklichkeitsspiele.
(Nach: Kinderwelten 2012, www.ip-deutschland.de)

M3 *Freizeit und Fernsehen*

Die Abbildungen zeigen typische Zeichnungen von Kindern, ...
... die täglich bis zu einer Stunde fernsehen

... die täglich mindestens drei Stunden fernsehen

M4 ***Bei einer Untersuchung über ihre geistige Entwicklung haben 5-Jährige einen Menschen gezeichnet. Je genauer die Abbildung, desto weiter ist das Kind entwickelt.***

Über die Hälfte des Fernsehschauens macht man nicht allein, sondern in Anwesenheit weiterer Personen. TV ist also ein Erlebnis unter Freunden und in der Familie. Viele Familien machen es sich beim gemeinsamen Fernsehabend gemütlich; unter anderem mit Getränken und Snacks. Der Fernseher dient nicht nur der Unterhaltung; er ersetzt auch gemeinsame Gespräche in der Familie. Nach dem Abendessen genießt man es, sich vor dem Fernseher zu entspannen. Eine TV-Nutzung ist daher weit mehr als nur ein gemeinsames Verfolgen von TV-Inhalten: Sie gehört zum Familienleben einfach dazu.
Über die Hälfte des TV-Schauens der Kinder findet im Wohnzimmer statt.
(Nach: Kinderwelten 2012, www.ip-deutschland.de)

M5 *TV schafft Gemeinschaftserlebnisse.*

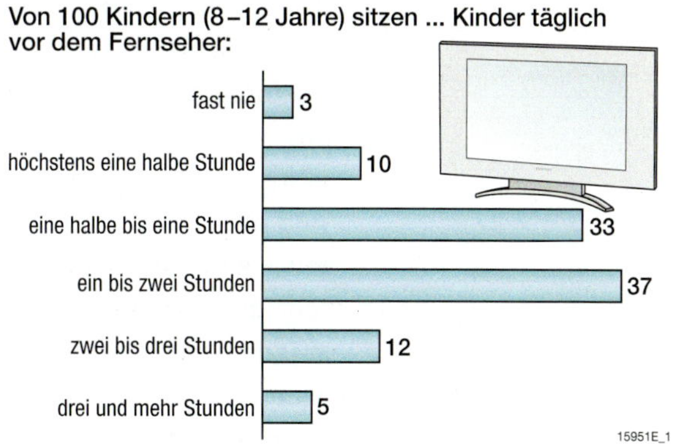

M6 *Fernsehkonsum bei 8 – 12-Jährigen (Quelle: Statistisches Bundesamt; 2012)*

Fernsehen kann klug machen

Neben vielen ungeeigneten Programmen für Kinder im Fernsehen gibt es auch geeignete Sendungen. Dazu zählen zum Beispiel die Sendungen „Wissen macht Ah!" (ARD) und „logo" (Kinderkanal). Auch die „Sendung mit der Maus" (ARD) und „Löwenzahn" (ZDF) vermitteln Wissenswertes. Selbst einige eigentlich für Erwachsene gemachte Sendereihen wie „Planet Wissen" oder „Quarks & Co." enthalten lehrreiche Abschnitte für Kinder.
So unterhält Fernsehen nicht nur die Zuschauer. Es vermittelt auch Informationen, die das Wissen erweitern.

3 Erläutert die Aussagen zur Wirkung des Fernsehens (M3, M4, M5).

4 Erstellt für die Klasse einen kurzen Merktext über euer Thema.

M1 *Die Entwicklung zum Mobiltelefon*

„Leben mit dem Handy – Chancen und Gefahren"
Entwickelt dazu eine Präsentation und stellt sie in der Klasse vor.

Das Handy – mehr als nur ein mobiles Telefon

Eure Eltern oder Großeltern erinnern sich wahrscheinlich noch an die Telefonzelle. Vor 20 Jahren stand man vor Telefonzellen oft Schlange, wenn man unterwegs telefonieren wollte. Mit der Erfindung des Mobiltelefons Anfang der 1990er-Jahre wurde dies viel einfacher. Dabei wog das erste Mobiltelefon jedoch noch etwa ein halbes Kilogramm und war sehr groß. Heute passen Mobiltelefone in jede Hand- und Hosentasche, sodass heute kaum noch jemand ohne Gerät aus dem Haus geht. Fast immer und überall kann man so erreichbar sein. So haben neun von zehn Personen in Deutschland mittlerweile ein Mobiltelefon.

Eine weiterentwickelte Form des Mobiltelefons ist das Smartphone mit Touchscreen, Internetzugang und GPS-Navigationsfunktion. Fast jeder zweite Deutsche unter 30 Jahren besitzt einen solchen mobilen Computer. Neben dem Telefonieren wird es von Jugendlichen vor allem zum Chatten, Musikhören, Fotografieren und Surfen im Internet genutzt. Gerne werden auch Apps (Applikationen) heruntergeladen, zum Beispiel Handyspiele.

In der Arbeitswelt ist es durch das Smartphone zu Veränderungen gekommen. E-Mails und wichtige Daten sind jederzeit unterwegs abrufbar. Auch Termine können schnell mit Kunden abgesprochen und im Gerät verwaltet werden.

Den vielen Vorteilen stehen aber auch Risiken gegenüber. So kann zum Beispiel die ständige Erreichbarkeit, für viele Menschen zu einer gesundheitsgefährdenden Dauerbelastung werden. Unter Jugendlichen kommt es mithilfe des Smartphones häufig zu Cybermobbing.

Tipps für die Erarbeitung

1. a) Findet für jedes Bild in M1 eine passende Unterschrift.
   b) Malt ein weiteres Bild, das ausdrückt, wie die Zukunft des Mobiltelefons aussehen könnte.
2. a) Erklärt, wie sich durch die Erfindung des Mobiltelefons die Kommunikation und das Leben der Menschen verändert haben.
   b) Beschreibt, wie euer Leben ohne Smartphone oder Handy aussehen könnte.

Brauchen Kinder ein Smartphone?

Smartphones sind für Erwachsene und Jugendliche wichtig, aber nicht für Kinder
Christian Fricke, Kinderarzt, sagt:
Mit einem Smartphone kann man sehr viel falsch machen z. B. wenn man ins Internet geht. Zuhause am Computer oder Tablet können Kinder das gemeinsam mit ihren Eltern lernen. Die Eltern können direkt helfen und vorher einstellen, dass bestimmte Seiten nicht aus Versehen angewählt werden. Auf einem Smartphone haben sie darüber keine Kontrolle. Kinder müssen auch nicht ständig über das Telefon erreichbar sein, erst recht nicht in der Schule. Viel wichtiger ist es, sich dort auf das zu konzentrieren, was um einen herum passiert, und direkt mit den anderen Kindern und Lehrern zu reden.

Smartphones gehören heute zum Leben dazu
Der Pädagoge Thomas Irion sagt:
In Zukunft wird fast jeder Mensch so ein Gerät mit sich herumtragen. Man wird später noch viel mehr damit machen können als heute. Ich finde, dass deshalb auch Kinder lernen sollten, damit richtig umzugehen. Man kann mit Smartphones viel Sinnvolles machen, aber auch einiges falsch. Wenn man zum Beispiel im Internet auf den falschen Seiten landet und sich teure Apps herunterlädt, kann man viel Geld ausgeben.

(Nach: Dein Spiegel, 4/2014, S. 35)

M2 ***Ein Thema – zwei Meinungen***

Von 100 Kinder und Jugendlichen nutzen ... folgende Handyfunktionen täglich oder mehrmals pro Woche:

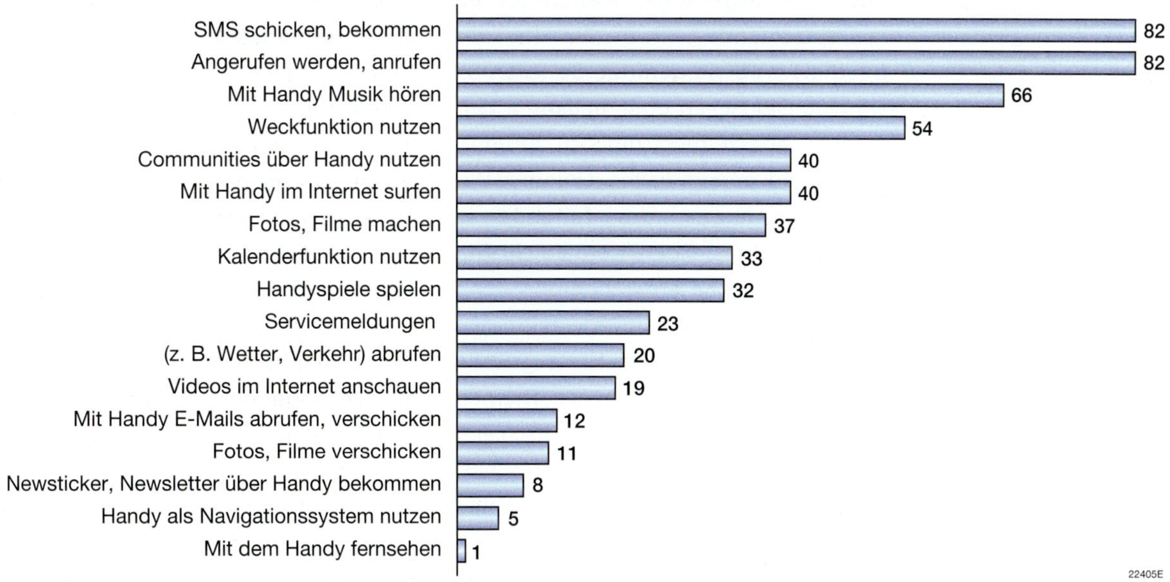

M3 ***Nutzungshäufigkeit verschiedener Handyfunktionen bei Jugendlichen (2012)***

3 a) Beschreibt das Nutzungsverhalten von Smartphones bei Jugendlichen (M3).
b) Vergleicht mit eurem Verhalten.
c) Begründet, welche Handyfunktion für euch am wichtigsten sind.

4 a) Erläutert Vor- und Nachteile von Smartphones (M2, M3).
b) Nehmt Stellung zu der Frage: Brauchen Kinder ein Smartphone?

5 Erstellt für die Klasse einen Merktext über euer Thema.

M1 *Zeitungsleser wissen, was los ist.*

„Die Zeitung ist ein wichtiges Medium." Entwickelt dazu eine Präsentation und stellt sie in der Klasse vor.

Zeitungen
Zeitungen sind die ältesten Massenmedien. 1650 wurde in Leipzig die erste Zeitung mit dem Namen „Einkommende Zeitungen" gedruckt, die täglich erschien. Der Begriff „Zeitung" stammt aus der Sprache des Mittelalters und wurde ursprünglich mit „Nachricht" gleichgesetzt. Heute versteht man unter Zeitung ein aktuelles, regelmäßig erscheinendes Druckerzeugnis, das zusätzlich auch im Internet erscheinen kann. Es gibt überregionale und regionale Tageszeitungen. Überregionale Zeitungen haben oft einen Regionalteil. Neben den täglich erscheinenden Tageszeitungen gibt es auch Wochen- und Sonntagszeitungen.

Die Tageszeitung gehört dazu

Zeitungen zählen zu den wichtigsten und zuverlässigsten Informationsquellen in Deutschland. Auch im Zeitalter des Internets wird sie genutzt. So lesen 65 von 100 Deutschen über 14 Jahren täglich die Tageszeitung, um sich zu informieren und zu unterhalten. Gründe dafür sind unter anderem, dass Zeitungen in Deutschland fast überall erhältlich sind und es eine große Auswahl gibt.
Die über 500 deutschen Tageszeitungen veröffentlichen aktuelle Hintergründe und wichtige Einzelheiten. Die Themen sind zum Beispiel Politik in Deutschland und der Welt, Wirtschaft, Wissenschaft und Forschung, Kultur (Filme, Theater, Musik, Kunst) sowie Sport. Auch die Kleinanzeigen zu Wohnungs- und Arbeitsmarkt oder die Sonderbeilagen sind für viele Leser wichtig.
Es gibt überregionale Zeitungen, die landesweit erhältlich sind, sowie regionale Zeitungen.
In den regionalen Zeitungen erhalten die Bürger auch Informationen aus ihrer nahen Umgebung, zum Beispiel aus der eigenen Stadt. Dieser Teil der Zeitung ist für viele Leser besonders wichtig: Was gibt es Neues? Was läuft im Kino?

Jugendliche und die Tageszeitung

Jeder zweite der 14- bis 19-Jährigen liest mehrmals pro Woche die Tageszeitung. Allerdings werden mehr und mehr Nachrichten online gelesen. Jeder fünfte Leser nutzt die Online-Angebote der Verlage. Umfragen haben gezeigt, dass Jugendliche besonders die Glaubwürdigkeit der Tageszeitung schätzen.

Tipps für die Erarbeitung

1 a) Beschreibt die Bedeutung von Tageszeitungen in Deutschland.
b) Die Verkaufszahlen von Zeitungen gehen Jahr für Jahr zurück. Nennt mögliche Gründe und nehmt Stellung zu dieser Entwicklung (Internet).

2 a) Vergleicht verschiedene Zeitungen nach Schlagzeilen, Artikelthemen, Schreibstil, Bilderauswahl. Tipp: Viele Zeitungen stellen kostenlose Klassensätze bereit.
b) Begründet, welche Zeitung ihr kaufen würdet.

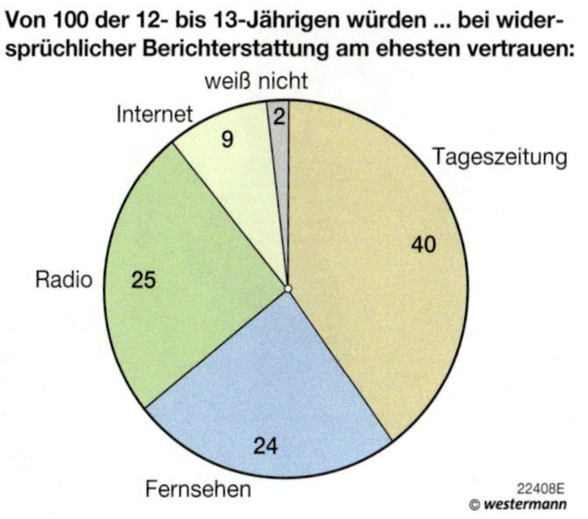

M2 *Vertrauen in die Berichterstattung*

M5 *Die Zeitung war früher das aktuellste Informationsmedium.*

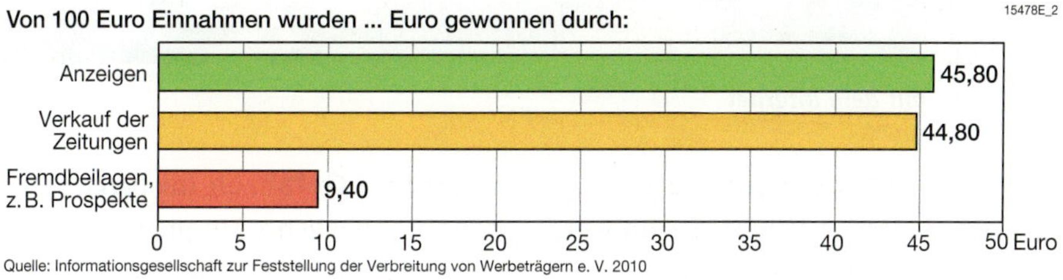

M3 *Einnahmen der Abonnenten-Zeitungen in Deutschland*

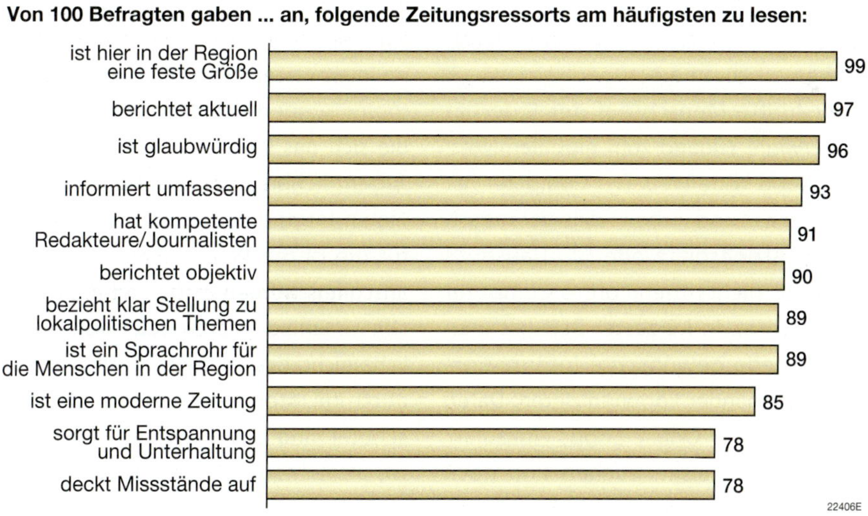

M4 *Umfrage zu den Kaufgründen für regionale Tageszeitungen*

In Deutschland gibt es in beinahe jedem Kreis mindestens eine regionale Zeitung. Zurzeit existieren 334 Regionalzeitungen mit einer Gesamtauflage von knapp 15 Mio. Exemplaren täglich. Regionalzeitungen haben oft für verschiedene Orte eigene lokale Ausgaben. Sie berichten über „hard-news“ (z. B. Polizeieinsätze, Diebstähle, Unfälle) und „soft-news“ (z. B. Feste, Feiern) sowie über die politische Arbeit im Rathaus und über Vereine.

M6 *Regionalzeitungen in Deutschland*

3 a) Erklärt die Aussage von M2.
b) Nehmt Stellung dazu.

4 Erläutert, woher die Zeitungen ihre Einnahmen erhalten (M3).

5 Begründet, warum die Regionalzeitung ein wichtiges Medium für viele Menschen ist (M4, M6).

6 Erstellt für die Klasse einen Merktext über euer Thema.

- Gib niemals persönliche Daten (Name, Adresse oder Telefonnummer) an Unbekannte weiter.
- Triff dich niemals ohne Erwachsene mit Menschen, die du nur aus dem Netz kennst.
- Besprich Anmeldungen jeglicher Art im Netz (zum Beispiel in Chatrooms) vorher mit deinen Eltern.
- Öffne keine E-Mails mit unbekanntem Absender.
- Beantworte keine Rund- oder Kettenbriefe.
- Gib keine Rückmeldung (z. B. durch Klicken auf „OK") in Seiten ein, die du nicht kennst. Es könnte ein unerwünschter Kauf oder ein Virus sein.
- Beschimpfe oder beleidige niemanden im Netz.
- Berichte alles, was dir seltsam vorkommt oder dir Angst macht, deinen Eltern oder den Lehrkräften.

M1 *Tipps für sichere Kommunikation im Internet*

M2 *Lernen mit dem Internet*

Internet – das „Tor zur Welt"?

Für viele Menschen gehört das **Internet** zum Alltag. Man nutzt es, um sich Informationsmaterial zu besorgen, E-Mails zu senden und zu empfangen, Musik zu hören und herunterzuladen oder einfach nur, um zu surfen oder in **sozialen Netzwerken** zu chatten.

Jeder fünfte Mensch auf der Erde hat mittlerweile Zugang zum globalen Netz, dem World Wide Web. Der Computer hat die Lebens- und Arbeitswelt verändert. Ob am Arbeitsplatz oder zu Hause: Es geht fast nichts mehr ohne Computer und Internet. In kürzester Zeit hat man nahezu jede gewünschte Information, kann miteinander kommunizieren, Daten austauschen, in Online-Shops einkaufen, weite Urlaubsreisen buchen und noch vieles mehr.

Internet – Gefahren im Netz

Neben den vielen Möglichkeiten und Chancen lauern im Internet auch Gefahren. Jeder hat zum World Wide Web Zugang. Deshalb ist es fast unkontrollierbar. Jeder kann falsche, beleidigende, gefährliche und kriminelle Informationen im Internet verbreiten. In beliebten Chatrooms können sich Kriminelle aufhalten, die sich das Vertrauen von Kindern und Jugendlichen erschleichen wollen. Bei vielen Internetseiten ist nicht klar, wofür die persönlichen Daten der Nutzer anschließend verwendet werden.

Oft wissen vor allem Kinder und Jugendliche nicht, dass aktuelle Musik und Filme auch im Internet urheberrechtlich geschützt sind und es daher meist illegal ist, diese herunterzuladen.

1. a) ↗ Nenne die Gründe, warum du Computer und Internet nutzt.
   b) Vergleiche mit M3.

2. Erkläre, warum durch das Internet die Welt zusammengerückt ist.

3. Beschreibe anhand von Beispielen, welchen Einfluss soziale Netzwerke und Videoportale im Internet auf dein Leben und deinen Alltag haben.

4. Beurteile und ergänze die Tipps in M1.

***Starthilfe zu* 1** *a)*
Erstelle eine Rangliste nach der Wichtigkeit.

Von 100 Personen (12- bis 24-Jährigen) nutzen ... das Internet für:

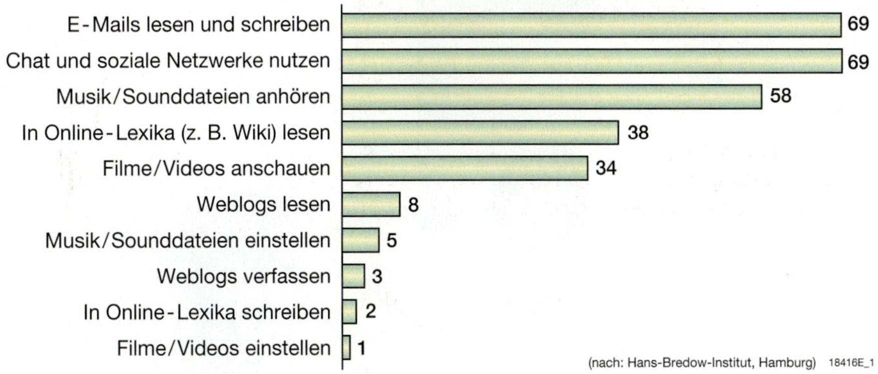

M3 ***Das Internet wird vielseitig genutzt (Stand 2012).***

Suchmaschine
Programme, mit denen man im Internet Informationen suchen kann, heißen Suchmaschinen. Die Nutzung ist kostenlos. Sie wird durch Werbung finanziert. Man kann auch nach Bildern suchen.
Beispiele für Suchmaschinen sind:
www.bing.com,
www.fireball.de,
www.google.de,
www.fragfinn.de

In sozialen Netzwerken wie Facebook verabreden sich Jugendliche, tauschen Nachrichten oder Fotos aus. Eine Mutter meint: „Ich bin geschockt. Ich wusste nicht, wie öffentlich sich mein Kind dort macht."
Andrej hat im Netz gerade seine neue Freundin kennengelernt. Die beiden gehen auf dieselbe Schule. Auf dem Schulhof hätte er sich nicht getraut, sie anzusprechen. Andrej meint: „Im Netz ist das für mich irgendwie leichter."
Außerhalb des Klassenraums ist Maximilian meist „online": Statt zu telefonieren tauscht er mit Freunden im Netz persönliche Nachrichten aus und stellt Fotos von der letzten Party ein. Alle angemeldeten Nutzer können dies lesen.
Jugendschützer beschäftigt das alltägliche „Cyber-Mobbing" der Schüler untereinander. „Eine Gefahr ist, dass die Mobbing-Opfer oftmals zunächst gar nicht wissen, dass sie Opfer sind." So surfen und chatten 12-Jährige munter im Internet, bis sie zufällig auf die Nachricht treffen: „Wir hassen dich."
Dana berichtet: „Einmal hatte ich beim Chatten ein komisches Gefühl. Das war, als mich ein fremder Typ ansprach und sich unbedingt mit mir treffen wollte. Da rief ich einen Schulfreund zu Hilfe, der das abstellte. Das war aber längst kein Grund, mich aus der Online-Gemeinschaft zu verabschieden. Denn dann wäre ich eine Außenseiterin."
Isabell erzählt: „Vor einiger Zeit habe ich mir von einer Webseite einen aktuellen Song meiner Lieblingsband heruntergeladen. Kurz darauf erhielten meine Eltern einen Brief, in dem stand, dass das Herunterladen illegal war. Wir mussten eine sehr hohe Geldstrafe zahlen."

M4 ***Erfahrungsberichte im Zusammenhang mit dem Internet***

5 a) Beschreibe die Gefahren des Internets.
b) Nenne Möglichkeiten, ihnen aus dem Weg zu gehen.

6 Erkläre, wie man im Internet schnell Informationen bekommt.

7 a) Nimm Stellung zu den Situationen der Kinder in M4.
b) Berichte von ähnlichen Erfahren, die du gemacht hast.

8 Erstelle mithilfe des Internets einen Kurzvortrag zum Thema „Mobbing im Internet".

Merke
Das Internet bietet eine Vielzahl von Möglichkeiten zum Surfen, Spielen und Arbeiten. Es kann aber auch missbräuchlich eingesetzt werden. Gib daher niemals deinen Namen, deine Telefonnummer oder E-Mail-Adresse bekannt, wenn du nicht genau weißt, mit wem du Kontakt hast.

Grundbegriffe
- das Internet
- das soziale Netzwerk

M1 *Warenlager eines großen Onlinehändlers*

Einkaufen im Internet

Online-Shopping liegt im Trend: Über 41 Mio. Deutsche haben 2012 mindestens einmal im Internet Produkte oder Dienstleistungen eingekauft. Dabei lockten die große Warenauswahl und die einfache Möglichkeit, Preise zu vergleichen. Auch zusätzliche Kosten, wie die Fahrt mit dem Auto in die Stadt und die Parkgebühren entfallen beim Einkauf von Zuhause.

Online werden besonders gern gekauft: Unterhaltungselektronik, Filme, Musik, Bücher, Kleidung, Schuhe, Spielwaren und Haushaltsgeräte. Aber auch Bahn- und Flugtickets, Hotelübernachtungen oder Konzerttickets werden zunehmend im Internet gebucht.

Das Internet hat in den vergangenen Jahren die Einkaufsgewohnheiten von vielen Menschen grundlegend verändert. Im Jahr 2000 kauften die Menschen in Deutschland Waren im Wert von 2,5 Mrd. Euro über das Internet. Bis zum Jahr 2013 hat sich dieser Wert auf mehr als 33,1 Mrd. Euro erhöht.

Aber beim Einkaufen im Internet ist Vorsicht geboten. Häufig müssen die Waren vorher bezahlen werden. Es kommt dabei immer wieder vor, dass nach dem Bezahlen die Ware nicht geliefert wird oder nicht den Erwartungen entspricht. Daher bieten viele Online-Shopping-Webseiten die Möglichkeit, die Verkäufer und deren Produkte von den Nutzern zu bewerten lassen. So können sich spätere interessierte Käufer über den Ruf der Händler und die Qualität der Waren erkundigen.

Starthilfe zu 2 a)
Lege dazu eine Tabelle an und trage die Argumente ein:

Vorteile	Nachteile
…	…

1 a) Beschreibe die Entwicklung des Onlinehandels.
b) Nenne die Gründe für diese Entwicklung (M2).

2 a) ↗ Erkläre die Vor- und Nachteile des Onlinehandels (M3).
b) Begründe, welche Produkte du im Internet kaufen würdest.

Von 100 Befragten gaben ... an, aus folgenden Gründen lieber im Internet zu bestellen:

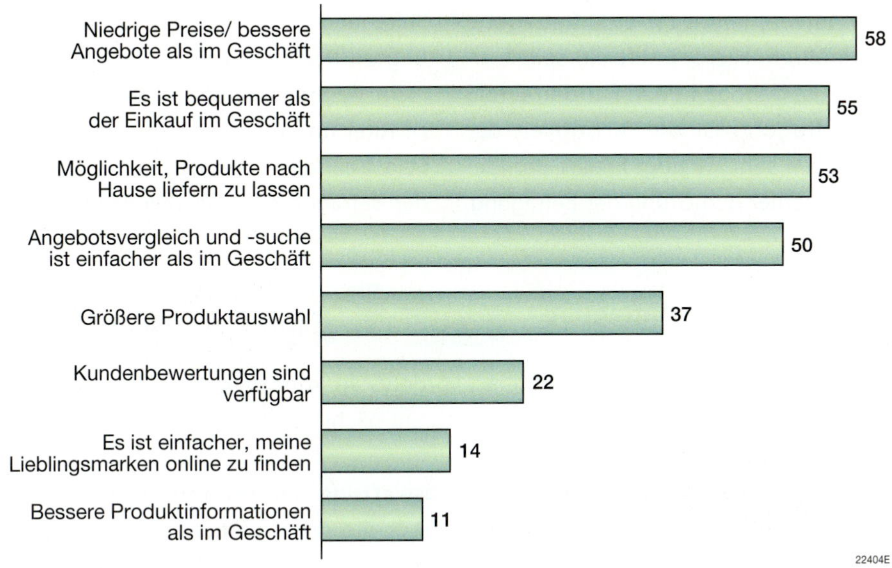

M2 *Umfrageergebnisse*

Bekleidung	6,0
Unterhaltungselektronik	3,5
Computer und Zubehör	2,3
Bücher	2,2
Hobby und Freizeit	2,0
Schuhe	1,3
Möbel und Wohnartikel	1,2
Haushaltsgeräte	1,0
Handy und Zubehör	1,0
Garten und Heimwerken	1,0

M5 ***Interneteinkäufe nach Umsatz 2012 (Mrd. €)***

Nichts ist langweiliger für Kinder als eine deutsche Fußgängerzone. Die Spielwaren-Fachgeschäfte sind vielerorts verschwunden. So fehlt jeder Anreiz für die Kleinen, mit den Eltern in die Stadt zu fahren. Dass dennoch Jahr für Jahr mehr Plüschtiere, Modellautos und Legosteine verkauft werden, liegt am Internet. „Seit etwa vier Jahren beobachten wir einen starken Anstieg der Umsätze mit Spielwaren im Onlinehandel", sagen Fachleute. 15 von 100 Modellautos werden bereits über das Internet verkauft.
Viele Hersteller betreiben einen eigenen Shop im Netz und machen den Läden Konkurrenz.
(Nach: Handelsblatt vom 20.12.2010)

M3 *Spielwaren im Internet*

Bewertungen im Internet stellen Meinungen und persönliche Erfahrungen mit einem Produkt oder einer Dienstleistung dar. Sie werden nach dem Kauf abgegeben, um späteren Kunden das Produkt bzw. den Internethändler zu empfehlen oder vor diesen zu warnen. Bewertet werden können:
- Wie schnell erfolgte der Versand des Produktes?
- War das Produkt sicher verpackt?
- Hat das Produkt die Eigenschaften, die im Internet angegeben waren?
- Funktioniert das Produkt? / Kann ich es so verwenden, wie ich es mir vorgestellt habe?

M4 *Tipps für Internetbewertungen*

3 a) Hast du oder haben deine Eltern schon online eingekauft? Berichte von deinen Erfahrungen mit dem Online-Shopping.
b) Schreibe eine Bewertung zu deinem Onlinekauf (M4).

4 a) Werte die Quelle M3 aus.
b) Bewerte die Zunahme des Onlinehandels in Bezug auf die Verkäufe in den Geschäften (M3, M5).

Merke
Immer mehr Menschen kaufen im Internet ein. Da die meisten Waren vorher bezahlt werden müssen, ist Vorsicht geboten.

Was bei einer Befragung zu beachten ist

Um herauszufinden, wie Menschen Medien nutzen, könnt ihr eine Befragung durchführen. Hierbei hilft ein selbst erstellter Fragebogen (M2). Für den Erfolg der Befragung ist die Richtigkeit der Antworten sehr wichtig. Erklärt den Befragten vorher den Grund der Befragung, aus welcher Schule ihr seid und dass die Befragung anonym ist. Das heißt, die befragten Personen müssen ihren Namen nicht nennen. Sie sollen aber Angaben zu Alter und Geschlecht machen.
Seid freundlich und bedankt euch nach der Befragung für die Teilnahme.

Sechs Schritte zur Durchführung einer Befragung

1. Schritt: Ziele und Zielgruppe bestimmen
Notiert, was ihr mit der Befragung herausfinden wollt und schreibt es auf ein Plakat. Legt fest, wen ihr befragen wollt. Für eine Befragung in eurer Schule müsst ihr die Schulleitung um Erlaubnis bitten.

2. Schritt: Fragebogen erstellen
Schreibt einen kurzen Einführungstext, in dem ihr euer Vorhaben erläutert. Danach folgen Angaben zur Person der Befragten. Dann kommen die Fragen. Formuliert sie so einfach und eindeutig wie möglich. Verwendet verschiedene Arten von Fragen. Legt eine sinnvolle Reihenfolge fest. Testet vorher bei Geschwistern oder Freunden, ob der Fragebogen verständlich ist.

3. Schritt: Durchführung der Befragung
Legt vorher fest, wann und wie ihr die Befragung durchführen wollt, ob ihr einzeln, zu zweit oder mit mehreren vorgeht. Ihr könnt auch die Fragebögen verteilen und am nächsten Tag einsammeln.

4. Schritt: Auswertung der Befragung
Entscheidet über die Art der Auswertung. Jeweils eine Gruppe könnte eine Frage auswerten. Dazu könnt ihr die Fragebögen nach den Altersgruppen oder dem Geschlecht der Befragten aufteilen. Für die Auswertung ist eine Strichliste hilfreich. Zählt die Anzahl der Striche zusammen und notiert das Ergebnis.

5. Schritt: Präsentation der Ergebnisse
Präsentiert eure Ergebnisse als Wandzeitung. Zeichnet zum Beispiel ein Säulendiagramm, erstellt Tabellen oder formuliert einen Bericht.

6. Schritt: Rückschau der Befragung
Diskutiert, was gut und weniger gut geklappt hat. Was würdet ihr nächstes Mal anders machen?

M1 *Schülerinnen und Schüler verteilen Fragebögen.*

Überschrift

Schülerbefragung – Wie werden Medien genutzt?

Anredetext

Wir, die Klasse 6c, machen eine Befragung zum Thema Mediennutzung. Bitte beantwortet alle Fragen ehrlich und gewissenhaft. Danke! Die Befragung ist anonym.

Angabe zur Person

Du bist ein a) ☐ Mädchen b) ☐ Junge Alter___ Klasse __

geschlossene Frage

1. Wie viel Zeit am Tag verbringst du im Durchschnitt vor dem Fernseher und dem PC?

TV a) ☐ weniger als 1 Std. PC a) ☐ weniger als 1 Std.
b) ☐ mehr als 1 Std. b) ☐ mehr als 1 Std.
c) ☐ mehr als 2 Std. c) ☐ mehr als 2 Std.

offene Frage

2. Was sind deine Lieblingssendungen im TV?

1. ______
2. ______
3. ______

geschlossene Frage

3. Hast du einen Handyvertrag oder eine Prepaid-Karte? a) ☐ Vertrag b) ☐ Prepaid-Karte

Mehrfach-Auswahlfrage

4. Welche Funktionen deines Handys nutzt du?

a) Telefonieren	☐ oft	☐ manchmal	☐ selten	☐ nie
b) SMS	☐ oft	☐ manchmal	☐ selten	☐ nie
c) Kamera	☐ oft	☐ manchmal	☐ selten	☐ nie
d) Spiele	☐ oft	☐ manchmal	☐ selten	☐ nie
e) Musik	☐ oft	☐ manchmal	☐ selten	☐ nie
f) Wecker	☐ oft	☐ manchmal	☐ selten	☐ nie
g) Internet	☐ oft	☐ manchmal	☐ selten	☐ nie

Alternativfrage

5. Hast du dir schon mal einen Klingelton oder Musik über dein Handy gekauft?

☐ Ja ☐ Nein

geschlossene Frage

6. Wozu nutzt du das Internet?

a) ☐ Informationen oder Nachrichten suchen
b) ☐ Chatten
c) ☐ Spiele
d) ☐ für die Schule
e) ☐ ______

offene Frage

7. Was sind deine drei Lieblingsseiten im Internet a) ______
b) ______
c) ______

Alternativfrage

8. Gibt es in eurem Haushalt eine Tageszeitung? ☐ Ja ☐ Nein

Mehrfach-Auswahlfrage

9. Wie oft liest du eine Tageszeitung? ☐ täglich ☐ oft ☐ selten ☐ nie

Punktebewertungsfrage

10. Verteile Punkte von 1 (unwichtig) bis 5 (sehr wichtig). Wie wichtig ist dir das Medium:

a) TV ______
b) Handy ______
c) Internet ______
d) Zeitung ______

M2 *Vorschlag für einen Fragebogen*

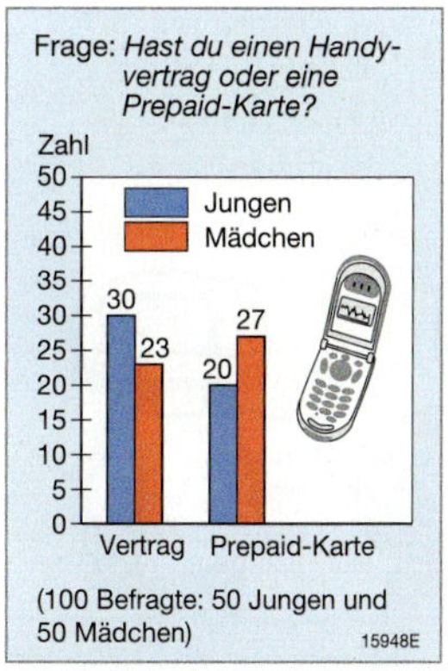

M3 *Ergebnisdarstellung als Säulendiagramm*

M4 *Schüler werten die Fragebögen aus.*

M5 *Schüler präsentieren die Ergebnisse.*

M1 *Kinder und Jugendliche nutzen Medien.*

M2 *Die deutsche Familie?*

M3 *Tipps zum Umgang mit Medien*

Beschimpfungen, die sich Kinder früher auf dem Schulhof verbal an den Kopf warfen, verlagern sich immer mehr ins Internet. Aus Expertensicht ist das für die Opfer viel gefährlicher. Cybermobbing verbreitet sich sehr schnell und die Täter bleiben anonym. Die Kids haben auch zu Hause keine Ruhe mehr.
(Nach: www.news4teachers.de, 29.03.2014)

M4 *Zeitungsmeldung*

Schätze dich selbst mit dem Zeichensystem ein, das auf Seite 33 erklärt ist.
Die Erläuterung der Kompetenzen findest du ebenfalls auf Seite 33.

Grundbegriffe
- Medien
- Massenmedium
- Internet
- soziales Netzwerk

Sachkompetenz

1. a) Wähle fünf Grundbegriffe aus der Liste und erkläre sie.
   b) Ergänze die Grundbegriffe, wenn möglich, durch Zeichnungen.
2. Notiere, welche Medien die Kinder und Jugendlichen in M1 nutzen. *(Schülerbuch S. 248/249)*
3. Liste Printmedien und elektronische Medien auf. *(Schülerbuch S. 248)*
4. Erläutere die Bedeutung von Tageszeitungen. *(Schülerbuch S. 254/255)*
5. Erläutere die Vor- und Nachteile, die mit dem Internet verbunden sind. *(Schülerbuch S. 256/257)*

Methodenkompetenz

6. Zeichne einen Zahlenstrahl von 1400 bis heute und trage wichtige Erfindungen zu den Medien ein. *(Schülerbuch S. 249)*
7. Beschreibe M2 und nimm Stellung. *(Schülerbuch S. 250/251)*
8. Entwirf ein Informationsblatt zum verantwortungsvollen Fernsehkonsum. *(Schülerbuch S. 250/251)*
9. Gestalte einen Führerschein für die Nutzung des Internets bei der Materialsuche zu einem Referat: Notiere dazu Punkte, die man beherrschen sollte, wenn man im Internet surft. *(Schülerbuch S. 256/257)*

Urteils- und Handlungskompetenz

10. Begründe, warum bestimmte Erfindungen im Medienbereich für dich besonders wichtig sind. *(Schülerbuch S. 249 M2)*
11. a) Nenne die Vor- und Nachteile von einem gedruckten Buch und einem E-Book.
    b) Nimm Stellung. *(Schülerbuch S. 248/249)*
12. Formuliere Tipps zum richtigen Umgang mit Medien, indem du die Sprechblasen in M3 ausführlich ergänzt.
13. a) M4 nennt ein Beispiel dafür, dass das Internet missbräuchlich genutzt wird. Beschreibe weitere Beispiele.
    b) Beurteile diesen Sachverhalt. *(Schülerbuch S. 256/257)*

Morgens nach einem Rockkonzert: Das Hochwasser war nicht vorauszusehen. Beschreibe die Folgen.

Wir und unsere Umwelt

Am Ende des Kapitels kannst du:

- den Wasserkreislauf und die Wassergewinnung darstellen
- darlegen, warum es zu Überschwemmungen kommt
- über den Flächenverbrauch in Deutschland berichten
- dich für nachhaltiges Handeln im Alltag einsetzen

14 Ohne Wasser läuft nichts

M1 *Lage des Ruhrgebietes (rot) und des Sauerlandes (grün)*

M3 *Wasserversorgung (Modell)*

Kein Tropfen geht verloren

Alles Wasser auf der Erde befindet sich in einem ständigen Kreislauf. Wenn es regnet, versickert ein Teil des Wassers im Boden; es wird **Grundwasser**. Ein anderer Teil fließt als **Oberflächenwasser** in Bäche und Flüsse und dann zum Meer.

Die Sonne erwärmt das Wasser. Es verdunstet zu unsichtbarem Wasserdampf und steigt nach oben. Dort verdichtet sich der Wasserdampf zu kleinen Wassertröpfchen: Eine Wolke entsteht. Sie wird größer und schwerer. Schließlich regnet es. Der Wasserkreislauf schließt sich.

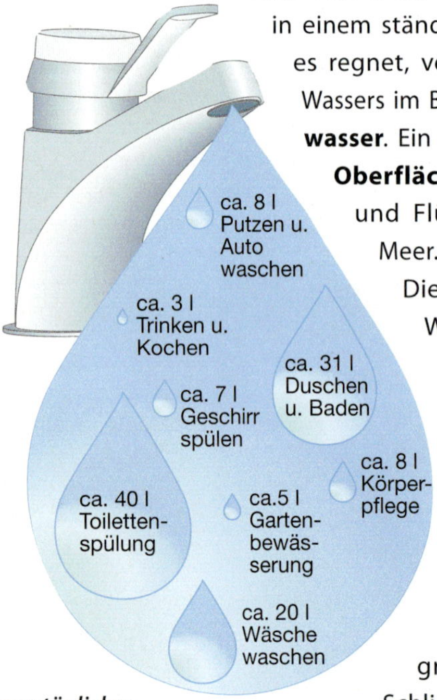

M2 *Unser täglicher Wasserverbrauch*

Grundwasser und Oberflächenwasser werden im **Wasserwerk** zu **Trinkwasser** aufbereitet. Dieses wird in Wasserleitungen zu den Häusern der Bewohner geführt. Das von den Menschen gebrauchte Wasser fließt durch Abwasserkanäle in die **Kläranlage**. Dort wird es gereinigt und in die Flüsse geleitet.

Wasser ist ein unentbehrliches Lebensmittel, das uns jeden Tag zur Verfügung steht. 90 von 100 l des Wassers werden von der Landwirtschaft und der Industrie genutzt. Den Rest verwenden wir im Haushalt, vor allem als **Brauchwasser**: zum Waschen, Duschen, für die Toilettenspülung und die Gartenbewässerung. Nur einen sehr kleinen Teil nutzen wir als Trinkwasser. Aber alles Wasser, das aus der Wasserleitung kommt, hat Trinkwasserqualität.

***Starthilfe zu* 1 b)**
Beginne so: Die Sonne erwärmt Meere, Seen und Flüsse. Das Wasser …

1. a) Übertrage M2 vereinfacht in dein Heft oder deine Mappe.
   b) ↗ Erläutere den Wasserkreislauf (M5).
2. Notiere praktische Vorschläge zum Wassersparen (M2, M6).
3. Beschreibe die Aufgaben der Stauseen (M4).

◁ ***Beispiel: die Ruhr – vom Stausee im Sauerland (rechts) bis zum Rhein (links)***

M6 ***Sinnvolles Wassersparen?***

Im Ruhrgebiet gibt es nicht genügend Trinkwasser. Um die Einwohner zu versorgen, kommt ein großer Teil des Wassers aus dem Sauerland. Dort regnet und schneit es fast doppelt so viel wie in Essen und Münster. Das Wasser wird in 14 Stauseen gespeichert. Im Laufe des Jahres wird es in die Ruhr eingeleitet – immer dann, wenn die Ruhr zu wenig Wasser führt.
Bei der Schneeschmelze würde es häufig an den Flussufern zu Hochwasser kommen, wenn die Stauseen das Wasser nicht auffangen würden.

Die Wasserwerke an der Ruhr entnehmen mithilfe von Brunnen Grundwasser nahe des Flusses. Die Wassermengen reichen jedoch nicht aus. Daher wird Wasser aus der Ruhr dazu genommen. Es wird in Becken geleitet, die am Boden eine dicke Sandschicht haben. Diese Schicht filtert das Flusswasser, wenn es versickert. Es wird so zu Grundwasser. Aus acht bis zehn Metern Tiefe wird es wieder nach oben gepumpt und gereinigt. Über fünf Millionen Menschen werden so mit Trinkwasser versorgt.

M4 ***Das Sauerland versorgt das Ruhrgebiet mit Wasser.***

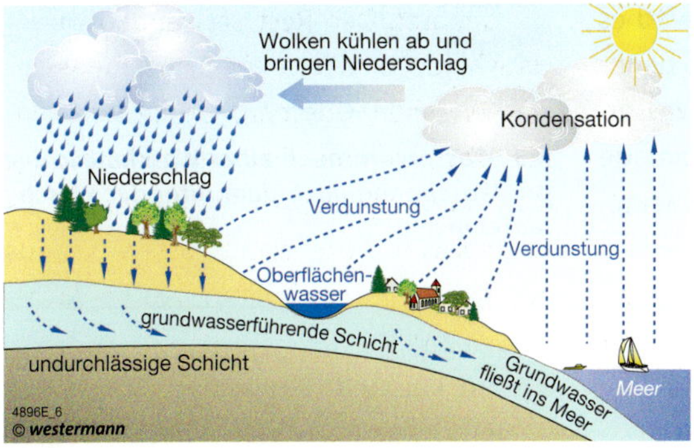

◁ **M5** ***Der Wasserkreislauf***

Merke
Das Wasser auf der Erde befindet sich in einem ständigen Kreislauf. Wasserwerke bereiten Grundwasser und Oberflächenwasser zu Trinkwasser auf. Verbrauchtes Wasser wird in Kläranlagen gereinigt und wieder in die Flüsse eingeleitet.

Grundbegriffe
- das Grundwasser
- das Oberflächenwasser
- das Wasserwerk
- das Trinkwasser
- die Kläranlage
- das Brauchwasser

4 Beschreibe den Weg des Wassers vom Stausee im Sauerland bis zu den Häusern im Ruhrgebiet (M1, M3, M4).

5 a) Nur ein geringer Anteil des Trinkwassers wird tatsächlich zum Trinken verwendet. Erkläre diese Aussage (M2).
b) Nimm Stellung.

M1 *Schülergruppe am Belebungsbecken (links) und am Nachklärbecken (rechts)*

Wasserhaushaltsgesetz
Jede Entnahme von Wasser muss vorher genehmigt werden.
Ohne Erlaubnis darf niemand Abwasser in einen Fluss oder See einleiten.
Auf Verschmutzung eines Gewässers stehen hohe Strafen.
Abwasserabgabengesetz
Wer Abwasser in ein Gewässer einleitet, muss dafür Abgaben bezahlen – je schädlicher das Abwasser, desto mehr.
Die Abwasserabgaben werden für die Gewässerreinhaltung verwendet.

M2 *Gesetze zum Schutz des Wassers*

„Wasser ist ein kostbares Gut. Deshalb gehen wir sorgsam damit um." Entwickelt dazu eine Präsentation und stellt diese in der Klasse vor.

Wasser sparen – warum eigentlich?

Wir verbrauchen heute weniger Wasser als noch vor zehn Jahren. Bei Waschmaschinen und Geschirrspülmaschinen konnte der Wasserverbrauch in den letzten 15 Jahren um fast die Hälfte gesenkt werden. Das Wasser wird bei uns nur an besonders heißen Sommertagen knapp. Warum sollten wir dann überhaupt Wasser sparen?

Immer wenn wir Wasser nutzen, verbrauchen wir auch Energie: für die Gewinnung, den Transport, die Reinigung oder die Erwärmung.

Nach der Nutzung gelangt das Wasser als Abwasser in die Kläranlage. Dort wird es gereinigt. Auch dafür wird Energie benötigt. Dann erst kehrt es in den Wasserkreislauf zurück. Die größte Kläranlage Deutschlands liegt in Köln-Stammheim. Hier wird das Wasser von mehr als 1,4 Mio. Menschen gereinigt.

Wasser zu sparen, bedeutet also vor allem, Energie und Abwasser zu sparen. Deshalb sollten wir alle (Haushalte und Großverbraucher in der Industrie) dazu beitragen, die Wasservorräte zu schützen und zu schonen.

30 Jahre	180 l
25 Jahre	158 l
20 Jahre	134 l
15 Jahre	111 l
10 Jahre	84 l
8 Jahre	76 l
5 Jahre	66 l
Neu	49 l

M3 *Wasserverbrauch einer Waschmaschine pro Waschgang nach dem Alter der Waschmaschine*

Tipps für die Erarbeitung

1. Begründet, warum wir Wasser sparen sollten.
2. Das Grundwasser muss besonders geschützt werden. Erläutert diese Aussage.
3. Erklärt die gesetzlichen Maßnahmen zum Wasserschutz (M2).
4. Ein Versuch: Dreht den Wasserhahn auf und lasst während des Zähneputzens das Wasser in ein Gefäß laufen.
   a) Bestimmt die Menge.
   b) Rechnet aus, wie viel Wasser im Jahr gespart wird, wenn ihr einen Zahnputzbecher benutzt.

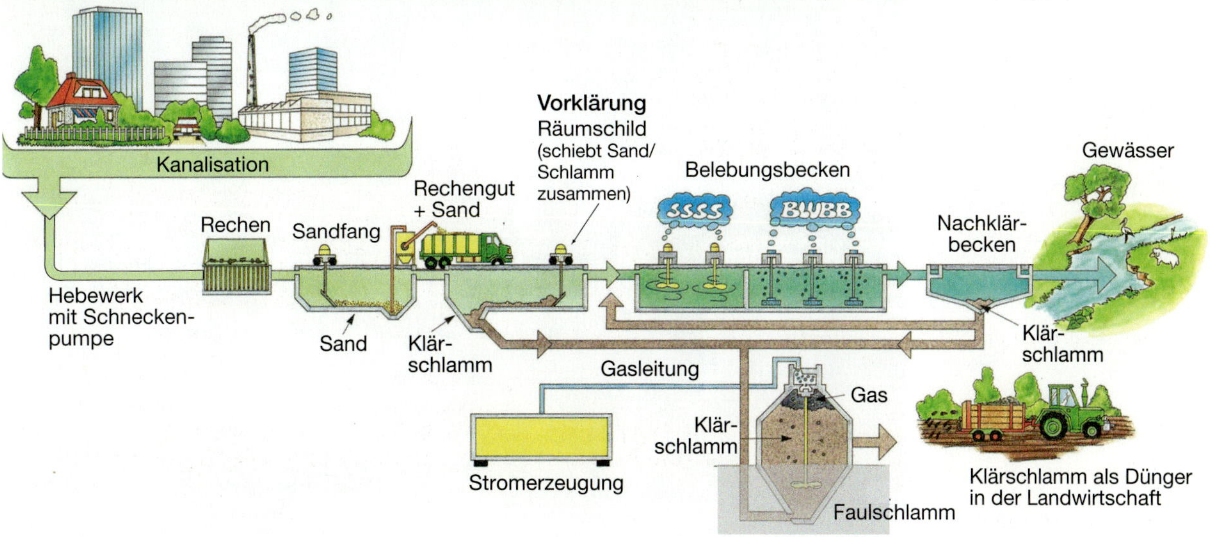

M4 *Kläranlage*

Das Abwasser der Haushalte und Betriebe läuft durch eine riesige Metallschnecke, die das Wasser etwa drei Meter in die Höhe schraubt. Ein Rechen hält Papier, Plastik und grobe Teile zurück. Im Sandfang sinken Sand und Kies zu Boden. Im Vorklärbecken setzt sich Schlamm ab. Fette und Öle schwimmen oben. Sie werden abgesaugt. In den Belebungsbecken stinkt es. Hier wird Sauerstoff hineingeblasen. Dadurch bauen Bakterien Schmutzstoffe ab. Im Nachklärbecken werden die Schmutzstoffe dann aus dem Wasser geholt. Nach etwa 17 Stunden läuft das gereinigte Abwasser in einen Fluss. Der Schlamm kommt in beheizte Faulbehälter. Die dort entstehenden Gase werden später für die Stromerzeugung genutzt. Der verbleibende Schlamm kann in der Landwirtschaft genutzt werden. Er muss jedoch vorher noch darauf untersucht werden, ob wirklich alle schädlichen Stoffe entfernt wurden.

Wasser in Gefahr

Die Reinheit des Wassers ist durch den Menschen ständig in Gefahr. Jeden Tag müssen Milliarden Liter Wasser in den Kläranlagen gereinigt werden, die in den Haushalten und Industriebetrieben verschmutzt wurden. Chemische Stoffe im Abwasser belasten die Flüsse. Ein Tropfen Motoröl kann sich so fein im Wasser verteilen, dass bis zu 600 l Wasser verunreinigt werden.

Tipps zum Wassersparen

1 x Baden = 3 x Duschen!

Für ein Vollbad benötigt man etwa 150 l Wasser, für eine Fünf-Minuten-Dusche 50 l Wasser.

Toilettenspülung verringern!

Bei jeder Spülung rauschen bis zu zwölf Liter Wasser die Toilette hinunter. Mit der Spartaste kann man bis zu 18 l pro Tag einsparen. Ein undichter Spülkasten verliert pro Stunde etwa 20 l Wasser.

---

5 a) Beschreibt den Weg des Wassers durch die Kläranlage (M4).
b) Begründet, woran man erkennt, dass sich die Schülergruppe in M1 über dem Belebungsbecken aufhält.

6 Stellt eine Übersicht mit Maßnahmen zusammen, mit denen ihr selbst und eure Familien zum Wasserschutz beitragen könnt (M3, Internet).

7 Erstellt für die Klasse einen Merktext über euer Thema.

M1 *Die Lage von Köln in Deutschland*

M3 *Hochwasser am Rhein*

Vom Kölner Pegel gibt es seit fast 200 Jahren lückenlose Aufzeichnungen. Wenn er eine gewisse Höhe erreicht hat, wissen die Orte rheinabwärts, wann eine Hochwasserwelle kommt. Der normale Pegelstand liegt bei 3,48 m. Ein Hochwasser mit einem Pegelstand von 9,38 m liegt also fast sechs Meter über dem durchschnittlichen Wasserstand von 3,21 m.

M2 *Der Kölner Pegel (Wasserstand des Rheins)*

„Hochwasser – auch vom Menschen verursacht!“
Entwickelt dazu eine Präsentation und stellt diese in der Klasse vor.

Wie kommt es zu den Überschwemmungen?

In Nordrhein-Westfalen kommt es immer wieder zu **Hochwasser.** Dies ist uns durch Aufzeichnungen seit dem 14. Jahrhundert bekannt. Wenn nach sehr schneereichen Wintern Tauwetter einsetzt, führt der Rhein große Wassermengen und es kommt zu Hochwasser. Wenn das Wasser über die Ufer steigt, müssen sich die Menschen auf die Überschwemmungen einstellen. Wie kommt es dazu? Der Oberrhein zwischen Basel und Mannheim wurde im 19. Jahrhundert begradigt und auf langen Strecken in ein betoniertes Flussbett geleitet. Die großen Flussbiegungen wurden abgeschnitten, sodass sich der Flusslauf verkürzt hat. Das Wasser tritt schneller über die Ufer. Früher brauchte das Wasser von Basel bis Karlsruhe etwa 60 Stunden. Heute sind es nur noch 30 Stunden.

Hinzu kommt, dass in der Umgebung des Rheins durch den Bau von Häusern, Fabriken, Straßen und Flughäfen immer mehr Flächen zubetoniert und asphaltiert werden. Das nennt man **Bodenversiegelung**. Diese verhindert, dass Niederschläge im Boden versickern können. Stattdessen fließt das Wasser in die Kanäle und durch die Kanalrohre direkt in den Rhein und seine Nebenflüsse. Deshalb steigt der Wasserspiegel der Flüsse nach starken Regenfällen sehr schnell an.

Tipps für die Erarbeitung

1. In Nordrhein-Westfalen kommt es immer wieder zu Hochwasser. Überprüft diese Aussage (M5).

2. Erklärt die Unterschiede zwischen Hochwasser, Jahrhunderthochwasser und Überschwemmung.

3. a) Unterscheidet die natürlichen und die vom Menschen ausgelösten Ursachen der Hochwasser am Rhein und erläutert sie (M4, M6).
b) Nennt mögliche Folgen von Hochwasser (M3 – M6).

M4 ***Natürliche und veränderte Flusslandschaften***

Hochwasser

Wenn der Wasserstand von Flüssen, Bächen, Seen, Meeren über das Normalmaß ansteigt, spricht man von Hochwasser. Manchmal kommt es dann zu Überschwemmungen, die zu Naturkatastrophen werden können.
Von einem Jahrhunderthochwasser spricht man, wenn der Wasserstand so hoch ist, wie er im Durchschnitt nur einmal in hundert Jahren erreicht wird.

Jahr	Pegelstand	Erläuterungen
1374	10,35 m	Erster überlieferter Hochwasserstand in Köln.
1784	13,55 m	Das höchste jemals in Köln gemessene Hochwasser. In Köln und Mühlheim starben 63 Menschen in den Fluten.
1926	10,69 m	In diesem Jahr regnete es im Januar fünfmal so viel wie im Durchschnitt. Das Ereignis ging als Jahrhunderthochwasser in die Geschichte ein.
1948	10,41 m	Die Reste der zerbombten Brücken behinderten damals den Abfluss des Rheinwassers.
1983	9,96 m	Eines der seltenen Hochwasser im Sommer, die nur ca. alle 290 Jahre zu erwarten sind
1993	10,63 m	Jahrhunderthochwasser zur Weihnachtszeit. Nicht die Schneeschmelze, sondern Regenrekorde im Monat Dezember führten zu diesem Hochwasserrekord.
1995	10,69 m	Jahrhunderthochwasser im Januar. Anhaltende Regenfälle und die beginnende Schneeschmelze in den Mittelgebirgen in den ersten Tagen des neuen Jahres ließen den Rhein auf die Rekordhöhe des 20. Jahrhunderts ansteigen.
2003	9,71 m	Trotz schlimmer Befürchtungen wurde die Altstadt Anfang Januar nicht überschwemmt.
2011	8,91 m	Hochwasser im Januar nach ausgiebigen Regenfällen.

M5 ***Hochwasserstände in Köln***

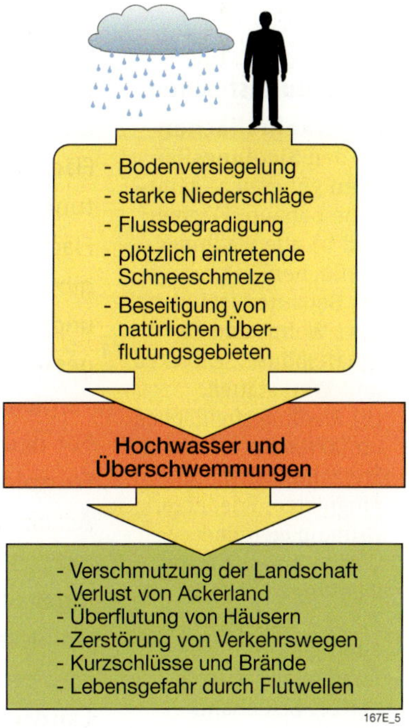

M6 ***Ursachen und Folgen des Hochwassers***

4 Habt ihr bereits ein Hochwasser miterlebt? Berichtet von euren Erlebnissen. Ihr könnt zur Veranschaulichung Bilder zeichnen oder nach Fotos im Internet suchen.

5 Erklärt die Bedeutung des Kölner Pegels für die Orte rheinabwärts (M2).

6 Erstellt für die Klasse einen Merktext über euer Thema. Erklärt auch die Grundbegriffe.

Grundbegriffe
- das Hochwasser
- die Bodenversiegelung

M1 *Am Stadtrand 1960 ...*

„Unsere Landschaft wird zugebaut." Entwickelt dazu eine Präsentation und stellt diese in der Klasse vor.

Flächenverbrauch in Deutschland

Jede Sekunde werden in Deutschland ungefähr zehn Quadratmeter Boden als Flächen mit Häusern und Verkehrseinrichtungen bebaut. Das ist so viel wie die Fläche eines kleinen Zimmer. Insgesamt gibt es heute fast 48 000 km² Siedlungs- und Verkehrsflächen in Deutschland. Die gesamte Fläche Deutschlands beträgt im Vergleich dazu knapp 360 000 km².

Für neue Straßen, Eisenbahnlinien und Flugplätze werden Wälder gerodet. Äcker, Wiesen und Weiden gehen verloren. Vögel finden dadurch immer weniger Sträucher und Hecken, in denen sie nisten können. Ursprüngliche Landschaften werden zerstört. Durch diesen **Landschaftsverbrauch** wird der Lebensraum der Tiere und Pflanzen immer mehr eingeengt.

Wenn neue Straßen und Autobahnen gebaut werden, so geschieht dies meistens, um Menschen schneller an ihr Ziel zu bringen oder Waren schneller zu transportieren. Eine Umgehungsstraße um ein Dorf soll dazu beitragen, dass weniger Autos und Lastwagen durch das Dorf fahren. So sollen die Einwohner nicht länger durch großen Verkehrslärm gestört werden.

Bei einem Flug mit dem Flugzeug über Nordrhein-Westfalen sieht die Landschaft aus wie ein Flickenteppich. Straßen ziehen sich durch die Wälder. Zwischen großen landwirtschaftlich genutzten Flächen werden Häuser und Fabriken gebaut. Die **Zersiedelung** der Landschaft nimmt zu, denn die Siedlungen wachsen immer weiter.

ℹ Siedlungsflächen und Verkehrsflächen

- Zu den **Siedlungsflächen** gehören a) sämtliche bebaute Flächen und b) alle Siedlungsfreiflächen.
  (a) Bebaute Flächen sind Wohn- und Geschäftshäuser, Fabriken und Werkstätten.
  (b) Siedlungsfreiflächen umfassen Sport- und Freizeitanlagen, Campingplätze, Friedhöfe, Grünanlagen und Gärten innerhalb von Siedlungen.
- Zu den **Verkehrsflächen** gehören Wege, Straßen sowie Parkplätze, Eisenbahn-, U-Bahn- und Straßenbahnlinien, Flugplätze und Bahnhöfe.

Tipps für die Erarbeitung

1. Vergleicht M1 und M2. Die Kirche im Bildhintergrund ist ein guter Orientierungspunkt. Stellt dar, was sich verändert hat. Benutzt die Begriffe Siedlungs- und Verkehrsflächen.
2. a) Erklärt den Landschaftsverbrauch der in M4 dargestellten Verkehrsmittel.
   b) Nehmt Stellung dazu.
3. Beurteilt die dargestellte Entwicklung in M5.

M2 *... und Jahre später*

Die durchschnittliche Siedlungs- und Verkehrsfläche je Einwohner in Deutschland beträgt mehr als 550 m². Die zunehmende Flächeninanspruchnahme hat weitreichende Folgen wie die Zerstörung der Böden, die Beeinträchtigung der Hochwasserschutzfunktion, die weitere Zerschneidung von Lebensräumen, die Zerstörung von Erholungsräumen und Folgen für die Grundwasserbildung. Eine Möglichkeit, den weiteren Flächenverbrauch zu verringern, ist Flächenumwidmung. So können brachliegende Gewerbeflächen als Baufläche für Wohnungen dienen oder zu Erholungsflächen, beispielsweise Park- und Grünanlagen, umgestaltet werden. Kostenaufwendig sind dabei die Beseitigung von Schadstoffen und die „Entsiegelung“ der Flächen.

(Nach: Kraft, P. (2013): Praxis Geographie, 09/2013)

M3 *Quellentext*

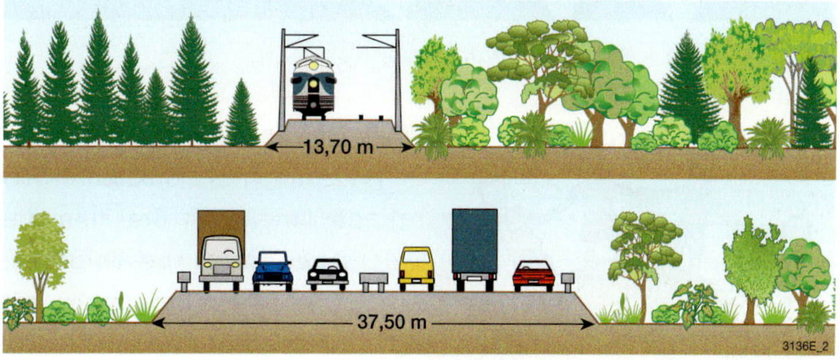

M4 *Flächenbedarf ausgewählter Verkehrsmittel*

Jahr	Fläche	Zunahme pro Jahr	Zunahme pro Tag
2000	43 939 km²	472 km²	129 ha
2001	44 381 km²	442 km²	121 ha
2002	44 780 km²	400 km²	110 ha
2003	45 141 km²	361 km²	99 ha
2004	45 621 km²	480 km²	131 ha
2005	46 050 km²	430 km²	118 ha
2006	46 438 km²	387 km²	106 ha
2007	46 789 km²	351 km²	96 ha
2008	47 137 km²	348 km²	95 ha
2009	47 422 km²	285 km²	78 ha
2010	47 645 km²	223 km²	61 ha

M5 *Entwicklung der Siedlungs- und Verkehrsflächen in Deutschland*

4 Straßen, Autobahnen, Wohnhäuser und Fabriken sind „Landschaftsfresser“ und gleichzeitig wichtig für die Menschen. Erörtert diese Aussage.

5 a) Beschreibt Folgen des Landschaftsverbrauchs (M3).
b) Nennt mögliche Gegenmaßnahmen (M3, M4).

6 Erstellt für die Klasse einen Merktext. Erklärt die Grundbegriffe.

Grundbegriffe
- der Landschaftsverbrauch
- die Zersiedelung

6620E

M1 *Agenda 21 – Was fällt mir dazu ein?*

M2 *Agenda 21*

Was ist die Agenda 21?

1992 haben 172 Staaten in Rio de Janeiro in Brasilien die **Agenda 21** beschlossen. Dies ist ein Programm, mit dem alle zu einer Entwicklung der **Nachhaltigkeit** auf der Erde im 21. Jahrhundert beitragen sollen.

Hauptziele der Agenda 21 sind:

- Alle Menschen auf der Erde müssen heute und in Zukunft eine ungeschädigte Umwelt vorfinden, in der ein gesundes Leben möglich ist.
- Alle Menschen müssen so wirtschaften, dass die vorhandenen Rohstoffe und Vorräte auch in Zukunft reichen.

Das Motto der Agenda 21 lautet: „Global denken – lokal handeln". „Global denken" heißt: Den nach uns lebenden Menschen müssen wir einen bewohnbaren Planeten hinterlassen. Alle jetzt und in Zukunft lebenden Menschen sollen ausreichend, gesunde Nahrung, gute Kleidung, Wohnraum, Arbeit und Bildung erhalten. „Lokal handeln" heißt: Wir in unseren Städten und Dörfern handeln so, dass wir die Umwelt möglichst wenig schädigen, Energie und Wasser sparen sowie umweltbewusst einkaufen und konsumieren. Auch bei uns in Nordrhein-Westfalen sind viele Städte dabei, ein eigenes Agenda-21-Programm in die Tat umzusetzen.

Starthilfe zu 2 a)
Erstelle eine Tabelle, mit folgenden Müllarten: Glas, Papier, Kunststoff, Bio-Abfall, Restmüll, Sperrmüll.

1 Das Motto der Agenda 21 lautet: „Global denken – lokal handeln." Erkläre (M2, M3, M5).

2 ↗ a) Führe ein Wochenende lang ein Mülltagebuch zu Hause. Schreibe auf, welche Art und Menge von Müll anfällt.
b) Mache für deine Familie Vorschläge zur Verringerung der Müllmenge.
c) Male ein Plakat, das du zu Hause über den Mülleimer kleben kannst.

M3 *Verpackungsmüll – muss er sein?*

M5 *Altglasentsorgung*

Wie kannst du selbst Müll vermeiden?

Zum Beispiel in der Pause:
Du kannst für dein Pausenbrot eine Butterbrotdose verwenden.
Dein Getränk solltest du dir in einer Alu-Flasche mitbringen.

Zum Beispiel im Unterricht:
Du kannst Hefte aus Recyclingpapier kaufen. Wenn du dann noch alle Seiten wirklich vollschreibst, hilfst du auch damit der Umwelt. Schnellhefter aus Pappe erfüllen ebenfalls ihren Zweck. Sie können, wenn sie nicht mehr brauchbar sind, in die Papiertonne geworfen werden. Ein Anspitzer aus Metall hält länger als der aus Plastik. Schultaschen und Etuis aus Leder sind stabiler als die aus Kunststoff. Ein Lineal kann auch aus Holz sein; es bricht außerdem nicht so leicht durch.

Zum Beispiel bei deinem Geburtstag:
Benutze kein Einweggeschirr! Hilf stattdessen besser anschließend deiner Mutter beim Aufräumen oder Spülen. Die Getränke für deine Geburtstagsfeier kannst du auch in Mehrwegflaschen kaufen.
Achte auf die Lebensmittel, die ihr einkauft! Sie sollten nicht so aufwendig verpackt sein. So erzeugen Mini-Packungen, z. B. bei Gummibären, im Verhältnis zum Inhalt viel mehr Müll als Großpackungen.
(Nach: www.medienwerkstatt-online.de/lws_wissen/vorlagen/showcard.php?id=759&edit=0, ergänzt; 25.03.2014)

M4 *Ideen und Tipps*

Recycling
Recycling (engl.: Rückführung) nennt man die Wiederverwertung von Müll. Viele Abfälle enthalten wieder zu verwendendes Material: Glas, Aluminium, Papier, Kunststoffe. Sie müssen getrennt gesammelt werden. In vielen Städten gibt es für diesen sogenannten Wertmüll gesonderte „Grüne Tonnen“, „Gelbe Tonnen“ sowie Kunststoff- und Altglascontainer.

3 a) Begründe, warum die Vermeidung von Müll so wichtig ist.
b) Welche der Ideen in M4 findest du am besten? Begründe.
c) Ergänze weitere Tipps (Internet).

4 Suche nach Agenda-21-Maßnahmen in deiner Gemeinde.
a) Stelle ein Projekt vor und beschreibe die Ziele.
b) Beurteile, ob das Projekt auch tatsächlich den Zielen der Agenda 21 entspricht.

Merke
Die Agenda 21 ist ein Programm, um auf unserer Erde auch im 21. Jahrhundert ein gesundes Leben zu ermöglichen.

Grundbegriffe
- die Agenda 21
- die Nachhaltigkeit

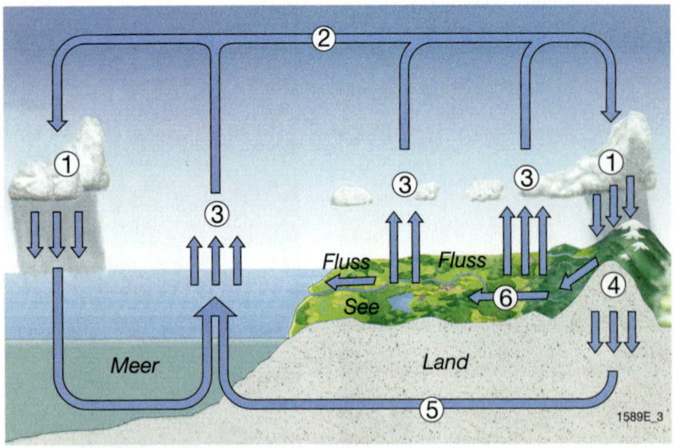

M1 *Wasserkreislauf*

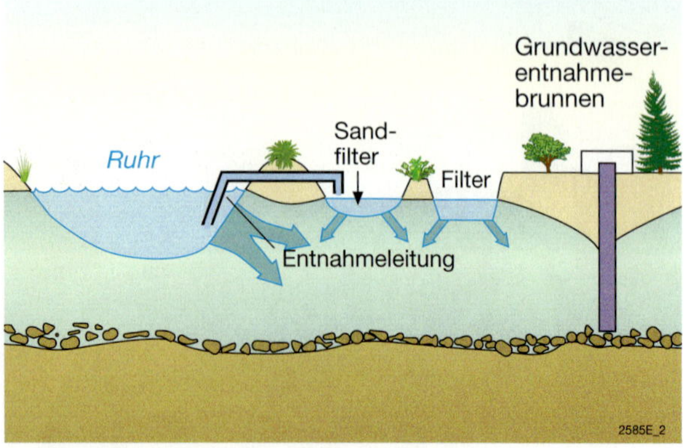

M4 *Trinkwassergewinnung an der Ruhr*

Fallen 100 l Regen auf einen Quadratmeter, dann...

	versickern	fließen an der Oberfläche ab	verdunsten
nicht bewachsener Boden	45 l	15 l	40 l
Rasenpflaster	30 l	50 l	20 l
Asphalt	0 l	95 l	5 l

M2 *Eigenschaften verschiedener Bodenbedeckungen*

M5 *Agenda 21*

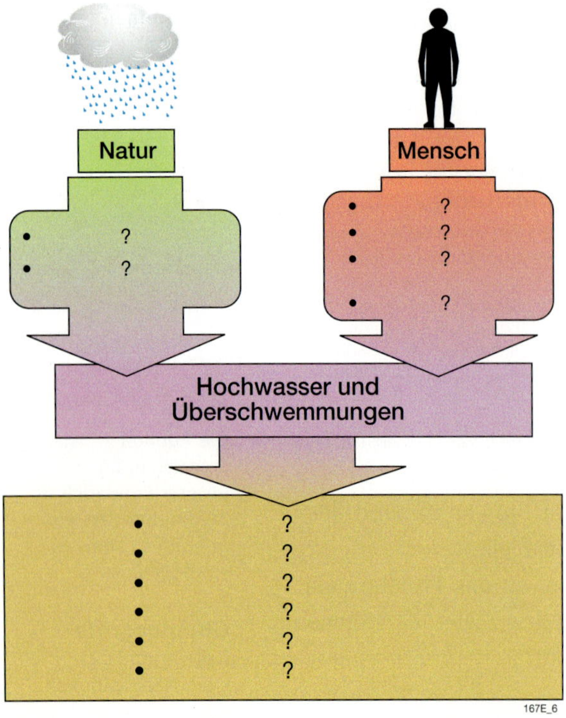

M3 *Ursachen und Folgen der Hochwasser am Rhein*

WASSER IST ...

... **Lebensmittel**: zum Trinken
... **Reinigungsmittel im Haushalt**: für Obst, Gemüse, Geschirr, Böden, Toiletten, Autos, Kleidung – und natürlich auch für uns selbst
... **Heilmittel:** in Thermalbädern, bei Kuren
... **Lebensraum:** für Algen, Plankton, Insekten, Fische, Säugetiere und Vögel
... **Erholungs- und Freizeitraum:** zum Schwimmen, Tauchen, Segeln, Kanu fahren, Schlittschuh laufen
... **Transportmittel:** für die Schifffahrt
... **Energielieferant:** in Wasserkraftwerken zur Gewinnung von Strom
... **Herstellungsmittel in der Industrie**: Für 1 kg Papier braucht man z. B. 400–1000 l, für 1 Pkw 38000 l Wasser.
... **„Bewässerungsmittel“**: in der Landwirtschaft
... **Kühlmittel:** für Kraftwerke, Industrieanlagen, Pkws und viele mehr.

M6 *Gebrauchsgut Wasser*

M7 *Am Stadtrand 1958 ...*

... und Jahre später

Schätze dich selbst mit dem Zeichensystem ein, das auf Seite 33 erklärt ist.
Die Erläuterung der Kompetenzen findest du ebenfalls auf Seite 33.

Grundbegriffe
- Grundwasser
- Oberflächenwasser
- Wasserwerk
- Trinkwasser
- Kläranlage
- Brauchwasser
- Hochwasser
- Bodenversiegelung
- Landschaftsverbrauch
- Zersiedelung
- Agenda 21
- Nachhaltigkeit

Sachkompetenz

1 a) Teilt die Grundbegriffe in einer Gruppe auf. Jeder schreibt seine Grundbegriffe auf kleine Kärtchen und notiert jeweils auf der Rückseite die Erklärungen.
b) Fragt euch gegenseitig ab.

2 Notiere zwei Beispiele aus den Gesetzen zum Schutz des Wassers, die dich betreffen. *(Schülerbuch S. 268)*

3 Erkläre den Unterschied zwischen Trinkwasser und Brauchwasser. *(Schülerbuch S. 266)*

4 Zeige an fünf Beispielen auf, wie du das Gebrauchsgut Wasser nutzt (M6). *(Schülerbuch S. 266–269)*

5 Erkläre den Zusammenhang zwischen Wasserverbrauch und Energie. *(Schülerbuch S. 268)*

Methodenkompetenz

6 a) Übertrage M1 in dein Heft oder deine Mappe und ergänze die fehlenden Begriffe.
b) Erkläre den Wasserkreislauf mithilfe von M1. *(Schülerbuch S. 267)*

7 Erläutere anhand von M4, wie an der Ruhr Trinkwasser gewonnen wird. *(Schülerbuch S. 267)*

8 Erkläre mithilfe der Grafik M3
a) die Ursachen,
b) die Folgen der Hochwasser am Rhein. *(Schülerbuch S. 270/271)*

9 Entwirf ein Plakat zum Motto und den Zielen der Agenda 21 (M5). *(Schülerbuch S. 274/275)*

10 Beschreibe M7 und erkläre die Veränderungen. Verwende die Fachbegriffe. *(Schülerbuch S. 272/273)*

Urteils- und Handlungskompetenz

11 Schreibe einen kurzen Zeitungsartikel zum Thema Wasser sparen. Gib auch Tipps zum Sparen. *(Schülerbuch S. 268/269)*

12 Deine Gemeinde will das Eisenbahnnetz ausbauen. Dein Onkel möchte lieber, dass mehr Straßen und Parkplätze entstehen. Nimm Stellung und begründe. *(Schülerbuch S. 273)*

13 Betrachte M2 und beurteile die Folgen der verschiedenen Bodenbedeckungen für Menschen und Natur. *(Schülerbuch S. 270–273)*

14 Nimm Stellung zum Flächenverbrauch durch Straßenbau, wie er in M7 dargestellt ist. *(Schülerbuch S. 272/273)*

Die Burg Altena im Sauerland wurde im Mittelalter errichtet. Sie ist noch gut erhalten und veranschaulicht die früheren Aufgaben einer Burg. Welche waren das?
Hast du schon etwas über das Leben im Mittelalter gehört? Wenn ja, was?

Leben und Herrschaft im Mittelalter

Am Ende des Kapitels kannst du:

- das Mittelalter als Zeitabschnitt zwischen Antike und Neuzeit einordnen
- Karl den Großen in seiner Bedeutung als Herrscher in Europa darstellen
- eine Geschichtskarte auswerten
- die mittelalterliche Ständeordnung und das Lehnswesen erläutern
- das Verhältnis zwischen Grundherren und Bauern erklären
- Verbesserungen in der Landwirtschaft des Mittelalters kennzeichnen
- über das Leben auf der Burg berichten
- die Aufgaben der Klöster erläutern
- über das Leben in der Stadt berichten
- die verschiedenen gesellschaftlichen Gruppen in der mittelalterlichen Stadt darstellen
- die Bedeutung des Marktes und die Rolle der Kaufleute erörtern

Das Mittelalter

Das **Mittelalter** ist ein Abschnitt der Geschichte Europas. Geschichtswissenschaftler (Historiker) bezeichnen damit die Zeit von 500 bis 1500 n. Chr. Das ist ungefähr die Zeitspanne zwischen dem Untergang des Römischen Reiches und der Entdeckung Amerikas. Der Zeitabschnitt vor dem Mittelalter wird Altertum oder Antike genannt. Nach dem Mittelalter beginnt die Neuzeit.

Im Mittelalter gab es nicht die Gleichheit aller Menschen vor dem Gesetz, sondern Gruppen mit unterschiedlichen Rechten. Man nennt diese Gruppen **Stände**. Dem Ersten Stand gehörten die Geistlichen an. Der Zweite Stand umfasste die Adeligen. Im Dritten Stand befanden sich alle anderen Menschen, also die große Mehrheit der Bevölkerung.

Man wurde in seinen Stand geboren und konnte ihn in der Regel nicht verlassen. Nur in den Ersten Stand stieg man auf: Die Geistlichen kamen aus dem Zweiten Stand (hohe Ämter) oder aus dem Dritten Stand (Dorfpfarrer).

Der Bischof von Worms zur Ständeordnung (um 1010):

„Wegen der Sünde des ersten Menschen ist dem Menschengeschlecht durch göttliche Fügung die Strafe der Knechtschaft auferlegt worden. Der gerechte Gott hat das Leben der Menschen so unterschieden, dass er die einen zu Knechten, die anderen zu Herren einsetzte, damit die Möglichkeit zu sündigen für die Knechte durch die Macht der Herren eingeschränkt würde."

(Nach: Geschichte in Quellen. Mittelalter. München 1975, S. 711f)

M1 *Quellentext*

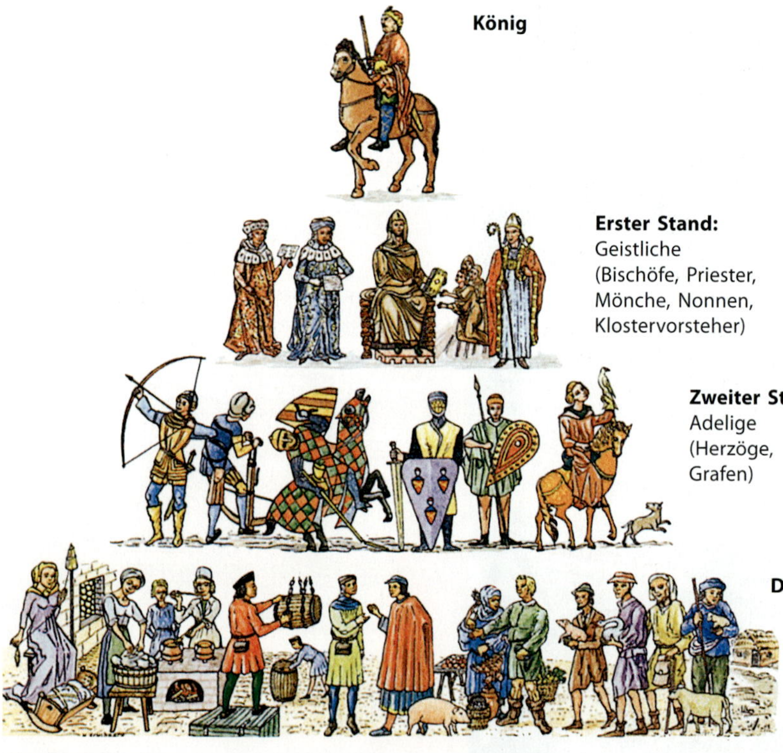

M2 *Ständeordnung im Mittelalter (heutige Zeichnung)*

1. a) Erläutere die mittelalterliche Ständeordnung (M2, M7).
   b) Vergleiche diese mit einer weiteren dir bekannten Gesellschaftsordnung (Ägypter, Griechen oder Römer).

2. Informiere dich über mittelalterliche Feste und Märkte in der Umgebung. Schreibe darüber einen Bericht.

3. Suche in deinem Ort mittelalterliche Gebäude. Ermittle ihr genaues Alter und ihre Bedeutung.

Starthilfe zu 1 a)
Beschreibt dabei auch die verschiedenen Bevölkerungensgruppen, z. B. Kleidung, Tätigkeit.

M3 *Zeitleiste des Mittelalters*

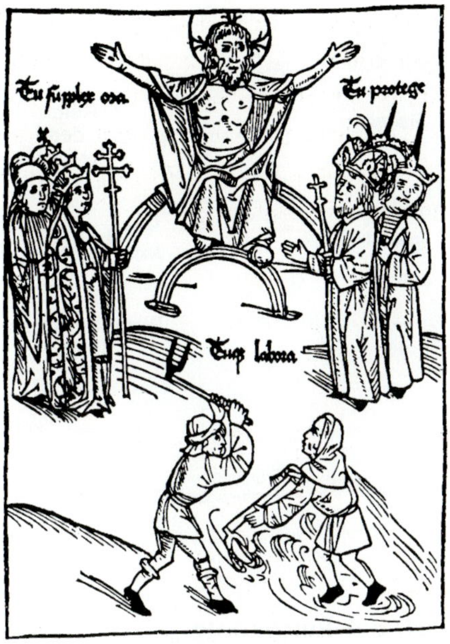

M4 ***Die Ständeordnung (Holzschnitt von 1492). Christus auf dem Regenbogen befiehlt den drei Ständen: Du bete demütig! (links) Du schütze! (rechts) Du arbeite! (unten)***

M5 ***Manche Straßenschilder sind ein Wegweiser in die Vergangenheit.***

Der Mönch Eadmer aus dem englischen Canterbury (11. Jahrhundert):

„Ich benenne das Beispiel von den Schafen, den Ochsen und den Hunden. Die Schafe geben Milch und Wolle, die Ochsen pflügen die Erde, die Hunde verteidigen die Schafe und Ochsen gegen die Wölfe. Erfüllen alle ihre Aufgabe, so beschützt Gott sie. [...]
Ebenso erhält er die Stände: Die Geistlichen und die Mönche hat er bestellt, auf dass sie für die anderen beten, sie voller Sanftmut – wie die Schafe – mit der Milch der Verkündigung tränken und ihnen durch die Wolle des guten Beispiels eine glühende Liebe zu Gott einflößen.
Die Bauern hat er bestellt, auf dass sie – wie die Ochsen – durch ihre Arbeit für den Lebensunterhalt ihrer selbst und der anderen Sorge tragen.
Andere schließlich – die Krieger – hat er bestellt, auf dass sie im Maß des Notwendigen Macht zur Schau tragen und diejenigen, die beten und arbeiten, vor Feinden wie vor Wölfen schützen."

(Nach: Jacques Le Goff: Die Kultur des europäischen Mittelalters. München 1970, S. 426)

M6 *Quellentext*

Der Bischof von Laon in Nordfrankreich zur Ständeordnung (um 1016):

„Das Haus Gottes ist also dreigeteilt: Die einen beten, die anderen kämpfen, die dritten schließlich arbeiten. Die Dienste des einen sind die Voraussetzung für die Werke der beiden anderen. Jeder verpflichtete sich für seinen Teil, das Los der Gesamtheit zu erleichtern. So hat das Gesetz siegen können und die Welt sich des Friedens erfreuen können."

(Nach: Jacques Le Goff: Die Kultur des europäischen Mittelalters. München 1970, S. 425f)

M7 *Quellentext*

4 a) Erkläre, wie die Schreiber der Quellen von M1 und M6 die Machtverteilung in der mittelalterlichen Gesellschaft rechtfertigen.
b) Nimm Stellung dazu.

5 Beschreibe und interpretiere M4 (äußere Kennzeichen der Gruppen; Stellung der Gruppen zueinander).

Merke
Das Mittelalter ist ein Abschnitt in der europäischen Geschichte. Es dauerte etwa von 500 bis 1500 n.Chr.

Grundbegriffe
- das Mittelalter
- der Stand

M1 ***Reiterstandbild Karls des Großen aus Bronze (9. Jahrhundert). Wie ein römischer Kaiser lässt sich Karl auf einem Pferd darstellen.***

M2 *Das Reich Karls des Großen*

ℹ Karls Herrschaft

Karl regierte beinahe das gesamte Abendland. Das war Europa mit seinen drei Wurzeln: die griechisch-römische Kultur, die Kultur der Germanenvölker und die Kultur des Christentums.
476 n. Chr. hatten Germanen den weströmischen Kaiser abgesetzt. Jetzt gab es nur noch den oströmischen Kaiser in Konstantinopel, der Hauptstadt des Byzantinischen Reiches. Er hatte aber in Europa keine Macht.

Das Reich Karls der Großen

Im Mittelalter herrschten die Stämme der Sachsen, Bayern und Franken im heutigen Deutschland. Die Anführer der Stämme hatten eine große Macht. **Karl der Große** regierte das Gebiet der Franken von 771 bis zu seinem Tod 814. Mit nur 29 Jahren übernahm er die Alleinherrschaft über das Frankenreich, das er in vielen Feldzügen erweiterte. Er nahm Norditalien und Bayern ein und eroberte schließlich Sachsen. Der Krieg gegen die Sachsen dauerte 30 Jahre. Als er Sachsen eingenommen hatte, ließ er 10 000 Menschen ins Frankenreich umsiedeln.

Karl, der Reisekönig

Das Frankenreich hatte keine Hauptstadt. Karl der Große reiste mit seinem Hofstaat, der rund 1 000 Personen umfasste, durch sein Reich und machte jeweils für einige Wochen Station in einer **Pfalz**. So nannte man die im Land verteilten großen Königshöfe.
Die Reisen waren keine Vergnügungsfahrten, sondern politische Notwendigkeit: Karl musste persönlich anwesend sein, um seine Herrschaft auszuüben. Aachen mit seinen Heilquellen wurde zu Karls Lieblingspfalz.

1 Begründe, warum Karl eine Darstellungsform wie M1 wählte.

2 a) Beschreibe die Pfalz in Aachen (M3).
b) Begründe, warum Karl der Große die Pfalzen brauchte.

3 Betrachte M2 und suche im Atlas die Namen der heutigen Länder, in denen wichtige Pfalzen lagen.

4 ↗ Werte M2 aus.

***Starthilfe zu** 4*
Nimm die Schrittfolge von Seite 176/177 zu Hilfe.

D3-092 www.diercke.de

M3 ***Zeichnung der Kaiserpfalz Karls des Großen in Aachen***
① Pfalzkapelle, ② Kaiserpfalz, ③ Kaiserbad, ④ Gärten der Pfalz, ⑤ Wohnbezirk der Kaufleute
⑥ Wohnhäuser der Bediensteten, Ställe und Vorratshäuser, ⑦ Grenze des Pfalzbezirks

M4 ***Der Internationale Karlspreis der Stadt Aachen wird seit 1950 in jedem Jahr verliehen. Personen erhalten ihn, die sich um die Einigung Europas verdient gemacht haben. Preisträger waren unter anderem der erste Bundeskanzler Konrad Adenauer (1954), der ehemalige US-Präsident Bill Clinton (2000) und Bundeskanzlerin Angela Merkel (2008). 2014 bekam ihn der Präsident des Europäischen Rates Herman Van Rompuy. „Er verkörpert in Person, dass Europa täglich neu erarbeitet werden muss", heißt es in der Begründung der Jury.***

5 Nenne einen Herrscher, der den Titel „der Große" hatte und vergleiche ihn mit Karl.

6 Schreibe einen Bericht über den Aufenthalt des Hofstaates in einer Pfalz aus der Sicht des Verwalters.

7 Informiere dich über das Byzantinische Reich und berichte (Lexikon, Internet).

8 Stelle in einer Tabelle die Preisträgerinnen und -träger des Karlspreises zusammen (Internet).

Merke
Karl der Große war der bedeutendste Herrscher des Mittelalters. Er reiste von Pfalz zu Pfalz.

Grundbegriffe
- Karl der Große
- die Pfalz

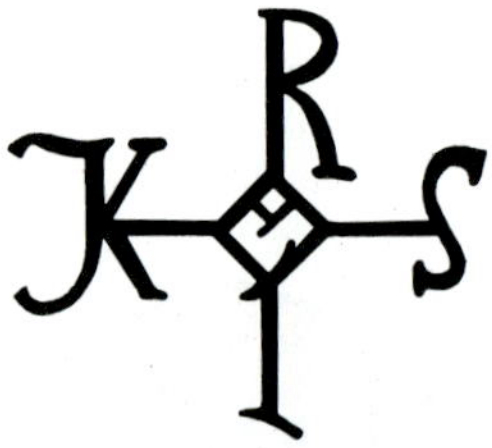

M1 *Das kreuzförmige Namenszeichen (Monogramm) enthält die Buchstaben des lateinischen Namens Karolus. Wenn Karl unterschrieb, brachte er selbst nur den Haken für das L an. Damit war seine Unterschrift gültig.*

M2 *Papst Leo III. krönt Karl den Großen im Jahr 800 zum römischen Kaiser.*

Kaiser, König und Fürsten

Der Kaiser war das Oberhaupt des **Heiligen Römischen Reiches** und der Beschützer der Christenheit. Nur deutsche Könige wurden zum Kaiser gekrönt. Das geschah in der Peterskirche in Rom, wo der Papst den neuen Kaiser salbte und krönte. Die Königswürde war nicht erblich. Der König wurde von den Fürsten im Land gewählt. Viele Fürsten versuchten, ihren ältesten Sohn zum König wählen zu lassen. Die Fürsten gewannen im Laufe der Zeit immer mehr Macht und der König musste sich mit ihnen absprechen. Das geschah auf den Reichstagen.

Karl bleibt König und wird Kaiser

Im Jahr 800 hatte Papst Leo III. im Kirchenstaat Streit mit den Römern. Er bat den Frankenkönig Karl um Hilfe. Dieser zog mit seinem Heer nach Rom und es gelang ihm, die Macht des Papstes wieder zu stärken.

In der Weihnachtsnacht geschah etwas Unerwartetes: Beim Festgottesdienst setzte der Papst dem Frankenkönig eine Krone auf und machte ihn damit zum Kaiser. Karls Titel lautete nun: „Karl, der erhabene, von Gott gekrönte, große und friedenbringende Kaiser (‚Imperator Augustus'), der das Römische Reich regiert und durch das Erbarmen Gottes König der Franken und Langobarden".

Damit gab es nach mehr als 300 Jahren wieder einen Kaiser im westlichen Teil des früheren Römischen Reiches. Karl verpflichtete sich, die Kirche und das Papsttum zu schützen und den christlichen Glauben zu verbreiten. Er war sowohl römischer Kaiser als auch fränkischer König.

Die abendländische Christenheit hatte nun ein geistliches Oberhaupt, den Papst, und ein weltliches Oberhaupt, den Kaiser.

Heiliges Römisches Reich (Deutscher Nation)

Im 10. Jahrhundert bildete sich aus dem östlichen Teil des ehemaligen Frankenreiches unter der Herrschaft der sächsischen Ottonen (so benannt nach Otto dem Großen, der 962 zum Kaiser gekrönt wurde) das Heilige Römische Reich. Im 15. Jahrhundert erhielt der Name den Zusatz „Deutscher Nation".

Das Reich, das es bis 1806 gab, war nie ein einheitlicher Staat. Es bestand vielmehr aus einzelnen Fürstentümern, die vom König und Kaiser geführt wurden.

Starthilfe zu 1
Lies dazu zuerst die Info-Texte „Textquelle" und „Sachtext".

1 ↗ Erkläre den Unterschied zwischen einer Textquelle und einem Sachtext an Beispielen M3 – M5.

2 Vergleiche die Textquellen M4 und M5 miteinander und beide mit M3.

Als Karl am 24. November nach Rom kam, ritt ihm der Papst zwölf Meilen entgegen. Karl wurde als Kaiser in Rom empfangen, eingehend beschreiben es die Reichsannalen [zeitgenössischer Tatenbericht Karls des Großen]. Man hatte mehr als einen Monat Zeit, um die Feierlichkeiten der Krönung vorzubereiten. Man hatte sich darüber geeinigt, dass der feierliche Akt der Krönung in der Peterskirche stattfinden sollte, die den Franken immer als das Hauptheiligtum der Stadt erschienen war. Der Papst setzte dem König zuerst die Krone auf das Haupt. Dann folgte seine Bestätigung durch die zustimmenden Zurufe des Volkes. Es kann kein Zweifel daran bestehen, dass der gesamte Vorgang die Einwilligung Karls besessen hat. So wie uns die Zeitgenossen die Krönung beschreiben, so war sie geplant, so wurde sie auch durchgeführt. Dennoch hat die Krönung selbst auch Unbehagen bei Karl ausgelöst. Das hatte unter anderem folgende Gründe: Karl wollte einmal dem Papst nichts verdanken müssen; er wollte zum Zweiten nicht gezwungen sein, sich mit dem byzantinischen Kaiser über den Kaisertitel auseinander zu setzen.

(Nach: Wolfgang Braunfels: Karl der Große. In Selbstzeugnissen und Bilddokumenten. Reinbek 1972, S. 86f)

M3 *Der Historiker Wolfgang Braunfels schreibt über die Kaiserkrönung.*

Sachtext
Während die geschichtliche Textquelle aus einer bestimmten Zeit stammt, ist der Sachtext (auch: Sekundärliteratur) ein Text über eine bestimmte Zeit. Geschichtswissenschaftler erarbeiten sich geschichtliche Fragen unter anderem mithilfe von Textquellen und schreiben darüber einen Sachtext.

Der päpstliche Bericht

In der Peterskirche des Apostels Petrus [...] krönte der ehrwürdige und segenspendende Vorsteher der Kirche den König eigenhändig mit der kostbaren Krone. Daraufhin riefen alle Gläubigen, die den Schutz und die Liebe sahen, die Karl der römischen Kirche und ihrem Vertreter gewährt hatte, einmütig mit lauter Stimme auf Gottes Geheiß und des Heiligen Petrus Eingebung aus: „Dem allerfrömmsten, erhabenen, dem von Gott gekrönten großen und friedenbringenden Kaiser sei Leben und Sieg!"

(Nach: Deutsche Geschichte in Quellen und Darstellung. Bd. 1: Frühes und hohes Mittelalter. Hrsg. von Wilfried Hartmann. Stuttgart 1995, S. 53f)

M4 *Textquelle*

Der Bericht von Einhard, Karls Vertrautem

Karl kam nach Rom, um die Kirche aus der [...] Zerrüttung zu reißen. Damals war es, dass er die Benennung Kaiser und Augustus empfing; das war ihm zuerst so zuwider, dass er versicherte, er würde an jenem Tage die Kirche nicht betreten haben, wenn er des Papstes Absicht hätte vorherwissen können.
Den Hass der [ost-]römischen Kaiser, die ihm die Annahme des Kaisertitels sehr verübelten, trug er mit großer Gelassenheit.

(Nach Einhard: Leben Karls des Großen. Kap. 28; übersetzt von Reinhold Rau, Darmstadt 1955)

M5 *Textquelle*

Textquelle
Eine geschichtliche Quelle stammt aus der Vergangenheit. Durch sie gewinnen wir Erkenntnis über das damalige Leben und wichtige Ereignisse. Die wichtigsten Quellen sind schriftliche Zeugnisse: die Textquellen (siehe S. 115). Historische Textquellen sind unter anderem daran erkennbar, dass sie von Personen aus der Zeit, aus der berichtet wird, geschrieben wurden.

3 Kläre die Herkunft der Begriffe Kaiser, Imperator und Augustus (Internet).

4 Die Kaiserkrönung Karls versetzte den oströmischen Kaiser in Aufregung. Begründe (M3, M5).

Merke
Im Jahr 800 wurde Karl der Große von Papst Leo III. zum Kaiser gekrönt.

Grundbegriff
- das Heilige Römische Reich

M1 *So stellte sich ein Künstler im 19. Jahrhundert den Gang Heinrichs IV. nach Canossa vor.*

Investiturstreit
Als Investitur wird die Einsetzung eines Bischofs in sein Amt bezeichnet. Papst und König stritten miteinander um das Recht Bischöfe einsetzen zu können. Der Streit fand sein vorläufiges Ende in einem Vertrag, dem Wormser Konkordat, von 1122.

Gang nach Canossa
Der Gang nach Canossa (1077) war ein Meilenstein im Investiturstreit. Papst Gregor VII. (1020 – 1085) schloss König Heinrich IV. (1050 – 1106) nach einem Streit aus der Kirche aus (Kirchenbann). Daraufhin zog der König nach Canossa in Italien, wo sich der Papst aufhielt. Heinrich erschien im ärmlichen Büßerhemd und bat den Papst, den Bann aufzuheben, was dieser schließlich auch tat.

Adel und Kirche

Das riesige Reich konnte Karl der Große nicht ohne Hilfe regieren. Deshalb unterteilte er es in einzelne Grafschaften. Im Namen des Königs sorgten die dort herrschenden Grafen für Frieden, hielten Gericht und trieben Steuern ein. Einige Grafen waren dem Kriegsdienst verpflichtet. Karl wollte sicher sein, dass seine Befehle zuverlässig ausgeführt wurden.

Deshalb schickte er jährlich zwei adelige Königsboten in die Grafschaften. Sie sollten die Verwaltung überwachen, Missstände aufdecken und beheben. Sie sollten auch die Treue der mächtigen Adeligen zu ihrem König überprüfen. Denn gelegentlich unternahmen adelige Herren bewaffnete Aufstände gegen den König.

Karl ernannte Männer aus dem Adel zu Äbten und Bischöfen. Sie leiteten die Klöster und Kirchen.

König und Papst

Im Mittelalter bildeten die Kirche und das Königreich eine Einheit. Papst und König sollten gemeinsam und einträchtig die Christenheit lenken: der Papst als geistliches Oberhaupt, der König als weltlicher Schutzherr der Kirche und aller Untertanen.

Doch die Macht lag zunächst beim weltlichen Herrscher. Der König war nach damaliger Vorstellung von Gott in sein Amt berufen worden. Deshalb bestimmte er auch über kirchliche Angelegenheiten mit und setzte Bischöfe sowie Äbte ein. Der weltliche Herrscher machte die Kirche mächtig. Dies geschah durch Landschenkungen und Überlassung von Rechten, zum Beispiel dem Recht, Zölle und Abgaben zu erheben.

Im 11. Jahrhundert forderten die Päpste, der König solle sich der päpstlichen Gewalt unterwerfen. Es entstand ein heftiger Streit.

---

1 ↗ Beschreibe anhand der Darstellung in M5 das Lehnswesen (M3).

2 Erkläre, was man unter dem Investiturstreit versteht.

3 Beschreibe und erkläre mithilfe von M3 die Abbildungen M2 und M6 aus dem Sachsenspiegel. Achte auf die Gesten der Personen.

Starthilfe zu 1
Beginne so: An der Spitze stand der König. Er gab …

M2 ***Ein Vasall mit zwei Lehnsherren (Darstellung aus dem sogenannten Sachsenspiegel, einer bebilderten Sammlung von Gesetzen aus dem 13. Jahrhundert). Der Ast und die Fahne sind Symbole für ein Lehen.***

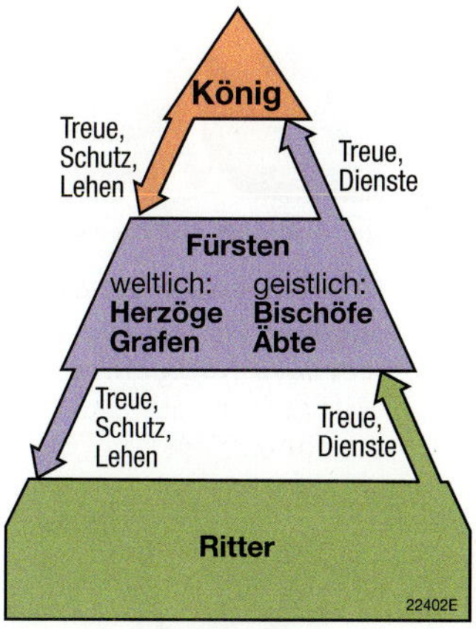

M5 ***Das Lehnswesen***

Die Grundlage für Macht und Reichtum im Mittelalter war Grundbesitz. Der Herrscher vergütete Dienste, Rat und Hilfe am Hof, in der Verwaltung und im Krieg mit einem hochbezahlten Amt oder mit Land. Zu dem überlassenen Land gehörten die darauf lebenden Bauern und ihre Angehörigen. Ämter, Land, damit verbundene Einkünfte und Rechte – das alles waren **Lehen** („Geliehenes"). Der König stand als oberster Lehnsherr über seinen Lehnsleuten, den Vasallen. Die Kronvasallen, die großen adeligen Herren, wurden vom Herrscher direkt beliehen. Diese hatten wiederum eigene Vasallen.
Nach dem Tod fielen die Lehen an den Herrscher zurück. Im Laufe der Zeit konnten die weltlichen Fürsten ihr Lehen behalten und vererben.

M3 ***Das Lehnswesen***

M6 ***Darstellung des Zusammenwirkens von König und Papst. Gott gab ihnen als Zeichen der Macht das Schwert und den Hirtenstab. (Darstellung aus dem Sachsenspiegel)*** ▷

Der Graf (der Lehnsherr) fragte seinen zukünftigen **Vasallen** (den Lehnsmann), ob er ohne Vorbehalte sein Mann werden wolle; dieser antwortete: „Ich will es." Alsdann umschloss der Graf die zusammengelegten Hände des anderen mit seinen Händen und sie besiegelten den Bund durch einen Kuss. Zweitens gab der Vasall dem Grafen mit folgenden Worten sein Versprechen: „Ich verspreche bei meiner Treue, von nun an dem Grafen Wilhelm treu zu sein, aufrichtig und ohne Trug." Drittens bekräftigte er sein Versprechen durch einen Eid.

(Nach Walter Koschorrek: Der Sachsenspiegel in Bildern. Frankfurt/M. 1976, S. 118)

M4 ***Die Übergabe eines Lehens***

4 Schreibe aus der Sicht eines Vasallen einen Brief an seinen Onkel über seine Belehnung (M4).

5 Erläutere die Aussage: Das Lehnswesen war ein Netz von persönlichen Abhängigkeiten zwischen König und Adel.

Merke

Im Mittelalter sollten Papst und König gemeinsam die Christenheit lenken. An der Spitze stand der König. Er vergab Lehen an Geistliche und Adlige. Dafür erhielt er ihre Unterstützung.

Grundbegriffe

- der Vasall
- das Lehen

M1 *Eine besonders ausführliche Bildquelle der englischen Geschichte ist der etwa 70 m lange und 50 cm hohe „sprechende" Teppich von Bayeux (11. Jahrhundert). Er zeigt Szenen von der Überfahrt der in der Normandie (Frankreich) lebenden Normannen nach England im Jahr 1066 und von dem Kampf zwischen Normannen und Engländern.*

M2 *Wilhelm I.*

Die Situation im Spätmittelalter

Am Ende des Mittelalters änderten sich die Verhältnisse in Europa. Das Heilige Römische Reich zerfiel in Landesfürstentümer. Die Fürsten erhielten vom Kaiser wichtige Rechte, die sogenannten **Privilegien**, sodass sie in ihren Ländern immer selbstständiger wurden.

1356 wurde eine neue Regelung der Königswahl beschlossen. Jetzt war die Macht der Königswähler genau festgelegt: Sieben Kurfürsten („küren" bedeutet „wählen") entschieden, wer zum deutschen König gewählt wurde. Hier liegen die Wurzeln für den **Föderalismus** (die verschiedenen Bundesländer) in der heutigen Bundesrepublik Deutschland.

Anders als im Reich kam es in Westeuropa nicht zu einer solchen Stärkung der Landesherren. In England und Frankreich setzte sich die königliche Zentralregierung in einer Hauptstadt (London bzw. Paris) durch. Auch gelang es, eine Erbmonarchie einzurichten; das heißt, die Herrschaft wird an den ältesten Sohn weitergegeben.

Grundsätze aus der Magna Charta von 1215

1. Wir haben Gott gelobt, dass die englische Kirche frei sei; ihre Rechte sollen unversehrt und ihre Freiheiten unverletzt bleiben.
12. Es sollen keine Steuern in unserem Königreich ohne Genehmigung durch den „Gemeinen Rat des Königreiches" auferlegt werden.
13. Die Stadt London soll alle ihre alten Privilegien (Rechte) und freien Gewohnheiten sowohl zu Lande als auch zu Wasser behalten.
39. Kein freier Mann soll verhaftet oder eingekerkert oder um seinen Besitz gebracht werden oder geächtet oder verbannt oder sonst in irgendeiner Weise ruiniert werden … es sei denn aufgrund eines Urteils von Standesgenossen oder nach dem Gesetz des Landes.
61. Die Barone sollen unter ihren Standesgenossen im Königreich 25 auswählen, welche den Frieden und die Freiheiten wahren sollen.

(Nach: Gottfried Guggenbühl und Hans C. Huber: Quellen zur Geschichte des Mittelalters. Zürich 1972, S. 232 f)

M3 *Quellentext*

***Starthilfe zu* 1**
Lege eine Tabelle an:

	G	U
England	…	…
Frankreich	…	…

1 ↗ Stelle Gemeinsamkeiten und Unterschiede in der Entwicklung Englands und Frankreichs zusammen.

2 Stelle den „Treuevorbehalt" in einem Schaubild dar (M4).

3 Informiere dich über Jeanne d´Arc (M6). Stelle deine Ergebnisse vor (Lexikon, Internet).

4 Nenne Gründe, die dazu führten, dass die Entwicklung in England und Frankreich anders verlief als im Heiligen Römischen Reich.

1066 war für die Entwicklung Englands ein entscheidendes Datum: Wilhelm I., ein Herzog aus der Normandie in Frankreich, eroberte England. Die Fürsten mussten ihm den Treue-Eid leisten und jedes Lehen wurde unmittelbar von ihm verliehen. So war er der mächtigste Grundherr. Entscheidend für die Stärke der Königsmacht war der sogenannte Treuevorbehalt: Jeder Lehnsmann war zuerst seinem König verpflichtet. Kein Kronvasall konnte seine Lehnsleute zu Angriffen gegen den König missbrauchen. Das haben die deutschen Könige nie erreicht. Hier war jeder Lehnsmann seinem direkten Lehnsherrn verpflichtet, nicht aber dem König. Die normannischen Könige errichteten eine Zentralverwaltung mit einheitlichem Recht sowie Steuer- und Heerespflicht. Um Kriege zu führen, wurden im 13. und 14. Jahrhundert neue Steuern erhoben. Dagegen erhoben sich der Adel und die reichen Städte. Sie erzwangen im Jahr 1215 politische Mitbestimmung, die in der „Magna Charta Libertatum“ festgeschrieben wurde.

M4 *Die Entwicklung in England*

Auch in Frankreich entwickelte sich eine Zentralgewalt. Hugo Capet, der Graf von Paris, wurde 987 zum König gewählt und in Reims gekrönt. Die Kapetinger herrschten 340 Jahre lang. Auch in Frankreich galt der Treuevorbehalt im Lehnswesen. Auch konnte der französische König die Erblichkeit der Lehen bei den Vasallen verhindern. So blieb er mächtig. In Krisenzeiten allerdings musste er die **Generalstände** einberufen. Das waren Vertreter der Geistlichkeit, des Adels und der Bürger. 1328 starb der letzte Kapetinger ohne Erben. Sein Schwiegersohn, Eduard III., König von England, erhob Anspruch auf den französischen Thron.
Damit begann der sogenannte 100-jährige Krieg. Um 1420 war die Situation für den französischen König katastrophal: Er verlor Frankreich nördlich der Loire mit Paris. 1429 befreite das Bauernmädchen Jeanne d´Arc Frankreich von den Engländern und führte den jungen König zur Krönung nach Reims.

M5 *Die Entwicklung in Frankreich*

M6 *Jeanne d'Arc geriet 1430 in englische Gefangenschaft und wurde ein Jahr später in Rouen auf dem Scheiterhaufen als Ketzerin verbrannt.*

5 a) Die Magna Charta (M3) gewährt verschiedene Rechte. Benenne die Rechte und gib an, wer sie bekommt.
b) Erkläre, warum die Magna Charta verfasst wurde.
c) Nimm Stellung dazu.

6 a) Beschreibe das Geschehen auf dem Teppich von Bayeux (M1).
b) Nenne mögliche Gründe für die Mühe, die sich Frauen am normannischen Herzogshof gemacht haben, um diesen Teppich zu sticken.

Merke
Im ausgehenden Mittelalter zerfiel das Heilige Römische Reich. Die Landesfürsten wurden durch Privilegien immer selbständiger. Die Entwicklung in England und Frankreich verlief unterschiedlich.

Grundbegriffe
- das Privileg
- der Föderalismus
- die Generalstände

Die Burg – Verteidigungsanlage und Zeichen von Macht und Herrschaft

Im Mittelalter lebten die Grundherren (die Besitzer des Landes) und die **Ritter** in **Burgen**, während die abhängigen Bauern kleine Häuser bewohnten und das Land bearbeiteten. Die Ritter waren Berufskrieger. Ihre Burgen dienten zur Verteidigung und zum Schutz der Bewohner, denn im Krieg suchten auch die abhängigen Bauern dort Zuflucht. Oft wurden die Burgen von Feinden lange belagert.

Bildlegende

① Eingang der Burg mit Zugbrücke, Fallgitter und Wassergraben
② Die Torwächter halten Wache.
③ Pferdeställe
④ Der Brunnen ist sehr wichtig für die Wasserversorgung der Burgbewohner.
⑤ Burgschmiede. Hier werden Waffen geschmiedet.
⑥ Vorratskeller. Vorräte sind bei einer Belagerung lebenswichtig.
⑦ Burgküche
⑧ Die Burgbrauerei liefert täglich frisches Bier.
⑨ Toiletten
⑩ Senkgrube
⑪ Zisterne. Hier wird Regenwasser aufgefangen.
⑫ Der Wehrgang verläuft oben über die gesamte Burgmauer. Hier wird gekämpft.
⑬ Der **Bergfried** ist der mächtigste Turm der Burg. Er bietet den meisten Schutz.
⑭ Raum des Burgverwalters
⑮ Wohnzimmer des Burgherrn
⑯ Burgkapelle
⑰ Der Rittersaal dient als Versammlungsraum der Ritter.
⑱ Wendeltreppe als Aufstieg zum Wehrgang
⑲ Burgverlies mit den Gefangenen

***Starthilfe zu* 1**
Stell dir vor, du bist ein Spion und sollst das Innere der Burg ausspionieren.

1 ↗ Schreibe einen ausführlichen Bericht über die verschiedenen Einrichtungen in der Burg.

2 Erkläre die Textüberschrift: „Die Burg – Verteidigungsanlage und Zeichen von Macht und Herrschaft“.

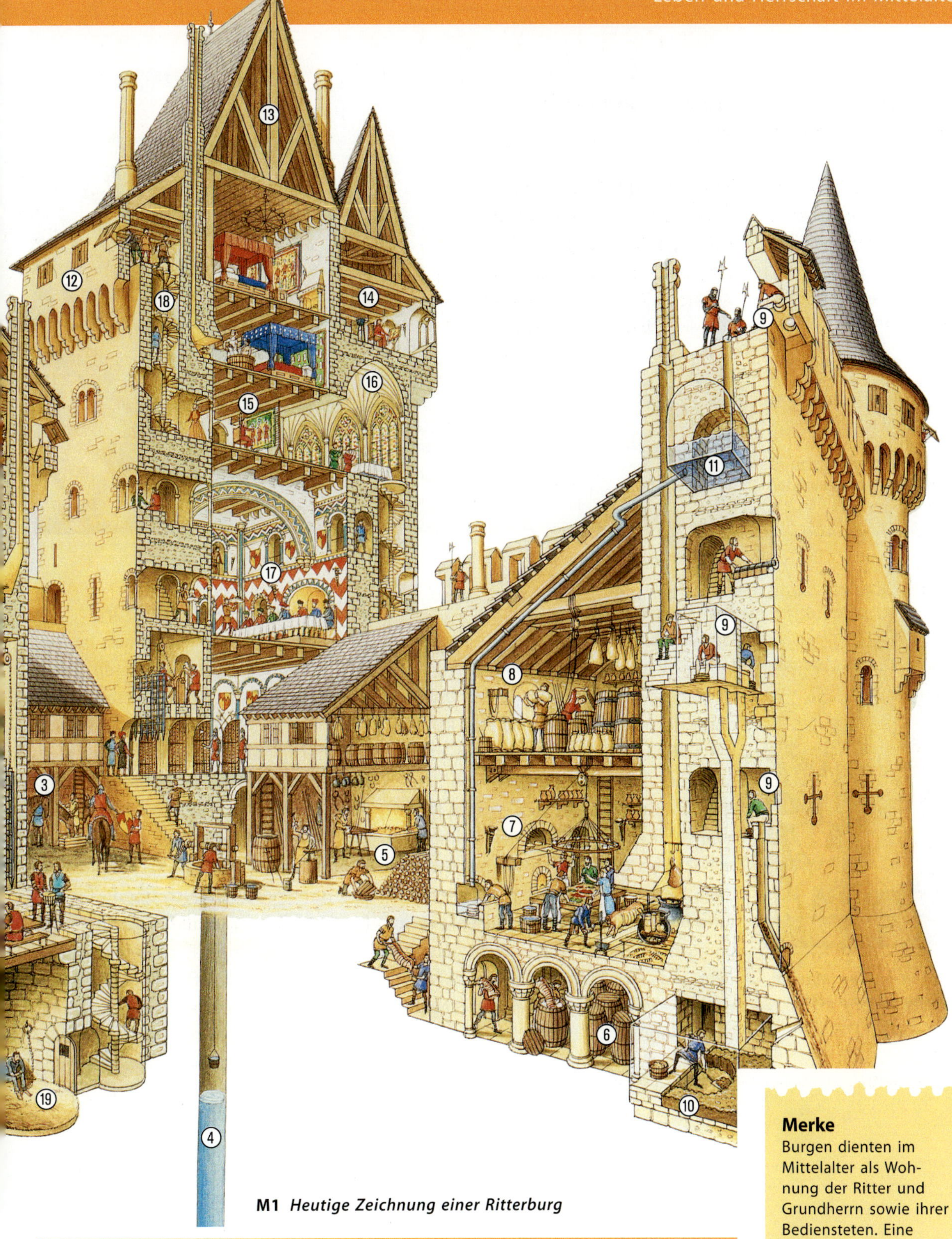

M1 *Heutige Zeichnung einer Ritterburg*

3 Stell dir vor, du lebst im Mittelalter. Suche in der Umgebung deines Wohnortes ein geeignetes Gelände für den Bau einer Burg. Begründe deine Wahl.

4 Erstelle eine Präsentation zu einer noch erhaltenen Burganlage in Deutschland (Internet).

Merke
Burgen dienten im Mittelalter als Wohnung der Ritter und Grundherrn sowie ihrer Bediensteten. Eine Burg bot Schutz vor Feinden.

Grundbegriffe
- der Ritter
- die Burg
- der Bergfried

M2 *Ritterturnier*

Das Rittertum
Ritter waren Berufskrieger. Zur Zeit Karls des Großen waren nur reiche Adelige Ritter, denn Ausrüstung, Pferd und Waffen waren teuer. Später machten die Herrscher auch nichtadelige Dienstleute und Hofbeamte zu Rittern, um ein großes Ritterheer aufzustellen. Auch diese Ritter erhielten Lehen. So entwickelte sich neben dem alten Geburtsadel eine neue Gruppe von Adeligen, der Dienstadel.

M1 *Ritterweihe (Mittelalterliche Buchmalerei)*

Der junge Ritter

Der 21-jährige Kuno soll heute zum Ritter geschlagen werden. Seine Ritterweihe steht bevor. Auf die Burg seines Onkels, des Ritters Arno von Drachenfels, kam er mit sieben Jahren. Hier lernte er zuerst als Page und später – mit vierzehn Jahren – als **Knappe** – all das, was ein Ritter können muss: reiten, jagen, den Umgang mit Schwert und Lanze, höfliches Benehmen, bei Tisch bedienen, eine Unterhaltung führen sowie Schach spielen. Lesen und Schreiben hat er aber nicht gelernt, denn „das ist nichts für Krieger, eher etwas für Pfaffen (Geistliche) und Frauen", wie er sagt.

Jedem Herrscher seine Burg

Die Ritter trafen sich mehrmals im Jahr zu Ritterspielen, den Turnieren. Diese **Turniere** waren oft mehrtägige Feste, auf die sich Edelfrauen und Ritter gleichermaßen freuten. Die Edelfrauen nutzten die Gelegenheit, ihre prachtvollen Gewänder vorzuführen. Die Männer erprobten im Wettkampf ihre Reitkünste und den Umgang mit den Waffen. Die Turniere waren auch Übung für den Ernstfall. Aber nicht nur im Kampf erwartete man von einem Ritter faires, anständiges und vorbildhaftes Benehmen. Mit diesem Amt waren auch die Treue gegenüber seinem Herrn, der Schutz aller Schwachen und die respektvolle Haltung gegenüber jeder Frau verbunden.

---

1 Ritter waren in voller Rüstung kaum auseinanderzuhalten. Belege dies mithilfe von M2.

2 ↗ Berichte als Reporter von einem Ritterturnier (M2).

3 Zeichne nach deinen Vorstellungen einen Schild für einen Ritter (M5).

4 Versetze dich in die Rolle eines Ritters und erkläre deinem Knappen, was er lernen muss und warum.

5 Begründe, warum die Burgherrin viel gebildeter war als ihr Mann.

***Starthilfe zu* 2**
Beginne so: Heute ist ein besonderer Tag. Hier auf der Burg Drachenfels beginnt in wenigen Minuten …

M3 *Kopfschmuck adeliger Damen*

M4 *Burgherrin mit ihrer Zofe (Manesse-Handschrift um 1300)*

M5 *Schild eines Ritters*

Hildegardis, die edle „frouwe"

Hildegardis wurde für ihre Rolle als zukünftige Burgherrin gut vorbereitet. Neben Kochen, Spinnen und Weben hat sie gelernt, einen großen Haushalt und ihr Personal zu führen. Sie versteht etwas von Kräuterkunde und Krankenpflege, denn Krankheiten und Verletzungen gehören zum Alltag. In schweren Fällen sind die Menschen des Mittelalters allerdings hilflos, die Burgherren ebenso wie ihre Bauern. Schon ein eitriger Zahn kann tödliche Folgen haben. Hildegardis kann lesen und schreiben, sie spielt Harfe und Schach. Sie kann die in Lateinisch geschriebenen religiösen Texte lesen und auch die modernen französischen Heldensagen. Selbstverständlich liest sie auch die Lieder der deutschen fahrenden Sänger, der „Spielmänner". Bei der Ritterweihe ihres Bruders tragen diese ihre Lieder im prächtigen Festsaal der Burg vor. Auch bei Hildegardis' Hochzeit werden sie dabei sein. Sie hofft, dass ihre Eltern ihr einen liebenswerten Ehemann aussuchen. Denn viele Eltern planen die Ehe ihrer Tochter, um ein politisches Bündnis zu festigen oder ihr Herrschaftsgebiet zu vergrößern.
Wenn der Burgherr auf Kriegszug ist, übernimmt seine Frau die Verwaltung der Burg. Sie muss dann auch die Verteidigung der Burg organisieren und für den Schutz der Bauern sorgen. Denn von deren Arbeit, ihren Abgaben und Steuern sowie dem Ertrag ihrer Felder leben die Burgbesitzer.

Der Minnedienst

Die adeligen Damen wurden von den Rittern verehrt. Ihnen widmeten die Ritter oft Gedichte und Lieder. Durch diesen **Minnedienst** drückten sie ihre Bewunderung aus. Wenn die Ritter tugendhaft waren, mussten sie auf die Damen verzichten. Auch den Frauen war es nicht erlaubt, die Gefühle zu erwidern.

6 „Höflich" und „ritterlich" sein – das sind heute bekannte Redewendungen. Erkläre sie.

7 Suche Material von modernen Ritterspielen. Gestalte dazu ein Informationsplakat.

8 Schreibe einen Text zu folgenden Themen:
a) Eigenschaften, die adelige Frauen im Mittelalter haben sollten.
b) Eigenschaften, die Ritter haben sollten.
c) Vergleiche mit heutigen Erwartungen an Frauen und Männer.

Merke

Ritter waren Berufskrieger. Auf Turnieren erprobten sie den Umgang mit Waffen. Ihre Ehefrauen und Töchter lernten Lesen und Schreiben, widmeten sich Armen und Kranken und verwalteten die Burg in Abwesenheit des Ritters.

Grundbegriffe
- der Knappe
- das Turnier
- der Minnedienst

1. Arbeit auf den Feldern des Grundherrn
2. Wachdienste
3. Magddienste der Bäuerin
4. Kornzehnt am 13. Juli
5. Fleischzehnt von Rind, Kalb, Ziege und Geflügel am 24. Juni
6. Lämmerzehnt am 1. Mai
7. Obst- und Weinzehnt am 25. Mai
8. Gänsezehnt am 15. August
9. Das beste Stück Vieh, wenn der Bauer stirbt
10. Heirat nur mit Erlaubnis des Grundherrn
11. Bauer darf nicht im Wald jagen

15470E_1

M1 ***Frondienste und Abgaben der hörigen Bauern***

M2 ***So könnte ein Bauernhaus im Mittelalter ausgesehen haben. (Heutige Zeichnung)***

Bauern im Mittelalter

Im Mittelalter waren die meisten Menschen Bauern. Sie lebten auf dem Land der Grundherren in Dörfern oder auf Einzelhöfen.

Ihre Wohnhäuser waren einfach gebaut. Zuerst wurde ein Gerüst aus Holzbalken erstellt. Danach wurden die Zwischenräume mit einem Geflecht aus Weidenruten und Stroh gefüllt und mit Lehm verschmiert. Die Dächer waren mit Stroh gedeckt. Der Rauch der Feuerstelle zog durch eine Öffnung im Dach ab. Der Boden bestand aus festgestampftem Lehm. Ein solches **Fachwerkhaus** hatte meist nur einen Raum oder zwei Räume. Die wenigen Fensteröffnungen waren mit Tierhäuten bespannt. Es gab kein fließendes Wasser, keine Toilette und keine Heizung. Die Menschen lebten mit ihren Tieren unter einem Dach.

Starthilfe zu 2
Beginne so: Der Grundherr besitzt …

1 Beschreibe das Haus eines Bauern im Mittelalter (M2).

2 ↗ Erkläre M6.

3 a) Beschreibe das Leben der Bauern im Mittelalter (M1 – M5).
b) Viele Bauern waren unfrei. Nimm Stellung dazu.

M3 *Im Herbst, nach der Ernte, bringen Bauern dem Grundherrn ihre Abgaben: Geld und Nutztiere. (Holzschnitt aus Augsburg von 1479)*

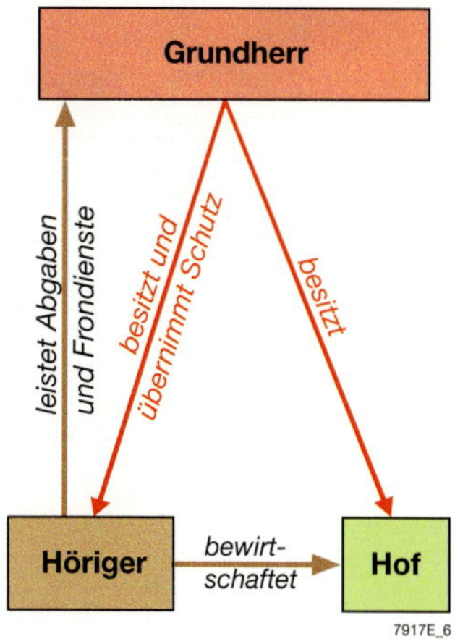

M6 *Die Grundherrschaft*

Zu Beginn des Mittelalters waren Bauern in der Regel frei. Ihnen gehörten das Land und der Hof, von dem sie lebten. Allerdings mussten die Männer Kriegsdienst leisten.
Ein Bauer konnte jedoch unmöglich seinen Hof verlassen, besonders in der Erntezeit. Ansonsten würde seine Familie verhungern. Deshalb machten sich Bauern freiwillig abhängig von einem Grundherrn: Sie überließen ihm ihr Land und traten in die Grundherrschaft ein.
Auch bot die Grundherrschaft Sicherheit, etwa bei Missernten und Hungersnöten. Auch deshalb gab es gegen Ende des Mittelalters kaum noch freie Bauern.

M4 *Warum Bauern unfrei wurden*

Hörige

Als Hörige werden Bauern im Mittelalter bezeichnet. Sie waren abhängig von einem Grundherrn. Sie bearbeiteten sein Land und mussten Abgaben (auch Zehnt genannt) zahlen. Zusätzlich mussten sie Frondienste leisten. Die Hörigkeit wurde erst im 19. Jahrhundert aufgehoben.

Es war nicht leicht, Bauer zu sein

Im Mittelalter gehörte das Land wenigen Grundherren. In dieser **Grundherrschaft** waren die Bauern **Hörige** ihrer Grundherren. Das Leben der Bauern war hart und eintönig. Sie arbeiteten von Sonnenaufgang bis Sonnenuntergang. Sie versorgten das Vieh, bewirtschafteten die Felder, mähten die Wiesen und leisteten ohne Bezahlung zusätzliche Dienste. Sie mussten Besorgungen erledigen und bei der Renovierung oder dem Umbau des Herrenhofes oder der Burg helfen.

Ein hartes Leben!

Der Bauer wird wie das dumme Vieh in aller Unwissenheit erzogen. Er muss von morgens bis abends auf dem Acker arbeiten. Nachts muss er auf dem Feld wachen, damit das Wild nicht die Saat frisst. Zusätzlich wird er unaufhörlich mit Diensten, Botengängen, als Treiber auf der Jagd und Arbeiten auf der Burg geängstigt.

(Nach: Günther Franz: Quellen zur Geschichte des deutschen Bauernstandes im Mittelalter. Darmstadt 1963, S. 26)

M5 *Quellentext*

Merke

Das Leben der Bauern war hart und entbehrungsreich. Die Bauern waren unfrei und mussten für die Grundherren arbeiten.

Grundbegriffe

- das Fachwerkhaus
- die Grundherrschaft
- der Hörige

4 Beschreibe M3. Beachte, was die Körperhaltung der Personen über das Verhältnis vom Grundherren zum Bauern aussagt.

5 Die Grundherrschaft hatte Vorteile und Nachteile für die Hörigen. Erkläre diese Aussage.

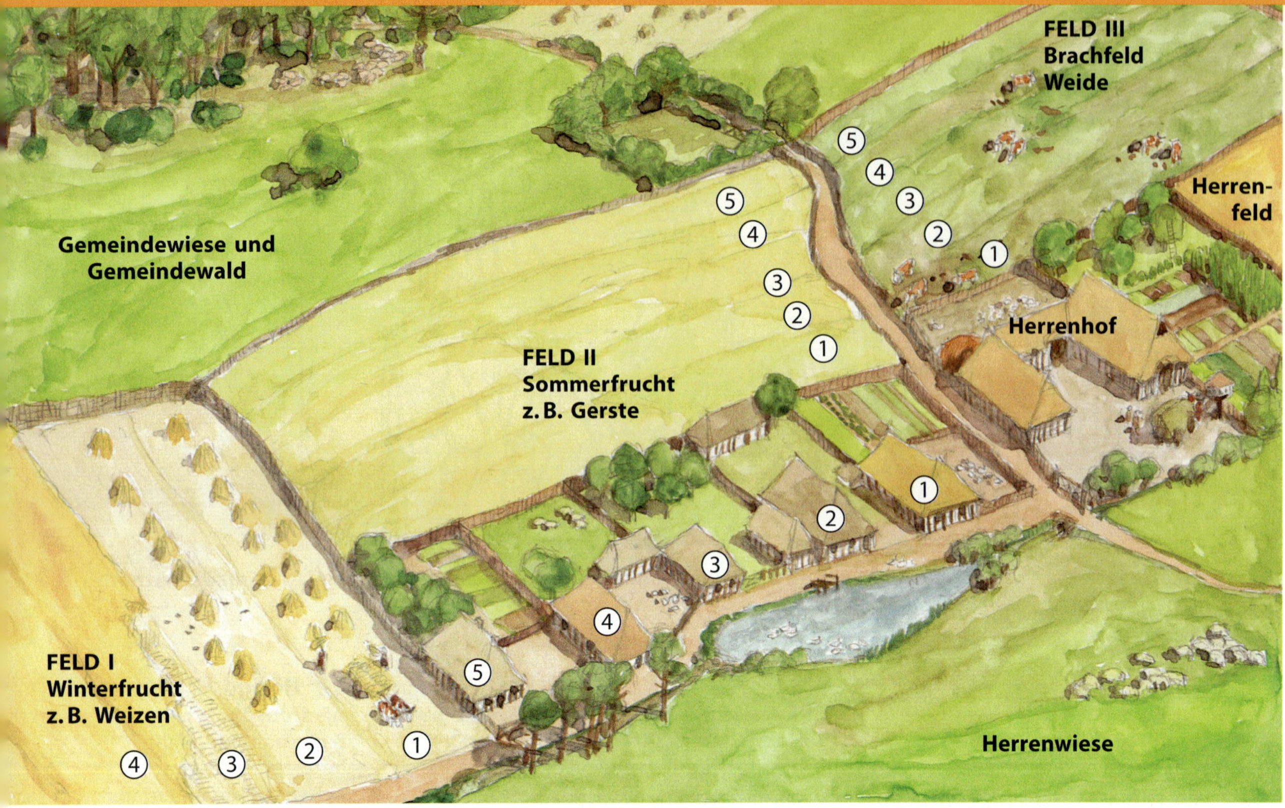

M1 *Die Dreifelderwirtschaft: Bauernhof 1 bewirtschaftet alle Felder 1, Bauernhof 2 alle Felder 2 usw. Die Allmende ist der gemeinsam genutzte Besitz eines Dorfes. Sie besteht aus Wiesen und Wäldern; manchmal gehören auch Felder dazu.*

Die Dreifelderwirtschaft

Eine Ernte erbrachte damals nur das Dreifache der Aussaat. Davon musste der Bauer ein Drittel als Saatgut für das nächste Jahr zurücklegen und die hohen Abgaben an den Grundherren bezahlen. Lediglich vom Rest konnte die Familie leben.

Oft führten Unwetter, Kälte, Hitze, Ungeziefer-Plagen oder Kriege zu Missernten und damit zum Hungertod ganzer Familien.

Zwischen dem 7. und 13. Jahrhundert gab es wenige Seuchen in Europa. Dadurch wuchs die Bevölkerung um das Jahr 1300 in Europa von zwölf auf 54 Mio. Menschen. Sie alle mussten ernährt werden. Dies war nur möglich mit höheren Ernteerträgen und mehr Ackerland.

Die Einführung der **Dreifelderwirtschaft** mit Fruchtwechsel steigerte die Ernte. Früher ließ man die Hälfte des Bodens brach liegen, damit er sich erholen konnte. Nun teilte man das Ackerland in drei Teile und bepflanzte zwei davon; nur noch ein Drittel blieb ohne Anbau. Im Herbst säten die Bauern die Winterfrucht (Weizen, Dinkel, Roggen) und im Frühjahr die Sommerfrucht (Hafer, Gerste und Anpflanzen von Gemüse).

***Starthilfe zu** 1*
Denke an Pflugmesser, Zugtier, Rad und Kummet.

1 ↗ Erkläre die Vorteile des Räderpfluges gegenüber dem Hakenpflug (M2, M4).

2 a) Erkläre anhand von M1 und M3 die Dreifelderwirtschaft.
b) Nenne Vorteile gegenüber der Zweifelderwirtschaft (M3).

M2 *Fortschritte in der Landwirtschaft*

Die alte Zweifelderwirtschaft

1. Jahr	Getreide	kein Anbau
2. Jahr	kein Anbau	Getreide
3. Jahr	Getreide	kein Anbau

Die neue Dreifelderwirtschaft

1. Jahr	Sommergetreide	Wintergetreide	kein Anbau
2. Jahr	kein Anbau	Sommergetreide	Wintergetreide
3. Jahr	Wintergetreide	kein Anbau	Sommergetreide

M3 *Ertragssteigerung durch die Dreifelderwirtschaft*

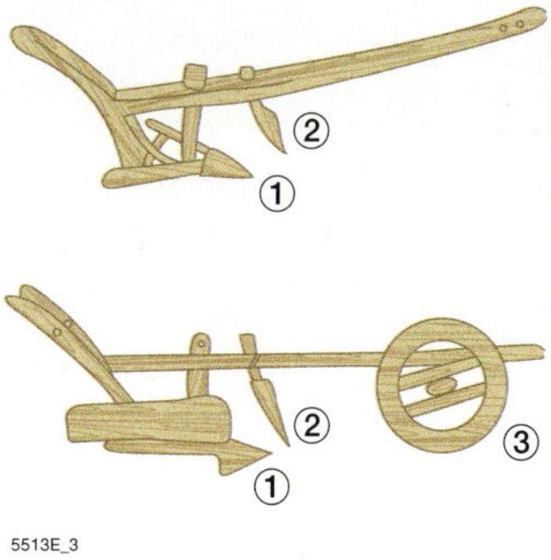

M4 ***Erfindungen erleichtern die Arbeit: vom Hakenpflug zum Räderpflug***
① ***Pflugschar***
② ***Messer***
③ ***Rad***

Technischer Fortschritt

Um neues Ackerland zu gewinnen, rodeten die Menschen Waldgebiete und legten Sümpfe und Moore trocken.
Eine große Hilfe im Ackerbau war die Erfindung des sogenannten Räderpfluges. Dieser **Pflug** hatte ein eisernes Pflugmesser, mit dem der Bauer die Erde wenden, lockern und gleichzeitig das Unkraut untergraben konnte. Der Pflug hatte vorn Räder, ließ sich lenken und konnte auch schwere Böden bearbeiten. Das Pflugmesser drang tief in den Boden ein, sodass Ackerfurchen von 15 cm und mehr entstanden.

Der neue Pflug war sehr schwer. Bisher hatte man Ochsen vor den Pflug gespannt. Sie hatten jedoch weniger Kraft als Pferde. Durch die Erfindung des **Kummets** konnten jetzt auch Pferde als Zugtiere eingesetzt werden. Ein Kummet ist ein gepolsterter Kragen, der die Last gleichmäßig auf Schultern und Brust des Tieres verteilt. Ein Pferd erbrachte viermal mehr Arbeitskraft als ein Ochse.
Neuartige Sensen aus Eisen zum Mähen von Getreide und Gras sowie hölzerne **Dreschflegel** erleichterten zusätzlich die Arbeit der Bauern.

Merke
Technischer Fortschritt sowie die Einführung der Dreifelderwirtschaft in der Landwirtschaft vergrößerten die Ernteerträge. Es konnten mehr Menschen ernährt werden als zuvor.

Grundbegriffe
- die Dreifelderwirtschaft
- der Pflug
- das Kummet
- der Dreschflegel

3 Erkläre die Bedeutung des technischen Fortschrittes anhand eines Beispiels.

4 Vergleiche die Arbeit von Bauern im Mittelalter mit der Arbeit der Landwirte heute. Beziehe dich dabei auf die Seiten 92 / 93.

M1 *Übergabe eines Kindes an das Kloster (Buchmalerei um 1300). Viele zukünftige Mönche und Nonnen kamen schon als Kinder ins Kloster. Hier wurden sie streng auf ihr zukünftiges Leben vorbereitet.*

M2 *Nonnen im Gebet (mittelalterliche Buchmalerei)*

„Bete und arbeite!"

Der Glaube an Gott und die Vorstellung, dass es Himmel und Hölle gibt, spielten im Mittelalter eine wichtige Rolle. Für das Seelenheil nach ihrem Tod schenkten deshalb viele Menschen ihren Besitz der Kirche. Manche Eltern schickten ihre Söhne und Töchter in ein Kloster, damit diese für sie beten sollten oder traten selbst einem geistlichen **Orden** bei.

529 n. Chr. gründete Benedikt von Nursia südlich von Rom das erste abendländische **Kloster**. Er gab der Mönchsgemeinschaft die „Regel" des heiligen Benedikt, d. h. Vorschriften, wie Mönche leben und arbeiten sollten. Diese Regel wurde Grundlage des ersten Mönchsordens, der Benediktiner, und auch vieler später gegründeter Orden.

Das Leben in einem Kloster war hart. Der Grundsatz lautete: Ora et labora. Das ist Latein und bedeutete: Bete und arbeite. Die Menschen der Umgebung wurden im Kloster medizinisch behandelt. Die Nonnen und Mönche pflegten alte Menschen und versorgten Arme mit Essen, Trinken und Unterkunft. Im Mittelalter waren die Mönche lange Zeit die einzigen Menschen, die lesen und schreiben konnten. In den Bibliotheken der großen Klöster standen neben der Bibel auch naturkundliche Werke. Die Mönche gaben ihr Wissen an die Bevölkerung weiter.

1 ↗ Die Klöster im Mittelalter konnten viele unterschiedliche Aufgaben für die Menschen haben (M4). Liste auf, welche Einrichtungen diese Aufgaben heute übernehmen.

2 Der Grundsatz der Benediktiner „Bete und arbeite" galt damals in allen Klöstern. Erläutere dies anhand von M2 – M4.

Starthilfe zu 1
Eine Herberge im Mittelalter kann heute ein Hotel oder auch eine Jugendherberge sein…

M3 *Krankenzimmer im Mittelalter*

Aus der Regel des Benedikt von Nursia

Der Abt, der würdig ist, ein Kloster zu leiten, soll stets daran denken, wie er genannt wird (abbas = Vater). Er soll den Namen eines Oberen durch seine Taten rechtfertigen, denn er gilt als Stellvertreter Christi im Kloster. Niemand darf ohne Erlaubnis des Abtes etwas verschenken oder annehmen. Man darf nichts Eigenes besitzen, überhaupt keine Sache: weder ein Buch noch eine Schreibtafel noch einen Griffel; sondern überhaupt gar nichts. Es ist nicht erlaubt, über seinen Leib und seinen Willen frei zu verfügen. Alles Nötige soll man vom Abt des Klosters erhoffen. Und alles sei allen gemeinsam. Müßiggang ist der Feind der Seele. Daher müssen sich die Brüder mit ihrer Hände Arbeit und mit heiliger Lesung beschäftigen.

(Auszüge aus der Benediktusregel. Hrsg. im Auftrag der Salzburger Äbtekonferenz. Beuron 1996)

M5 *Quellentext*

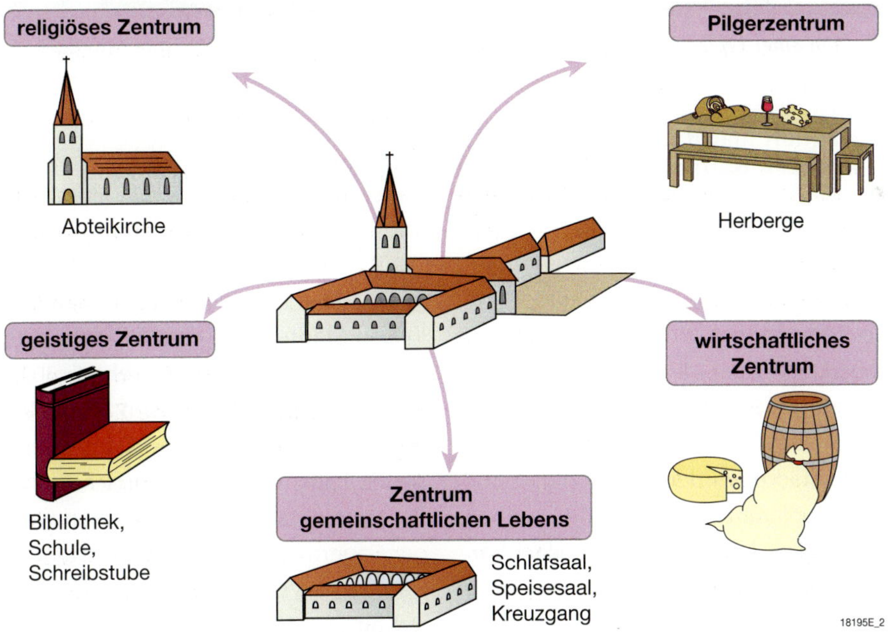

M4 *Verschiedene Aufgaben der Klöster*

3 Du bist Novize (Neuankömmling) in einem Kloster und beschreibst in einem Brief an deine Familie das Leben im Kloster.

4 a) Lies M5. Fasse den Inhalt mit eigenen Worten zusammen.
b) Nimm Stellung zu den einzelnen Regeln.

Merke

Im Mittelalter erfüllten die Klöster wichtige Aufgaben. Die Menschen wurden medizinisch behandelt. Die Mönche konnten lesen und schreiben. In den Bibliotheken standen neben der Bibel naturkundliche Werke.

Grundbegriffe

- der Orden
- das Kloster

Die Bürger einer Stadt sind nicht alle gleich. Sie genießen aber das gleiche Recht, Eigentum zu erwerben und zu vererben; sie genießen Freiheit von grundherrlichen Beschränkungen und den Schutz und Frieden der Stadtgemeinde. Wem es gelang, sich aus grundherrschaftlicher Bindung zu befreien und unbehelligt durch den Grundherrn in der Stadt zu leben, der konnte „nach Jahr und Tag“ als Bürger der Stadt aufgenommen werden. Die Stadt wirkte wie ein Sog. Mehr als irgendwo sonst gab es hier die Möglichkeit, in besseren Verhältnissen zu leben.

(Nach: Arnold Bühler u. a.: Das Mittelalter. Darmstadt 2004, S. 38)

M1 *Quellentext*

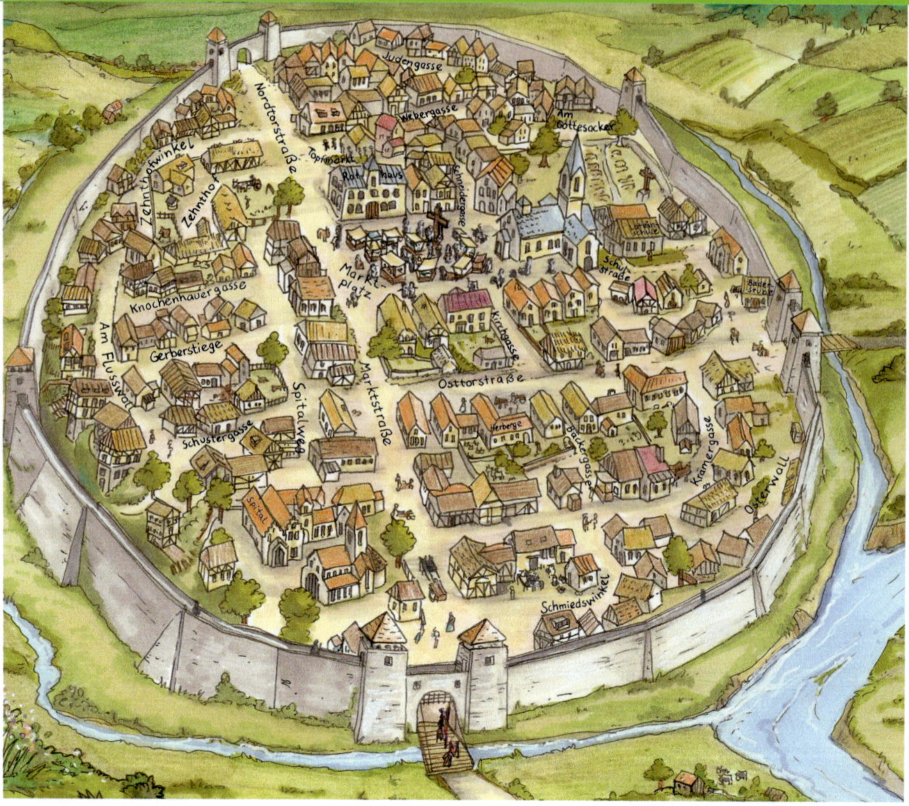

M2 *Plan einer typischen mittelalterlichen Stadt*

„Stadtluft macht frei.“
Entwickelt dazu eine Präsentation und stellt diese in der Klasse vor.

Städte entstehen

Die ältesten Städte in Deutschland sind die Römerstädte an Rhein, Mosel und Donau. Seit dem 11. Jahrhundert nahm die Zahl der **Stadtgründungen** rasch zu, weil die Bevölkerung wuchs.

Einige Städte wurden von Königen und Fürsten planmäßig gegründet, andere entstanden langsam in der Nachbarschaft von Burgen und Klöstern. Auch an Kreuzungen alter Handelswege sowie an Meeresbuchten oder seichten Flussübergängen (den Furten) entwickelten sie sich. In den Städten war der Marktplatz der Mittelpunkt des Handels (siehe S. 305). Manche Städte verwalteten sich selbst und waren **Freie Städte**. Dann hatten sie ein Rathaus. Mit den Fortschritten in der Landwirtschaft brauchte man weniger Bauern. Andere Berufe entstanden. Handwerker siedelten sich in den Städten an und trugen zum Aufblühen der Städte bei.

Tipps für die Erarbeitung

1. Erklärt, warum die Menschen sich in der Stadt sicherer fühlten als auf dem Land.
2. Erklärt den damals entstandenen Satz: „Stadtluft macht frei.“ (M1)
3. Ihr seid ein Grundherr, dem ein Leibeigener in die Stadt entflohen ist. Beurteilt die Möglichkeiten, ihn wiederzubekommen.
4. Erkläre die verschiedenen Arten von Städtegründungen (M4).

M3 *Ratsversammlung einer mittelalterlichen Stadt*

M4 *Modell: Vier Voraussetzungen, die zu Stadtgründungen führten*

Freie Stadt
Freie Städte waren Städte, die von den Bürgern selbst verwaltet wurden. Sie waren von keinem Herrn abhängig. Rathaus und Stadtsiegel waren Kennzeichen einer Freien Stadt. Die Bürger wählten einen Stadtrat und einen Bürgermeister. Der Bürgermeister besaß die Schlüssel zu den Stadttoren. Er leitete die Gerichtsverhandlungen und die Ratsversammlungen.

Das Leben in der Stadt

In der Stadt fühlten sich die Menschen sicher. Eine Stadtmauer mit Türmen und Toren schützte die Bewohner und die Waren der Kaufleute. Nachts wurden die Stadttore geschlossen. Nachtwächter gingen mit Laternen durch die Gassen, um Diebe abzuschrecken. In der Stadt herrschte Friedenspflicht. Keiner durfte Waffen tragen.

Viele Bewohner der Städte waren **Bürger**. Diese hatten bestimmte **Bürgerrechte**. Sie konnten den Stadtrat wählen und über ihr Eigentum selbst verfügen. Allerdings musste jeder, der etwas besaß, an die Stadtverwaltung Steuern bezahlen.

Das Aussehen der Stadt

In einer mittelalterlichen Stadt war wenig Platz. Wegen der Stadtmauer konnte sie nicht ins Umland wachsen. Die Häuser wurden eng aneinander gebaut. In den Gassen war es dunkel und stickig.

Das eindrucksvollste Gebäude war neben den Kirchen das Rathaus. Hier tagte der Stadtrat und beschloss wichtige Angelegenheiten. Oberster Vertreter der Stadt war der Bürgermeister. Die gleichen Handwerker wohnten oft in derselben Straße. Für kranke und alte Bewohner der Stadt gab es meist ein Spital, eine Art Krankenhaus, das durch Geldspenden von reichen Bürgern unterhalten wurde.

---

5 a) Beschreibe den Aufbau einer mittelalterlichen Stadt (M2).
b) Nennt wichtige Gebäude und gebt an, wofür die dienten.

6 Menschen mit gleichen Berufen wohnten oft in der gleichen Straße. Nennt Beispiele aus M2

7 Erstellt für die Klasse einen Merktext über euer Thema. Erklärt darin auch die Grundbegriffe.

Grundbegriffe
- die Stadtgründung
- die Freie Stadt
- der Bürger
- das Bürgerrecht

„Die Menschen in der Stadt hatten unterschiedliche Rechte.“ Entwickelt dazu eine Präsentation und stellt diese in der Klasse vor.

Von 100 Menschen in der Stadt gehörten:

9 zur Oberschicht: Patrizier und Großkaufleute

60 zur Mittelschicht: Handwerker und Kleinkaufleute

20 zur Unterschicht: Dienstboten, Tagelöhner, Kaufmannsgehilfen, Lehrlinge

11 zu den Randgruppen: Bettler, Arbeitslose, Henker, Gaukler, Juden, Zigeuner, Aussätzige

M1 ***Bevölkerungsschichten in der mittelalterlichen Stadt (Bürgerrechte hatten nur die Ober- und die Mittelschicht.)***

Tipps für die Erarbeitung

1. Ordnet die Aussagen 1.–6. den Personen auf den Bildern (a)–(f) in M2 zu.
2. Erstellt ein Schaubild zu den Bevölkerungsschichten.

Menschen in der Stadt

1. „Ich wohne mit meiner Frau und den Kindern in einem kleinen Fachwerkhaus in der Töpfergasse. Als Handwerker gehöre ich zur ***...schicht***. Meine Werkstatt habe ich im Erdgeschoss. Oben essen und schlafen wir. Ich habe einen Gesellen und einen Lehrling. Sie haben es gut bei mir, geschlagen habe ich noch keinen. Nächsten Monat wird der Geselle auf Wanderschaft gehen. Er will auch bei anderen Meistern noch etwas lernen."

2. „Ich bin Kaufmann und handle mit Gewürzen und Pelzen. In der Schule lernte ich, wie man Briefe schreibt und wie man als Kaufmann rechnet. Früher kaufte ich selbst in ganz Europa Waren ein. Inzwischen erledige ich alle Geschäfte von meinem Kontor (Büro) aus. Ich habe mich mit anderen Kaufleuten zusammengeschlossen. Gemeinsam sorgen wir dafür, dass unsere Waren sicher befördert werden. Ich bin Angehöriger der ***...schicht***."

3. „Ich gehöre zum fahrenden Volk und damit zu einer ***...gruppe***. Als Musikant unterhalte ich an Markttagen die Leute. Oft sind noch Jongleure, Akrobaten und eine Handleserin da. Die Menschen freuen sich über unsere Unterhaltung, halten uns aber für unehrlich. Jeden Abend müssen wir deshalb die Stadt verlassen. Unser Lager ist außerhalb der Stadtmauer. Bald ziehen wir weiter. Hoffentlich habe ich bis zum Winter so viel Geld verdient, dass ich mir wärmere Kleidung kaufen kann.

4. „Meine Frau und ich zählen zu den reichsten Familien der Stadt. Wir sind adlige Patrizier und bilden die oberste Gruppe: die ***...schicht***. Unser Haus ist mit prächtigen Giebeln und Glasfernstern ausgestattet."

5. „Als Angehöriger einer nichtchristlichen Religion gehöre ich zu den ***...gruppen***. Wir müssen in einem eigenen Teil der Stadt leben und sind häufig vom städtischen Leben ausgeschlossen."

6. „Ich habe Glück, dass mich der Bäcker als Magd aufgenommen hat. So habe ich genug zu essen und der Meister erlaubt, dass ich meiner Familie ab und zu ein altes Brot bringe. Mein Vater findet nur selten Arbeit als Knecht, weil er alt ist. Meine Mutter ist krank und schwach. Ich habe noch acht jüngere Geschwister, die bei meinen Eltern in einer kleinen Hütte an der Stadtmauer wohnen. Alle Leute, die so arm sind wie wir, haben kein Bürgerrecht. Wir dürfen nicht ohne Erlaubnis heiraten und sind immer von den Reichen abhängig. Ich gehöre zur ***...schicht***."

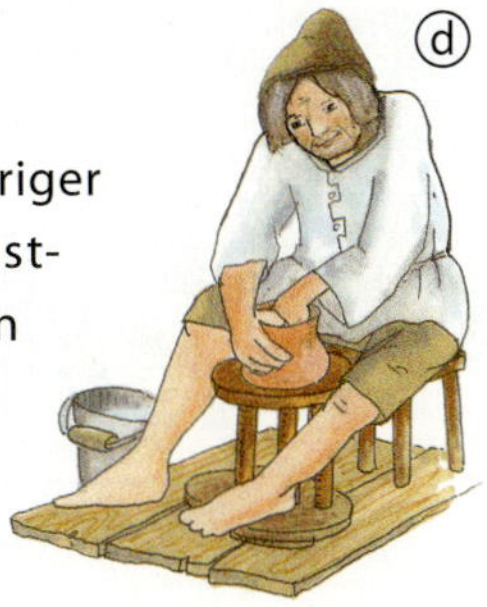

M2 *Einwohner in der Stadt*

Schicht
In der Stadt im Mittelalter gab es drei **Schichten**: die Ober-, Mittel- und Unterschicht. Daneben gab es Randgruppen, zu denen die Menschen zählten, die in der Stadt nur geduldet wurden. Diese hatten keinen festen Wohnsitz oder wurden wegen ihres Berufes verachtet.

Patrizier
Den größten Einfluss in der Stadt übten die **Patrizier** aus. Das waren die reichen Fernhandelskaufleute. Sie bildeten den Rat der Stadt und trafen dort alle Entscheidungen.

3 Beschreibt die Szene in M1. Benennt die verschiedenen Personengruppen und erklärt, woran ihr sie erkennt.

4 Erstellt für die Klasse einen Merktext über euer Thema. Erklärt darin auch die Grundbegriffe.

Grundbegriffe
- die Schicht
- der Patrizier

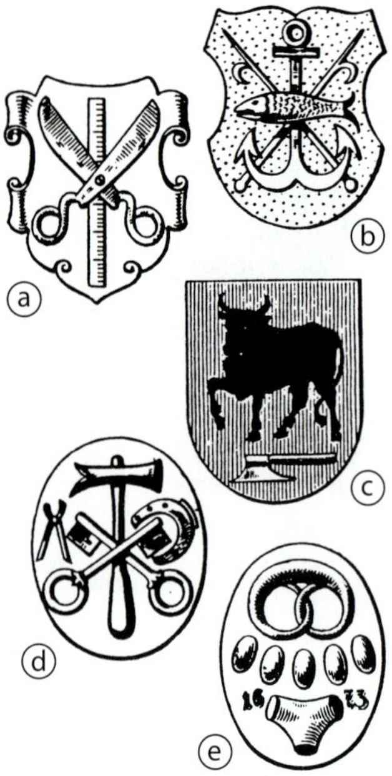

M1 *Zunftwappen*

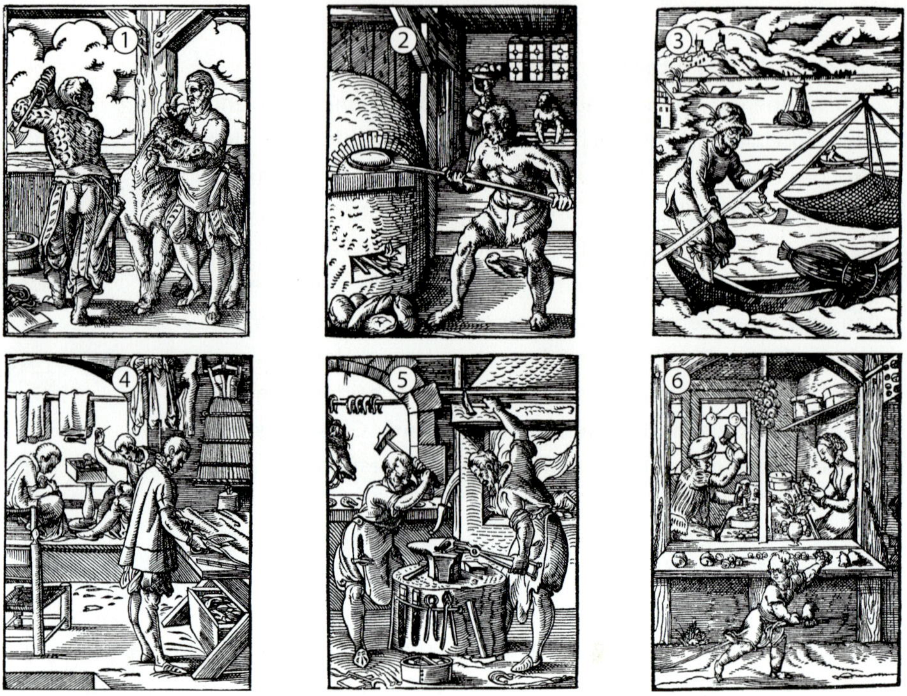

M2 *Handwerk und Handel (Holzschnitt von 1568)*

ⓘ Die Fugger

Die Fugger waren eine reiche Kaufmannsfamilie in Augsburg. Sie entwickelten im 15. Jahrhundert ein sogenanntes **Verlagssystem**: Sie kauften große Mengen Flachs und Baumwolle auf den großen Märkten und **Messen** der Umgebung. Diese gaben sie an arme Bauern und Weber zur Weiterverarbeitung. Die benötigten Geräte stellten sie zur Verfügung. Für die fertigen Textilwaren bekamen die Heimhandwerker einen niedrigen Festpreis. Die Fugger verkauften die Waren dann mit Gewinn weiter. Dazu gründeten sie Handelsniederlassungen in ganz Europa.

„Der Markt war der Mittelpunkt der Stadt."
Entwickelt dazu eine Präsentation und stellt diese in der Klasse vor.

Die Zünfte – harte Arbeit, strenge Regeln

In der mittelalterlichen Stadt bildeten die Handwerksmeister mit ihren Familien einen großen Teil der Stadtbevölkerung. Die Meister eines Berufes schlossen sich in einer **Zunft** zusammen. Häufig wohnten sie in der gleichen Straße: zum Beispiel in der Knochenhauergasse oder Webergasse. Werkstatt und Wohnung lagen unter einem Dach. Nur wer Mitglied einer Zunft war, durfte seinen Beruf ausüben. Die Zünfte legten großen Wert auf die Qualität ihrer Waren. Daher führten sie scharfe Qualitäts- und Gewichtskontrollen durch. Sie legten die Löhne und die Preise der Waren fest. So hatte jede Handwerkerfamilie ein gesichertes Auskommen.

Die Zünfte empfanden sich als große Familie. Für Versammlungen, für die Verwaltung, aber auch für Feste hatte jede Zunft ein eigenes Gebäude: das Zunfthaus. Auch Hochzeiten wurden hier gefeiert. Nach dem Tod eines Handwerkers kümmerte sich die Zunft um Frau und Kinder. Die Mitglieder der Zünfte hatten auch Aufgaben für die ganze Stadt zu erfüllen. Sie mussten ein Stück der Stadtmauer bewachen und verteidigen. Auch bei einem Brand in der Stadt waren sie als Feuerwehrleute tätig.

Tipps für die Erarbeitung

1 a) Ordnet die Zunftwappen (M1) den Handwerker-Bildern (M2) zu.
b) Das Zunftwappen des Kochs fehlt. Entwerft selbst ein Wappen für dieses Handwerk.

2 Erläutert die Bedeutung des Marktes im Mittelalter (M4).

3 Nennt Gründe für den Zusammenschluss zu einer Zunft.

M3 *Marktszene (heutige Zeichnung)*

Die großen Gewinner dieser Zeit waren die Kaufleute, besonders jene, die Fernhandel betrieben. Sie häuften große Reichtümer an, bauten kleine Fabriken, die „Manufakturen". Schon im 14. Jahrhundert gründeten Kaufleute die ersten Banken, die gegen Zinsen Kredite vergaben. Manche, wie die Fugger, wurden so reich, dass sie sogar Kaisern und Päpsten Geld liehen. Dadurch konnten sie auf die Politik Einfluss nehmen.

(Nach: Manfred Mai, Weltgeschichte, Wien 2002, S. 66)

M5 *Quellentext*

Der Markt

Neben der Stadtmauer, dem Rathaus und der Stadtkirche war der Marktplatz das besondere Kennzeichen einer Stadt. Auf dem **Markt** verkauften Handwerker und Kaufleute ihre Erzeugnisse. An den festgelegten Markttagen herrschte lebhaftes und lautstarkes Treiben. Bauern aus der Umgebung kamen mit Geflügel, Eiern, Honig, Gemüse und Vieh in die Stadt. Die Handwerker der Stadt boten Töpfe, Schuhe, Messer und Äxte an. Bäcker und Schlachter arbeiteten an ihren Verkaufsständen. Fernhändler verkauften kostbare Gewürze wie Pfeffer, Ingwer und Muskat, wertvolle Seidenstoffe aus China und Pelze aus Russland. Auf dem Markt traf man Bekannte und tauschte Neuigkeiten aus.

Das **Marktrecht** wurde vom Marktherrn verliehen. Dafür erhielt er für alle verkauften Waren Abgaben. Der Markt war eine wichtige Einnahmequelle für ihn. Damit der Verkauf reibungslos ablaufen konnte, erließ der Marktherr eine Marktordnung. Hier war festgelegt, wo welche Stände waren und welche Maße und Gewichte galten. Wer gegen die Marktordnung verstieß, wurde bestraft.

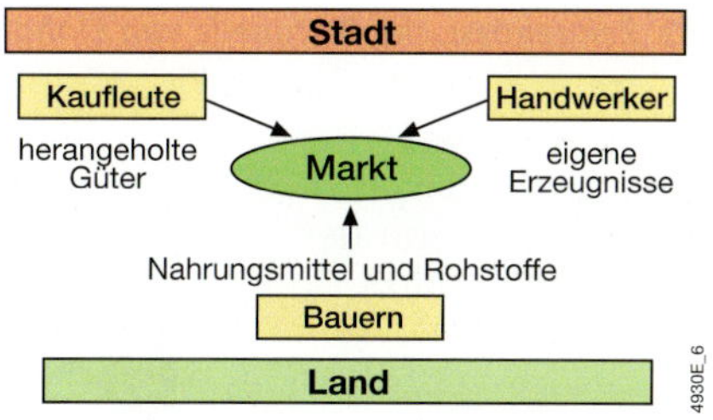

M4 *Treffpunkt Markt*

4 a) Listet Waren auf, die auf dem Bild M3 verkauft werden.
b) Vergleicht das Warenangebot mit dem auf heutigen Märkten.

5 Erstellt für die Klasse einen Merktext über euer Thema. Erklärt darin auch die Grundbegriffe.

Grundbegriffe
- das Verlagssystem
- die Messe
- die Zunft
- der Markt
- das Marktrecht

M1 *Die Ständeordnung*

M4 *Leben im Mittelalter*

Karls letzte Reise nach Rom hatte mehrere Gründe. Die Römer hatten Papst Leo schwer misshandelt, ihm die Augen ausgestochen und die Zunge ausgerissen, sodass er sich gezwungen sah, den König um Schutz zu bitten. Daher begab sich Karl nach Rom, um die verworrenen Zustände der Kirche zu ordnen, das dauerte den ganzen Winter. Bei dieser Gelegenheit erhielt er den Kaiser- und Augustustitel, der ihm anfangs so zuwider war, dass er erklärte, er würde die Kirche selbst an jenem hohen Feiertage nicht freiwillig betreten haben, wenn er die Absicht des Papstes geahnt hätte. Die Eifersucht der oströmischen Kaiser, die ihm die Annahme der Titel schwer verübelten, ertrug er dann allerdings mit erstaunlicher Gelassenheit.

(Nach: Wilfried Hartmann (Hrsg.): Deutsche Geschichte in Quellen und Darstellung, Bd.1: Frühes und hohes Mittelalter. Stuttgart 1995, S. 56f)

M3 *Zeitgenössische Textquelle von Einhard, dem Vertrauten Karls des Großen*

Arbeit auf den … des Grundherrn

Das …, wenn der Bauer stirbt

… dienste

… nur mit Erlaubnis des Grundherrn

… der Bäuerin

Abgabe des … von Ernte und Vieh

M2 *Bauern führen ein hartes Leben.*

M5 *Stadtgründungen*

Schätze dich selbst mit dem Zeichensystem ein, das auf Seite 33 erklärt ist.
Die Erläuterung der Kompetenzen findest du ebenfalls auf Seite 33.

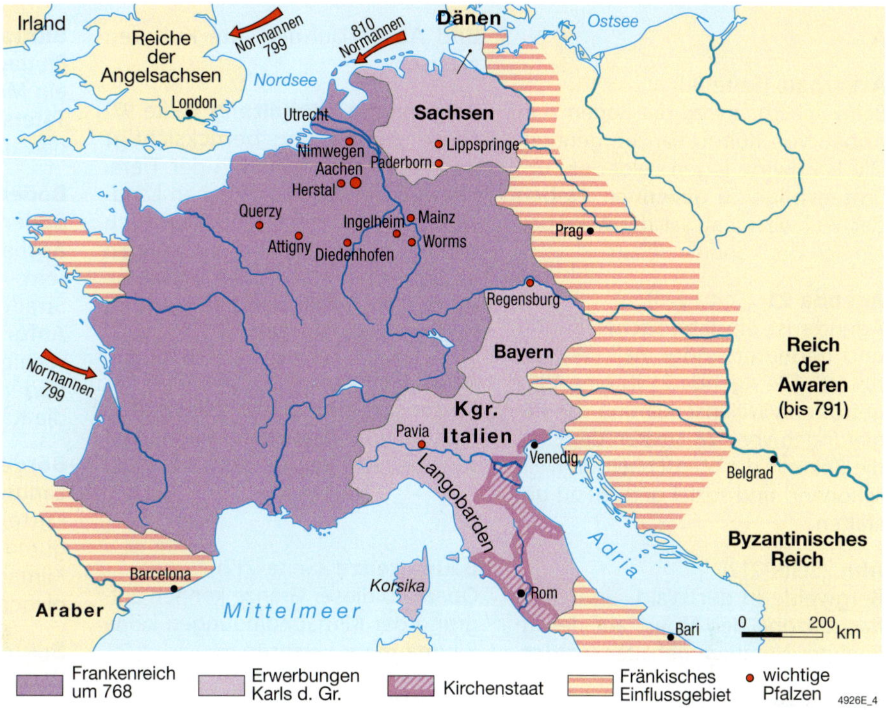

M6 *Das Reich Karls des Großen*

Grundbegriffe
- Mittelalter
- Stand (Ständegesellschaft)
- Karl der Große
- Pfalz
- Heiliges Römisches Reich
- Vasall
- Lehen
- Privileg
- Föderalismus
- Generalstände
- Ritter
- Burg
- Bergfried
- Knappe
- Turnier
- Minnedienst
- Fachwerkhaus
- Grundherrschaft
- Höriger
- Dreifelderwirtschaft
- Pflug
- Kummet
- Dreschflegel
- Orden
- Kloster
- Stadtgründung
- Freie Stadt
- Bürger
- Bürgerrecht
- Schicht
- Patrizier
- Verlagssystem
- Messe
- Zunft
- Markt
- Marktrecht

Sachkompetenz

1 a) Wähle fünf Grundbegriffe aus der Liste und erkläre sie.
b) Ergänze die Grundbegriffe, wenn möglich, durch Zeichnungen.

2 a) Beschreibe die Ständeordnung im Mittelalter (M1).
b) Stelle in einer Tabelle zusammen, wer zu den einzelnen Ständen gehörte.
(Schülerbuch S. 280)

3 Übertrage M2 in dein Heft oder deine Mappe und ergänze die fehlenden Begriffe.
(Schülerbuch S. 294)

4 Erkläre mithilfe von M5, welche Orte sich besonders für eine Stadtgründung eigneten.
(Schülerbuch S. 300/301)

Methodenkompetenz

5 Stelle in einer Skizze die Dreifelderwirtschaft dar und erkläre.
(Schülerbuch S. 296)

6 Zeichne ein Zunftwappen deiner Wahl und erkläre, was es darstellt.
(Schülerbuch S. 304)

7 Werte die Textquelle M3 aus.
(Schülerbuch S. 285)

8 Erkläre mithilfe einer Skizze das Lehnswesen.
(Schülerbuch S. 287)

9 a) Beschreibe, was in M4 dargestellt ist.
b) Schreibe jeweils einen kurzen Bericht über das Leben der abgebildeten Personen.
(Schülerbuch S. 292 und 298)

10 Werte M6 aus.
(Schülerbuch S. 282)

Urteils- und Handlungskompetenz

11 Es war üblich, dass Eltern ein Kind dem Kloster übergaben. Nenne mögliche Gründe für die Entscheidung der Eltern.
(Schülerbuch S. 298)

12 a) Die Klöster erfüllten viele Aufgaben. Erkläre diese Aussage.
b) Beschreibe die Benediktus-Regeln und bewerte diese.
(Schülerbuch S. 298/299)

13 Das Leben in der Stadt war besser als das Leben auf dem Land. Stelle deine Meinung zu dieser Aussage begründet dar.
(Schülerbuch S. 294–297, 300–305)

A

Ackerbau (Seite 88)
Beim Ackerbau wird der Boden zum Anbau von Kulturpflanzen genutzt. Die Landwirte legen Felder an, um Ernteerträge zu gewinnen. Neben der Viehwirtschaft ist der Ackerbau ein Teil der Landwirtschaft.

Agenda 21 (Seite 274)
Agenda ist ein lateinischer Begriff und bedeutet sinngemäß „Was zu tun ist". Die Agenda 21 ist eine 1992 getroffene Willenserklärung der Regierungen von 178 Staaten der Erde, die Zukunft der Menschheit umweltschonend und sozial gerecht zu gestalten.

Alm (Seite 212)
Bergweide in der Wald- und Grasflächenzone der Alpen, auf der im Sommer Nutztiere gehalten werden.

Altsteinzeit (Seite 38)
Den frühesten und längsten Abschnitt der Steinzeit nennen wir Altsteinzeit. Sie begann vor ungefähr drei Millionen Jahren und dauerte bis circa 10 000 v. Chr. Die Menschen lebten in der Altsteinzeit als Jäger und Sammler in Gruppen bis 50 Personen zusammen.

Angebot (Seite 194)
Ein Angebot entsteht durch das Interesse am Verkauf eines Gutes. Wenn viele Menschen eine Ware veräußern wollen, dann ist das Angebot groß. Wenn gleichzeitig die Nachfrage für diese Ware klein ist, ist der Preis in der Regel niedrig.

Antike (Altertum) (Seite 132)
Die Antike ist die Bezeichnung für das griechisch-römische Altertum von ca. 1500 v. Chr. bis zum Untergang des römischen Kaiserreiches (ca. 400 n. Chr.). Es war die Blütezeit der griechischen und römischen Hochkultur.

Äquator (Seite 13)
Der Äquator ist eine Linie auf Karten und Globen, welche die Erde in eine Nord- und eine Südhalbkugel teilt. Der Äquator ist 40 076,59 km lang.

Archäologe (Seite 48)
Ein Archäologe ist ein Wissenschaftler, der mithilfe von Bodenfunden und Ausgrabungen alte Kulturen erforscht.

Artgerechte Tierhaltung (Seite 97)
Diese Viehhaltung berücksichtigt das natürliche Verhalten der Tiere. Sie wird bei der ökologischen Landwirtschaft beachtet. Rinder erhalten z. B. Bewegungsfreiheit und können ihr Futter frei aufnehmen. Schweine dürfen im Dreck wühlen und ihre Umgebung erkunden.

Atlas (Seite 16)
Kartensammlung mit physischen Karten und thematischen Karten sowie einem Register.

B

Baumgrenze (Seite 212)
Oberhalb dieser Grenze können aufgrund der Klimabedingungen keine Bäume mehr wachsen.

Bedürfnisse (Seite 192)
Ein anderes Wort für Wünsche. Im Unterschied zum Wunsch lösen Bedürfnisse meist ein direktes Handeln aus.

Bergfried (Seite 290)
Der sicherste Turm einer Burg.

Bergwerk (Seite 46)
Ein Bergwerk ist eine Anlage, um tief unter der Erde liegende Bodenschätze abzubauen.

Bevölkerungsexplosion (Seite 122)
Ausdruck für das starke Wachstum der Bevölkerung.

Bildzeichen (Seite 114)
Die Schrift der alten Ägypter besteht aus etwa 700 Bildzeichen. Dies sind Zeichen für Tiere, Pflanzen und Gegenstände. Später wurden sie auch zur Bezeichnung einzelner Buchstaben benutzt.

Binnenmeer (Seite 206)
Ein Meer, das fast vollständig von Festland umgeben ist und nur einen schmalen Zugang zum offenen Ozean hat (z. B. die Ostsee).

Biosiegel (Seite 97)
Das Biosiegel kennzeichnet ein Produkt, das nach festgelegten ökologischen Richtlinien hergestellt wurde. Es existieren verschiedene Siegel mit unterschiedlich strengen Vorschriften.

Blutrache (Seite 163)
Blutrache zu nehmen bedeutet, dass ein Mord nur durch die Tötung des Täters oder eines seiner Angehörigen gesühnt werden kann.

Bodenversiegelung (Seite 270)
Bodenversiegelung bezeichnet das Asphaltieren, Betonieren und Pflastern von Boden, um z. B. Gebäude, Straßen und Flughäfen zu bauen. Aufgrund der Versiegelung kann weniger Niederschlagswasser im Boden versickern und fließt durch die Kanalisation direkt in die Flüsse.

Börde (Seite 88)
Landschaft am nördlichen Rand der Mittelgebirge, die aufgrund ihrer guten Lössböden und ihres milden Klimas besonders fruchtbar ist (Zülpicher Börde, Magdeburger Börde).

Brauchwasser (Seite 266)
Wasser, das in großen Mengen in der Industrie genutzt wird, z. B. zur Kühlung oder zur Reinigung. Es muss nicht so sauber sein wie Trinkwasser. Daher kann auch Flusswasser oder Grundwasser als Brauchwasser genommen werden, ohne dass es vorher gründlich gereinigt werden muss.

Breitengrad (Seite 12)
Breitengrade werden vom Äquator aus nach Norden und Süden von 0° bis 90° gezählt. Sie verlaufen immer parallel zum Äquator und verbinden die Punkte auf der Erde, die die gleiche geographische Breite haben.

Burg (Seite 290)
Im Mittelalter wohnten viele Ritter auf Burgen. Die Burgen dienten zur Verteidigung und zum Schutz der Bewohner. In Kriegszeiten fanden die abhängigen Bauern dort Zuflucht und Sicherheit.

Bürger (Seite 301)
Bewohner einer Stadt im Mittelalter, die Bürgerrechte genossen. Heute ist der Begriff Bürger mit Einwohner gleichzusetzen.

Bürgerliches Gesetzbuch (BGB) (Seite 230)
Das Bürgerliche Gesetzbuch enthält die Rechte der Bürgerinnen und Bürger, z. B. das Familienrecht oder das Schuldrecht, und die Gesetze, an die sie sich halten müssen.

Bürgerrecht (Seite 301)
Bürger einer mittelalterlichen Stadt verfügten über bestimmte Rechte, wie z. B.: Wählen des Bürgermeisters und des Stadtrates. Als Bürger verfügte man selbst über sein Eigentum, musste aber auch Steuern zahlen.

C

City (Seite 59)
In den großen Städten bezeichnet man die Innenstadt mit dem Geschäftsviertel als City. Hier gibt es vorwiegend Geschäfte und Büros. Wohnungen sind kaum vorhanden. Hier gibt es viele Kaufhäuser, Spezialgeschäfte, Banken, Versicherungen, Gaststätten, Kinos und Behörden.

D

Delta (Seite 111)
Eine Flussmündung mit zahlreichen Seitenarmen. Ein Delta bildet sich dadurch, dass ein Fluss viel Material (z. B. Schlamm) mitführt und im Mündungsgebiet ablagert.

Demokratie (Seite 137)
Demokratie heißt Volksherrschaft. Im Gegensatz zur Monarchie gibt es nicht nur einen Herrscher, sondern das ganze Volk entscheidet mit, wenn auch in der Regel nicht direkt. Es werden Vertreterinnen und Vertreter gewählt, die z. B. Gesetze verabschieden.

Deutzeichen (Seite 114)
Die ägyptische Schrift hatte neben den Bildzeichen zusätzliche Deutzeichen. Sie erleichterten das Verständnis. Ein solches Deutzeichen war z. B. eine Kartusche zur Kennzeichnung eines Pharaos. Bei Namen wurden beispielsweise Deutzeichen für Frau und Mann aufgeführt.

Dorf (Seite 57)
Kleine Siedlung, dessen Bewohner früher vor allem von der Landwirtschaft lebten und heute häufig auch Pendler sind.

Dreifelderwirtschaft (Seite 296)
Eine im Mittelalter entwickelte Art der Landwirtschaft zur Steigerung der Erträge. Im jährlichen Wechsel wird ein Drittel des Bodens mit Wintergetreide bepflanzt und ein Drittel mit Sommergetreide. Das letzte Drittel liegt brach (kein Anbau) oder wird als Weide genutzt, damit sich der Boden erholen kann.

Dreschflegel (Seite 297)
Hölzernes Gerät zum Dreschen (Herauslösen der Körner) des geernteten Getreides. Ein langer Stiel zum Anfassen ist über ein Lederband mit einem Stück Hartholz (Länge eines Unterarmes) verbunden, das zum Dreschen dient.

Düne (Seite 206)
Eine Düne ist eine Sandablagerung. Sie wird durch Wind aufgeschüttet. Dünen gibt es vor allem an Küsten (z. B. auch auf den Nordseeinseln) und in Wüsten (z. B. in der Sahara in Nordafrika). Bei einer Düne ist die dem Wind zugewandte Seite flacher, die vom Wind abgewandte Seite steiler.

E

Ebbe (Seite 206)
Das regelmäßige Zurückweichen des Meerwassers. Große Teile des küstennahen Meeresbodens fallen trocken, die vorher überflutet waren. Dieser Vorgang dauert etwas mehr als sechs Stunden. Dann kommt die Flut.

Eiszeit (Seite 39)
Eiszeiten sind Abschnitte der Erdgeschichte, in denen es durch weltweit niedrige Temperaturen zum Vorrücken von Gletschern kam. Die letzte Eiszeit in Europa endete um 10 000 v. Chr. Die Zeiträume zwischen den Eiszeiten nennt man Warmzeiten.

Erholungsgebiet (Seite 59)
Für Erholung, Freizeit und Sport dienen die Erholungsgebiete einer Stadt. Zu Erholungsgebieten gehören Wälder, Seen und Wanderwege der Umgebung ebenso wie Parks, Grünflächen und Sportplätze der Stadt.

Erzeugergenossenschaft (Seite 90)
Zusammenschluss von Landwirtschaftsbetrieben mit dem Ziel der gemeinsamen Vermarktung landwirtschaftlicher Erzeugnisse und dem Einkauf und der Nutzung von Saatgut, Dünger und Maschinen.

F

Fachwerkhaus (Seite 294)
Haus, dessen Grundgerüst aus Holz besteht. Die Zwischenräume werden mit einem Gemisch aus Flechtwerk und Lehm ausgefüllt.

Familie (Seite 236)
Eine Familie ist die häufigste Form des Zusammenlebens in einer Gruppe. Sie besteht häufig aus der Mutter, dem Vater und mindestens einem Kind. Die Mitglieder sorgen in der Regel füreinander und finden Geborgenheit, Hilfe und Verständnis.

Faustkeil (Seite 43)
Der Faustkeil war das Allzweckgerät der Steinzeit zum Schneiden, Schlagen, Hacken. Die Menschen stellten den mandelförmigen Keil her, indem sie kleine Splitter von einem Feuerstein abschlugen.

Flussoase (Seite 110)
Durch einen Fremdlingsfluss bewässerte Oase.

Flut (Seite 206)
Das regelmäßige Ansteigen des Meerwassers. Große Teile des küstennahen Meeresbodens werden überflutet, die vorher trockenlagen. Dieser Vorgang dauert etwas mehr als sechs Stunden. Darauf folgt die Ebbe.

Föderalismus (Seite 288)
Der Föderalismus ist eine Staatsform, bei der einzelne Teilstaaten einen Bundesstaat bilden. Dabei bewahren sie eine gewisse Selbstständigkeit in bestimmten Politikfeldern, z. B. in der Schul- und Kulturpolitik.

Freie Stadt (Seite 300)
Im Mittelalter eine von den Bürgern verwaltete Stadt. Das Oberhaupt der Stadt war ein gewählter Bürgermeister und nicht ein Landesherr.

Freies Gut (Seite 194)
Ein freies Gut steht kostenlos zur Verfügung. Es ist in unbegrenzter Menge vorhanden, wie z. B. Luft.

Fremdenverkehrseinrichtung
(Seite 214)
Gebäude oder Anlage, die in Fremdenverkehrsorten der Beförderung, Erholung und Unterhaltung der Gäste dient, z. B. Liftanlage, Hallenbad, Bücherei.

Fruchtbarer Halbmond (Seite 40)
Gebiete, die halbkreisförmig westlich, nördlich und nordöstlich um die Syrische Wüste liegen. Hier begann bereits vor rund 10 000 Jahren Ackerbau und häusliche Viehzucht.

Fruchtwechsel (Seite 97)
Eine mehrjährige Abfolge unterschiedlicher Anbaufrüchte auf demselben Feld. Dabei wechseln Blattfrüchte (z. B. Kartoffeln) mit Halmfrüchten (Getreide), um den Boden nicht einseitig zu beanspruchen.

G

Generalstände (Seite 289)
Eine Versammlung von den Vertretern der Geistlichkeit, des Adels und der Bürger aus allen Gebieten Frankreichs. Wollte der König z. B. neue Steuern erheben, musste er die Generalstände einberufen.

Geschichte (Seite 36)
Die Geschichtsforscherinnen und -forscher unterscheiden zwischen der Vorgeschichte und der Geschichte eines Gebietes. Als den Beginn der Geschichte bezeichnen sie den Zeitpunkt, ab dem schriftliche Aufzeichnungen der Menschen vorliegen.

Gezeiten (Seite 206)
Das regelmäßige Heben und Senken des Meeresspiegels. Ebbe und Flut dauern zusammen etwa zwölfeinhalb Stunden.

Gladiator (Seite 158)
Kämpfer, der im alten Rom zur Unterhaltung des Volkes auftrat. Bei den Gladiatorenkämpfen ging es um Leben und Tod. Sklaven, Kriegsgefangene und Verbrecher wurden in Gladiatorenschulen für den Kampf ausgebildet.

Gletscher (Seite 213)
Ein Gletscher ist eine sich sehr langsam bewegende Eismasse im Hochgebirge (oder im Polargebiet). Der oben gefallene Schnee (Nährgebiet) „schiebt" eine Zunge aus Eis ins Tal, erst dort schmilzt sie (Zehrgebiet).

Gradnetz (Seite 12)
Gedachtes Netz von Linien, über die Erde gelegt. Die Längengrade verlaufen von Norden nach Süden, die Breitengrade von Westen nach Osten. Das Gradnetz dient der Ortsbestimmung auf der Erde.

Großfamilie (Seite 230)
Zur Großfamilie gehören neben den Eltern und den Kindern auch die Großeltern und weitere Verwandte.

Großlandschaft (Seite 100)
Eine Großlandschaft ist durch einheitliche Höhenlagen und Oberflächenformen gekennzeichnet. Deutschland lässt sich in vier Großlandschaften unterteilen: das norddeutsche Tiefland, das Mittelgebirgsland, das Alpenvorland und die Alpen.

Großstadt (Seite 57)
Stadt mit mehr als 100 000 Einwohnern und deutlich ausgebildeten Stadtvierteln.

Grundbedürfnisse (Seite 192)
Dinge, die ein Mensch zum Überleben benötigt, z. B. Nahrung, Trinkwasser, Kleidung, Unterkunft, Arbeit und ärztliche Versorgung.

Grundgesetz (Seite 230)
Das Grundgesetz der Bundesrepublik Deutschland ist eine Sammlung wichtiger Gesetze. Es enthält z. B. die Grundrechte der Bürgerinnen und Bürger.

Grundherrschaft (Seite 295)
Ein Grundherr ist Herrscher über ein landwirtschaftlich genutztes Gebiet und die darauf lebenden und arbeitenden Menschen. Die Grundherren, aber auch Klöster, gaben an abhängige Bauern Land zur Bewirtschaftung und forderten von ihnen Abgaben und Arbeitsleistungen.

Grundriss (Seite 14)
Darstellung der Grundfläche (Länge und Breite) eines Gegenstandes oder Gebäudes in einem bestimmten Maßstab.

Grundwasser (Seite 266)
Wasser, das sich durch Niederschläge in den Hohlräumen der tieferen Erdschichten und Gesteine gesammelt hat. Es kann auf einer wasserundurchlässigen Gesteinsschicht viele Kilometer unterirdisch fließen.

Güter (Seite 194)
Mit Gütern können Bedürfnisse erfüllt werden. Ein freies Gut steht jedem Menschen kostenlos zur Verfügung, z. B. Luft, Meerwasser, Wüstensand. Wirtschaftsgüter haben einen Preis, da sie von Menschen produziert werden.

H

Hauptsaison (Seite 202)
In einem Urlaubsort herrscht Hauptsaison, wenn die höchsten Gästezahlen zu verzeichnen sind. Das ist oft in den Schulferien der Fall. In den Ländern am Mittelmeer sind es vor allem die Monate Juli und August.

Heiliges Römisches Reich (Deutscher Nation) (Seite 284)
Bezeichnung für den Herrschaftsbereich der römisch-deutschen Kaiser vom Mittelalter bis zum Jahr 1806. Im späten 15. Jahrhundert erhielt der Name den Zusatz „Deutscher Nation".

Hellenismus (Seite 177)
Im Zuge der Eroberung Persiens durch Alexander den Großen erfolgte eine Verbindung griechischer und persischer Kultur, z. B. durch die Gründung neuer Städte oder dadurch, dass Griechen und Perser heirateten.

Hieroglyphe (Seite 114)
Die Schrift im alten Ägypten (ab 3000 v. Chr.) besteht aus Hieroglyphen. Das sind Bildzeichen und Deutzeichen.

Hochgebirge (Seite 101)
Gebirge mit Höhen über 1500 m. Hohe Felswände, tief eingeschnittene Täler und steil aufragende, schneebedeckte Gipfel kennzeichnen das Hochgebirge (höchster Berg Deutschlands: Zugspitze 2962 m).

Hochkultur (Seite 109)
Eine besonders weit entwickelte Kultur nennt man Hochkultur. Kennzeichen einer Hochkultur sind Arbeitsteilung und in der Regel die Entwicklung einer Schrift. In Ägypten gab es bereits um 3000 v. Chr. eine frühe Hochkultur.

Hochwasser (Seite 270)
Wenn der Wasserstand von Flüssen, Bächen, Seen oder Meeren über das Normalmaß ansteigt, spricht man von Hochwasser. Manchmal kommt es zu Überschwemmungen, die zu Naturkatastrophen führen können.

Höhenangabe (Seite 21)
Die Höhenangabe in einer Karte gibt Auskunft darüber, wie hoch sich ein Ort oder eine Fläche über dem Meeresspiegel befindet (z.B. 150m ü.M.).

Höhenlinie (Seite 20)
Eine Höhenlinie verbindet auf einer Karte alle Punkte in gleicher Höhe über dem Meeresspiegel. Mithilfe von Höhenlinien werden die Oberflächenformen (Berge und Täler) einer Landschaft dargestellt. Je enger die Höhenlinien nebeneinander liegen, umso steiler ist das Gelände.

Höhenstufen (der Vegetation) (Seite 212)
Durch die Änderung des Klimas mit der Höhe (besonders die Abnahme der Temperatur um ca. 0,5 °C je 100 m Höhe) verändern sich auch die Böden, die Vegetation und die landwirtschaftliche Nutzung. Daher unterscheidet man verschiedene Höhenstufen.

Höhlenmalerei (Seite 38)
Höhlenmalereien sind Zeugnisse der Kunst in der Steinzeit. Die Menschen haben vor allem Tiere an die Wände von Höhlen gemalt. Warum sie diese Tiere gemalt haben, darüber haben Wissenschaftlerinnen und Wissenschaftler verschiedene Ansichten. Manche meinen, sie baten um viel Wild und Erfolg bei der Jagd. Andere meinen, dass es sich um einen religiösen Brauch handelte.

Hörige (Leibeigene) (Seite 295)
Die meisten Bauern im Mittelalter gehörten einem Grundherrn. Ohne Erlaubnis des Herrn durften sie weder heiraten noch wegziehen. Der Grundherr konnte sein Land verkaufen oder der Kirche schenken. Die Bauern gehörten dann ihrem neuen Herrn. Deshalb nennt man sie Leibeigene oder auch Hörige.

Hüttensiedlung (Seite 85)
In armen Ländern der Erde ziehen viele Menschen vom Land in die Stadt. Sie bauen sich am Rand der Großstädte einfache Hütten aus Holz, Pappe und Wellblech, in denen es meistens kein fließendes Wasser und keine Elektrizität gibt.

I

Industrie- und Gewerbegebiet (Seite 59)
Ein Industrie- und Gewerbegebiet liegt meist am Rand einer Stadt. Hier gibt es Fabriken, Handwerksbetriebe, Lagerhallen und Geschäfte, die besonders viel Platz brauchen, wie Möbel- oder Autohäuser und Einkaufszentren. In der Regel besteht eine gute Verkehrsanbindung (Fernstraßen, Eisenbahnnetz, Wasserstraßen, Flughafen).

Intensivierung (Seite 95)
Bei einer Intensivierung versuchen Landwirte, auf derselben Fläche mehr Nahrungsmittel als vorher zu produzieren. Das geschieht z.B. durch den Einsatz von Dünger oder dadurch, dass sich mehr Tiere den gleichen Platz wie zuvor teilen müssen.

Internet (Seite 256)
Die weltweite Vernetzung vieler Computer über Kabel und Funk führt zu vielfältigen Möglichkeiten der Kommunikation, Informationsbeschaffung und Unterhaltung.

J

Jäger und Sammler (Seite 42)
So bezeichnet man Völker, die nur von der Jagd, dem Sammeln von essbaren Pflanzen und der Fischerei leben.

Jetztmensch (Seite 36)
Mensch, der sich vor 100 000 Jahren in Afrika entwickelte und vor etwa 40 000 Jahren nach Europa einwanderte. Sein Körperbau entspricht dem der heutigen Menschen.

Jungsteinzeit (Seite 40)
Den zweiten Abschnitt der Steinzeit nennen wir Jungsteinzeit. Sie dauerte von ca. 10 000 – 2500 v. Chr. In dieser Zeit wurden die Menschen sesshafte Bauern.

K

Karl der Große (Seite 282)
König des Frankenreiches, der im Jahr 800 in Rom zum Kaiser gekrönt wurde. Er herrschte über ein Reich, das viele Länder des heutigen Europas umfasste. Er machte sich sehr um das Christentum verdient. Seine Nachfahren teilten das Reich auf.

Kartusche (Seite 114)
In der ägyptischen Schrift ist eine Kartusche ein Deutzeichen. Als Kartusche bezeichnet man einen ovalen Rahmen; in ihm befindet sich ein Name. Die Kartusche weist darauf hin, dass es sich bei dem Träger des Namens um einen Pharao handelt.

Kastell (Seite 154)
Ein Kastell ist eine römische Befestigungsanlage innerhalb des Limes. Dort lebten Soldaten, um die Grenzen des Römischen Reiches zu schützen. Im Lauf der Zeit entwickelten sich viele Kastelle zu Städten.

Kinderarbeit (Seite 81)
Es ist typisch für viele Entwicklungsländer, dass Kinder unter 14 Jahren arbeiten müssen, um den Lebensunterhalt ihrer Familie zu sichern. Kinder, die arbeiten, haben neben hohen Gesundheitsrisiken nur eine minimale Schulbildung.

Kinder- und Jugendparlament (Seite 30)
In einem Kinder- und Jugendparlament kannst du aktiv das Umfeld in deiner Stadt mitgestalten, indem du deine Meinung vertrittst und dich für Projekte einsetzt.

Kläranlage (Seite 266)
Anlage zur Reinigung von Abwasser, damit es wieder als Trink- und Brauchwasser genutzt werden kann.

Klassendienst (Seite 26)
Die Aufgaben, die in einer Klasse erledigt werden müssen, wie z.B. der Tafeldienst, heißen Klassendienste.

Klassenordnung (Seite 26)
Eine Klassenordnung enthält die wichtigsten Regeln, an die sich jeder in der Klasse halten soll. Die Regeln werden gemeinsam erarbeitet und im Klassenzimmer ausgehängt.

Klassenversammlung (Seite 22)
Eine Klassenversammlung wird von der Klassensprecherin oder dem Klassensprecher bzw. seiner Vertretung geleitet. Sie wird einberufen zur Klärung von Fragen und Problemen in der Klasse.

Kleinfamilie (Seite 230)
Eine Kleinfamilie ist die Gemeinschaft der Eltern oder eines Elternteils mit einem oder mehreren Kindern.

Kleinstadt (Seite 57)
Stadt mit weniger als 20000 Einwohnern. Im Gegensatz zur Großstadt sind hier die Stadtviertel noch nicht deutlich ausgebildet.

Kliff (Seite 206)
Ein steiler Küstenabschnitt, der durch die Brandung des Meeres geformt wird. An seinem Fuß bildet sich eine Brandungshohlkehle. Das feine Material wird vom Meer weggeschwemmt, sodass ein steiniger und kiesiger Strand entsteht.

Klima (Seiten 88 und 218)
Das Klima eines Ortes ergibt sich aus den 30-jährigen Durchschnittswerten der Elemente des Wetters (z.B. Temperatur, Niederschlag, Wind und Bewölkung). Viele Gebiete der Erde haben ähnliche Durchschnittswerte und daher ähnliche Klimate. Man spricht unter anderem von Wüstenklima, Mittelmeerklima oder Polarklima.

Klimadiagramm (Seite 218)
Ein Klimadiagramm ist eine zeichnerische Darstellung von Temperatur und Niederschlag eines Ortes. Die langjährigen Durchschnittswerte der Monatsmitteltemperaturen (°C) werden in roten Kurven dargestellt. Die langjährigen monatlichen Niederschlagssummen (mm) werden in blauen Säulen dargestellt.

Kloster (Seite 298)
Das Kloster ist ein Ort, an dem Mönche und Nonnen eines Ordens zusammenleben. Die Klöster des Mittelalters übernahmen die Pflege kranker und bedürftiger Menschen. Überdies besaßen sie Bibliotheken.

Knappe (Seite 292)
Im Mittelalter ein junger Mann im Dienste eines Ritters, der zugleich auch als Ritter ausgebildet werden konnte.

Kompass (Seite 12)
Instrument zur Bestimmung der Himmelsrichtung.

Königsstraße (Seite 176)
Eine um 500 v.Chr. angelegte Handelsstraße der Perser, die von Sardes (heutige Türkei) bis nach Susa (heutiger Iran) führte.

Konsum (Seite 190)
Den Verbrauch von Gütern und Dienstleistungen nennt man Konsum.

Kulturbedürfnisse (Seite 192)
Bedürfnisse, die sich auf Unterhaltung und Bildung beziehen: Lesen, Musik hören oder ins Theater gehen.

Kummet (Seite 297)
Gepolsterter Ring, der dem Pferd um den Hals liegt und z.B. das Ziehen des Räderpfluges ermöglichte.

L

Landeshauptstadt (Seite 59)
Die Bundesrepublik Deutschland besteht aus 16 Bundesländern. Die Stadt, in der die Regierung des jeweiligen Landes ihren Sitz hat, bezeichnet man als Landeshauptstadt. Meistens ist sie auch die größte Stadt des Bundeslandes.

Landschaftsverbrauch (Seite 272)
Vernichtung von Wiesen, Ackerland oder Wald durch Bodenversiegelung, d.h. durch den Bau von Häusern, Fabriken und Straßen.

Landwirtschaft (Seite 88)
Die Landwirtschaft ist ein Wirtschaftszweig. Sie befasst sich mit der Bewirtschaftung des Bodens und mit der Viehzucht, um Nahrungsmittel, Futtermittel und Rohstoffe zu erzeugen.

Längengrad (Meridian) (Seite 12)
Teil des Gradnetzes der Erde. Die Längengrade verlaufen in Nord-Süd-Richtung. Es gibt 180 Längengrade.

Lebenserwartung (Seite 241)
Erwartung, wie lange die Angehörigen eines Altersjahrgangs (z.B. Jahrgang 2002) im Durchschnitt leben werden. Die Lebenserwartung hängt vor allem vom Geschlecht, der Ernährung und von der medizinischen Versorgung ab.

Legende (Seite 20)
Die Legende ist die Zeichenerklärung einer Karte. Alle Farben und Signaturen (Kartenzeichen), die in der Karte benutzt werden, sind hier erklärt, sodass man die Karte verstehen kann.

Lehen (Seite 287)
Mit dem Lehen („Geliehenes") bezahlte im mittelalterlichen System des Lehnswesens der König oder Fürst (Lehnsherr) die Dienste seines Vasallen. Ein Lehen war z.B. ein angesehenes Amt oder ein Stück Land.

Lehnwort (Seite 152)
Ein Wort, das aus einer anderen Sprache stammt, nennt man Lehnwort. Im Deutschen gibt es viele Lehnwörter. Das Wort Karren ist zum Beispiel vom römischen Wort „carrus" entlehnt.

Limes (Seite 154)
Der Limes war die Grenzbefestigung der Römer gegen die Germanen. Er war 550 km lang und etwa drei Meter hoch. Er bestand teils aus Holz, teils aus Stein und wurde durch Wachtürme gesichert.

Löss (Seite 88)
Löss ist ein feiner, gelblicher Gesteinsstaub. Der daraus entstandene Lössboden ist besonders fruchtbar (nährstoffreich, meist tiefgründig, locker und er kann schwammartig Wasser speichern).

Luxusbedürfnisse (Seite 192)
Dinge, die der Mensch nicht unbedingt zum Überleben benötigt. Dazu zählen alle Dinge, die nicht Grundbedürfnisse sind, z.B. Handy, Mikrowelle oder Auto.

M

Markt (Seiten 197 und 305)
Der Markt war im Mittelalter ein Kennzeichen der Stadt. Auf dem Markt kauften und verkauften die Menschen Waren der Handwerker der Stadt, landwirtschaftliche Güter aus der Umgebung und Fernhandelsgüter. Heute bezeichnet man als Markt einen Ort des Handels, z.B. den städtischen Wochenmarkt, die Einkaufsplattform im Internet oder die Aktienbörse. Hier treffen Angebot und Nachfrage zusammen und es bildet sich der Preis.

Marktrecht (Seite 305)
Das Recht, einen Markt abzuhalten, war die Voraussetzung für einen

wirtschaftlichen Aufstieg der Stadt. Das Marktrecht wurde vom Landesherrn verliehen, der Abgaben von allen verkauften Waren erhielt.

Massenmedium (Seite 248)
Ein Medium, das ein weit verstreutes und großes Publikum erreicht (z. B. Zeitung, Fernsehen).

Massentierhaltung (Seite 94)
Bei dieser Form der Viehwirtschaft hält ein Betrieb Tausende von Tieren (z. B. Hühner, Schweine, Rinder). Diese Betriebe sind meistens stark mechanisiert, um die anfallende Arbeit (z. B. Füttern) schnell zu erledigen.

Massentourismus (Seite 222)
Wenn eine große Zahl an Menschen an einem Ort Urlaub macht, spricht man vom Massentourismus. Skigebiete in den Alpen (z. B. Sölden in Österreich) und Badeorte am Mittelmeer (z. B. El Arenal auf Mallorca) sind bekannte Stätten für Massentourismus.

Maßstab (Seite 18)
Auf Karten ist eine Landschaft kleiner als in Wirklichkeit dargestellt. Der Maßstab gibt an, wie stark die Inhalte einer Karte gegenüber der Wirklichkeit verkleinert wurden, er ist ein Maß für die Verkleinerung. Ein kleiner Maßstab (z. B. 1 : 1 000 000) zeigt weniger Einzelheiten als ein großer (z. B. 1 : 100).

Maßstabsleiste (Seite 19)
Viele Karten enthalten eine Maßstabsleiste. Mit ihrer Hilfe kann man Entfernungen zwischen zwei Punkten der Karte ohne mühevolles Umrechnen direkt ablesen.

Mechanisierung (Seite 92)
Ersatz der Arbeitskraft des Menschen durch Maschinen (z. B. Mähdrescher). Dadurch wird die Arbeit des Bauern erheblich erleichtert und es werden Arbeitskräfte eingespart.

Medien (Seite 248)
Medien dienen der Verbreitung und dem Austausch von Informationen. Sie lassen sich unterteilen in Printmedien (z. B. Bücher, Zeitungen oder ein Plakat) und elektronische Medien (Radio, Fernsehen oder die CD). Mithilfe des Mediums Internet wird der Informationsaustausch immer schneller.

Messe (Seite 304)
Auf der Messe treffen sich Aussteller und Kaufleute aus aller Welt. Hier werden die neuesten Erzeugnisse vorgestellt und Geschäfte abgeschlossen.

Metallzeit (Seite 46)
Die Metallzeit folgte auf die Steinzeit (2500 v. Chr.). Zuerst stellte man Geräte aus Bronze her, etwa 1000 Jahre später auch aus Eisen.

Mindmap (Seite 123)
Mit einer Mindmap (Gedankenkarte) lassen sich viele Teilfelder eines umfangreichen Themas sammeln, ordnen und darstellen. Sie ist eine gute Vorbereitung für ein Referat.

Minnedienst (Seite 293)
Eine Verhaltensnorm von Rittern gegenüber verehrten Damen. Der Minnedienst wurde vor allem durch die Minnelieder bekannt.

Mittelalter (Seite 280)
Als Mittelalter bezeichnen wir die europäische Geschichte von 500 bis 1500 n. Chr. Allerdings gibt es auch andere Einteilungen. Die Zeit vor dem Mittelalter nennt man Altertum, die Zeit danach Neuzeit.

Mittelgebirge (Seite 101)
In den Mittelgebirgen sind die höchsten Berge in der Regel nicht höher als 1 500 m. Steile Gipfel und hohe Felswände gibt es kaum. Die Höhenzüge sind abgerundet und häufig bewaldet. Beispiele in Deutschland sind: Eifel, Rothaargebirge, Schwarzwald, Taunus und Harz.

Mittelstadt (Seite 57)
Stadt mit 20 000 bis 100 000 Einwohnern mit zum Teil deutlich ausgebildeten Stadtvierteln.

Monarchie (Seite 156)
Die Monarchie ist eine Staatsform, in der ein König oder Kaiser die Macht hat.

Mumie (Seite 120)
Nach dem ägyptischen Glauben mussten die Körper der Toten erhalten bleiben, damit die Seelen im Jenseits einen Wohnort hatten. Mit einer besonderen Methode wurden die Körper der Verstorbenen haltbar gemacht und in Binden gewickelt. Viele solcher Mumien sind bis heute erhalten.

N

Nachfrage (Seiten 90 und 194)
Die Nachfrage entsteht durch das Interesse am Kauf eines Gutes (für die Erfüllung eines Bedürfnisses). Wenn viele Menschen eine Ware haben wollen, dann ist die Nachfrage groß. Wenn gleichzeitig das Angebot für diese Ware klein ist, ist der Preis in der Regel hoch.

Nachhaltigkeit (Seite 274)
Nachhaltigkeit bedeutet, dass bei der Deckung der eigenen Bedürfnisse keine ökologischen, gesellschaftlichen und wirtschaftlichen Schäden entstehen, die den zukünftigen Generationen das Leben auf unserem Planeten erschweren.

Naherholungsgebiet (Seite 202)
Ein Gebiet in der Nähe großer Städte, das für Kurzerholung (z. B. an den Wochenenden) wegen seiner landschaftlichen Schönheit (z. B. Berge, Seen, Wälder) genutzt wird.

Nationalpark (Seite 211)
In einem Nationalpark wird durch besondere Auflagen eine seltene Naturlandschaft mit ihren dazugehörigen Tieren und Pflanzen geschützt.

Naturpark (Seite 211)
In einem Naturpark (meist ein größeres Gebiet als ein Nationalpark) wird auf den Schutz der Umwelt und den Erhalt der Landschaft geachtet.

Nebensaison (Seite 202)
In Fremdenverkehrsgebieten nennt man die Zeit des Jahres, in der wenige Touristen kommen, Nebensaison. Dann sind die Preise niedriger als in der Hauptsaison. Die Nebensaison liegt häufig außerhalb der Schulferien.

Neubaugebiet (Seite 61)
Ein Neubaugebiet entsteht am Rand einer Stadt oder eines Dorfes, wenn neuer Wohnraum geschaffen werden muss.

Nilschwelle (Seite 111)
So nannte man das einmal im Jahr auftretende Hochwasser des Nils in Ägypten. Seit dem Bau des Assuan-Staudamms gibt es keine Nilschwelle mehr.

Nordpol (Seite 12)
Der Nordpol ist der nördlichste Punkt auf der Erde. Er ist der am weitesten entfernte Punkt vom Äquator auf der nördlichen Halbkugel. Am Nordpol gibt es nur eine Himmelsrichtung: Alle Wege führen nach Süden.

Nullmeridian (Seite 13)
Der Nullmeridian verläuft durch Greenwich (London). Mit ihm beginnt die Zählung der Meridiane von 0 bis 180 nach Osten und nach Westen.

Nutzungskonflikt (Seite 208)
Unterschiedliche Nutzungen in einem Gebiet können zu Problemen und Auseinandersetzungen zwischen den Beteiligten führen. Dann spricht man von einem Nutzungskonflikt.

O

Oberflächenwasser (Seite 266)
Das gesamte Wasser auf der Erde, das kein Grundwasser ist (Flüsse, Seen, Meere).

Öffentliches Verkehrsmittel (Seite 62)
Öffentliche Verkehrsmittel sind z.B. der Linienbus, die Straßenbahn und auch die Bahn. Sie nennen sich öffentlich, weil sie jede Person gegen Bezahlung nutzen kann.

Ökologische Landwirtschaft (Seite 97)
Bei dieser Form der Landwirtschaft werden nur natürliche Einsatzstoffe zum Anbau von Pflanzen oder zur Aufzucht von Tieren genutzt. Es werden Naturdünger (z.B. Kuhmist), biologische Schädlingsbekämpfung und weniger Zusatzstoffe im Tierfutter eingesetzt.

Olympische Spiele (Seite 144)
Die Olympischen Spiele sind internationale sportliche Wettkämpfe. Sie finden alle vier Jahre an einem anderen Ort statt. Die Olympischen Spiele der Neuzeit wurden in Anlehnung an die Olympischen Spiele der Antike zum ersten Mal im Frühjahr 1896 in Athen abgehalten.

Olympisches Feuer (Seite 147)
Fackelträger entzünden das olympische Feuer bei der Eröffnung der Olympischen Spiele in der Stadt Olympia. Anschließend wird es in das Gastgeberland transportiert.

Orden (Seite 298)
Der Orden ist eine religiöse Gemeinschaft, die nach bestimmten Regeln in einem Kloster lebt.

P

Papyrusrolle (Seite 121)
Die Papyrusrolle war eine Schriftrolle und Vorläufer des Buches. Im alten Ägypten sollte sie das Überleben des Verstorbenen im Jenseits sichern, indem sie dem Totengericht sein tadelloses Leben schilderte.

Patchwork-Familie (Seite 236)
Eine Patchwork-Familie entsteht dann, wenn Kinder aus einer früheren Beziehung mit in die neue Partnerschaft gebracht werden.

Patrizier (Seite 303)
Die Patrizier waren die mächtigsten Einwohner der mittelalterlichen Stadt. Sie waren Fernhandelskaufleute und bildeten überdies den Stadtrat.

Pendler (Seite 64)
Pendler sind Menschen, die regelmäßig ihren Wohnort verlassen, um in einem anderen Ort zu arbeiten, zur Schule zu gehen oder einzukaufen. Sie pendeln also zwischen zwei Orten hin und her.

Pfalz (Seite 282)
Pfalzen waren Königshöfe, die Karl der Große über sein gesamtes Reich verteilt anlegen ließ. Da es keine Hauptstadt gab, reiste er mitsamt dem Hofstaat durch sein Land und ließ sich für einige Wochen in den Pfalzen nieder. Es waren zumeist gut befestigte große Höfe mit Kirche, Wohngebäuden und Ställen.

Pflug (Seite 297)
Eine Art Messer zum Wenden und Lockern des Ackerbodens. Im Mittelalter wurde der Räderpflug erfunden, der von Tieren gezogen wurde.

Pharao (Seite 108)
Bezeichnung für den Herrscher im alten Ägypten. Ursprünglich wurde die Bezeichnung nur für den Palast des Königs benutzt. In Einzelfällen gab es auch Pharaoninnen.

Physische Karte (Seite 20)
Die physische Karte ist ein wichtiges Hilfsmittel, um sich zu orientieren. Sie enthält u.a. Landhöhen (Farbgebung in Grün, Gelb und Braun), Oberflächenformen (Schummerung), Höhenangaben, Gewässer, Orte, Verkehrslinien, Grenzen sowie Signaturen (Berg, Stausee, Kirche).

Plantage (Seite 83)
Eine Plantage (Pflanzung) ist ein landwirtschaftlicher Großbetrieb, vor allem in den tropischen Gebieten der Erde. Kennzeichen einer Plantage sind der langjährige Anbau einer einzigen Nutzpflanze (z.B. Kaffee, Tee, Bananen) sowie die Anlagen für Ernte, Verarbeitung und Verpackung.

Polis (Plural: Poleis) (Seite 134)
Stadtstaat in der griechischen Antike. Er bestand aus einem städtischen Zentrum und dem umliegenden Gebiet. Die größte Polis war Athen.

Privilegien (Seite 288)
Zur Zeit des Heiligen Römischen Reiches vom Kaiser an die Fürsten vergebene Rechte. Diese Privilegien verhalfen den Fürsten und ihren Ländern zu mehr Selbstständigkeit.

Provinz (Seite 154)
Eine Provinz ist ein Gebiet, das unter einer anderen Verwaltung steht. Die ersten Provinzen entstanden in der römischen Antike, nachdem fremde Völker besiegt worden waren.

Pyramide (Seite 108)
Grabstätte der ägyptischen Herrscherinnen und Herrscher. Die Pyramiden gehören zu den größten Steinbauten der Welt.

Q

Quelle (Seite 115)
Aus einer Quelle erhält man Informationen über die Vergangenheit. Das können Bücher und Zeitschriften, Filme und Tonträger, aber auch Gegenstände, wie z.B. Gebäude oder Münzen, sein.

R

Regel (Seite 26)
Eine Regel ist eine Vorschrift, an die man sich halten muss. Wer sich nicht daran hält, wird bestraft. Es

gibt z. B. Verkehrsregeln, Klassenregeln.

Republik (Seite 156)
Unter Republik versteht man eine Staatsform, in der das Volk die Möglichkeit hat, Einfluss zu nehmen, z. B. durch Wahlen.

Revolution (Seite 41)
Gewaltsamer oder friedlicher Umsturz der bestehenden politischen und/oder sozialen Ordnung in einem Staat. Dieser wird im Allgemeinen von den Teilen der Bevölkerung durchgeführt, die mit der jeweiligen Situation unzufrieden sind.

Ritter (Seite 290)
Ritter waren die mittelalterlichen Berufskrieger zu Pferde. Sie gehörten zum Adel.

Rolle (Seite 232)
Im Leben übernimmt man unterschiedliche Rollen: So ist z. B. ein Junge gleichzeitig Schüler, Sohn und Sportler. Oft sind an diese Rollen Erwartungen anderer Personen (z. B. der Eltern) geknüpft. Eine Erwartung zu haben, bedeutet, dass jemand ein bestimmtes Verhalten oder eine besondere Leistung sehen will.

Romanisierung (Seite 154)
Begriff für die Unterwerfung und Angliederung von Gebieten in Europa, Afrika und Asien durch die Römer. Es entstanden Provinzen.

Römer (Seite 152)
Als Römer bezeichnet man die Bevölkerung des Römischen Reiches, das ca. 2 000 Jahre bestand. Ab etwa 50 v. Chr. drangen die Römer bis an den Rhein und die Donau vor. Ihre Sprache war Latein.

Rushhour (Seite 64)
Hauptverkehrszeit. Sie wird in den Städten durch den Berufsverkehr zu Arbeitsbeginn und zum Arbeitsende verursacht.

S

Saisonarbeitskraft (Seite 91)
Eine Person, die nur wenige Monate z. B. bei der Spargelernte in Deutschland (Mai und Juni) oder in einem Hotel an der Mittelmeerküste (Juni bis September) arbeitet. Während einer Saison werden kurzfristig besonders viele Arbeitskräfte benötigt.

Sanfter Tourismus (Seite 216)
Der sanfte Tourismus soll die Natur und Landschaft möglichst wenig belasten und auf die Traditionen und Interessen der einheimischen Bevölkerung Rücksicht nehmen.

Scherbengericht (Seite 137)
In der Antike wurde in Athen auf der Volksversammlung auch das Scherbengericht abgehalten. Die Athener konnten jemanden verbannen, indem sie seinen Namen in eine Tonscherbe ritzten.

Schicht (Seite 303)
Bevölkerungsgruppe in einer Stadt des Mittelalters. Es existierten drei Schichten: die Oberschicht (Patrizier und Großkaufleute), die Mittelschicht (Handwerker und Kleinkaufleute) und die Unterschicht (Lehrlinge, Gehilfen, Tagelöhner). Nur die Oberschicht und Mittelschicht besaßen Bürgerrechte.

Seidenstraße (Seite 182)
Die Seidenstraße war keine Straße im Sinne eines gepflasterten Wegs. Sie war vielmehr eine lange Handelsroute (vorwiegend im Altertum), die vom östlichen Mittelmeer bis zum Gelben Meer in China führte. Handelsgüter waren neben Seide auch Porzellan, Schmuck, Gewürze und Tiere.

Selbstvermarkter (Seite 90)
Landwirt, der seine Erzeugnisse direkt auf dem Hof verkauft oder an Restaurants, Obst- und Gemüsehändler in der näheren Umgebung liefert.

Sesshaftigkeit (Seite 44)
Die Menschen gaben in der Jungsteinzeit ihre Wanderungen auf, wurden Bauern und bauten Häuser. Dies war der Beginn der Sesshaftigkeit.

Shopping Mall (Seite 79)
Eine Shopping Mall in den USA ist ein riesiges Gebäude, in dem viele Geschäfte, Restaurants und Freizeiteinrichtungen unter einem Dach versammelt sind. Sie sind meistens verkehrsgünstig am Rand einer Stadt gelegen.

Siedlung (Seite 57)
Eine Siedlung ist ein Ort, an dem Menschen in Gebäuden zum Zwecke des Wohnens und Arbeitens zusammenleben. Kleine Siedlungen werden Dorf genannt, mittlere und große Siedlungen Stadt.

Siedlungsfläche (Seite 272)
Zur Siedlungsfläche gehören sowohl bebaute Flächen (z. B. Gebäude) als auch freie Flächen innerhalb der Siedlungen (z. B. Sportplatz).

Signaturen und Flächenfarben (Seite 20)
Auf Karten gibt es Signaturen und Flächenfarben, die in der Legende erklärt werden. Signaturen (Punkte, Linien und Zeichen) kennzeichnen z. B. Städte, Flüsse und Kirchen. Flächenfarben können je nach Thema der Karte z. B. über Höhe, Nutzung oder Besiedlungsdichte Auskunft geben.

Sippe (Seite 163)
Bezeichnung für die Gemeinschaft blutsverwandter Familien.

Sklavin / Sklave (Seite 138)
Ein Sklave ist ein unfreier Mensch ohne Rechte. Sklavinnen und Sklaven gab es in großem Ausmaß in der Antike.

Sonderkultur (Seite 91)
Sonderkulturen sind Nutzpflanzen, die mit hohem Aufwand an Arbeitskraft und Geld meist auf kleinen Flächen angebaut werden (z. B. Obst, Wein oder Gemüse).

Soziale Bedürfnisse (Seite 192)
Wünsche, die nicht mit Geld zu erfüllen sind, z. B. Freundschaft, Zuverlässigkeit, Spaß oder Liebe.

Soziales Netzwerk (Seite 256)
Ein soziales Netzwerk bietet Menschen die Möglichkeit, über das Internet mit Freunden (auch mit denen, die sehr weit entfernt wohnen) Informationen auszutauschen (z. B. Erlebnisse und Fotos). Oft werden Netzwerke auch zum Zweck der Werbung genutzt.

Spezialisierung (Seite 92)
Reduzierung auf ein Produkt oder wenige Produkte; in der Landwirtschaft z. B. auf einen Bereich der Acker- oder Viehwirtschaft (nur Gemüse oder nur Milchkühe).

Sphinx (Seite 108)
Die Sphinx ist eine große steinerne Skulptur eines Löwenkörpers, der ein Menschenkopf aufsitzt. Die Statue soll die Pyramiden bewachen.

Stadt (Seite 57)
Eine größere Siedlung mit vielen verschiedenen Einrichtungen für die Versorgung der Bevölkerung. Eine Stadt ist Handels- und Verwaltungszentrum für das Umland.

Stadtgründung (Seite 300)
Anlage einer Stadt durch einen Landesherrn im Mittelalter.

Stadtteil (Seite 58)
Ein Stadtteil ist vergleichbar mit einer Kleinstadt innerhalb einer größeren Stadt. Oft besitzen die Stadtteile auch alle wichtigen Merkmale einer Stadt (Rathaus, Schule, Kirche und Geschäfte), da sie früher oft selbstständig waren.

Stadtviertel (Seite 59)
Jede Stadt besteht aus verschiedenen Stadtvierteln, die sich in ihrer Nutzung unterscheiden: Wohnviertel, Geschäftsviertel, Industrieviertel und Erholungsviertel. Sogar ein Stadtteil kann seine eigenen Viertel haben.

Stamm (Seite 162)
Ein Stamm ist eine größere Gruppe von Menschen mit gleichen kulturellen Merkmalen (z. B. Sprache und Religion), die in der Regel in einem geschlossenen Territorium lebt.

Stand (Ständegesellschaft) (Seite 280)
Unter anderem im Mittelalter gab es drei Stände: die Kirche (z. B. Bischöfe, Priester, Nonnen), den Adel (z. B. Fürsten, Herzöge, Grafen) und die Bürger (z. B. Bauern, Handwerker, Händler). Man wurde in einen Stand hineingeboren und konnte ihn nicht wechseln. Rechte und Pflichten der Menschen waren an den Stand gebunden.

Steinzeit (Seite 38)
Steinzeit nennt man einen Abschnitt der frühen Menschheitsgeschichte, weil in dieser Zeit hauptsächlich Stein als Material für Werkzeuge und Waffen benutzt wurde. Die Steinzeit begann vor circa drei Millionen Jahren und dauerte bis ungefähr 2500 v. Chr. Man unterteilt die Steinzeit in Alt- und Jungsteinzeit.

Straßenkind (Seite 85)
Straßenkinder sind Kinder, die vor allem in den Ländern Südamerikas, Afrikas, Süd- und Südostasiens auf den Straßen der Großstädte leben. Oft haben sie ihre Eltern und Hüttensiedlungen verlassen und versuchen, mit Gelegenheitsarbeiten, Betteln und Diebstahl ihren Lebensunterhalt zu verdienen.

Streitschlichtung (Seite 28)
Um einen Konflikt zu lösen, hilft die Methode der Streitschlichtung. Es wird eine Streitschlichterin oder ein Streitschlichter ausgesucht, anschließend werden die unterschiedlichen Standpunkte vorgetragen und ein Lösungsvorschlag erarbeitet. An vielen Schulen gibt es die Möglichkeit für Schülerinnen und Schüler, sich zu Streitschlichtern ausbilden zu lassen.

SV (Schülervertretung) (Seite 22)
Die SV hat die Aufgabe, die Interessen der Schülerinnen und Schüler an der Schule zu vertreten. Klassensprecherinnen und Klassensprecher sind Mitglieder der Schülervertretung.

T

Teilzeitarbeit (Seite 238)
Teilzeitarbeit bedeutet eine Arbeit mit einer kürzeren als der durchschnittlich üblichen Arbeitszeit. Eine Möglichkeit ist es, halbtags zu arbeiten.

Thematische Karte (Seite 20)
Dieser Kartentyp behandelt immer ein spezielles Thema. Nahezu alles, was räumlich verbreitet ist, lässt sich hier darstellen. So gibt es z. B. thematische Karten zur Bevölkerungsdichte, zur Wirtschaft oder zum Luftverkehr.

Therme (Seite 158)
Thermen waren in der römischen Antike öffentliche Bäder. Sie waren beliebte Treffpunkte der Römer. In eine große Therme kamen an einem Tag bis zu 5 000 Besucher.

Tiefland (Seite 100)
Flaches und tief gelegenes Land mit geringen Höhenunterschieden. Im Norddeutschen Tiefland liegen die Landhöhen zwischen 2,3 m unter dem Meeresspiegel und etwas über 200 m darüber.

Toga (Seite 166)
Eine Toga war ein mantelartiges Obergewand in der römischen Antike.

Totengericht (Seite 121)
Die alten Ägypterinnen und Ägypter glaubten an die Möglichkeit, nach dem Tod im Jenseits weiterzuleben. Dies entschied ein Totengericht, das prüfte, ob sie frei von Sünden waren.

Tourismus (Seite 109)
Reiseverkehr zu Zwecken der Erholung und Bildung in Gebiete und Länder, die dafür landschaftlich und kulturell geeignet sowie mit entsprechenden Einrichtungen ausgestattet sind.

Trinkwasser (Seite 266)
Wasser, das (im Gegensatz zu Brauchwasser) in einem Wasserwerk oder einer Kläranlage so gereinigt wurde, dass es Menschen bedenkenlos trinken können.

Tunika (Seite 166)
Eine Tunika war in der römischen Antike ein knielanges, ärmelloses oder kurzärmeliges Hemd.

Turnier (Seite 292)
Mittelalterliches Fest, auf dem die Ritter ihre Waffen und Kampffähigkeit für den Ernstfall erprobten.

U

Umland (Seite 64)
Das Umland ist das Gebiet um eine Stadt. Von hier aus fahren viele Menschen jeden Morgen in die Stadt, um zu arbeiten, einzukaufen oder zur Schule zu gehen. Je größer eine Stadt ist, umso größer ist auch das Umland.

V

Vasall (Seite 287)
Der Vasall war im mittelalterlichen System des Lehnswesens der Gefolgsmann des Königs oder eines Fürsten. Ritter waren z. B. die Vasallen der Fürsten; die Fürsten waren die Kronvasallen der Könige.

Verfassung (Seite 231)
Die Verfassung ist die rechtliche Grundordnung eines demokratischen Staates. Sie hat Vorrang vor allen anderen Gesetzen und ist nur schwer zu ändern.

Verkehrsfläche (Seite 272)
Zur Verkehrsfläche gehören alle Wege und Flächen, die der Beförderung dienen (z. B. Bürgersteige, Straßen, Bahnlinien und Flugplätze).

Verkehrsmittel (Seite 202)
Nach ihrer Nutzung wird zwischen öffentlichen (z. B. Bus, Bahn, Fähre oder Flugzeug) und privaten Verkehrsmitteln (z. B. Pkw, Motorrad, Fahrrad) unterschieden. Verkehrsmittel benötigen verschiedene Verkehrswege (Straße, Schiene, Wasser, Luft).

Verlagssystem (Seite 304)
Das Verlagssystem entwickelte sich im Mittelalter. Der Verleger kaufte Rohstoffe, wie Leinen und Baumwolle, und Geräte, wie Spinnrad oder Webstuhl. Diese stellte er den Arbeitern zur Verfügung, die in Heimarbeit daraus Produkte herstellten, wie Garne und Stoffe. Die Arbeiter bekamen wenig Geld für ihre Arbeit. Der Verleger verkaufte die Waren mit Gewinn auf den Märkten.

Viehhaltung (Seite 88)
Wichtiger Zweig der Landwirtschaft, zu dem Haltung, Nutzung und Züchtung von Vieh gehören.

Villa (Seite 160)
Während der Römerzeit war dies ursprünglich ein großes Bauernhaus auf dem Land. Später bauten auch Adlige und Reiche innerhalb der Stadtmauer diese luxuriös ausgestatteten und geräumigen Einfamilienhäuser.

Volksversammlung (Seite 137)
In der griechischen Antike gab es eine Volksversammlung, die alle politischen Entscheidungen traf. An ihr konnte jeder freie Bürger Athens über 20 Jahren teilnehmen. Durch Abstimmung wurden hier viele Ämter im Staat vergeben. Die Volksversammlung gilt als Ursprung der Demokratie.

Vorgeschichte (Seite 36)
Die Zeit bis zur Überlieferung von schriftlichen Aufzeichnungen nennen die Geschichtsforscherinnen und -forscher Vorgeschichte. In Ägypten wurde die Schrift um 3000 v. Chr. erfunden. Dort endet zu dieser Zeit die Vorgeschichte. Bei uns in Europa kam die Schrift erst nach Christi Geburt auf. Hier dauerte die Vorgeschichte also viel länger.

W

Wagenrennen (Seite 158)
Das Wagenrennen fand im alten Rom in einem riesigen Stadion zur Unterhaltung des Volkes statt. Die Streitwagen wurden von Pferden gezogen. Die Wagenlenker konnten sich gegenseitig am Überholen hindern.

Wahlrecht (Seite 22)
Das Recht, jemanden zu wählen, der eine bestimmte Aufgabe übernimmt.

Warmzeit (Seite 39)
Die Zeiträume zwischen den Eiszeiten heißen Warmzeiten. Das Klima der Warmzeiten ist vergleichbar mit dem heutigen Klima.

Wasserwerk (Seite 266)
Technische Anlage, in der Wasser (z. B. aus Stauseen) gereinigt wird. Es kann dann als Trinkwasser in das Leitungsnetz abgegeben werden.

Watt (Wattenmeer) (Seite 206)
Das Watt (auch Wattenmeer) ist der Teil des Meeresbodens, der bei Ebbe trockenfällt und bei Flut vom Meer überschwemmt wird. In Deutschland liegt das Watt zwischen den Nordsee-Inseln und dem Festland. Bei jeder Flut bleiben im Wasser mitgeführte Schwebstoffe zurück und lagern sich auf dem Meeresboden ab.

Windrose (Seite 12)
Auf der Windrose sind die Himmelsrichtungen (Haupt- und Nebenhimmelsrichtungen) eingetragen. Sie befindet sich auf dem Kompass unter der Kompassnadel.

Wirtschaftsgut (Seite 194)
Ein Wirtschaftsgut ist ein knappes Gut. Es muss von Menschen erzeugt werden. Man muss es bezahlen.

Wohngemeinde (Seite 61)
Gemeinde, in der es keine Industrie und nur sehr wenige Dienstleistungsbetriebe (z. B. Geschäfte) gibt. Oft sind es landwirtschaftlich geprägte Dörfer, die vor allem Pendlern als Wohnplatz dienen.

Wohnviertel (Seite 59)
In diesem Teil der Stadt steht das Wohnen im Vordergrund.

Z

Zeitleiste (Seite 38)
Eine Zeitleiste zeigt von links nach rechts wichtige Ereignisse einer bestimmten Zeitspanne.

Zeitung (Seite 254)
Eine Zeitung ist ein regelmäßig erscheinendes Druckwerk, das aktuelle Nachrichten aus aller Welt und/oder aus einer Region enthält. Die Zeitung ist das älteste Massenmedium.

Zersiedelung (Seite 272)
Von der Zersiedlung einer Landschaft spricht man, wenn besonders im Umland einer Großstadt ohne Planung und Kontrolle Siedlungen und Gewerbegebiete gebaut werden.

Zunft (Seite 304)
In den Städten des Mittelalters schlossen sich die Handwerker des gleichen Berufes zu einer Zunft zusammen. Sie unterstützten sich gegenseitig im Alter und in Notzeiten. Die Zunft regelte die Ausbildung, die Höhe der Löhne und setzte den Preis sowie die Menge der herzustellenden Waren fest.

Hilfe zur Lösung

in alphabetischer

analysieren	Schwierige Sachverhalte in Teilthemen untergliedern und die Zusammenhänge herausarbeiten und aufzeigen.
auflisten	Eine Liste von Sachverhalten oder Gegenständen ohne Erklärung anlegen.
auswerten	Die Aussagen von Materialien (Texten, Karten, Bildern) herausfinden und zusammenstellen.
begründen	Für einen bestimmten Sachverhalt Argumente finden und aufschreiben.
beschreiben	Die Aussagen von Materialien (Texten, Karten, Bildern) mit eigenen Worten wiedergeben.
bestimmen, ermitteln	Einen Sachverhalt oder einzelne Begriffe in Texten und Materialien herausfinden.
beurteilen	Auf der Grundlage von Fachkenntnissen und der Analyse von Materialien einen Sachverhalt ohne persönliche Bewertung einschätzen.
bewerten	Auf der Grundlage von Fachkenntnissen und der Analyse von Materialien einen Sachverhalt einschätzen und eine sachlich begründete eigene Meinung darlegen.
charakterisieren	Einen Raum oder einen Sachverhalt auf der Grundlage bestimmter Gesichtspunkte begründet vorstellen.
darstellen	Die Aussagen von Materialien (Texten, Karten, Bildern) geordnet als Text oder Schemazeichnung verdeutlichen.
diskutieren	Zu einem Sachverhalt Argumente zusammenstellen und daraus eine begründete Bewertung entwickeln.
einordnen	Einen Sachverhalt auf der Grundlage einzelner Gesichtspunkte in einen Zusammenhang stellen.

ler Aufgaben

ihenfolge

entwickeln	Vorschläge und Maßnahmen vorstellen, die zu einer weiterführenden oder anderen Betrachtung eines Sachverhalts beitragen.
erarbeiten	Aus Texten und Bildern Sachverhalte herausfinden, die nicht klar benannt sind, und Zusammenhänge zwischen ihnen herstellen.
erklären	Ursachen und Folgen bestimmter Sachverhalte in einen Zusammenhang bringen und deuten.
erläutern	Sachverhalte auf der Grundlage verschiedener Informationen verdeutlichen.
erörtern	Einen Sachverhalt unter Abwägen von Pro- und Kontra-Argumenten klären und abschließend eine eigene begründete Meinung entwickeln.
interpretieren	Materialen (Texte, Karten, Bilder) auswerten, Zusammenhänge verdeutlichen, den Sinn erfassen und Schlussfolgerungen ziehen.
lokalisieren	Finden eines Raumbeispiels (Stadt, Staat) auf einer Karte und Beschreibung der Lage (z. B. Himmelsrichtung auf einem Kontinent, in der Nähe großer Flüsse oder Gebirge).
nennen, benennen	Sachverhalte oder Informationen ohne Erklärung wiedergeben.
prüfen, überprüfen	Aussagen auf der Grundlage eigener Kenntnisse oder mithilfe zusätzlicher Materialien auf ihre Angemessenheit und Richtigkeit hin untersuchen.
Stellung nehmen	Auf der Grundlage von Fachkenntnissen und der Analyse von Materialien einen Sachverhalt einschätzen und eine sachlich begründete eigene Meinung darlegen.
vergleichen	Gemeinsamkeiten und Unterschiede zwischen zwei oder mehreren Sachverhalten oder Räumen erfassen und verdeutlichen.

action press, Hamburg: 147 M2; akg-images, Berlin: 45 M7 m.li. und 52 M2 f o., 45 M7 u. und 52 M2 f u., 45 M7 o.li., 45 M7 o.re., 117 M7 Salbengefäß, 134 M1, 140 M3 (Peter Connolly), 143 M7 (Erich Lessing), 145 M6, 156 M1 (Nimatallah), 172 M1 (Nimatallah), 176 M2 (Erich Lessing), 184 M3, 281 M4, 286 M1, 293 M4 und 306 M4 u.re., 298 M1 und 306 M4 u.li. (British Library); Ansichtskartenverlag GesmbH. & Co KG, Villach: 178 M2; Arbeitsgemeinschaft für Kinder- und Jugendhilfe - AGJ, Berlin: 30 M1 (© National Coalition); Archiv der sozialen Demokratie der Friedrich-Ebert-Stiftung (AdsD), Bonn: 228/229 (J.H. Darchinger), 230 M2 und 245 M3 (J.H. Darchinger), 231 M4 (J.H. Darchinger); Arena Verlag GmbH, Würzburg: 179 M3; Arend, Jörg, Wedel: 209 M2; Artbox Grafik & Satz GmbH, Bremen: 12 M3, 160 M1; Asisi Visual Culture GmbH, Berlin: 150/151 (Asisi); Askani, Bernhard Dr., Schwetzingen: 283 M3, 296 M1; Atelier Wild Life Art Germany, Breitenau: 49 M5, 49 M8; Baaske Cartoons, Müllheim: 188 M1 (Detlef Kersten), 193 M4 und 199 M5 (Kai Felmy), 239 M3 (Renate Alf), 250 M1 (Erich Rauschenbach); BASF, Ludwigshafen: 89 M8; BASF Agrarzentrum Limburgerhof: 89 M9, 104 M1; Bauknecht Hausgeräte GmbH, Stuttgart: 234 M1 m.; Bayerisches Landesamt für Denkmalpflege, München: 48 M1; Bayerisches Nationalmuseum, München: 301 M3; Behnsen, Frank, Frankfurt/M.: 157 M4, 301 M4 und 306 M5; Bildarchiv Foto Marburg, Marburg: 161 M2; Blume, Bernd, Mockrehna, OT Klitzschen: 86/87; bpk - Bildagentur für Kunst, Kultur und Geschichte, Berlin: 16 M1, 126 M2 (Vorderasiatisches Museum, SMB), 145 M3, 158 M2, 175 M5, 183 M6 (Scala), 282 M1, 284 M1, 284 M2; Breinl, Lothar, Reisbach: 48 M3; Bridgeman Art Library Ltd., Berlin: 34/35 (Cave paintings, Jackson, Peter/Private Collection/© Look and Learn), 147 M3 (Archives Charmet), 293 M5; British Library, London: 298 M2; Buschmann & Winkelmann GmbH - Spargelhof Klaistow, Beelitz GT Klaistow: 91 M4; Cinetext Bildarchiv, Frankfurt/Main: 9 M3 Filmplakat (Constantin Film/medianetworx); City of Cape Town/www.capetown.gov.za: 10 u.li.; CLAAS KGaA mbh, Harsewinkel: 88 M3; Colorphoto Hinz, Allschwil/Basel: 50 M1; Commerzbank, Frankfurt/Main: 235 M2 m.; Das Luftbild-Archiv, Wennigsen: 57 M4; Deutsche Welthungerhilfe e.V., Bonn: 193 M6 re. und 198 M1 (Schmid); Deutscher Bundestag, Berlin: 11 m. (Marc-Steffen Unger); Deutscher Taschenbuch Verlag GmbH & Co. KG, München: 50 M2; Dorling Kindersley Limited, London: 291 M1; dreamstime.com, Brentwood: 60 M2 li.u. (Kurhan), 74/75 u.li. (Angela Ostafichuk), 79 M7 (Michael Shake), 79 M8, 108 M3 (Paul Vinten), 124 M1 o.re. (Gunold Brunbauer), 124 M1 u.m. (Mohamed Elsayyed), 124 M1 u.re. (Baloncici), 147 M4 (Mitchell Gunn), 203 o.re. (Fotomicar), 237 M4 (Frenk and Danielle Kaufmann), 262 M1 u.li. (Sebastian Czapnik), 263 M3 (Hongqi Zhang); Druwe & Polastri, Fotostudio, Cremlingen/Weddel: 197 M4, 241 M4; Eurich, G., Wiesbaden: 232 M1; Fabian, Michael, Hannover: 125 M4; Fischer, Armin, Wesel/Büderich: 166 M4; Fnoxx, Stuttgart: 90 M3 (Hettrich); fotolia.com, New York: 9 M3 Reiterin (Fotolyse), 23 M4 (Markus Bormann), 37 M6 u.re. (Voyant), 42 M2 (Olga Sokolo), 58 M1 (christophe papke), 60 M2 li.o. (Peredniankina), 60 M2 re.u. (Robert Kneschke), 62 M1 o. (Michael Schindler), 62 M1 u.li. (© Robert Kneschke), 62 M1 u.m. und 66 M1-3 (Gelpi), 62 M1 u.re. (Robert Kneschke), 65 M3 (ARochau), 92 M1 re. (JackF), 99 M5 (Pavel Losevsky), 102 M4 (Cornelia Pithart), 118 M1 (Dan Breckwoldt), 132 M3 (DeVice), 152 M2 I (juli_bel), 152 M2 L (steffenw), 152 M2 P (Marco Bonan), 172 M2 (kmiragaya), 175 M3 (Erica Guilane-Nachez), 181 M5 und 184 M2 (sborisov), 181 M7 (Erica Guilane-Nachez), 186 m. li. (Pavel Losevsky), 187 o. (Shestakoff), 187 u. (ChantalS), 193 M3 li. (adpePhoto), 193 M3 re. (eyeQ), 202 M1 o.re. (Mihai Musunoi), 203 o.li. (Nataly Gor), 204 M1 re. (ARochau), 205 M2 m.o. (Frank Haub), 206 M4 (Conny Hagen), 210 M1 (farbkombinat), 223 M5 li. (Hunor Kristo), 223 M5 re. (Andres Rodriguez), 240 M1 li. (Tyler Olson), 240 M1 m. (contrastwerkstatt), 240 M1 re. (PictureArt), 244 M1 (Kadmy), 248 M1 A (mirpic), 249 M1 D und 262 M1 u.re. (emese73), 252 M1 li. (flori0), 275 M5 (Sebastiano Fancellu); Frambach, Timo, Braunschweig: 98 M4; Fremdenverkehrsbüro Benidorm: 223 M3; Gaffga, Peter, Eggenstein-Leopoldshafen: 200/201; Garmisch-Partenkirchen Tourismus: 214 M1, 215 M2; Gesamtverband Steinkohle e.V., Herne: 47 M5; Grundmeyer, M., Wiesbaden: 275 M3; Hansisches Verlagskontor, Essen: 251 M4 (aus: Kinder- und Jugendarzt, Heft 4/2006, S. 205 ff.); Heitefuß, Dieter, Braunschweig: 73 M4; Hoh, Eugen, Leutkirch im Allgäu: 102 M1; HOLMER Maschinenbau GmbH, Eggmühl: 104 M3 u.; i.m.a - Information.Medien.Agrar e.V., Berlin: 89 M5, 92 M1 li.; iStockphoto.com, Calgary: 8 M2 (Nastco), 9 M3 Bruder (deanm1974), 9 M3 Gruppe (theprint), 9 M3 Hund (dageldog), 9 M3 Mädchen (Jennifer Photography Imaging), 9 M3 Skaterin (monkey business images), 10/11 m. (SDbT), 15 M4 (AngiePhotos), 37 M6 u.li. (iPandastudio), 43 M2 und 52 M1 (Foto: GlobalP), 60 M2 re.o. (drbimages), 74/75 m.li. (jcarillet), 74/75 o.li. (4x6), 74/75 m.re. (MShep2), 74/75 o.re. (omgimages), 74/75 u.re. (yellowsarah), 78 M2 (ActionPics), 78 M3 (Thomas Gordon), 79 M6 (zxcynosure), 110 M3 (standby), 112 M1 Pharao (zakazpc), 124 Flagge (pop_jop), 124 M1 o.m. (LUke1138), 124 M1 u.li. (Miguelito), 132 M1 (Richmatts), 140 M2 (Dangerousdee), 152 M2 J (Oleg Babich), 177 M2 (Blade_kostas), 181 M3 (Lefteris_), 186 u.re. (Imgorthand), 190 li. (GlobalStock), 193 M6 li. (saintho), 202 M1 u. (ewg3D), 204 M1 li. (roset), 205 M2 m.u. (Jan Kranendonk), 205 M2 u.re. (DHuss), 213 M2 (rest), 216 M1 (sabrina72), 220 M1 (massimofusaro), 248 M1 B (kall9), 249 M1 C (monkeybusinessimages), 250 M2 (MsSponge), 252 M1 re. (triloks), 262 M1 o.li. (skynesher), 262 M1 o.re. (CREATISTA); Janusiewicz, F., Berlin: 106/107; Keller, J., Wiesbaden: 32 M4; Keystone Pressedienst, Hamburg: 197 M6 (Becker&Bredel); laif, Köln: 158 M1 (Klammer); Landesmuseum für Natur und Mensch, Oldenburg: 49 M4, 49 M7; Landesmuseum Württemberg, Stuttgart: 179 M5 (Frankenstein/Zwietasch); Latz, Wolfgang, Linz: 61 M7; Leue, M., Lüneburg: 98 M1; List, Jean-Luc, L-Rollingen: 222 M1; Lotos Film, Kaufbeuren: 117 M4 (Thiem), 117 M7 Haarschere (Thiem), 117 M7 Halskragen (Thiem), 117 M7 Rasiermesser (Thiem), 117 M7 Spiegel (Thiem), 120 M1; LWL-Museum für Archäologie Herne: 162 M1; Maaß, P., Zwintschöna: 180 M2 und 184 M4; MairDumont GmbH & Co. KG, Ostfildern: 206 M1 (Studio Berann-Vielkind); Marcks, Marie, Heidelberg: 233 M6; Martin-von-Wagner-Museum der Universität Würzburg: 142 M2 (P. Neckermann); mauritius images, Mittenwald: 94 M3 (Lehn), 277 M7 re.u. (Bordis-Deuter); Michel, M., Neu-Isenburg: 277 M7 li., 277 M7 re.o.; Miele & Cie. KG, Gütersloh: 235 M2 li.; Mizzi, A., Buxtehude: 44 M1 und 52 M2 a, 45 M5; Museum Herxheim: 41 M3 (Rekonstruktionszeichnung des Museums Herxheim); Musée de l'Assistance Publique-Hopitaux de Paris: 299 M3; Musées royaux d'Art et d'Histoire, Bruxelles: 143 M8; Müller, Bodo, Bartensleben: 136 M1 und 148 M1; Müller, Jörg, Oberentfelden: 272 M1, 273 M2, 305 M3; Nebel, Jürgen, Muggensturm: 18 M1, 38 M2 und 52 M3, 54/55, 76/77 M1, 85 M6; Neuhof, N., Braunschweig: 159 M3; Nußbaum, Dennis, Koblenz: 22 o.li., 28 M1; Panther Media GmbH (panthermedia.net), München: 37 M7 (Philip L.), 100 M1 (Monika Wendorf), 202 M1 o.li. (Harald H.); Pauly, Friedrich, Erfurt: 14 M2, 14 M3, 51 M3 (Corinna Gampe), 63 M2, 66 M4, 66 M5, 66 M6, 68 M1, 69 o., 69 u., 236 M2; Peter Wirtz Fotografie, Dormagen: 6/7; Peterhoff, Frank, Lenggries: 268 M1 re.; Pfannenschmidt, Dirk, Hannover: 166 M1 re.; Pflüger, Eckart, Bennigsen/Springe: 90 M2, 102 M2; Pflügner, Matthias, Berlin: 16 M2; Photo Archive Jürgen Liepe, Berlin: 114 M1; Photocase, Berlin: 230 M1 und 244 o. (senior); phototek.net, Radevormwald: 99 M6 u. (Grabowsky); Picture Press Bild- und Textagentur GmbH, Hamburg: 122 M1, 126 M1 (GEO); Picture-Alliance, Frankfurt/M.: 30 M2 (dpa/R. Jensen), 80 M2 (Lissac, Godong), 84 M3 (dpa), 127 M4 (akg-images/E. Lessing), 230 M3 (akg-images), 239 M5, 246/247 (dpa/Maurizio Gambarini), 270 M3 (Okapia/Birke-Bloble), 283 M4 (Federico Gambarini), 288 M2 (Mary Evans Picture Library); pixelio media GmbH, München: 101 M5 (Martin Ostheimer), 211 M8 (x-ray-andi); Pucciarelli: 145 M5; Rathaus der Stadt Trier: 152 M2 T; Rieger, K.-H., Köln: 294 M2; Rizzoli, Mailand: 292 M1 und 306 M4 re.o.; RUGMARK/TRANSFAIR e.V., Köln: 81 M6; Ruhr Nachrichten, Bochum: 64 M2 (Neubauer); Römerkastell Saalburg, Bad Homburg: 167 M8; Römisch-Germanisches Museum, Köln: 45 M7 m.re. und 52 M2 d (S Siegers), 155 M6; Sagnlandet Lejre: 163 M3; Sasse, H., Mannheim: 88 M2; Scala Archives, Bagno a Ripoli/Firenze: 144 M1; Schaadt, H., Oldenburg: 76 M2; Schaal, Claudia, Otterfing: 268 M1 li.; Schnare, C.-D., Braunschweig: 60 M3; Schwarzstein, Jaroslaw , Hannover: 94 M2, 243 M3; Schäfer, Jutta, Euskirchen: 186 o.li., 186 o.re., 186 u.li., 188 o.m., 189 M1, 191 M3, 194 M1, 196 M1, 196 M2; Schön, Carola, Chemnitz: 100 M3; Schönauer-Kornek, Sabine, Wolfenbüttel: 8 M1, 9 M3 (ohne Fotos), 24 M2, 25 M3, 27 M3, 29 M5, 32 M3, 42 M1, 44 M3, 67 o.li., 70 o., 113 M3, 139 M6, 155 M4, 167 M6, 167 M7, 168 M1, 168 M2, 192 M1, 195 M5, 197 M3 und 198 M2, 198 M3, 209 M4, 244 M2, 262 M2, 266/267 M3, 300 M2, 303 M2; Shutterstock.com, New York: 24 M1 (chippix), 99 M6 o. (auremar), 109 M5 (MidoSemsem), 113 M3 (photo-oasis), 137 M5 (Nikos Psychogios), 146 u.re. (Singulyarra), 153 M5 (Lagui), 174 M1 (Antonio Abrignani), 238 M2 und 245 M4 (Monkey Business Images), 255 M5 (Everett Collection), 258 M1 (Monkey Business Images); Siebert, J., Braunschweig: 26 M1, 242 M1; Spangenberg, Frithjof, Konstanz: 138 M1; Stadler, Katrin, Landshut: 236 M1; Stadt Paderborn: 56 M1 und Vorsatz vorn (Michael Weber); Stern Archiv, Hamburg: 238 M1; Stiftung Archäologie, Frankfurt/M.: 130/131 (Rehm); Stiftung Schleswig-Holsteinische Landesmuseen, Schleswig: 46 M3 und 52 M2 e und g, 46 M1; Tanck, Birgit , Hamburg: 208 M1; Tekülve, R., Essen: 61 M6, 96 M3, 104 M3 o., 124 M1 o.li.; The British Museum, London: 116 M1, 120 M2 und 128 M1; Thinkstock, Sandyford/Dublin: 37 M6 o. (Purestock); Time Machine, Prêles: 164 M1 (Gerry Embleton), 165 M5 (Gerry Embleton), 170/171 (Gerry Embleton); TransFair e.V., Köln: 83 M5; ullstein bild, Berlin: 288 M1 (Alinari), 289 M6; UNICEF Deutschland, Köln: 82 M2; Universitätsbibliothek Heidelberg: 287 M2, 287 m.re.; VARUSSCHLACHT im Osnabrücker Land GmbH, Bramsche (Foto: Hermann Pentermann); Visum Foto GmbH, Hamburg: 278/279 (euroluftbilde.de); Weigert, C., Beratzhausen: 167 M5; Wenzel, Christine, Witten: 101 M6; Wenzel, V., Löhne: 254 M1, 256 M2, 260 M1, 261 M4, 261 M5; Westfälisches Schulmuseum, Dortmund: 302 M1; wikipedia.org: 146 M1 (Matt Lancashire); Wilhelm Busch DEUTSCHES MUSEUM FÜR KARIKATUR UND ZEICHENKUNST, Hannover: 25 M5; wpclipart.com: 142 M1; Zeilsheimer Heimat- und Geschichtsverein e.V., Frankfurt/Main: 68 u.; Zwick, Monika, Gelnhausen: 178 M1 und 184 M1, 274 M2 und 276 M5.

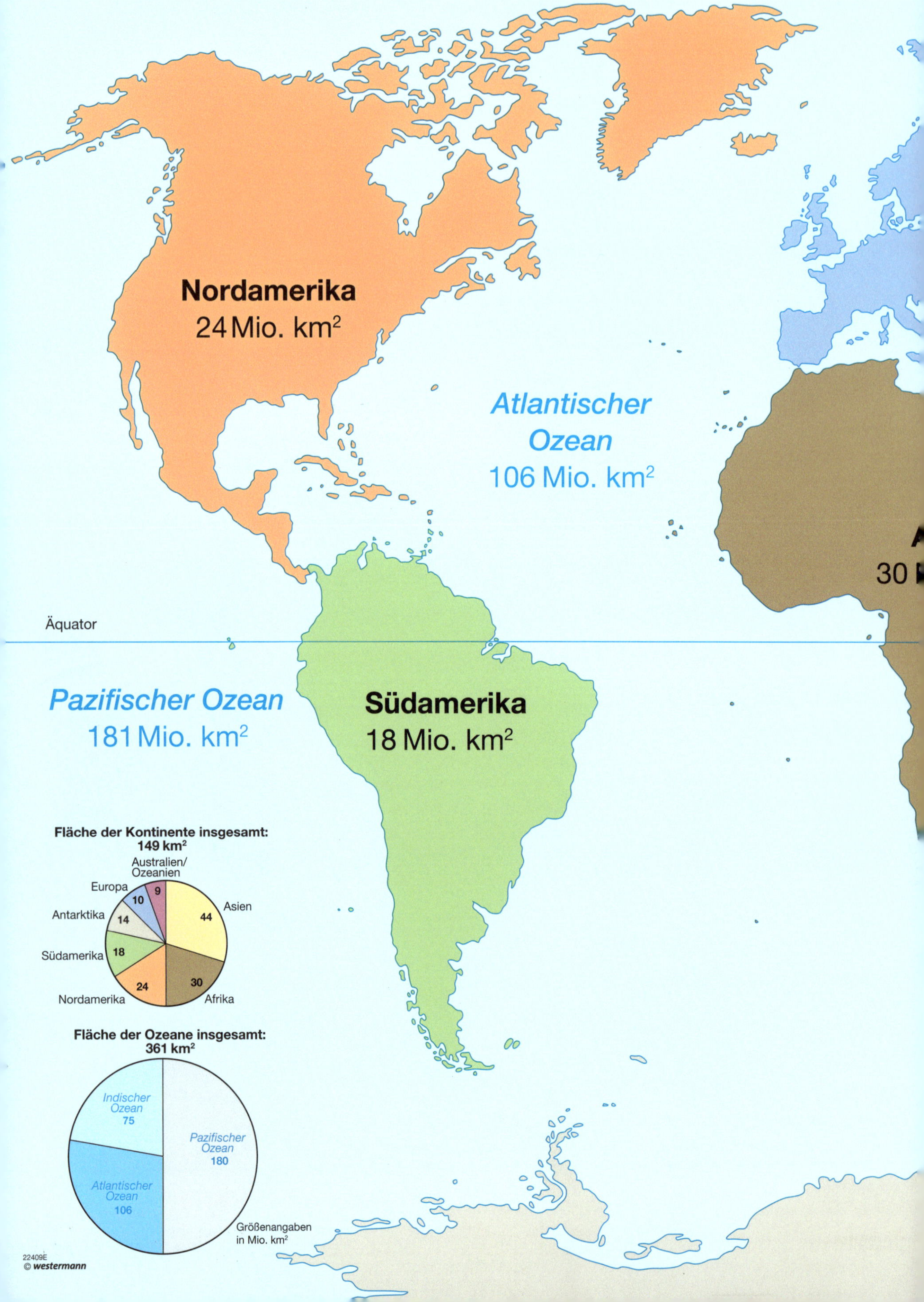
Nordamerika
24 Mio. km²
Atlantischer
Ozean
106 Mio. km²
30
Äquator
Pazifischer Ozean
181 Mio. km²
Südamerika
18 Mio. km²
Fläche der Kontinente insgesamt:
149 km²
Australien/
Ozeanien
9
Europa
10
Asien
44
Antarktika
14
Südamerika
18
Nordamerika
24
Afrika
30
Fläche der Ozeane insgesamt:
361 km²
Indischer
Ozean
75
Pazifischer
Ozean
180
Atlantischer
Ozean
106
Größenangaben
in Mio. km²